商务谈判与礼仪(微课版)

崔叶竹　杨　尧　主　编
闫西木　张　宓　沈　杰　副主编

清华大学出版社
北　京

内 容 简 介

本书是讲述商务谈判实用技巧和谈判礼仪的教材。全书共分 12 章，主要包括商务谈判原理、商务谈判程序、商务谈判策略与管理及商务谈判礼仪等。在编写过程中，尽量淡化枯燥的理论内容，秉承“实际、实用、实效”的原则，顺应当前碎片化学习的需求，设计了微课小视频和案例二维码，在为本书增强趣味性的同时，也为更好地开展“以学生为中心”的教学模式提供了素材。

本书既可作为本科院校电子商务、市场营销、工商管理等专业教材，也可供政府机构、经济贸易部门作为培训教材，还可供工商管理人员、营销人员学习参考。

图书在版编目(CIP)数据

商务谈判与礼仪：微课版/崔叶竹，杨尧主编. —北京：清华大学出版社，2020.8（2025.7重印）
ISBN 978-7-302-56172-9

Ⅰ. ①商… Ⅱ. ①崔… ②杨… Ⅲ. ①商务谈判 ②商务—礼仪 Ⅳ. ①F715.4 ②F718

中国版本图书馆 CIP 数据核字(2020)第 143476 号

责任编辑：梁媛媛
封面设计：李 坤
责任校对：吴春华
责任印制：沈 露
出版发行：清华大学出版社
网　　址：https://www.tup.com.cn，https://www.wqxuetang.com
地　　址：北京清华大学学研大厦 A 座　　**邮　　编：**100084
社 总 机：010-83470000　　**邮　　购：**010-62786544
投稿与读者服务：010-62776969, c-service@tup.tsinghua.edu.cn
质量反馈：010-62772015, zhiliang@tup.tsinghua.edu.cn
课件下载：https://www.tup.com.cn, 010-62791865
印 装 者：小森印刷（天津）有限公司
经　　销：全国新华书店
开　　本：185mm×260mm　　**印　张：**19.5　　**字　数：**471 千字
版　　次：2020 年 8 月第 1 版　　**印　次：**2025 年 7 月第 4 次印刷
定　　价：56.00 元

产品编号：084685-01

前言

随着世界经济和电子商务的快速发展，现代企业的商务活动早已走出国门，商务谈判也随之发生新的变化，成为调整和解决不同国家和地区政府及商业机构之间不可避免的经济利益冲突、寻求平等互利和合作共赢的一种重要的经济活动。只有了解和掌握商务谈判的相关知识和技巧，才能妥善解决贸易争端中遇到的问题。

本书主要针对高等院校管理类、经济类的本科学生，在内容上突出“理论+应用”的特色，紧密结合当前国内和国际贸易的发展变化情况，配合最新的谈判理论与实践案例，加入国际商务谈判的相关内容与谈判技巧解读，符合由浅入深的学习规律，着力培养学生分析、应对和解决问题的能力。

全书分为 12 章，分别是商务谈判概论，现代商务谈判理论，商务谈判心理、思维和动机，国际商务谈判，商务谈判的组织与准备，商务谈判的开局，商务谈判的报价，商务谈判的磋商与再谈判，商务谈判的终结，商务谈判策略与技巧，商务谈判管理，商务谈判礼仪。为方便教师授课，每一章后均配有课后练习(包括判断题、不定项选择题、简答题、案例分析题和课后阅读等)以及参考答案，并配有相关微课视频和二维码可供学生课下自主学习。

本书由河北环境工程学院崔叶竹、燕山大学杨尧任主编，秦皇岛职业技术学院闫西木、张宓、河北科技师范学院沈杰任副主编，河北环境工程学院刘华教授进行了系统审阅。

本书在编写过程中，参考了大量国内外书刊资料和业界的研究成果，并得到清华大学出版社领导和编辑的悉心指导与帮助，在此一并表示衷心的感谢。由于作者水平有限，书中难免出现疏漏，恳请各位专家和读者给予批评指正。

编　者

目录

Contents

扫一扫：
看商务谈判概论的微课视频。

第一章　商务谈判概论

【学习目标】

知识目标：掌握商务谈判的含义、特征；熟悉商务谈判的类型和基本原则；了解商务谈判的原则与评判标准；了解商务谈判的主要模式和流程。

技能目标：能够通过实际情况区分各种商务谈判的类型；能够正确运用谈判原则；正确评价商务谈判的成败；通过对谈判各方及谈判背景的分析，初步掌握认识谈判各方的优势、弱点及谈判的客观条件的能力；具备初步认识并运用谈判模式的能力。

【引导案例】

印度尼西亚高铁谈判

2015 年 10 月 16 日，在经历了中日高铁竞标、印度尼西亚高铁设计方案变更以及日本退出竞标等系列事件后，中印高铁谈判终于尘埃落定。中国铁路总公司牵头组成的中国企业联合体与印度尼西亚维卡公司牵头的印尼国企联合体正式签署了组建中印尼盒子公司协议，该合资公司负责印度尼西亚雅加达至万隆高速铁路项目的建设和运营。

高铁在国内经济下行、传统对外贸易优势不明显的压力下，成为高端业向海外输出的代表。目前，我国正与多个国家开展高铁合作洽谈，中铁二院已获得“莫斯科—喀山”高铁项目的勘察设计合同，这标志着中国高铁出海首单落地。虽然我国高铁公司早前在争取墨西哥、印度尼西亚、泰国等高铁项目上困难重重，但随着“一带一路”“高铁外交”倡议的实施，未来海外高铁发展之路预计将更加顺遂。

有数据显示，2015 年上半年国内高铁相关企业共斩获近千亿元海外订单，考虑到世界各国高铁需求不断增加，预计到 2020 年，世界高铁总里程将超过 50 000km，未来 7 年内的新增里程将达到 30 000km 以上，带来高铁直接投资将超过 1.1 万亿美元。海外高铁利润空间巨大，钢铁、基建施工、工程机械；轨道、车辆及配件、信息化设备；运营以及物流行业等相关高铁产业涉及的行业将收获利好。

（资料来源：前瞻产业研究院《2015—2020 年中国高铁行业市场前瞻与投资战略规划分析报告》
http://bg.qianzhan.com/report/detail/d04c022c261f43b5.html)

【启示】此次中印尼高铁项目的合作中，能够取得决定性胜利的原因，关键在于看准形势、做好了充足的分析。考虑印尼基础建设落后，经济欠发达，不得不选择以合作方式共建高铁，因此对印方经济合作方案进行详细评估十分重要。深谙商务谈判的奥秘，游刃有余于其中者，往往能在谈笑间获取可观的政治利益和经济利益；不谙此道者，往往会精疲力竭、无所适从。因此，对于已经和即将从事经济贸易业务的公司、个人来说，学习商务谈判知识具有非常重要的现实意义。

第一节　谈判概述

谈判是古今中外普遍存在的一种社会现象，它与人类共生存，并随着人类的发展而发展。有分歧、有矛盾、有利益冲突，就会有谈判，谈判是解决分歧、化解矛盾、平衡利益的必然选择。翻开历史的画卷，在跌宕起伏的历史进程中，许多重大历史事件无不闪烁着谈判者很高的智慧与谈判技巧。春秋战国时期苏秦、张仪凭三寸不烂之舌，成合纵连横之功，开中国谈判家之先河，诸子百家中自成一家；晏子出使楚国，扬国威而不辱使命；蔺相如大义凛然，据理力争，能完璧归赵；诸葛亮舌战群儒，促成吴蜀联盟，才有赤壁大战，形成三国鼎立之势。世界谈判大师赫伯·寇恩说：“人生就是一大张谈判桌，不管喜不喜欢，你已经置身其中了。”中国自古就有“财富来回滚，全凭舌上功”的说法。美国前总统克林顿的首席谈判顾问罗杰·道森说：“全世界赚钱最快的办法就是谈判！”谈判活动虽古已有之，但对谈判理论的研究却始于20世纪60年代。1968年，由美国谈判学会会长、著名律师和谈判专家杰勒德·I. 尼尔伦伯格开谈判理论之先河，其出版于1968年的代表作《谈判的艺术与科学》一书，在20多年里先后被译成十几种文字行销世界。该著作的中译本于1985年由上海翻译出版公司在我国出版。

【案例 1-1】

中国某工程承包公司在加蓬承包了一项工程任务。在工程的主体建筑完工之后，中方由于不再需要大量的劳动力，便将从当地雇用的大批临时工解雇，此举导致被解雇工人持续40天的大罢工。中方不得不同当地工人进行艰难的谈判，被解雇的工人代表提出让中方按照当地的法律赔偿被解雇工人一大笔损失费，此时中方人员才意识到他们对加蓬的法律了解得太少了。根据加蓬的劳动法，如果一个临时工持续工作一周以上而未被解雇，则自动转成长期工，作为一个长期工，他有权获得足够维持两个妻子和三个孩子的工资，此外，还有交通费和失业补贴等费用。一个非熟练工人如果连续工作一个月以上则自动转成熟练工，如果连续工作三个月以上则提升为技术工人。工人的工资也应随着技术的熟练而提高。而我国公司的管理人员按照国内形成的对临时工、长期工、非熟练工、熟练工以及技工的理解来处理加蓬的情况，为自己招来了如此大的麻烦。谈判结果可想而知，中国公司不得不向被解雇的工人支付一大笔失业补贴，总数目相当于已向工人支付的工资数额，而且这笔费用属于意外支出，并未包括在工程的预算中，全部损失由公司自行负担。

【启示】案例中，中方因谈判信息准备不足导致损失，应从中吸取经验教训。随着国际贸易的发展，企业会面临各种各样的谈判或协商，拥有谈判知识的多少以及谈判能力的高低会影响谈判的最终结果，而谈判结果如何，又直接关系到一个国家的宏观利益和一个企业的微观利益。

谈判的重要意义不仅显示在经济利益上，在政治外交活动中也能通过谈判人员的高超智慧振我中华、扬我国威。现代一些著名政治家、外交家往往同时也是谈判大师，由于他们的谈判艺术高超使谈判在处理复杂政治事务中发挥了重要作用，如丘吉尔、罗斯福、基辛格都留下了脍炙人口的谈判佳话，尤其是周恩来同志，他一生中主持了无数次谈判，像著名的西安事变、重庆谈判、中美恢复外交关系的谈判等都表现了极其高超的谈判艺术，为世人所传承。

【案例 1-2】

香港主权的丧失与恢复

1841 年 1 月 26 日，英国军队强行登上香港岛，举行升旗仪式，单方宣布香港岛归英国所有。1843 年 6 月 26 日，英国政府强迫清政府签订了令中国人屈辱的《南京条约》。从此，中国的香港区域沦为英国的殖民地。1984 年 12 月 19 日，中英两国政府在经过 22 轮的谈判后，特别是时任军委主席的邓小平同志义正词严地戳穿了英国政府想“以主权换治权”的阴谋，坚持“在主权问题上一分一毫也不能让”的原则立场，终于签署了《中华人民共和国政府和大不列颠及北爱尔兰联合王国政府关于香港问题的联合声明》，以邓小平的“一国两制”构想解决了香港问题。1997 年 7 月 1 日，中国政府对香港正式恢复行使主权，结束了英国的殖民统治。

(资料来源：杨群祥. 商务谈判[M]. 大连：东北财经大学出版社，2012.)

一、谈判的含义

在汉语中，谈判既是一个合成名词，也是一个合成动词，由“谈”和“判”组成。“谈”意味着通过语言的交流和各种技巧及策略的实施，以期达成利益分配上的共识。“判”则意味着对“谈”所引出的结果的判定，并对谈判的结果做各种量化的约定，包括责任、权力和利益等。

关于“谈判”的概念众说纷纭，至今也没有一致的概念。国外关于谈判含义的代表观点主要有以下几种。

美国谈判学会会长杰勒德 • I. 尼尔伦伯格在《谈判的艺术》一书中明确阐释为：“只要人们为改变相互关系而交换观点，只要人们为取得一致而磋商协议，他们就是在进行谈判。”

英国的谈判学家 P. D. V. 马什在《合纵谈判》中为谈判定义为：“所谓谈判，是指有关各方为了自身的目的，在一项涉及各方利益的事务中进行磋商，并通过调整各自提出的条件，最终达成一项各方较为满意的协议这样一个不断协调的过程。”按照马什的观点，整个谈判是一个循序渐进的过程，他特别强调在这一过程中“调整各自提出的条件”的重要性，除非你不想达成协议。谈判是交流的过程，其结果必然是走向某种程度的妥协和折中。

法国谈判学家克里斯托夫 • 杜邦全面研究了欧美众多谈判专家的著述后在其所著的《谈判的行为、理论与应用》一书中给谈判下了这样的定义：“谈判是使两个或数个角色处于面对面位置上的一项活动。各角色因持有分歧而相互对立，但他们彼此又互为依存。他们选择谋求达成协议的实际态度，以便终止分歧，并在他们之间(即使是暂时性的)创造、维持、发展某种关系。”

美国《哈佛谈判学》丛书主编罗杰·费希尔和副主编威廉·尤瑞认为：“谈判是你从别人那里取得你所需要的东西的基本手段，你或许与对方有共同利益，或许遭到对方的反对，谈判是为达成某种协议而进行的交流。”

我国学者中国人民大学黄卫平教授认为，谈判是“不同国家、不同经济体之间为了彼此的利益协调各自的关系，通过沟通、协商和妥协，最终达成一致，把一种可能的商机确定下来的过程。”

虽然中外学者对谈判概念的文字表述不尽相同，但其内涵却包含着一些相近的或相通的基本点。

第一，谈判是建立在人们需要的基础上的。尼尔伦伯格指出：当人们想交换意见、改变关系或寻求同意时，就开始谈判。这里，交换意见、改变关系、寻求同意都是人们的需要。需要包括的具体内容极为广泛，如物质的需要、精神的需要、低级的需要和高级的需要。需要推动人们进行谈判，需要越强烈，谈判的动因就越明确。但谈判又是两方以上的行为，只有各方的需要能够通过对方的行为予以满足时，才会产生谈判。所以，无论什么样的谈判，都是建立在需要的基础上的。需要不仅是显现的，也是潜在的，在许多情况下，需要靠深入探索来发现。

第二，谈判是两方或两方以上的交际活动。要谈判，就要有谈判对象，只有一方则无法进行谈判活动。从采购员与推销员的一对一的谈判，到联合国的多边谈判，都说明谈判至少要有两方或两方以上的参加者。既然有两方或两方以上的人员参加，这种活动就是一种交际活动，就需要运用交际手段、交际策略实现交际的目的。这是谈判活动与人类的其他行为的重要区别。

第三，谈判是寻求建立或改善人们的社会关系。人们的一切活动都是以一定的社会关系为背景的。就拿买卖活动来讲，看起来是买卖行为，但实际上是人与人之间的关系，是商品的所有者和货币的持有者之间的关系。买卖行为之所以能发生，关键在于买方和卖方新的关系的建立。谈判的目的是要获得某种利益，要实现追求的利益，就需要建立新的社会关系或改善原有的社会关系，而这种关系的建立是通过谈判实现的。

【案例 1-3】扫一扫，看“戴姆勒—奔驰的子公司和克莱斯勒公司的合并谈判”案例。

第四，谈判是一种协调行为的过程。任何谈判协议的达成，都是寻求协调、达到统一的结果。没有达成协议，则是协调活动的失败。谈判的整个过程就是提出问题和要求，进行协商，又出现矛盾，再进一步协商的过程。这个过程可能会重复多次，直至谈判终结。

没有任何一项谈判是双方一接触就立刻一拍即合、达成协议的。众多条款需要不断协商沟通，取得双方的一致，有的甚至拖延数年。例如，中国海洋石油公司与英国壳牌石油公司 40 亿美元的合作项目，就是双方在谈判了 12 年后才最终达成协议的。中间经历了五次大的反复，先后有中国石油公司、中国石化公司、中国香港招商局集团和相关企业参与合作和谈判，投资方案出台了数十个，可行性分析也做了无数遍，参与谈判的人员更是数不胜数，最终的结果还算比较圆满。这也进一步印证了谈判本身就是人们不断沟通协商的过程。而在谈判协商中需要沟通与交流，交际手段和策略是十分重要的。事实证明，许多谈判失败或没有达到预期的效果，主要原因是沟通或交流不够。

【案例 1-4】

美国一家大型保险公司在市中心一块相当好的地段拥有一家大酒店的抵押权，虽然生意不错，但酒店老板很少按时付款。由于无法使酒店老板按规定时间付款，保险公司威胁说要取消这家酒店的回赎权。酒店老板听说了这一消息后，只问了一个问题："你们将在哪儿停放客人的汽车？"他知道停车场是另一份合伙契约的一部分，完全在他的控制之下，但保险公司却不知道这一点。如果保险公司取消酒店的回赎权，酒店老板就会关闭停车场，从而使酒店无法继续营业。无奈，保险公司停止了取消回赎权的诉讼，宽恕了酒店逾期付款的行为，并根据酒店老板提出的条件重新商议抵押权的问题。

【启示】对信息的掌握与使用能直接改变谈判中的地位。如果你对信息的了解不如你的对手，那么你就很有可能陷入被动境地。谈判是各方当事人运用策略和技巧，相互磋商与协调，努力达成协议的过程或行为。

第五，选择恰当的谈判时间、地点。谈判是两方或两方以上面对面的接触，这就需要选择谈判时间和谈判地点，一般来讲，时间和地点是由谈判双方根据实际需要协商确定的。谈判的参与者都十分重视选择恰当的时间和地点，这在政治谈判和军事谈判中尤为重要。在世界比较著名的谈判事例中，很多谈判活动都精心选择谈判地点，确定谈判的相关人员。例如，以色列和巴勒斯坦人的谈判，地点却是在美国，由美国人充当中间调解人；而 20 世纪 70 年代越南和美国的停战谈判，地点选择在法国，两方都乐于接受并最终达成了协议。

综上所述，我们认为：谈判是人们为了协调彼此之间的关系，满足各自的需要，通过协商而争取达到意见一致的行为和过程。谈判的本质是合作的过程。

二、谈判的特征

第一，谈判不是单纯追求自身利益需要的过程，而是双方通过不断调整各自的需要而相互接近，最终达成一致意见的过程。也就是说，谈判是提出要求，作出让步，最终达成协议的一系列过程。

第二，谈判不是"合作"与"冲突"的单一选择，而是"合作"与"冲突"的矛盾统一。通过谈判达成的协议应该对双方都有利，各方的基本利益从中得到了保障，这是谈判具有合作性的一面；双方积极维护自己的利益，希望在谈判中获得尽可能多的利益，这是谈判具有冲突性的一面。了解和分析了谈判是合作与冲突的矛盾统一，对于一名谈判者来说是很重要的。为此，谈判者在制定谈判方针，选择和运用谈判策略时就要防止两种倾向：一是只注意谈判的合作性，害怕与对方发生冲突，当谈判陷入僵局时，茫然不知所措，对对方提出的要求，只是一味地退让和承诺，不敢据理力争，遇到一些善于制造矛盾的强硬对手，更是显得软弱无力，结果是吃亏受损；二是只注意冲突性的一面，将谈判看作是一场你死我活的争斗，一味进攻，寸步不让，不知妥协，结果导致谈判破裂，双方都未获利。这两种倾向都是不可取的。

第三，谈判不是无限制地满足自己的利益，而是有一定的利益界限。谈判者要保障自己的利益，就要在可能的范围内追求更多的利益。但是任何谈判者都必须满足对方的最低需要，不能把眼光只盯在自己的利益上，如果无视对手的最低需要，无限制地逼迫对方，最终会因对手的退出，使自己已经到手的利益丧失殆尽。正如尼尔伦伯格所述："谈判不是一场棋赛，不要求决出胜负，谈判也不是一场战争，要把对方消灭或置于死地，谈判恰恰是一场互惠互利的合作事业。”

第四，判定一切谈判是否成功不是以实现某一方的预定目标为唯一标准，而是有一系列具体、综合的价值评价标准。

有的人常常习惯于把自己在谈判中获得利益的多少作为谈判是否成功的评判标准，如果在谈判中自己得到的很多，而对方所获甚少，则认为自己的谈判是成功的，这种看法是片面的，甚至可能是有害的。事实上，有时候引以为豪的那一部分利益，可能远远小于本来可获得的利益。或者说只获得了谈判桌上看得见的眼前利益，而失去了双方真诚合作可能产生的潜在利益和长远利益。因此，不能仅从一场谈判的结果评论谈判是否成功。有时，一些谈判从表面上看获得的利益较少，但却获得了长远的利益。

【案例 1-5】扫一扫，看“价格以外的收益”案例。

第五，谈判不能单纯地强调科学性，要体现科学性与艺术性的有机结合。谈判是一门科学，有其自己的理论体系，它是一门综合性的边缘交叉性学科，吸收了市场学、语言学、逻辑学、哲学、经济学、传播学、管理学、公共关系学和人际关系学等学科的基础理论，还具有某些操作过程中的规范和要求，具有系统的思维过程和工作步骤，有完整的计划、策略和实施方案。

谈判也是一门艺术性的技术，是人们之间的一种直接交流活动。在这种活动中，谈判人员的素质、能力、经验、心理状态等各种变化的因素及其临场发挥，对谈判过程和结果有着极大的影响。同样的谈判内容，同样的理论和条件，不同的人去谈判，最终的结果往往是不同的，这就反映出谈判具有艺术性的一面。因此，对于一个谈判者来讲，在谈判中既要讲究科学性，又要讲究艺术性。科学性促使谈判者正确地去做，而艺术性促使谈判者把事情做得更好。

【案例 1-6】

有一个律师与其伙伴外出办事，早餐结束后，他的同伴外出买报纸，五分钟后，他的同伴空着手回来了，并边走边摇头，嘴里还嘟囔着什么。“怎么回事？”律师问。同伴回答说：“撞见鬼了！我走到街对面的报摊，拿了一份报纸，递给他一张 10 元钱的钞票，说‘买报纸’，但卖报人不找零钱给我，反而抽走了我夹在腋下的报纸，还气冲冲地说，他不是在上班时间里专门替别人换零钱的。”

律师听了同伴的述说，没说什么，只是让同伴在原地等着，他自己向报摊走去。等到那位卖报人做完了一笔生意后，律师温和地对卖报人说：“先生，对不起，不知道你是否肯帮助我解决这个难题？我是外地人，想买份报纸，可是只有这 10 元钱的票子，我该怎么办？”卖报人毫不犹豫地抽出了一份报纸递给律师：“拿走吧，等你有了零钱再给我。”

从这个案例中可以看出语言沟通的作用，律师与他的同伴不同的是，其传递的不仅是买报纸的信息，还包括尊重和理解。

【启示】谈判既是科学又是艺术。它具有科学性是因为它广泛地运用和借鉴了当今世界最新的学科理论与研究成果，总结了适合于谈判活动的原则与方法，从而形成了较为完整的学科体系。它的艺术性则充分表现在谈判策略、谈判者的语言及各种方法的综合运用与发挥的技巧上。只有这样，才能收到良好的谈判效果。谈判的沟通艺术还表现在谈判者的语言运用上。谈判是一种交际活动，语言则是交际的工具。怎样清晰、准确地表达自己的立场、观点，了解对方的需要、利益，巧妙地说服对方，以及体现各种社交场合的礼仪、礼貌，都需要良好的语言表达技巧。

三、谈判的构成要素

谈判的构成要素是指谈判的构成因素和内部结构。谈判的基本要素有三个，即谈判主体、谈判客体和谈判背景。

(一)谈判主体

谈判主体由关系主体和行为主体构成。关系主体是在商务谈判中有权参加谈判并承担谈判后果的自然人、社会组织及其他能够在谈判或履约中享有权利、承担义务的各种实体。行为主体是实际参加谈判的人。谈判行为主体和关系主体二者之间既有联系，又有区别。

1. 行为主体和关系主体之间的联系

(1) 无论是何种谈判的关系主体的意志和行为，都需要借助于谈判的行为人来表示或进行，没有任何一个谈判可以仅有谈判的关系主体，而没有行为主体。例如，中国某进出口公司和美国某公司谈判一笔进出口贸易业务，谈判关系主体是两个公司，而行为主体则是两个公司派出的谈判小组。

(2) 在自然人与自然人或自然人与团体、组织之间进行谈判时，有时自然人不委托他人代表自己谈判，此时谈判的关系主体同时也是谈判的行为主体。即谈判的后果承担是通过自己的具体行为来完成的。

(3) 在谈判的关系主体与行为主体不一致的情况下，谈判的行为主体只有正确反映谈判关系主体的意志，在谈判关系主体授权范围内所发生的谈判行为才是有效的。由此而产生的谈判后果，谈判关系主体才能承担。

2. 行为主体与关系主体的区别

(1) 谈判的关系主体直接承担谈判的后果，而行为主体不一定承担谈判后果。只有在两者一致的情况下，谈判的行为主体才承担谈判的后果。

(2) 谈判的行为主体必须是有意识、有行为的自然人；而谈判的关系主体则不然，既可以是自然人又可以是国家、组织或其他社会实体。

对谈判主体有关规定的研究和认识是很有必要的。因为谈判主体是谈判的前提，在谈判中要注意避免因谈判的关系主体和行为主体不合格，而使谈判失败造成损失。如果谈判的关系主体不合格，便无法承担谈判的后果；如果未经授权或超越代理权等的谈判行为主体则为不合格，谈判的关系主体也不能承担谈判的后果。

在现实谈判中，由于忽视了事先考虑己方或对方的主体资格问题，而使谈判归于无效，并遭受经济损失的事例常有发生。例如，某享有盛誉的药厂与所在市经济开发区的一个公司签订了代理出口中药酒至香港地区的合同。由于中药厂未审查对方能否按照合同的内容承担履约义务的资格，结果大批产品被海关扣下。这不仅使双方遭受经济损失，而且还遭受港商前来索赔的不良后果。在商务谈判中的各种材料主要有自然人身份方面的证件、法人资格方面的证件和经营资格方面的证件、代理权方面的证件，技术设备项目引进谈判中涉及履约能力方面的各种设备、设施、技术等证明。有的还可委托有关中介组织(如咨询机构)进行了解考查。

每一个谈判者的性格、气质、谈判风格和谈判经验是不可能完全相同的，也就决定了最后的谈判结果也不会完全相同。选谁去参加谈判，将直接关系着最后的谈判结果。

(二)谈判客体

谈判客体是指谈判涉及的交易或买卖的内容，也称谈判议题、谈判标的，是谈判的起因。在谈判过程中，谈判标的是核心，对谈判的影响是深远的。标的的多样性以及在交易中的复杂性，造成它对谈判带来的冲击也是多层次的。

谈判标的几乎没有限制，有属于资金方面的，如价格和付款方式等；有属于技术合作方面的，主要是技术标准方面的问题；有属于商品方面的，如商品的品质、数量、仓储、装运、保险和检验等。总之，涉及交易双方利益的一切问题，都可以成为谈判标的。在一定的社会环境中，谈判的事项受到诸如法律、政策、道德等内容的制约。因此，谈判内容是否符合有关规定，是决定谈判成功与否的关键。

(三)谈判背景

谈判背景是指谈判所处的客观条件。任何谈判都不可能孤立地进行，而必然处在一定的客观条件之下并受其制约。因此，谈判背景对谈判的发生、发展、结局均有重要的影响，是谈判不可忽视的要件。谈判背景主要包括环境背景、组织背景和人员背景三个方面。

客观存在的谈判环境会给当事人在谈判时带来一定的影响，能为谈判者实施谈判策略与技巧提供依据。

1. 环境背景

谈判环境背景主要包括政治环境、经济环境、人际关系环境、文化环境等。

政治环境是指本国政局稳定状态、政策要求以及谈判双方所在国之间的外交状态。政治和经济是紧密相连的，政治对于经济具有很强的制约力。在国内商务谈判中，政治环境多指政局及政策状况。国际商务谈判中的政治环境比较复杂，它既涉及两国各自的政局，又包括两国之间的外交关系，通常情况下后者对谈判影响较大。因此，在进行经济往来之前，必须对谈判对方的政治环境做详尽的了解，主要包括政局的稳定、政府之间的关系、政府对进口商品的控制等。

经济环境是指谈判当事人所处的经济背景。经济环境分为宏观和微观两种。宏观经济环境主要是指国家的经济政策方针、当事人所在国家的经济发展状况、人民的生活水平、交易货币汇率变化情况等。这些因素既反映了谈判当事人所处的宏观经济状态，又反映了交易条件的好坏。微观经济环境主要是指标的物所处的市场状态和谈判当事人所在企业的经营状态。标的物的市场状态及其市场身价，也是谈判经济背景的难易信号。该状态可分为四种：垄断市场、供大于求、求大于供和供求平衡。当事人企业状况是指企业的生产状况、产品的更新换代、销售状况、资本运作、品牌经营等现实情况。它决定谈判当事人对进行商品交易需求的程度和谈判中所持的态度，是谈判当事人取得谈判胜利的关键信息。

人际关系环境是指谈判者所属企业之间、谈判者之间、企业领导人之间的关系。

文化环境是指一个国家或民族的历史、风土人情、传统习俗、生活方式、文学艺术、行为规范、思维方式、价值观念等。

2. 组织背景

组织背景包括组织的历史发展、行为理念、规模实力、经营管理、财务状况、资信状况、市场地位、谈判目标、主要利益、谈判时限等。组织背景直接影响谈判议题的确立，也影响着谈判策略的选择和谈判的结果。

3. 人员背景

人员背景包括谈判当事人的职级地位、受教育程度、个人阅历、工作作风、行为追求、心理素质、谈判风格、人际关系等。谈判是在谈判当事人的参与下进行的，因此人员背景直接影响着谈判的策略运用和谈判的进程。

上述内容是构成谈判活动的三个基本要素，对于任何谈判，这三个要素都是不能缺少的。

第二节　商务谈判的一般类型与内容

一、商务谈判的含义、特点

(一)商务谈判的含义

谈判的种类很多，有外交谈判、政治谈判、军事谈判、经济谈判等，而商务谈判则是经济谈判的一种，是指两个或两个以上从事商务活动的组织或个人，为了满足自身经济利益的需要，对涉及各自切身利益的分歧进行意见交换和磋商，谋求取得一致和达成协议的经济交往活动。商务谈判一般包括货物买卖、工程承包、技术转让、融资谈判等。

(二)商务谈判的特点

商务谈判除了具备一般谈判的五个特点之外，还有自己的特点，具体表现在以下四个方面。

第一，商务谈判以获得经济利益为基本目的。不同的谈判者参与谈判的目的是不同的，外交谈判涉及的是国家利益，政治谈判关心的是政党团体的整体利益；军事谈判主要是关系敌对双方的安全利益，而商务谈判则是以获取经济利益为基本目的。在商务谈判中，谈判者都比较注意谈判的成本、效率和收益。因此，人们通常以经济效益的好坏来评价一项商务谈判的成功与否，而不讲求经济效益的商务谈判就失去了价值和意义。

第二，商务谈判以价值谈判为核心。商务谈判涉及的因素很多，谈判者的需求和利益表现在众多方面，但价值几乎是所有商务谈判的核心内容，这是因为商务谈判中价值的表现形式——价格，最直接地反映了谈判双方的利益，谈判双方在其他利益上的得与失，在很多情况下或多或少地都可以折合为一定的价格，并通过价格升降而得到体现。需要指出的是，在商务谈判中，我们一方面要以价格为中心，坚持自己的利益；另一方面又不能仅仅局限于价格，应该拓宽思路，设法从其他利益因素上争取应得的利益。与其在价格上与对手争执不休，还不如在其他利益因素上使对方在不知不觉中让步。

【案例 1-7】扫一扫，看“中欧光伏谈判达成解决方案”案例。

第三，商务谈判特别注意合同条款的严密性与准确性。商务谈判的结果是由双方协商一致的协议或合同来体现的，合同条款实质上反映了各方的权利与义务，其严密性与准确性是保障谈判获得各种利益的重要前提。有的谈判者在商务谈判中付出了很大的努力，好不容易为自己获得了较有利的结果，对方为了求得合同，也迫不得已做了许多让步，似乎这时谈判者已经获得了这场谈判的胜利，但如果拟订合同条款时，谈判者掉以轻心，不在意合同条款的完整、严密、准确、合理、合法，结果被谈判对手在条款措辞上略施小计，掉进陷阱，不仅把到手的利益丧失殆尽，而且要为此付出惨重的代价，这种例子在商务谈判中屡见不鲜。因此，在商务谈判中，谈判者不仅要重视口头上的承诺，更要重视合同条款上的准确与严密。

第四，在商务谈判中若涉及不同国家或地区之间的谈判，则会导致资产的跨国转移，因而要涉及国际贸易、国际结算、国际保险、国际运输等一系列问题。同时，在国际商务谈判中要以国际商法为准则，熟识对方所在国家的法律条款，熟识国家经济组织的各种规范和国际法。

二、商务谈判的一般类型

商务谈判客观上存在着不同的类型。认识商务谈判的不同类型，目的在于根据其不同类型的谈判特征和要求更好地参与谈判并采取有效的谈判策略。对谈判类型的正确把握，是谈判成功的起点，我们可以按照一定的标准把商务谈判划分为各种不同的类型。

1. 按谈判的地区范围划分

按谈判的地区范围划分，商务谈判可以分为国内商务谈判和国际商务谈判。

(1) 国内商务谈判。国内商务谈判是国内各种经济组织及个人之间所进行的商务谈判，包括国内的商品购销谈判、商品运输谈判、仓储保管谈判、联营谈判、经营承包谈判、借款谈判和财产保险谈判等。国内商务谈判的双方都处于相同的文化背景中，这就避免了由于文化背景的差异而可能对谈判产生的影响。由于双方语言相同、观念一致，所以谈判的主要问题在于怎样调整双方的不同利益，寻找更多的共同点。这就需要商务谈判者充分利用谈判的策略与技巧，发挥谈判者的能力和作用。

从我国的实际情况来看，人们普遍比较重视国际商务谈判，而对国内商务谈判则缺乏应有的认识，比较突出的问题就是双方不太重视对合同条款的协商和履行。许多应该明确写入合同条款中的内容，双方却没有考虑到，或者认为理所当然就应该这么做。结果，当出现纠纷时，则无以为据，自然也就难以追究违约一方的法律责任及赔偿责任。还有许多企业签订合同之后，并不认真履行，甚至随意撕毁合同，单方中止合同。出现这种情况的原因有二：一是由于商务谈判者的准备工作不充分、不细致，不清楚哪些问题应成为合同的条款，以及对方如不履约将给己方带来的损失；二是商务谈判者的法律观念淡薄，认为谈判只是把双方交易的内容明确一下，交易靠的是双方的关系、面子甚至交情，合同条款过于琐碎、细致，反倒伤了感情，失了面子。事实证明，这不仅不利于谈判双方关系的维系，使合同失去应有的效用，长此以往还会影响双方的合作，这是谈判者应该坚决避免和克服的。

(2) 国际商务谈判。国际商务谈判是指本国政府及各种经济组织与外国政府及各种经济组织之间所进行的商务谈判。国际商务谈判包括国际产品贸易谈判、易货贸易谈判、补偿贸易谈判、各种加工和装配贸易谈判、现汇贸易谈判、技术贸易谈判、合资经营谈判、租赁业务谈判和劳务合作谈判等。无论是从谈判形式还是从谈判内容来讲，国际商务谈判远比国内商务谈判复杂得多。这是由于谈判者来自不同的国家，其语言、信仰、生活习惯、价值观、行为规范、道德标准乃至谈判的心理都有着极大的差别，而这些方面都是影响谈判顺利进行的重要因素。

2. 按谈判的所在地划分

按谈判的所在地划分，商务谈判可以分为主场谈判、客场谈判和中立地谈判。

(1) 主场谈判。主场谈判是指在自己一方所在地，由自己一方做主人所进行的谈判。主场谈判占有“地利”，会给主方带来诸多便利，如熟悉的工作和生活环境，利于谈判的各项准备，便于问题的请示和磋商等。因此，主场谈判在谈判人员的自信心、应变能力及应变手段上，均占有天然的优势。如果主方善于利用主场谈判的便利和优势，往往会给谈判带来有利的影响。当然，主场谈判也有不足之处，即需要支付较大的谈判成本，或者容易被对方了解虚实，攻破防线等。

【案例 1-8】扫一扫，看“主场谈判优势”案例。

(2) 客场谈判。客场谈判是指在谈判对手所在地进行的谈判。客场谈判人员会受到各种条件的限制，需要去克服种种困难。客场谈判人员面对谈判对手必须审时度势，认真分析谈判背景、主方的优势与不足，以便正确运用并调整自己的谈判策略，发挥自己的优势，争取满意的谈判结果。

为了平衡主客场谈判的利弊，如果谈判需要进行多轮，通常安排主、客场轮换。在这种情况下，谈判人员也应善于抓住主场的机会，使其对整个谈判过程产生有利的影响。

【案例 1-9】扫一扫，看“以己之长攻人之短”案例。

(3) 中立地谈判。中立地谈判是指在谈判双方(或各方)以外的地点进行的谈判。中立地谈判可以避免主、客场对谈判的某些影响，为谈判提供良好的环境和平等的气氛。但是，它可能引起第三方的介入而使谈判各方的关系发生微妙变化。

3. 按谈判的形式划分

按谈判的形式划分，商务谈判可以分为横向式谈判和纵向式谈判。

(1) 横向式谈判。它是指在谈判双方确定谈判所涉及的主要问题后，开始逐个讨论预先确定的问题，在某一问题上出现矛盾或分歧时，就把这一问题放在后面，先讨论其他问题。如此周而复始地讨论下去，直到所有议题都谈妥为止。

例如，在资金借贷谈判中，谈判内容要涉及货币、金融、利息率、贷款期限、担保、还款及宽限期等问题，如果双方不能在贷款期限上达成一致意见，就可以把这一问题放在后面，继续讨论担保和还款等问题。当其他问题解决之后，再回过头来讨论这个问题。

这种谈判方式的特点是灵活、变通，只要有利于问题解决，经过双方协商同意，讨论的条款可以随时调整。也可以采用这种办法，即把与此有关的问题一起提出来，一起讨论研究，使双方所谈的问题相互之间有一个协商让步的余地，这非常有利于问题的解决。

(2) 纵向式谈判。它是指在确定谈判的主要问题之后，逐个谈论每一个问题和条款，讨论一个问题，解决一个问题，直到谈判结束。

例如，一项商品贸易谈判，双方确定的谈判议题主要有价格、交货期、运输、保险和索赔等。如果价格确定不下来，就不谈其他条款。只有价格谈妥之后，才依次讨论其他问题。

对横向式谈判而言，要求人的素质要高，谈判者要有一个把握全局、能够以俯瞰的形式搞清楚各个局部，最终形成一个全局的把握。有这种把握全局的能力，就可以轻松进行横向式谈判。而纵向式谈判正好相反，因为总是一个问题解决了再解决另一个问题。这对人的素质要求并不一定高，但把一个整体划分为一个一个片段，使得素质并不高的人能够去从事其中一个片段的确定，这种要求是很高的。西方人在谈判中间往往是把一个有很完整的有机的事物划分为一个一个非常简单的片段，然后每一个负责谈判的人去解决一个一个片段的问题。但是对东方人而言则不然，东方人要求的是一个全面、综合，所以跟日本人、华商谈判时需要有总揽全局、掌握全局的能力，才能够在谈判中做到应对自如，这也是东西方彼此之间的差异。

4. 按立场的角度划分

按立场的角度划分，商务谈判可以分为硬式谈判、软式谈判和原则式谈判。

(1) 硬式谈判也称主场式谈判。硬式谈判最大的特点是往往将自己的立场凌驾于自己的利益之上，为了立场可以牺牲利益，所以谈判的主线是一种对抗、打斗。顽固地维持自己的立场，让别人感觉非常难接触，而且非常固执。在这种情况下，谈判最可能的结果是一种情绪上的对立，互相不尊重，造成两败俱伤，这种谈判方式相当不可取。如果主谈选得不对的话，往往就可能陷入这么一种局势。在国际经济和国际政治中间经常出现这种情况，不考虑利益，只考虑立场，以致双方无法达成某种协议。

(2) 软式谈判也称让步式谈判。谈判者采取尽量避免冲突，随时准备为达成协议而让步，希望通过谈判签订一个皆大欢喜的协议，或者至少签订一个能满足基本利益的协议，不至于空手而归。这种谈判不是把对方当成敌人，而是当成朋友看待。他们强调的不是占有优势，而是达成协议。因此，在一场软式谈判中，一般的做法是：信任对方→提出建议→作出让步→达成协议→保持友善以及为了避免对立而屈服于对方。

软式谈判强调的是建立及维护双方的关系，有些国家绝大多数产品依赖于国际市场，作为单一国家，又作为外向型经济国家，出口就是经济，经济就是出口，所以经济要想增长，唯独的办法就是增加出口。如果这种产品在国际市场已经占有相当的份额，若出口增加，绝不是收入增加，而是价格的下跌，为补偿这种损失，又增加出口，会导致价格进一步下跌，形成恶性循环，对这类国家很不利。因此在谈判中往往处于一个相当不利的地位，这时如果别人断掉该国的出口的话，对该国就是一种灾难，在谈判中，该国唯一能做的事就是以一种屈服、顺从来适应这个国际市场的变化，在这个时候软式谈判采用得比较多。

(3) 原则式谈判也称价值式谈判。原则式谈判最早是由哈佛大学谈判研究计划中心提出的，所以又称哈佛谈判术。这种谈判是比较注重人际关系，比较注重相互的尊重，不以对抗为出发点，而是以尊重对手为出发点，保证对方最低利益为前提条件的，否则，对方会退出谈判，双方都无利可获。尊重对方的需要实际上就是保证自己的利益。

三种谈判方式在适用的时候有可能发生转化。比如，在中美关于 WTO 的谈判中间，美方有一个副代表叫安德森，不懂得尊重人，有一次他在龙永图同志办公室讲，“凡是我们美方向你中方出口的肉类，我们经过检验之后，你中方就不用再检验了”，这种说法从业务角度上讲也是没有道理的，因为从正常的进出口业务角度，出口方的检验是作为结汇的证据，进口方的检验是作为将来索赔的证据，所以他根本没有理由说，出口的肉类美方检验了，中方就可以不检验了，龙永图问“为什么不用检验了呢？”他说“我到中国市场上做过调查，中国市场卖的这类肉，标准之低，比美国狗食的标准还要低”，当时龙永图同志一拍桌子，“你出去，今天咱们没什么好谈的，你走！”安德森走后，过了一段时间，自己也觉得太过分了，于是采取了原则式谈判，从硬式谈判转化为原则式谈判。

5. 按谈判者数量的多少划分

按谈判者数量的多少划分，商务谈判可以分为一对一谈判、小组谈判和大型谈判。

(1) 一对一谈判。项目小的商务谈判往往是“一对一”式的。出席谈判的各方虽然只有一个人，但并不意味着谈判者不要做准备。“一对一”谈判往往是一种最困难的谈判类型，因为双方谈判者只能各自为战，得不到助手的及时帮助。因此，在安排人员参加这类谈判时，一定要选择有主见，决断力、判断力强，善于单兵作战的人，性格脆弱、优柔寡断的人是不能胜任的。谈判者多、规模大的谈判，有时根据需要，也可在首席代表之间安排“一对一”谈判，磋商某些关键问题或微妙敏感问题。

(2) 小组谈判。小组谈判是一种常见的谈判类型。一般较大的谈判项目，情况比较复杂，各方有几个人同时参加谈判，各人之间有分工协作，取长补短，各尽所能，可以大大缩短谈判时间，提高谈判效率。

(3) 大型谈判。国家级、省(市)级或重大项目的谈判，都必须采用大型谈判，由于关系重大，有的会影响国家的国际声望，有的可能关系国计民生，有的将直接影响地方乃至国家的经济发展速度、外汇平衡等，所以在谈判全过程中，必须准备充分、计划周详，不允许存在丝毫破绽、半点含糊。为此，就必须为谈判班子配备阵营强大、拥有各种高级专家的顾问团或咨询团、智囊团。这种类型的谈判，程序严密、时间较长，通常分成若干层次和阶段进行。

6. 按内容的不同划分

按内容的不同划分，商务谈判可以分为货物买卖谈判、投资谈判、租赁及“三来一补”谈判、建设项目谈判、技术贸易谈判、融资谈判、服务贸易谈判、损害和违约索赔谈判。

(1) 货物买卖谈判。货物买卖谈判涉及两种形式：一是现汇贸易谈判，二是易货贸易谈判。货物买卖谈判主要是买卖双方就买卖货物本身的有关内容，如货物数量、质量，货物的转移方式和时间，货物买卖的价格条件和支付方式，货物交易中双方的权利、义务和责任等问题进行的谈判。货物买卖谈判是国际商务谈判中数量最多的一种谈判，在企业的国际经济活动中占有很重要的地位。

(2) 投资谈判。投资谈判主要是创办企业方面的谈判，就我国企业而言，主要涉及以下两个方面。①举办海外企业的谈判。它主要是指我国到境外开办企业的谈判。②举办外商投资企业的谈判。它主要是指外商在中国境内举办中外合资企业、中外合作企业和外商独资企业的谈判。这种谈判是就涉及投资者在投资活动中的权利、义务、责任和相互间的关系所进行的谈判。这类谈判对于企业来说是经常性的国际商务谈判，由于涉及面广、影响大、周期长，而显得格外重要。在以往的谈判中，有的企业经验不足，为了达成协议，一再让步，结果造成了损失，很难挽回；也有的企业一味采取硬式谈判对待对方，结果谈判旷日持久，甚至达不成协议。这两种极端的做法都是不可取的。

(3) 租赁及“三来一补”谈判。租赁谈判是指我国企业从国外租用机器设备而进行的国际商务谈判。这种谈判主要涉及机器设备的选定、交货、维修保养、租赁期终的处理、租金的计算与支付，以及在租赁期内租赁公司与承租企业双方的责任、权利、义务等方面的谈判。

“三来一补”谈判是在我国许多企业，尤其是在中小企业中开展得十分活跃的一种商务谈判。“三来”是指国外来料加工、来样加工和来件装配业务。这方面谈判的内容主要包括：来料、来件的时间，加工质量的认定，成品的交货时间，原材料的损耗率，加工费的计算与支付，等等。“一补”是指补偿贸易谈判涉及技术设备的作价、质量的要求、补偿产品的选定与作价、补偿的时间、支付方式等方面的问题。随着我国对外经济活动的活跃，“三来一补”的形式也有所发展。不仅有从外方“三来”，也可以是我方“三去”。补偿贸易也可以是我方提供设备由外方用产品补偿。也就是在谈判中进行权利、义务、责任的换位而已，其基本要求仍是一样的。

(4) 建设项目谈判。建设项目谈判通常又称为大型项目谈判，如利用外国政府或国际金融组织的贷款，对一些大型市政建设和环保项目及重要的技术改造项目进行的谈判。这种谈判主要是围绕着项目的目的、内容、发展前景、融资条件招标与发包等一系列经济与技术上的问题进行谈判。建设项目谈判通常分两部分进行：第一部分是由双方政府主管该项目的部门会同有关经济部门就双方合作的总体设想和商务关系进行的原则谈判，谈判涉及面较广，包括建设项目的性质、作用，建设项目的投资、贷款总额及支付方式，建设项目建设过程中双方的权利、责任等；第二部分是具体的技术和商务谈判，由双方的具体实施建设工程的部门或企业进行直接谈判，谈判涉及的内容较专业化，往往就其中一些技术细节和工程所用材料和设备、工程的技术标准、验收方式等进行谈判。前后两部分谈判是相辅相成的，第一部分的谈判决定了第二部分谈判的范围和要求，而第二部分谈判也对第一部分的谈判做了必要的补充。两部分的有机结合和相互补充决定了整个建设项目的成败，所以这种谈判要比其他谈判更加负责、要求也更高。

(5) 技术贸易谈判。技术贸易谈判是指技术的接收方(即买方)与技术的转让方(即卖方)就转让技术的形式、内容、质量规范、使用范围、价格条件、支付方式等在技术转让中的一些权利、义务和责任等方面所进行的谈判。随着我国经济建设的发展和改革开放的深化，一方面需要从国外引进大量的先进技术，另一方面国内的技术也将越来越多地进入国际市场。因此，国际技术贸易谈判正在成为我国企业国际商务谈判的重要方面，受到更多的重视。

(6) 融资谈判。融资谈判是指双方就如何提供进出口信贷，组织国际银团融资，在对方国发行债券、股票，提供资金担保等方面的谈判。这些谈判常常涉及融资的条件、融资的成本、支付的方法、担保的范围以及发展中国家外汇管理问题等。

(7) 服务贸易谈判。这是目前国际贸易应用面十分广泛并且发展得较快的谈判，包括运输、咨询、广告、项目管理、设计、劳务、旅游等方面的商务合作谈判。服务贸易涉及的常常不是货物，也不是有形的企业、工程。它涉及的主要是无形的贸易，是以提供某一方面的服务为特征的。随着第三产业的发展和国际交流的频繁，服务贸易在国家之间的开展越来越经常化和多样化，这类谈判所占的比重也越来越大，成为国际经济活动中越来越重要的方面。

(8) 损害和违约赔偿谈判。损害和违约赔偿谈判与前几种类型的商务谈判相比是一种较为特殊的谈判。损害是指在商务活动中由于某方当事人的过失而给另一方造成的名誉损失、人员伤亡损失和财务损失；违约是指在商务活动中并非不可抗力发生，合同的一方不履行或违反合同的行为。损害和违约负有责任的一方应向另一方赔偿经济损失。在损害和违约赔偿谈判中，首先要根据事实和合同分清责任的归属，在此基础上，才能根据损害的程度，协商谈判经济赔偿的范围和金额，以及某些善后工作的处理。随着我国国际商务活动的发展，损害和违约赔偿谈判是经常发生的，这方面的谈判应引起充分的重视，以维护我方的合法权益。

三、商务谈判的主要内容

商务谈判是商业事务的谈判，包括商品买卖、劳务合作、工程承包、咨询服务、中介服务、技术转让、合资合作等方面的谈判。商务谈判的内容因商务谈判的类型不同而各有差异。下面将分别介绍商品贸易谈判、技术贸易谈判和劳务合作谈判这三种谈判。

1. 商品贸易谈判

商品贸易谈判的内容是以商品为中心的，主要包括商品品质、数量、包装、运输、保险、检验、价格、货款结算支付方式以及索赔、仲裁和不可抗力等条款。

(1) 商品品质。商品品质是指商品的内在质量和外观形态。它往往是交易双方最关心的问题，也是洽谈的主要问题。商品品质取决于商品本身的自然属性，其内在质量具体表现在商品的化学成分、生物学特征及其物理、机械性能等方面；其外在形态具体表现为商品的造型、结构、色泽、味觉等技术指标或特征。

(2) 商品数量。商品交易的数量是商务谈判的主要内容之一。确定买卖商品的数量，首先要根据商品的性质，明确所采用的计量单位。表示重量的计量单位有吨、千克、磅等；表示个数的计量单位有件、双、套、打等；表示面积的计量单位有平方米、平方英尺等；表示体积的计量单位有立方米、立方英尺等。在国际贸易中，由于各国采用的度量衡制度不同，同一计量单位所代表的数量也各不相同，因而要掌握各种度量衡之间的换算关系，在谈判中应明确规定使用哪一种度量衡制度，以免造成误会和争议。

(3) 商品包装。在商品交易中，绝大多数商品都需要包装。包装具有宣传商品、保护商品、便于储运、方便消费的作用。作为商务谈判者，为了使双方满意，必须精通包装材料、包装设计、运装标志等知识，以便作出明确规定。

(4) 商品运输。在商品交易中，卖方向买方收取货款是以交付货物为条件的，所以运输方式、运输费用以及交货地点依然是商务谈判的重要内容。①运输方式。商品的运输方式是指将商品转移到目的地所采用的方法和形式。以运输工具进行划分，有公路运输、水路运输、铁路运输、航空运输和管道运输；以营运方式进行划分，有自运、托运和联运等。目前，在国内贸易中主要采用铁路运输、公路运输、水路运输和自运、托运等，在对外贸易中主要采用水路运输、航空运输、托运和租运等。②运输费用。运输费用的计算标准有：按货物重量计算、按货物体积计算、按货物件数计算、按商品价格计算等。③装运时间、地点和交货时间、地点。这些不仅直接影响买方能否按时收到货物，满足需求或投放市场、回收资金，还会因交货时空的变动引起价格的波动和可能造成经济效益的差异。谈判中应对运输条件、市场需求、运输距离、运输工具、码头、车站、港口、机场等设施，以及货物的自然属性、气候条件做综合分析，明确装运、交货地点和装运、交货的具体截止日期。

(5) 商品保险。商品保险的主要内容有：贸易双方的保险责任，具体明确的办理保险手续和支付保险费用的承担者。

(6) 商品检验。商品检验是对交易商品的品种、质量、数量、包装等项目按照合同规定的标准进行检查或鉴定。通过检验，由有关检验部门出具证明，作为买卖双方交接货物、支付货款和处理索赔的依据。商品检验主要包括：商品检验权、检验机构、检验内容、检验证书、检验时间、检验地点、检验方法和检验标准。

(7) 商品价格。对商品价格的谈判是商务谈判中最重要的内容，价格的高低直接影响贸易双方的经济利益。商品价格是否合理是决定商务谈判成败的重要条件。

商品的价格是根据不同的定价依据、定价目标、定价方法和定价策略来制定的。商品价格的构成一般受商品成本、商品质量、成交数量、供求关系、竞争条件、运输方式和价格政策等多种因素的影响。谈判中只有深入了解市场情况，掌握实情，切实注意上述因素的变动情况，才能取得谈判的成功。

(8) 货款结算支付方式。在商品贸易中，货款的结算与支付是一个重要问题，直接关系交易双方的利益，影响双方的生存与发展。在商务谈判中应注意货款结算支付的方式、期限、地点等。

国内贸易货款结算方式分为现金结算和转账结算。现金结算，即一手交货，一手交钱，直接以现金支付货款的结算方式。转账结算是通过银行在双方账户上划拨的非现金结算。非现金结算有两种方式：一种是先货后款，包括异地托收承付、异地委托收款、同城收款等；另一种是先款后货，包括汇款、限额结算、信用证、支票结算等。根据国家规定，各单位之间的商品交易，除按照现金管理办法外，都必须通过银行办理转账结算。这种规定的目的是节约现金使用，利于货币流通，加强经济核算，加速商品流通和加快资金周转。转账结算可分为异地结算和同城结算。前者的主要方式有托收承付、信用证、汇兑等，后者的主要方式有支票、付款委托书、限额结算等。

(9) 索赔、仲裁和不可抗力。在商品交易中，买卖双方常常会因彼此的权利和义务引起争议，并由此导致索赔、仲裁等情况的发生。①索赔。索赔是一方在认为对方未能全部或部分履行合同规定的责任时，向对方提出索取赔偿的要求。引起索赔的原因除了买卖一方违约外，还由于合同条款规定不明确，一方对合同某些条款的理解与另一方不一致而认为对方违约等。一般来讲，买卖双方在洽谈索赔问题时应洽谈索赔的依据、索赔期限和索赔金额的确定等内容。②仲裁。仲裁是双方当事人在谈判中磋商约定，在本合同履行过程中发生争议，经协商或调解不成时，自愿把争议提交给双方约定的第三者(仲裁机构)进行裁决的行为。在仲裁谈判时应洽谈的内容有仲裁地点、仲裁机构、仲裁程序规则和裁决的效力等内容。③不可抗力。不可抗力又称人力不可抗力，通常是指合同签订后，不是由于当事人的疏忽过失，而是由于当事人所不可预见，也无法事先采取预防措施的事故，如地震、水灾、旱灾等自然原因或战争、政府封锁、禁运、罢工等社会原因造成的不能履行或不能如期履行合同的全部或部分义务。在这种情况下，遭受事故的一方可以据此免除履行合同的责任或推迟履行合同，另一方也无权要求其履行合同或索赔。洽谈不可抗力的内容主要包括不可抗力事故的范围、事故出现的后果和发生事故后的补救方法、手续、出具证明的机构和通知对方的期限。

2. 技术贸易谈判

技术贸易谈判包括技术服务、发明专利、工程服务、专有技术、商标和专营权的谈判。技术的引进和转让是同一过程的两个方面，有引进技术的接受方，就有供给技术的许可方。引进和转让的过程，是双方谈判的过程。技术贸易谈判一般包括技术类别、名称和规格，即技术的标的。最基本内容是磋商具有技术的供给方能提供哪些技术，引进技术的接受方想买进哪些技术。

(1) 技术贸易的种类。技术商品是指那些通过在生产中的应用，能为应用者创造物质财富的、具有独创性的、用来交换的技术成果。技术贸易的种类主要有专利、专有技术、技术服务、工程服务、商标、专营权等。

(2) 技术经济要求。因为技术贸易转让的技术或研究成果有些是无形的，难以保留样品作为今后的验收标准，所以谈判双方应对其技术经济参数采取慎重和负责的态度。技术转让方应如实地介绍情况，技术受让方应认真地调查核实，然后把各种技术经济要求和指标详细地写在合同条款里。

(3) 技术的转让期限。虽然科技协作的完成期限事先往往很难准确地预见，但规定一个较宽的期限还是很有必要的，否则容易发生纠纷。

(4) 技术商品交换的形式。这是双方权利和义务的重要内容，也是谈判不可避免的问题。技术商品交换的形式有两种：一种是所有权的转移，买方付清技术商品的全部价值并可转卖，卖方无权再出售或使用此技术，这种形式较少使用；另一种是不发生所有权的转移，买方只获得技术商品的使用权。

(5) 技术贸易的计价、支付方式。技术商品的价格是技术贸易谈判中的关键问题。转让方为了更多地获取利润，报价总是偏高；引进方不会轻易地接受报价，往往通过反复谈判，进行价格对比分析，找出报价中的不合理成分，将报价压下来。价格对比一般是比较参加竞争的厂商在同等条件下的价格水平或相近技术商品的价格水平。价格水平的比较主要看两个方面，即商务条件和技术条件。商务条件主要是对技术贸易的计价方式、支付条件、使用货币和索赔等进行比较；技术条件主要是对技术商品供货范围的大小、技术水平的高低、技术服务的多少等进行比较。

(6) 责任和义务。技术贸易谈判中技术转让方的主要义务是：按照合同规定的时间和进度，进行科学研究或试制工作，在限期内完成科研成果或样品，并将经过鉴定合格的科研成果报告、试制的样品及全部科技资料、鉴定证明等交付委托方验收；积极协助和指导技术受让方掌握科技成果，达到协议规定的技术经济指标，以收到预期的经济效益。

技术受让方的主要义务是：按协议规定的时间和要求，及时提供协作项目所需的基础资料，拨付科研、试制经费，按照合同规定的协作方式提供科研、试制条件，并按接收技术成果支付酬金。

技术转让方如果完全未履行义务，应向技术受让方退还全部委托费或转让费，并承担违约金。如果部分履行义务，应根据情况退还部分委托费或转让费，并偿付违约金。延期完成协议的，除应承担因延期而增加的各种费用外，还应偿付违约金。所提供的技术服务，因质量缺陷给对方造成经济损失的，应负责赔偿。如果由此引起重大事故，造成严重后果的，还应追究主要负责人的行政责任和刑事责任。

技术受让方不履行义务的，已拨付的委托费或转让费不得追回，同时还应承担违约金。未按协议规定的时间和条件进行协议配合的，除应允许顺延完成外，还应承担违约金。如果给对方造成损失的，还应赔偿损失。因提供的基础资料或其他协作条件本身的问题造成技术服务质量不符合协议规定的，后果自负。

3. 劳务合作谈判

劳务合作谈判是关于某一具体劳动力供给方所能提供的劳动者的情况和需求方所能提供给劳动者的有关生产环境条件和报酬、保障等内容所进行的谈判。其基本内容有：劳动力供求的层次、数量、素质、职业、工种，劳动地点(国别、地区、场所)、时间、条件，劳动保护、劳动工资、劳动保险与福利等。

(1) 层次。它是指劳动者由于学历、知识、技能、经验的差别，职业要求的差异，形成许多具体不同的水平级别，如科技人员、技术工人、勤杂工、保姆等。

(2) 数量。劳动力是指人的劳动能力，通过劳动者人数来表现。

(3) 素质。它是指劳动者智力和体力的总和。目前，只能从劳动者年龄、文化程度、技术水平上加以具体表现。劳动者的体力主要从年龄上来测定。我国规定的劳动力年龄是男为16～60岁，女为16～55岁。体力随着年龄的增大而衰退。一般将年龄分成四组，即16～25岁、25～35岁、35～50岁、50岁以上。劳务市场磋商时，一般对劳动者的体力采用目测认定其强壮还是弱小。文化程度是劳动者受教育的情况，作为表现智力的指标。文化程度分为：大学以上(含大专)；高中(含中专)、职高、技校毕业生；初中；小学；半文盲、文盲。技术水平是劳动者社会劳动技能熟练程度和水准高低的体现，具体分为：专业技术人员(高、中、低级职称，未评职称)，技术工作(3级以下，4～6级，7～8级，8级以上)，其他(含非专业技术干部和普通工人)。

(4) 职业、工种。按国民经济行业目录划分，有13个行业。职业、工种在各行业部门中又有许多不同的分类，如农民、教师、医生、工人等。机器制造业工人又分为铸工、锻工、车工、铣工、磨工、钳工等。职业、工种按劳动者层次、素质双向选择，特别是对高空、水下、井下和易形成职业病的职业，工种的选择性更大。

(5) 劳动地点、时间、条件。劳动地点对某一具体劳动力需求方来说一般是固定的，只有少数是流动的。劳动者主要考虑离家远近、交通状况，结合劳动时间、劳动条件和劳动报酬等选择工作。

(6) 劳动保护、劳动工资、劳动保险与福利。这是双方磋商的核心问题。它是发展劳务市场，推动劳动力在不同工作、地区、单位间转移的重要动力。

除此之外，劳务合作谈判还应依据劳动法规规范，确定谈判内容与条件。

第三节　商务谈判的基本原则与程序

一、商务谈判的基本原则

商务谈判的原则是指商务谈判中谈判各方应当遵循的指导思想和基本准则。商务谈判的原则是商务谈判内在的、必然的行为规范，是商务谈判的实践总结和制胜规律。因此，认识和把握商务谈判的原则，有助于维护谈判各方的权益，提高谈判的成功率和指导谈判策略的运用。

商务谈判依存于特定的环境和条件，并服从于谈判者对特定目标的追求。因而，在现实中存在的大量商务谈判行为，必然是各具特色、互不相同的。但是，任何一项商务谈判又都是谈判双方共同解决问题、满足各自需要的过程，从这个意义上来讲，不同的商务谈判对谈判者的行为又有着共同的要求。或者说，无论人们参与什么样的商务谈判，都必须遵循某些共同的准则。商务谈判是一种原则性很强的活动，在商务谈判中，谈判者应遵循的原则主要有下述几个方面。

1. 自愿原则

商务谈判的自愿原则是指作为谈判当事各方，是出于自身利益目标的追求和互补互惠的意愿来参加谈判的，而非受他人驱使或迫于外界压力。自愿原则表明谈判各方具有独立的行为能力，能够按照自己的意志在谈判中就有关权利义务做出决定。同时，只有自愿，谈判各方才会有合作的诚意，最终取得各方满意的谈判结果。如果一方是被迫的，被迫的一方势必带有抵触情绪，在于己不利的情况下退出谈判，谈判将不会有结果，或中途破裂。可以说，自愿原则是商务谈判的前提。

2. 平等协商原则

谈判的双方在互相磋商中都处于同等的社会地位，享有相同的权利，谈判的时候应该公平往来。在涉外经贸中，这是我国对外经济关系中一项基本原则。谈判是一种相互间寻求合作的交往行为，其前提是谈判各方必须互视平等，如果一方不能用平等的态度看待对方，合作就不可能成立，谈判也就无法进行。我国与各国进行经济交流时，反对以任何借口，附带任何特权来谋求政治和经济上的特权。同时，我国也决不接受对方附加任何不平等的条件与不合理的要求。

美国权威谈判理论家尼尔伦伯格曾概括地说："谈判获得成功的基本哲理是'每方都有胜者'"。而支撑着这种说法的第一条件就是谈判双方的平等。在谈判过程中，双方应有来有往，不允许一方"独霸江山"。同时，谈判的双方都要有勇气对不符合自己利益的要求说"不"，不能唯唯诺诺，委曲求全。常言道："买卖不成仁义在。"即使双方暂时在利益的需求上没能达成一致，日后仍有机会和可能重开谈判。任何以强凌弱、仗势欺人的做法，都是谈判原则所不允许的。

3. 互利互惠原则

互利互惠原则是指谈判达成的协议对于各方都是有利的。商务谈判不是竞技比赛，一方盈利一方亏本。因为，如果谈判只有利于一方，不利方就会退出谈判，这样自然会导致谈判破裂，谈判的胜利方也就不复存在。同时，谈判中所耗费的劳动也就成为无效劳动，谈判各方也就都只能是失败者了。可见，互利是商务谈判的目标。坚持互利，就要重视合作，没有合作，互利就不能实现。谈判各方只有在追求自身利益的同时，也尊重对方的利益追求，争取互惠"双赢"，才能实现各自的利益目标，同时，也只有在互惠"双赢"中，实现双方利益的最大化，即把"蛋糕做大"。

【案例 1-10】扫一扫，看"跨国贸易谈判中的互利互惠"案例。

4. 公开、公平、公正的竞争原则

在商务谈判中，应避免选择伙伴单一，出现"在一棵树上吊死"的现象，要善于营造公开、公平、公正的竞争局面，以利于扩大自己的选择余地，从而在技术方案制订、资金运作、合作伙伴选择等方面获得有利的地位，也有利于打破垄断，避免了因不了解情况而陷入被动局面。

例如：某企业打算引进一组大型化工装置，技术部门也事先做了一些技术规划方案，后来消息公布以后，引来 6 个国家 10 余家公司纷纷表示愿意承办这一项目，并各自提供了他们的方案。经过消化，我方技术人员从这些方案中发现了更先进、更经济的工艺技术，了解了许多最先进的技术，原先的技术方案经过修改后变得更为完善，为高水平地完成项目引进走出了关键的一步。公平竞争的局面能为我们带来最公平合理的价格与最合适的合作伙伴。

同谈判对手进行的竞争应该是一种“公平竞争”，同潜在的合作外商的谈判应该建立在平等互利的基础上，而不应采取“轮番压价式”的做法。有的谈判者认为，货比三家总是不会错的，于是同时向若干家公司询价，当对方报价后，又以 A 公司的价压 B 公司，以 B 公司的价压 C 公司，以 C 公司的价压 A 公司，试图从中得到最有利于自己的价格，其实这样做是很不明智的。这种做法不符合商业道德，也不符合国际商务活动的基本准则。作为商人，在公开、公平、公正的竞争中被淘汰应该心服口服。然而一旦受到不公平的对待，即使双方签了合同，也不能认为是成功的。因为作为一个商人，在不公平的竞争中失败了，是决不会服气的，会在今后的竞争机会中表现出消极的态度。

5. 人事分开原则

人事分开原则，就是在谈判中区分人与问题，把对谈判对手的态度与讨论的问题区分开来，就事论事，不要因人误事。因为谈判的主体是富有理智和情感的人，所以谈判的结果不可避免要受到人为因素的影响。在谈判中要避免因人误事，既不能指望对方之中的老朋友能够“不忘旧情”，良心发现，对自己“手下留情”，也不要责怪对方“见利忘义”“不够朋友”、对自己“太黑”。商务谈判并不是一场你死我活的人与人的战争，因此商务人员对它应当就事论事，不要让自己对谈判对手主观上的好恶，来妨碍自己解决现实问题。

商务谈判中，对“事”要严肃，对“人”要友好；对“事”不可以不争，对“人”不可以不敬。如果谈判者在商务谈判中“小不忍则乱大谋”，那可就怪不得旁人了。在商界，有一句行话，叫作“君子求财不求气”。它再次告诫谈判者：意气用事，在商务交往中的任何场合都是弊大于利的。

【案例 1-11】扫一扫，看“人事分开原则”案例。

6. 立场服从利益原则

人们持有某种立场为的是争取他们所期望的利益，立场的对立无疑源于利益的冲突。如果某一方的利益追求在谈判一开始就得以实现，就没有必要继续坚持他的立场，双方很快就可以达成一致。而如果谈判者所持的立场无助于他对利益的追求，他就会重新审视这一立场，进行适当的修改和调整，甚至放弃这一立场。

在商务谈判中，谈判者的立场服从于他对利益的追求。就立场相互对立的双方来说，重要的不是调和双方的立场，而是调和彼此的利益。当然，在某些情况下，双方也完全可以通过合作来消除立场的对立，但调和立场的目的，恰恰是为了谋求彼此在利益上的协调一致。把注意力集中于相互的利益而不是立场，对谈判双方来说都是十分有益的。

【案例 1-12】扫一扫，看“立场服从利益原则”案例。

7. 坚持客观标准的原则

客观标准是指独立于谈判各方主观意志之外的，能够被谈判各方接受的，合乎情理又切实可行的准则。它可以是国际惯例、国际标准条款，也可以是道德标准、科学鉴定等。在谈判过程中，制定客观标准的原则是给双方以平等的机会。

【案例 1-13】扫一扫，看“坚持客观标准原则”案例。

二、商务谈判的程序

商务谈判的程序是指在谈判过程中发生的顺序。了解和熟悉商务谈判的程序是恰当地使用商务谈判的策略和技巧的前提和基础。一般来说，商务谈判的程序可以划分为准备阶段、开局阶段、报价阶段、磋商阶段、成交阶段五个基本阶段。

1. 准备阶段

谈判的准备阶段是指谈判正式开始以前的阶段，其主要任务是进行环境调查，搜集相关情报、选择谈判对象、制订谈判方案与计划、组织谈判人员、建立与对方的关系等。准备阶段是商务谈判最重要的阶段之一，良好的谈判准备有助于增强谈判的实力，建立良好的关系，影响对方的期望，为谈判的进行和成功创造良好的条件。

2. 开局阶段

谈判的开局又称非实质性谈判阶段，是指从谈判人员见面到进入具体交易内容的磋商之前，相互介绍、寒暄以及就一些非实质性的问题进行讨论的阶段，是谈判的前奏和铺垫。它包括开局导入阶段、商议谈判议程、双方开场陈述。

开局导入阶段是指从步入会场到寒暄结束的这段时间，主要是为了营造谈判气氛；商议谈判议程包括人员介绍、谈判目标、讨论的议题和顺序、日程安排等；双方开场陈述是指双方就本次洽谈的内容，各自的立场及建议进行分别陈述，也是双方彼此进行摸底的阶段。摸底的过程，虽然不能直接决定谈判的结果，但是它却关系着双方对最关键问题(价格)谈判的成效；同时，在此过程中，双方通过互相摸底，也在不断调整自己的谈判期望与策略。

虽然谈判开局阶段不长，但它在整个谈判过程中起着非常关键的作用。它为谈判奠定了一个大的氛围和格局，影响和制约着以后谈判的进行。因为这是谈判双方的首次正式亮相和谈判实力的首次较量，直接关系到谈判的主动权。开局阶段的主要任务是建立良好的第一印象、创造合适的谈判气氛、谋求有利的谈判地位等。

3. 报价阶段

报价就是双方各自提出自己的交易条件，是各自立场和利益要求的具体体现。因此，报价是整个谈判过程中必不可少的核心环节，事关谈判双方的切身利益。报价分为狭义报价和广义报价。狭义报价是指一方向另一方提出己方的具体价格；广义报价是指一方向另一方提出具体的交易条件，包括商品的数量、价格、包装、支付、保险、装运、检验、索赔、仲裁等内容。报价既要考虑对己方最为有利，又要考虑成功的可能性。报价的目的是双方了解对方的具体立场和条件，了解双方存在的分歧和差距，为磋商准备条件。

4. 磋商阶段

磋商阶段是指一方报价以后至成交之前的阶段，是整个谈判的核心阶段，也是谈判中最艰难的，是谈判策略与技巧运用的集中体现，直接决定着谈判的结果。它包括讨价、还价、抗争、异议处理、压力与反压力、僵局处理、让步等诸多活动和任务。

5. 成交阶段

成交阶段是指双方在主要交易条件基本达成一致以后，到协议签订完毕的阶段。成交阶段的开始，并不代表谈判双方的所有问题都已解决，而是指提出成交的时机已经到了。实际上，这个阶段双方往往需要对价格及主要交易条件进行最后的谈判和确认，但是此时双方的利益分歧已经不大了，可以提出成交了。成交阶段的主要任务是对前期谈判进行总结回顾，进行最后的报价和让步，促使成交，拟定合同条款及对合同进行审核与签订等内容。

第四节　商务谈判的价值评判标准与 PRAM 模式

一、成功谈判的价值评判标准

在商务谈判中，追求谈判成功是每个谈判者的心愿和目的，但对谈判成功标准的认识却不一定正确。有的认为，在谈判中以自己获得利益的多少作为评判标准，获得利益越多，则谈判越成功；有的则认为，在谈判中己方气势越强，对方气势越低，则谈判越成功……其实，这些看法与做法都是片面的，甚至是有害的。

对持以上看法的人来说，事实上他们在谈判中获得的那部分利益，可能远远小于本来可以获得的最大利益；或者说他们只获得了谈判桌上看得见的眼前利益，而失去了双方真诚合作可能产生的潜在利益和长远利益。因此，仅仅从一场谈判的结果就简单得出已经获得谈判成功的结论，实在是不妥的，而且这种想法还有可能导致失去已经到手的利益，从而变得一无所获。

美国谈判学会会长、著名律师尼尔伦伯格就曾指出，谈判不是一场棋赛，不要求决出胜负；谈判也不是一场战争，要将对方消灭或置于死地。相反，谈判是一项互惠的合作事业。从谈判是一项互惠的合作事业出发，一场成功的谈判应该有三个价值评判标准。

1. 目标实现标准

谈判的最终后果有没有达到预期目标？在多大程度上实现了预期目标？这是人们评价一切谈判是否成功的首要标准。如果原先所设定的预期目标一点也没有达到，就宣布自己获得了这场谈判的胜利，这是任何人都不能够同意的。人们是以行为有没有达到预期的目标，来看待行为的有效性的。需要指出的是，不要简单地把谈判目标理解为利益目标，这里所指的谈判目标是具有普遍意义的综合目标。不同类型的商务谈判、不同的谈判者，其谈判目标均有所不同。

比如，对于采购谈判来讲，其谈判目标一般就是性价比高、服务优的商品。对于租赁业务洽谈，其谈判目标则有可能是以较低的租金租到功能较齐全的某种设备。因此，谈判目标只有到具体的谈判项目中才能具体化。

2. 成本优化标准

天下没有免费的午餐，谈判是要花费一定成本的，通常一场谈判有三种成本：一是为达成协议所作出的让步，也就是预期谈判收益与实际谈判收益的差距，这是谈判的基本成本；二是人们为谈判所耗费的各种资源，如投入的人力、物力、财力和时间，这是谈判的直接成本；三是因参加该项谈判占用了资源，而失去了其他获利的机会，损失了有望获得的其他价值，即谈判的机会成本。因此在计算谈判的总收益中要减去这三种成本，剩下的才是货真价实的真金白银。

在这三种成本中，人们往往较多地关注第一种成本，常常特别注重谈判桌上的得失，而忽视第二种成本，对第三种成本考虑得更少。这是需要予以注意的。要想准确考核谈判的效率，对谈判成本的准确计算就显得非常重要。如果谈判所费成本很低，而收益却较大，则可以说该次谈判是成功的、高效率的；反之，则是不经济的，甚至在某种程度上是失败的。

例如，我们进行了一场旷日持久的谈判，投入了大量的人力、物力、财力，最终圆满地实现了预定目标，当人们在庆贺谈判胜利的时候，有没有想到你原本可以花更少的人力、物力、财力来获得同样的结果？有没有想到获得这项成功的同时还失去了其他获利机会？如果意识到了这一点，那么人们会在谈判中表现出更大的主动性和能动性。

3. 人际关系标准

谈判是人们之间的一种交流活动，对于商务谈判而言，谈判的结果不只体现在最终成交的价格高低、利润分配的多少，以及风险与收益的关系上，更主要体现在人际关系上，即还要看谈判是因此而促进和加强了双方的友好合作关系，还是因此而削弱了双方的友好关系。一个谈判者要具备战略眼光，不计较也不过分看重某一场谈判的得失，而是着眼于长远，着眼于未来。虽然在某一次谈判中少得到了一些，但是如果保持良好的合作关系，长期的收益将会补偿目前的损失。因此，在谈判中除了争取实现自己的预期目标，还应重视建立和维护双方的友好合作关系，正所谓“生意不成友情在”应该是商场上一条普遍适用的基本原则。

综上所述，一场成功的谈判应该是：通过谈判，双方的需求都得到了满足，谈判所获收益与所费成本之比最大，而且这种较为满意的结果是在高效率的节奏下完成的，同时双方的友好合作关系得以建立或进一步发展和加强。

正确地认识谈判的价值评价标准，不仅能使我们知道什么是成功的谈判，还能使我们知道应该怎样取得谈判的成功。

二、商务谈判的 PRAM 模式

商务谈判过程中存在竞争，主观上，所有的谈判者都希望战胜对方，从中取得更多的利益。客观上，由于多种原因，谈判的结果并不一定如期所望，那么如何能够顺利取得谈判的成功呢？有没有一个成功的模式可以参考呢？答案是肯定的。中西方学者通过大量的理论和实践研究，找到了一条能够顺利到达成功彼岸的方法，即商务谈判的基本模式——PRAM模式。

PRAM 模式由四个部分构成：制订谈判计划(plan)、建立信任关系(relationship)、达成双方都能接受的协议(agreement)以及协议的履行和关系的维持(maintenance)。

1. PRAM 模式的实施前提

正确的谈判意识是 PRAM 模式实施的重要前提。一般来说，谈判者应具备以下五个方面的意识。

第一，要将谈判看成各方之间的一种协商活动，而不是竞技体育项目的角逐。协商和竞技比赛的目标虽然都是要满足双方的利益需要，但协商要满足的利益需要是可以调和的，而竞技比赛要满足的利益需要是对立的。

第二，谈判各方之间的利益关系是一种互助合作的关系，而不是敌对关系。

第三，在谈判中，各方除了利益关系外还有人际关系，良好的人际关系是满足各方利益需要的基础和保障。

第四，谈判者不仅要着眼于本次交易协商，还要有战略眼光，将眼前利益和长远利益结合起来，抓住现在，放眼未来。

第五，谈判的结果各方都是胜利者。谈判的最后协议要符合各方的利益需求。

上述谈判意识会直接影响和决定我们在谈判中所采取的方针和策略，从而影响洽谈的结果。只有树立了这种正确的谈判意识，才能使我们缩短理想与现实之间的距离，提高洽谈成功的概率。

2. PRAM 模式的构成

(1) 制订谈判计划。“凡事预则立”，制订谈判计划是有效开展谈判、获得谈判成功的基本前提。在制订谈判计划时，首先，要明确己方的谈判目标；其次，要设法去理解和弄清对方的谈判目标，并把双方的目标进行比较，找出双方利益的共同点和不同点。对双方利益一致的地方，应该仔细地列出来，并准备在以后正式谈判中摆在桌面上，由双方加以确认，以便提高和保持双方对谈判的兴趣及争取成功的信心。同时，又为以后解决利益不一致的问题打下基础。对双方利益需求不一致的地方，要在制订谈判计划时进行周密思考，想好适当对策，并在谈判过程中通过双方“交锋”，充分发挥各自的思维创造力和想象力，来谋求使双方都能满意的方案，从而实现谈判各方的目标。

(2) 建立信任关系。在正式协商谈判之前，要建立起与谈判对方的良好关系。这种关系应该是一种有意识地形成的，能使谈判双方在协商过程中都感受到的舒畅、开放、融洽、愉快的和谐关系。之所以要建立这种信任关系，主要是因为在一般情况下，人们不愿意向自己不了解、不信任的人敞开心扉并与之订立合同。当双方相互了解，并且建立了相互信任的关系时，就会减少双方之间的戒备心理，从而降低谈判的难度，增加谈判成功的机会。

经验证明，要建立谈判双方之间的信任关系，增强彼此的信赖感，应该注意以下三点。

第一，要努力使对方信任自己。对对方事业与个人的关心、良好的修养、周到的礼仪、工作的勤勉等都能促使对方信任自己。相反，一句不得体的话、一个不合礼仪的动作、一次考虑不周的安排都会影响对方对自己的信任程度，在初次谈判时更要引起特别的重视。

第二，要尽量设法表现出自己的诚意。在与不熟悉自己的人进行谈判时，向对方表示自己的诚意是非常重要的。取得陌生人信任的有效方法有很多，首先应表现出自己落落大方的行为举止，言谈中要不断流露出自己的诚意，特别是表情要真诚、自然；其次还可以向对方列举一些在过去的交易中己方诚实待人的实例。

第三，要行动。行动是使他人相信自己的最好语言，在商务谈判时要做到有约必行，信守诺言。要时刻牢记，不论自己与对方的信赖感有多强，只要有一次失约，彼此的信任就会降低，想要重新修复就十分困难。对于对方的询问要及时予以答复，无论是肯定或否定的答复，都必须及时回答对方。对我们目前做不到的，要诚心诚意地加以解释，以此来取得对方的谅解和认可。

通过以上论述不难看出，如果我们还没有与对方建立起足够好的信任关系，就不要匆忙进入实质性的谈判阶段，否则，勉强行事，很难达到预期的效果，有时还会将问题复杂化。

(3) 达成双方都能接受的协议。在谈判双方建立了充分信任的关系之后，即可进入实质性的谈判阶段。在这时，首先，应该核实对方的谈判目标；其次，对彼此意见一致的问题加以确认，而对意见不一致的问题则应通过充分地交换意见，寻求一个有利于双方的利益需要、双方都能接受的解决方法。

对谈判者来讲，应该清楚地认识到：达成满意的协议并不是谈判的终极目标，谈判的终极目标应该是协议的内容能得到圆满的贯彻执行。因为不管协议多么完美，如果对方不认真履行，那么它也就没有了价值。尽管可以付诸诉讼，但却要付出沉重的代价。

(4) 协议的履行与关系的维持。在谈判中，人们最容易犯的错误是，一旦达成一个令自己满意的协议就认为万事大吉，就会鼓掌欢呼谈判的结束，并认为对方会马上毫不动摇地履行他的义务和责任。其实，谈判到这时还没有结束。这是因为履行职责的不是协议书而是人。不管协议书规定得多么严格，它本身并不能保证得到实施。因此，签订协议书是重要的，但能否履行协议书的内容则更加重要。

为了促使对方履行协议，我们必须同时认真地做好两项工作。

第一，要求别人信守协议，首先自己要信守协议。有时人们埋怨对方不履行协议，而当你冷静地仔细分析时，却发现是自己工作的失误造成了协议不能完整地执行。当我们信守协议，并按规定履行我们的义务时，也要让对方知道，这样可同时为双方鼓劲。

第二，对对方遵守协议的行为给予适时的情感反应。当代行为科学的理论告诉我们，当某人努力工作并取得成功时，给予适时的鼓励能起到激励的作用。同样，当对方努力信守协议时，给予适时的肯定和感谢，其信守协议的做法就会保持下去。当然，情感反应可以通过写信、打电话、发传真等形式来表达，也可以通过亲自拜访表示感谢。

当双方均完成了自己的任务，整个协议得到了认真履行时，对于一项具体的交易谈判来讲，可以画上一个圆满的句号，但对于一个具有长远战略眼光的谈判者来说，还有一项重要工作要做，就是使双方的关系和交易得以延续，避免关系的断裂，以免日后与对方交易时再花费力气重新开发与对方的关系。维持关系的方法有很多，例如，在谈判后继续保持与对方的接触；逢年过节加以祝福；听到对方取得成绩时表示关切和祝贺；在圣诞节和春节到来之前寄一张贺卡，等等。

课后练习

一、判断题

1. 商务谈判只不过是一场双方施展各种手段、争个你死我活的过程。 (　　)
2. 价格几乎是所有商务谈判的核心内容。 (　　)
3. 小组谈判往往是一种最困难的谈判类型。 (　　)
4. 在商务谈判中自己获得的利益越多，则谈判越成功。 (　　)
5. 合同的签订并不意味着谈判活动的完结，谈判的真正目的不是签订合同，而是履行合同。 (　　)
6. 谈判是通过相互协商实现互利的。 (　　)
7. 谈判的构成要素是谈判当事人、谈判议题和谈判背景。 (　　)

二、不定项选择题

1. 你认为谈判的实质是(　　)。

A. 协调双方利益　　　　B. 满足各自需要

C. 维护己方利益　　D. 达到一方目的

2. 按照谈判地点的不同，可以将商务谈判划分为(　　)。

A. 主场谈判　　B. 客场谈判　　C. 第三地谈判　　D. 国外谈判

3. 网上谈判就是借助于互联网进行协商、对话的一种特殊的书面谈判。其主要优点包括(　　)。

A. 加强了信息交流　　B. 有利于慎重决策

C. 商务信息公开化　　D. 降低了成本

4. 买方谈判或卖方谈判依据(　　)决定。

A. 谈判方的身份　　B. 谈判方的实力

C. 谈判的内容　　D. 谈判的所在地

5. 按谈判中双方所采取态度的不同，可将商务谈判划分为(　　)。

A. 软式谈判　　B. 硬式谈判　　C. 原则式谈判

D. 多方谈判　　E. 纵向谈判

6. 商务谈判的合法原则主要体现在(　　)。

A. 谈判主体合法　　B. 谈判地点合法

C. 谈判议题合法　　D. 谈判手段合法

7. PRAM 模式主要由(　　)构成。

A. 制订谈判计划　　B. 建立信任关系　　C. 达成双方都能接受的协议

D. 签订商务合同　　E. 协议的履行与关系的维持

8. 下列关于谈判的论述中，正确的是(　　)。

A. 谈判的目的是实现自身的经济利益

B. 谈判产生的前提是谈判双方既相互联系又相互冲突

C. 谈判的基本手段是说服

D. 谈判双方地位平等、利益均等

9. 下列关于商务谈判的论述中，正确的是(　　)。

A. 商务谈判的主体是相互独立的利益主体

B. 商务谈判的主要评价指标是经济效益

C. 商务谈判必须达成书面的谈判协议

D. 商务谈判注重合同条款的严密性和准确性

三、简答题

1. 什么是谈判?
2. 如何理解商务谈判的概念?
3. 简述商务谈判的基本原则。
4. 构成商务谈判的基本要素是什么?
5. 怎样正确理解商务谈判的成功?
6. 简述商务谈判的主要类型。

四、案例分析题

1. 圣诞节前夕，小刘陪母亲到锦辉商厦买衣服。商厦里衣服的花色、款式都很多，但适合中老年妇女穿的衣服却很少。经过精挑细选，小刘看中了一件名牌上衣，标价 868 元，现价打 9 折。试穿后，觉得比较满意，于是问售货员："价格能否再优惠一点？"售货员说："这种品牌的衣服平时是不打折的，现在赶上圣诞节打 9 折，很优惠了。"小刘说："680 元可以吗？可以的话我们就买一件。"售货员道："这个价格还真没卖过，不过，我看你们很想买这款上衣，我去请示一下领导，你们等一会儿好吗？"片刻，售货员回来，说："最低 720 元，行的话，就卖给你们一件。"小刘和母亲表示同意，于是购买了这件上衣。

问题：

(1) 小刘与商厦售货员进行的是什么类型的谈判？

(2) 该案例中，谈判的构成要素有哪些？

2. 2004 年年底，中国联想集团宣布以 12.5 亿美元收购美国 IBM 公司个人电脑事业部。其所收购的业务为 IBM 公司的全球台式电脑和笔记本电脑的所有业务，包括研发、制造、采购。"中国电脑第一品牌吃 IBM 这一'蓝色巨人'"的消息传遍世界。在双方达成合作协议之前，中国联想集团曾派出谈判小组在美国 IBM 公司总部与其进行谈判。谈判过程中 IBM 公司要求对谈判的内容严格保密。本次谈判的成功带来了双赢的结果。中国联想的发展历程整整缩短了一代人，年收入从 30 亿美元升至 100 亿美元，一跃成为世界第三大个人电脑制造商，成为中国率先进入世界 500 强行列的高科技制造产业。美国 IBM 公司在和联想合作后，股价上升了 2%。双方的合作成为 IBM 业务战略的重要组成部分，对未来 IBM 的发展产生了积极影响。

问题：

(1) 该案例中体现了商务谈判的哪些原则？

(2) 根据不同的划分标准，判断本案例进行的是什么类型的谈判？

3. 一个犯人被单独监禁，监狱当局已经拿走了他的鞋带和腰带，因为担心他会伤害自己。这个囚犯整日无所事事，在单人牢房里无精打采地走来走去。他提着裤子，不仅是因为他失去了腰带，而且还因为他失去了 15 磅的体重。从铁门下面塞进来的食物是些残羹剩饭，他拒绝吃。但是现在，当他用手摸着自己的肋骨时，他嗅到了一种万宝路香烟的味道。他喜欢万宝路这种牌子。通过门上一个很小的窗口，他看到门廊里一个卫兵正在吸烟，只见他深深地吸了一口烟，然后慢悠悠地吐出来。这勾起了囚犯的烟瘾。所以，他用他的右手指关节客气地敲了敲门。

卫兵慢慢地走过来，傲慢地哼道："你要干什么？"囚犯回答说："对不起，请给我一支烟……就是你抽的那种万宝路。"

卫兵感到很惊异，囚犯还想要烟抽，真是异想天开。他嘲弄地哼了一声，就转身走开了。

这个囚犯却不这么看待自己的处境。他认为自己有选择权，愿意冒险检验一下他的判断，所以他又用右手指关节敲了敲门，这一次，他的态度是威严的。那个卫兵吐出一口烟雾，恼怒地扭过头，问道："你又想要什么？"囚犯回答道："对不起。请你在 30 秒之内把你的烟给我一支，否则，我就用头撞这混凝土墙，直到弄得自己血肉模糊，失去知觉为止。如果监狱当局把我从地板上弄起来，让我醒过来，我就发誓说这是你干的。当然，他们绝不会相信我。但是，想一想你必须出席每一次听证会，你必须向每一个听证委员会人员证明你自己是无辜的；想一想你必须填写一式三份的报告；想一想你将卷入的事件吧——所有这些都只是因为你拒绝给我一支劣质的万宝路！就一支烟，我保证不再给你添麻烦了。"

卫兵会从小窗里塞给他一支烟吗？当然给了。他替囚犯点上烟了吗？当然点上了。为什么呢？因为这个卫兵马上明白了事情的利弊得失。不管你的境遇如何，总会比那个用左手使劲提着裤子的囚犯好一些。尽管这一囚犯与卫兵处于不平等的地位，但他有效地利用自己的权利改变了双方的实力对比，达到了他的目的。

(资料来源：黄伟平. 国际商务谈判[M]. 北京：机械工业出版社，2008.)

问题：

(1) 囚犯是如何获胜的？

(2) 囚犯的谈话遵循了哪些谈判原则？

课后阅读

扫一扫，看“NO TRICKS”——谈判能力的来源。

扫一扫：
看本章中有关博弈论的微课视频。

第二章　现代商务谈判理论

【学习目标】

知识目标：掌握商务谈判的相关理论，通过对理论的学习增加对知识的认知；理解需要理论、博弈论、公平理论与实力理论在商务谈判中的应用，为谈判的进行打下基础。

技能目标：能够在商务谈判中灵活运用经济学、心理学和博弈论的相关谈判理论分析解决简单问题。

【引导案例】

中美贸易摩擦新进展　商务部：谈判是有原则的

有消息称，中美正在磋商谈判以避免贸易战。2018 年 3 月 29 日，商务部新闻发言人高峰表示，中方谈判磋商的大门始终是敞开的，但谈判是有原则的。

首先美方必须放弃单边主义、贸易保护主义的做法。谈判必须是平等的，中方不会接受在单方胁迫下展开任何的磋商。谈判也应该是建设性的、平衡的，需要双方共同努力。

问：近日有消息称，美国的贸易代表莱特希泽说，美国对华加征关税产品的清单公示天数将从 30 天延长到 60 天，这就意味着在 2018 年的 6 月份之前不会对中国的相关产品征收关税，对此商务部怎么看？谢谢。

答：我们注意到美方的有关言论，中方的立场没有变化，希望美方认清形势，顺应经济全球化和贸易投资自由化的历史趋势。我们敦促美方摒弃单边主义、贸易保护主义的做法，切实采取措施，通过对话协商的方式解决分歧，真正维护中美经贸合作的良好局面。谢谢！

问：请问在美国总统特朗普此前宣布对华 600 亿美元商品征收关税和限制中国企业赴美投资，这一举措一旦实施，对于中国外贸，对中美贸易将产生多大程度、多大范围的影响？

答：我想先说一组数字。2017 年中国的对外贸易货物贸易总额超过了 4.1 万亿美元，其中对美货物进出口超过 5800 亿美元，占到我国对外贸易总额的 14.1%；中国的对外非金融类直接投资 1200 亿美元，其中对美投资 78 亿美元，占到总额的 6.5%。我想强调的是，中方有底气、有信心应对任何贸易投资保护主义的做法。

问题的关键是，美方的行径开启了非常恶劣的先例，对中国产品征税，这是公然违反世贸组织规则，把多边贸易体制完全抛在脑后，是对多边规则的蔑视和践踏。美方的恶劣行径，还可能会引发贸易保护主义的连锁反应，使本已复苏的全球经济再次蒙上阴影。同时，美方的征税举措还会使美国国内的原材料和消费品的价格上涨，影响美国的制造业和消费者，最终伤害的是美国人民的福祉。我们也注意到，美国部分业界和民众也表达了反对美方举措的呼声。

我想再次强调，中方将采取一切适当的措施，坚决捍卫国家和人民的利益。希望美方悬崖勒马，否则我们将奉陪到底。谢谢!

(资料来源：瞭望东方周刊。)

【启示】从中美贸易的商品和服务来看，彼此存在很大的互补性，因此，贸易摩擦的结果一定是两败俱伤，应该是双方都不愿意看到的。过去40年来，中国的开放度已大大提高，故中美之间不大可能出现愈演愈烈的贸易纷争。对话谈判是解决中美贸易摩擦的根本途径。但是在谈判中，应坚持什么样的思想，才能使得各方共同一致，这才是其中的重点和难点，找对思路，才能有出路。没有理论的指导，谈判实践就容易偏离方向。正确的谈判理论，对谈判实践有重要的指导作用。

第一节　商务谈判的经典理论

一、商务谈判的博弈论

现代经济科学发展的一个最引人注目的特点，就是将博弈论引入其中。从这一角度出发，许多经济现象和经济行为都可以被理解为某种博弈问题，用博弈方法进行分析研究。近年来，随着博弈论运用的领域越来越广泛，博弈理论在谈判活动中的应用也越来越受到人们的关注，引起了人们的兴趣。博弈论的运用就是将复杂的、不确定的谈判行为通过简洁明了的博弈分析使研究进一步科学化、规范化、系统化，寻找某些规律性的东西，建立某种分析模式，从而构建谈判理论分析的基础框架。

(一)博弈论的内容

“博弈论”译自英文Game Theory，其本义是在下棋等休闲娱乐活动中，双方在遵守游戏规则的基础上，通过分析对手可能采用的办法而有针对性地选择相应的策略或计谋，以制胜对方的理论。博弈论是研究各方策略相互影响的条件下，理性决策人的决策行为理论。博弈论思想最早产生于古代军事活动和游戏活动，众所周知的田忌赛马就是典型的博弈论例子。我国古代的《孙子兵法》不仅是一部军事著作，而且算是最早的一部博弈论专著。博弈论最初主要研究象棋、桥牌、赌博中的胜负问题，人们对博弈局势的把握只停留在经验上，没有向理论化发展，正式发展成一门学科则是在20世纪初。现代经济科学将博弈论引入其中，从这一角度出发，许多经济现象和经济行为都可以理解为某种博弈问题，可以用博弈方法进行分析研究。谈判是解决问题的一种常见的手段，成功的谈判，双方都是胜利者。谈判是一项合作事业，但合作并不排斥竞争，有竞争就会有博弈。近年来，博弈论在谈判活动中的应用也越来越受到人们的关注，引起人们的兴趣。让复杂的不确定的谈判行为，经过简明的博弈分析，使之更科学化。

(二)博弈论在谈判中的运用

要了解博弈论在商务中的应用，首先要了解博弈论的基本模型——“囚徒困境”。

1. 囚徒困境

警方对同一案件的两个犯罪嫌疑人进行隔离审讯，每个犯罪嫌疑人都有坦白和抵赖两种策略。当两个犯罪嫌疑人共同坦白时，他们将分别被判处 5 年徒刑；如果一方坦白，而另一方抵赖，坦白者将被判处 1 年徒刑，而抵赖者将被判处 10 年徒刑；如果双方都抵赖，则会因法庭证据不足而被同时判处 2 年徒刑，如图 2-1 所示。表中的数字代表两人的刑期，第一个数字是甲的刑期，第二个数字是乙的刑期。

	犯罪嫌疑人甲抵赖	犯罪嫌疑人甲坦白
犯罪嫌疑人乙抵赖	2,2	10,1
犯罪嫌疑人乙坦白	1,10	5,5

图 2-1　囚徒困境

在这个模型中，最终两人选择的策略都是坦白。因为对甲而言，如果乙选择坦白，那么当他选择坦白时将入狱 5 年，当他选择抵赖时将入狱 10 年，因而选择坦白的策略比较好；如果乙选择抵赖，那么当他选择抵赖时将入狱 2 年，当他选择坦白时将入狱 1 年，因而选择坦白的策略比较好。所以，选择坦白是甲的最优策略。同理，选择坦白也是乙的最优策略。由于两人选择的策略是相同的，所付出的代价也是同等的，即都被判处 5 年徒刑。

但是，我们在图 2-1 中明显能够看到，存在另一种对双方都有利的策略(即抵赖)和更有利的结局(即分别被判 2 年徒刑)。但是，合作性结果的出现需要谈判双方拥有充分的信息交流，一旦谈判双方不能进行信息交流，就难以实现一个有利于每个当事人的合作利益，这种谈判就成为“囚徒困境”。

“囚徒困境”是一种非合作性的博弈情况，有着广泛而深刻的意义。个人理性与集体理性的冲突，个人追求利己行为而导致的最终结局是一个纳什均衡[这一结果以其研究者数学家纳什(Nash)的名字命名]，也是对所有人都不利的结局。他们两人都是在坦白与抵赖策略上首先想到自己，这样他们必然要服更长的刑期。只有当他们都替对方着想或者相互合谋(串供)时，才可以得到最短刑期的结果。

【案例 2-1】

有一个叫马华的人有一辆修理后的旧车，假定对他来讲，拥有并使用这辆车的利益为 3000 元。再假设一个叫张东的人一直想买一辆旧车，他现在有 5000 元，便决定从马华那里买这辆旧车，他认为这辆旧车值 4000 元。根据上述情况，如果出售和购买旧车的两个人要进行交易，马华的要价在 3000 元以上，而张东愿支付的价格在 4000 元以内。双方之间有个差额，这就是谈判的余地。假如交易完全是自愿的，交易就会在 3000～4000 元之间的某个点上成交，假设成交价格为 3500 元。从合作的角度来讲，交易双方都能从合作行为中得到 500 元的利益。

【启示】根据博弈论的假定，把例 2-1 中的结果假定成一个“合作解”和一个“不合作解”。所谓合作解，就是马华和张东在价格上达成了一致意见，从而使旧车交易顺利完成；

不合作解则是指两个人在价格上讨价还价，相持不下，未能达成一致协议。如果两人未能合作，马华仍保留它的旧车，其利益仍为3000元；张东依旧拥有他的5000元。马华的风险值为3000元，张东的风险值为4000元，所以不合作的总值为3000+4000=7000(元)。从合作解来看，如果马华将车卖给了张东，对张东来说，这辆车值4000元。另外双方还有一个分享的利益，合作解的总价值为：4000+500+3000+500=8000(元)，显然，这比不合作增加了1000元的价值。

在谈判中，就价格问题的协议来讲，每一方都必须接受至少等于风险值的价格，但在这种情况下合作就没有优势可言。因此，谈判问题的一个合作解一定是每一方所接受的价格，即风险值加上合作剩余的平均值或分配值，马华是3000元(风险值)加上500元(剩余值)，张东是4000元(风险值)加上500元(剩余值)。条件是有交易才有剩余值，所以，张东应付给马华3500元，拥有一辆价值4000元的旧车和现金1500元；马华通过出让旧车获得了3500元。

可见，从博弈角度来分析谈判，只有双方合作，才会有剩余，才谈得上双方的利益分享。

在纳什之后的美国数学家罗伯特·阿克塞尔罗德对多次博弈进行了研究，根据他的研究成果，我们可以将谈判双方的交易分为以下四种不同的类型。

(1) 双方的合作是一次性的。在这种情况下，由于不考虑长期商务关系的维系，理性的谈判者都是从私利的角度出发为自己谋取最大的利益，双方合作的可能性几乎为零。例如，在囚徒困境模型中双方都选择坦白，但谈判双方所采取的最佳策略是相互欺骗。此时，每一方都会自以为在这种策略下的损失不会比对方大，甚至可以获得额外的利益。

这种情况会出现在谈判双方还没有建立起相互信任，社会还没有强烈的商业信用观念的时候。在一次性的商务谈判中，为了谋取自己最大的私利，欺骗就成了最佳的选择，但是这一类商务往来达成交易的可能性非常低。

(2) 双方有有限次的商务往来。通常来说，在谈判的最初阶段，由于考虑到以后的商务往来，双方都会尽量避免欺骗而寻求合作，但随着双方的往来进入后期，欺骗的可能性逐渐增大。

(3) 双方有长期无限次的商务往来。因为谈判双方的商务往来是长期的，所以双方都清楚如果自己欺骗了对方，那么将来必然会遭到对方同样的欺骗。同样是从自己的私利出发，双方就有可能避免欺骗，而是采取合作的态度以争取最大的谈判利益，此时类似于囚徒困境模型中双方合谋的情况。双方商务往来的时间越长，合作的可能性就越大。

(4) 双方的商务往来期限不明确。这种情况比较常见。由于不知道合作的期限，双方都明白，如果欺诈一次，未来会为此付出代价，所以双方采取合作的态度更符合双方的利益。

由此可见，商务往来的期限和谈判的轮次决定了双方在谈判中所采取的态度。由于多数商务往来的期限是不明确的，因此诚信是最符合企业自身利益的策略。香港著名实业家李嘉诚曾经说过：“一笔生意，诚信可以赚十万元，欺诈可以赚一百万元。眼前利益看起来似乎是欺诈更有利，事实上，从企业的长期经营来看，诚信更有利。”“每次欺诈都在自己身边竖起了一面墙，今后再也没有合作的可能性，随着欺诈次数的增多，将在现代商业社会举步维艰。”中国许多民营企业的经营不超过两年，就是因为企业只图眼前利益，缺乏诚信经营的理念。

2. 在博弈基础上建立谈判程序

通过上述分析，借助于博弈论来分析建立谈判合作的基本模式。我们可以将谈判过程分为三个步骤：一是建立风险值，二是确定合作剩余，三是达成分享剩余的协议。

(1) 建立风险值。建立风险值是指打算合作的双方对所要进行的交易内容的评估确定。例如，要购买某一商品，估计可能的价格是多少，最理想的价格是多少，最后的撤退价是多少，总共需要多少资金，其他的附带条件是什么，这其中包括产品风险、资金风险、社会风险和舆论风险等。

(2) 确定合作剩余。风险值确定后，会形成双方的合作剩余，就是我们上面所说的 1000 元，但是，如何进行分配却是关键的问题，双方的讨价还价、斗智斗勇就是为了确定双方的剩余。关于剩余的分配，从来没有统一的标准，一般取决于双方实力的对比和对谈判策略与技巧的运用。实际上，对于许多谈判项目来讲，合作剩余是多少也是一个难以确定的未知数，因为合作剩余还应该包括一些附加利益。例如，我国江苏仪征化纤工程上马，实行对外招标，德方公司中标标的是 1 亿多美元。但是，正是因为它在世界上最大的化纤基地中标，才得以连续在全世界 15 次中标，这为企业带来了巨大的国际声望和经济效益。

确定合作剩余的一个最根本的问题就是如何分配参加博弈的各方的利益。人们的社会经济活动除了获得胜利、收益和正效用外，也会有失败、损失和负效用。在许多情况下，一方收益的增加必定造成另一方收益的减少，如果双方的矛盾焦点都集中在交易产品的价格上，不论怎样分配，都不会影响总的结果，这种情况在博弈中被称为“零和博弈”。它的特点是各方利益是相互对立的，为了在博弈中占据上风，多得利益，都不想让对方了解自己解决问题的思路，猜出所选择的对策，因此，其博弈结果总是不确定的。

现代谈判观念认为：谈判不是将一块蛋糕拿来后商量怎么分，而是要想办法把蛋糕做大，让每一方都能多分。这一点已被博弈理论所证明，即“变和博弈”。变和博弈研究的是进行不同的策略组合，使博弈各方的得益之和增大。这就意味着参与谈判(博弈)的各方之间存在着相互配合，即在各自的利益驱动下自觉、独立地采取合作的态度和行为。大家共同合作，将利益扩大，使每一方都多得，结果是皆大欢喜。

(3) 达成分享剩余的协议。谈判是一种不确定性的行为，即使谈判是可能的，也无法保证谈判会成功。如果谈判不能坚持下去，各方就不能进行有效的合作，也就无法创造新的价值，实现更大的利益。阻止谈判顺利进行和各方有效合作的最大障碍，就是谈判各方难以在如何分割或分享价值问题上达成一致协议，即我们通常所说的确定成交价格。当然，这里的“成交价格”含义较广，包括以价格为主的一切交易条件。

就上例来讲，剩余是指马华对车 3000 元的评价和张东对车 4000 元的评价之间的差额 1000 元，究竟这一剩余应该怎样分配，是平均还是不平均，取决于许多不确定的因素。实际上，诸多谈判中，人们对双方的合作剩余是多少也很难确定。就公平理论来讲，有许多分配方法，如果他们都能认识到达成协议对彼此都有益的话，双方的谅解与合作是完全可能的。达成协议是谈判各方分享合作剩余的保证，也是维系各方合作的纽带。

二、商务谈判的需要理论

(一)尼尔伦伯格的谈判需要理论

尼尔伦伯格运用行为科学、心理科学等原理和知识，总结了自己多年的谈判经验，提出了谈判的需要理论。尼尔伦伯格认为，任何谈判都是在人与人之间发生的，他们之所以要进行谈判，都是为了满足人的某一种或几种“需要”。这些“需要”决定了谈判的发生、进展和结局。

掌握了谈判的需要理论，就能使我们重视驱动双方的各种需求，找出与谈判双方相联系的“需要”，懂得如何选择不同的方法去反映、抵制或改变对方的不良动机。了解每一种“需要”的相应动机和作用，就能对症下药，选择最佳的谈判方法。

谈判的需要理论，一般适用于各类谈判。其中作为人类行为基本的需要是：①生理的需要；②安全和寻求保障的需要；③爱与归属的需要；④获得尊重的需要；⑤认识和理解的需要；⑥追求美的需要；⑦自我实现的需要。所以，谈判者应该知道对方有哪些需要，并引导其如何去满足它，才能使谈判成功。

(二)需要理论在谈判中的运用

1. 生理需要在谈判中的运用

这是谈判者的基本需要，只有基本的生理需要获得满足后，商务谈判者才能顺利地、心情愉快地展开谈判。试想谈判者一边进行谈判一边还要考虑如何解决中午吃饭、晚上睡觉的问题，那么，这样的谈判结果是可想而知的，甚至根本无法进行下去。所以，在商务谈判中，谈判者必须吃得好、穿得整齐、住得舒服、外出行动方便。如果这些方面的需要得不到满足和保证，就会极大地影响谈判者的精力、情绪，影响谈判技巧的发挥，甚至举动失常，难以完成谈判任务。

2. 安全和寻求保障的需要在谈判中的运用

安全和寻求保障的需要在谈判中主要体现在人身安全、地位安全和利益安全上。在客场谈判时，由于对当地民情、风俗习惯、社会治安、交通状况缺少了解，谈判者常常感到缺少一种安全感而陷入孤立无援的氛围之中。虽然集体谈判至少有一个可以归属与依赖的集体，但与整个陌生的环境相比，这个集体仍然是孤零零的。在这种情况下，作为东道主的谈判一方，应该尽力在谈判之余多做陪伴，如专车接送谈判人员，陪同其参观游览等。这样，不知不觉中让对方把你作为可以接受、可以信赖的人来看待，这对谈判无疑是有益的。

地位上的安全需要，是指谈判者总是把谈判看作一项任务，能否顺利地实现谈判的目标，完成任务，往往会影响谈判者原有职位的保持和晋升。因此，有时会发生“签订一个坏的协议总比没有签协议、空手而回要强”的情况，即说明了这个问题。

利益安全可以表现在几个方面。谈判对手的可靠性，直接关系到谈判利益的安全。有时坐下来谈判，但老是在回避实质性问题，可能是对方既想做生意又怕不安全，所以“不见兔子不撒鹰”。要满足对方这种安全的需要，可以主动出示有关证明、证据，邀请对方参观工作场所等，以打消对方的疑虑。有时谈判已到了合理的成交阶段，但一方总是要求更优惠的条件，也有可能真正的需要是利益的安全，因为对方缺乏判断的标准，生怕吃亏。作为另一方，可以提供有关信息，帮助对方认识交易条件的合理性，以促成交易尽快成功。

3. 爱与归属的需要在谈判中的运用

爱与归属的需要在谈判中的具体表现为：对友谊、对建立双方友好关系的希望，对本组织的未来，希望增进组织内部的团结并增强凝聚力等。前者是对外的希望与要求，后者是对内的希望与要求。

谈判从一定意义上来讲，是要对双方的利益进行划分，因而常常使谈判双方的关系处于紧张和对立的状态中。但是，一般就人的天性来讲，是不愿意处于紧张对立的环境中进行活动的，而更愿意追求友情，希望在友好合作的气氛中共事。

谈判的双方虽然不属于同一组织，但是也存在着“归属”的需要。这在存在外部竞争时尤为突出。比如，如果一笔交易有一个买主与三个卖主。很显然，每一个卖主都想与买主谈判成交，而不愿被排斥在外。他们都想与买主结成一个买卖关系，都想将其他卖主排斥在外，对买主来讲，在谈判中可以利用卖主的这种需求为自己争得更加优惠的成交条件。

谈判小组是一个目标非常明确的组织，它的任务与活动本身决定了其内部人员之间必须保持高度的团结协作。只有一致对外，才有可能实现组织的目标，这是任何一个谈判人员都必须明确和牢记的。如果一个谈判小组内部意见不合，有排斥某个人的倾向，这就损害了这个人对组织归属的需求，他就会游离于组织之外，与组织离心离德，而对方就会乘虚而入，接近他，设法与他结成无形的同盟，这将会给本组织带来极大的危害。例如，如果己方的谈判班子在某个问题上意见不一致，并在谈判桌上表现了出来，对方就会抓住机会，对己方中有利于或符合他们的策略、计划和要求的人员的意见，给予各种支持、肯定，说出诸如“如果按照贵方某某先生所建议的那样做，我们将在某方面作出让步，否则我们决不让步”，或者“我们之所以在这个问题上让步是看在贵方某某先生的面子上，因为他的话合情合理，他是一个真正会谈判的人”等这样的话。这样一来，己方成员之间原先只是对某一具体问题的看法不一致，此时会迅速变为相互猜疑，并且出现离心离德现象。如果不能快速有效地予以控制和制止，己方组织马上就会失去凝聚力而成为一盘散沙。谈判则以己方的失败而告终。

在谈判中，内求团结、外讲友好，这样才能满足谈判人员对爱与归属的需要。无论是内部的团结，还是外部的友好关系受到损害，都会直接影响谈判目标的实现。

4. 获得尊重的需要在谈判中的运用

获得尊重的需要在谈判中具体体现为：不仅要求在人格上得到尊重，而且要求在地位、身份、学识与能力上也得到尊重和欣赏。

谈判中对人格的尊重主要是：不能使用侮辱性的语言，言辞要有礼貌，不能对谈判人员进行攻击，谈判中的问题要对事不对人。

对身份、地位的尊重主要是：处事、接待的礼节要符合一定的规格要求，特别是在双方谈判人员的级别职务上要讲究对等。在某些地区和国家，等级观念是根深蒂固的。将身份、地位较低的人派出与对方身份、地位较高的人进行谈判，这是对对方的严重冒犯和不尊重，会严重影响双方的关系与谈判的结果，甚至导致谈判的破裂。反之，如果对方派出的谈判人员在职务与资历上较浅，而己方派出职务较高、资历较深的人员去谈判也是不合适的，给人以贬损自己的感觉。一般情况下，如果双方关系比较密切友好，而交易内容又比较重要，可以在谈判之前，在谈判过程中，或者在谈判结束之后，由己方的高级主管出面会见对方的谈判人员，以示礼遇。这样做比较得体、合适。

在谈判中，尊重对方、满足对方获得尊重的需要，对你来说是有益的。一个人受到尊重会竭力保持自尊，他会受到“尊重”的束缚，而不能去做不受人尊重的事。在某些情况下，因为你非常尊重对方，以至于你提出某些本来他可以拒绝的要求时，他为了受人尊重而不得不接受。

5. 认识和理解的需要在谈判中的运用

谈判人员在谈判中，要保持高度的警惕，要注意对方的一言一行，但这只是其中之一。要解决谈判中的利益问题，还需要进一步去认识、理解对方，对对方需要的合理性要充分肯定，对真实的信息要承认，对合理的方案要赞赏，对对方的苦衷要体谅，要努力做对方的知音，而不是对手。

6. 追求美的需要在谈判中的运用

在谈判中，谁都希望和一个言行优美的对象交际，而不愿意和一个举止粗鲁的对象沟通。要注意自己的道德美——言而有信；要注意自己的形象美——打扮脱俗，令人赏心悦目；要注意自己的言语美——用语艺术；要注意自己的行为美——端庄优雅。面对一个给人以美的享受的对手，谁还愿意随意拒绝对方的意见呢？谁还会出言不逊呢？满足对方美德需要的同时，其实也是满足自己对美德的需要。

7. 自我实现的需要在谈判中的运用

自我实现的需要在谈判中体现为：追求谈判目标的实现，为本方争取尽可能多的利益，以谈判中取得的成就来体现自己的价值。

在对方通过谈判只能获得较小利益的情况下，我们可以通过强调种种客观上对他不利的条件，赞赏他在主观上所作出的勤奋努力和过人的能力，从而使他在面子上和心理上得到平衡，也使自我实现的需要得以满足。

三、商务谈判的公平理论

一个高明的谈判者必须借助各种谈判技巧，及时觉察谈判对手心理的微妙变化，使谈判各方认为达成协议对于每个人都是相对公平的。

(一)关于公平的四种分配方法

下面以穷人和富人如何公正地分配 200 美元为例来阐述。

方法一：以心理承受的公平为标准，按 150∶50 的比例分配。比如，在心理上，50 美元对穷人来说是个大数目，穷人失去 50 美元相当于富人失去 150 美元。以这种心理承受为标准的划分也有一定的道理。例如，一些社会团体的赈灾救助活动，经常是按人们收入的多少进行募捐。

方法二：以实际需要的补偿原则为标准。按上述分配比例，让穷人多拿一份，对于双方的实际需要来说是合理的，即对弱者实行补偿原则。例如，世界上的国家可以分为发达国家和不发达国家，许多国家间组织谈判的目的是为了免除不发达国家的债务。如联合国的一些常设机构和组织对一些不发达国家和地区的援助、投资谈判等也属此例。

方法三：以平均分配为标准。穷人与富人各得 200 美元的一半。这种分配表面上看是很公正的，但由于富人的税率比穷人高，富人拿到这 100 美元，缴税后的剩余要比穷人少，所以富人也会指责这种分配不公平。但在现实中，这种方法简便易行，是最常见的分配方法，也是演变为其他分配方法的基础，诸如子女继承遗产，企业或社会发放救济金等。

方法四：以实际所得平等为标准。按 142∶58 的标准来分配。富人在拿到 142 美元之后需纳税 84 美元，最后实际所得 58 美元，与穷人不够纳税而直接得到的 58 美元正好相等。这种分配方式经常用于企业给职工的工资较低，但通过较高的福利待遇的做法来找齐的情况。

以上四种分配方法，由于人们的选择角度与标准不同，导致了分配比例与结果的不同，尽管有重大的差异，但人们仍然可以认为这四种方法是公正的。显然，公正是有多重标准的。问题的关键在于，参与分配的双方要对公正的标准事先达成共识与认可，这也说明在具体的谈判中用何种标准讲求“公正”是一个很重要的问题。

(二)公平理论在商务谈判中的运用

公平理论对于我们理解并处理谈判活动中的各种问题有重要的指导意义。我们看到，由于人们选择的角度与标准不同，人们对公正的看法及所采取的分配方式会有很大的差异，完全绝对的公平是不存在的。人们坐下来谈判就是要对合作中利益的公平分配的标准达成共识与认可。同时，公平感是一个支配人们行为的重要心理现象，如果人们产生不公平感，则会极大地影响人的行为的积极性，而且人们会千方百计地消除不公平感，以求心理平衡。公平理论让我们在理解并处理商务谈判活动的各种问题时，要注意以下两点。

第一，在商务谈判中，必须要找到一个双方都能接受的公平标准。只有按这一标准来进行谈判，谈判结果对双方来讲才是可接受的、公平的。人们进行谈判就是要对合作利益的公平分配的标准达成共识。谈判成功后，人们之所以会对所获得的利益感到公平，关键在于参与分配的双方事先找到了一个共同认可的利益分配标准。

第二，公平不是绝对的，它很大程度上受人们主观感受的影响。因此，在谈判中不应盲目地追求所谓的绝对公平，而是应该去寻找对双方都有利的感觉上的相对公平。例如，有时候谈判一方做出了很小的让步，却觉得不公平；而有时一方做出了很大的牺牲，却觉得很公平。这主要是由他们感觉上的公平感所造成的。

总之，公平应始终贯穿于谈判过程之中，只有坚持公平原则，双方才有可能达成共识，最终促成双赢的谈判结果。

四、商务谈判的实力理论

美国谈判学家约翰·温克勒在《谈判技巧》一书中，提出了“谈判实力理论”。温克勒认为，谈判技巧固然重要，但技巧应用的依据是谈判实力，实力才是谈判成功的基础。建立谈判实力一方面依靠自己已有的现实基础，同时在谈判过程中技巧的运用也十分关键。在谈判时，实力是不断变化的。双方的实力此消彼长，针锋相对。这就给谈判者指出了一条思路，谈判主体必须不断地探索彼此的力量，采取一切可能措施增强己方实力。

约翰·温克勒认为，谈判技巧运用的依据和成功的基础是谈判实力，技巧的运用与实力的消长有着极为密切的关系；建立并增强谈判实力的关键在于对谈判的充分准备和对对方的充分了解。通过恰当的语言和交往方式，在对手面前树立或提升关于己方的形象，探索彼此的力量对比，采取一切可能的措施增强己方谈判实力，是谈判成功的主要技巧。约翰•温克勒还极为强调谈判行为对谈判的影响，认为当事人在谈判过程中的行为举止、为人处世对谈判的成败有着至关重要的作用，谈判者在谈判中的行为将被看作是他所代表的组织的素质中最有说服力的标志。

由此可见，谈判实力可能来自本方企业，但更依靠商务谈判的现场发挥。因此，我们可以这样理解谈判现场的实力：当一方使另一方产生更强烈愿望时，便拥有了谈判实力。

如何使自己在谈判过程中把握主动，使对方产生更强烈的成交愿望？约翰•温克勒还根据商务谈判的特点提出了一种循环逻辑谈判法则：价格—质量—服务—条件—价格。

在商务谈判推销时，价格往往是最敏感的。如果己方在价格上不占优势，那么就马上避开在价格上的纠缠，而寻求在质量上的优势。如果对方在质量上挑毛病，或己方在质量上与竞争者相比不占优势，则将谈判转向服务。在服务方面，假使己方仍不占优势，为具备竞争实力，那么还可以将谈判转向其他条件……这样，在不断转换中，寻求己方的谈判实力，一旦占据上风，就不要再变换话题，而是要坚持到底。

这是一种策略，也是一种思维方式，是建立在对实力的寻求之上的，因此它是一种实力理论。在使用实力理论时，可以是在谈判之前，即在准备过程中，通过对谈判对手的研究分析，事先想好，在谈判中重点陈述；也可以是在谈判过程中，不断探索彼此的利益，寻找自己的优势之后，重点出击。

(一)谈判实力的含义与特点

所谓谈判实力，是指谈判者在谈判中相对于谈判对手所拥有的综合性制约力量，不仅包括谈判者所拥有的客观实力(如企业经济实力、科技水平、独特性、规模、信誉、品牌等)，还包括谈判者与对方相比所拥有的心理势能，这是谈判策略和技巧运用的主要来源。谈判实力强于对手，就能在谈判中占据优势、掌握主动，取得于己方更有利的谈判结果。

谈判实力具有以下特点。

(1) 综合性。谈判实力来源于影响谈判结果的各种因素，既包括客观因素，也包括主观因素；既有外部因素，也有内部因素。它受到多种因素的影响和制约，绝不能简单地将其等同于经济实力或固有实力。

(2) 相对性。谈判实力不是绝对力量，而是相对力量，它只有针对某一特定的谈判对手、谈判环境和谈判事项时才有意义。它是经谈判各方对比后所形成的相对力量，不存在不受环境和事物制约的谈判实力。

(3) 动态性。正因为谈判实力是一种相对力量，因此它是可变的。谈判者的实力可能在此时强于对手，但在彼时又可能弱于对手；可能在此事上的实力强于对手，但在另一件事上又可能弱于对手。谈判者的谈判技巧和行为举止对谈判实力影响甚大，而这些因素又是微妙变化的，因此谈判实力也是微妙变化的。这种微妙性，不仅决定了谈判实力的可变性，也决定了谈判更多的是一种心理斗争。

(4) 隐蔽性。谈判实力一般不会轻易地暴露出来，它常常虚实结合地使用，构成谈判谋略的重要部分。因此，谈判者要懂得实力的展示方式和使用时机，而不可将自己的实力轻易泄露给对方。

(二)影响谈判实力的主要因素

(1) 交易内容对双方的重要性。交易内容对一方越重要，说明该方的需求程度越高，其主动权就越差，因此谈判实力就越弱；反之，谈判实力就越强。

(2) 交易条件对双方的满足程度。交易条件对一方的满足程度越高，说明交易条件对其越有利，其让步或回旋的余地越大，在谈判中就越主动，因此谈判实力就越强；反之，谈判实力就越弱。这就是“出价要高，还价要低”的道理所在。

(3) 竞争对手的强弱。谈判者面临的竞争对手越多，实力越弱，其所承受的压力就越大，谈判的主动权和影响力就越差，显然，谈判实力就越弱；反之，谈判者面临的竞争对手越少，或优势越明显，或独特性越高，谈判实力就越强。

【案例 2-2】

纽曼的失败

纽曼已失业一年多了，现在急需一份工作。他来到一家玩具公司，向主管经理递上了求职书和证明。经理扫了一眼他的材料，问了声：“过去的一年里你干了哪些工作而使你在这个社会上不落伍呢？”

问题很尖锐，纽曼鼓足勇气回答道：“干得不多，当过一阵儿家庭教师和顾问。”经理说了句：“谢谢，我以后再找你。”纽曼听了这句话心里很不舒服，以致失去冷静，脱口说出：“那么，什么时候？你能给我定个日子吗？”

就是这句话让经理看出来他确实需要这份工作，他现在没有选择的余地。经理呆板地说：“将来由我们的办公室人员跟你联系。”纽曼显得无奈又无助：“但是什么时候？”经理说：“这有什么关系？反正你也不会到别的地方去。”

确实，纽曼使自己置于没有选择的余地，他失去了竞争的权力。最终，他也没得到这份对他来说十分重要的工作。

(4) 谈判者信誉的高低。谈判者的信誉包括资信状况、业绩记录、企业形象、知名度、美誉度、口碑、社会影响等因素。信誉越高，谈判实力就越强。在商务谈判中，信誉是谈判者最宝贵的资本，是构成谈判实力的重要组成部分之一。

(5) 谈判者经济实力的强弱。经济实力通常表现为谈判者的资金状况、规模、技术水平、经营状况、市场占有率等。经济实力越强，谈判者的承受力和影响力就越强，谈判实力自然越强。但需要再次指出的是，经济实力不等于谈判实力，它只是形成谈判实力的基础因素和潜在条件。

【案例 2-3】

奥莉小姐得到了贷款

奥莉小姐的公司面临严重的资金短缺。在这段萧条的日子里，缺钱的人太多了，银行是不会主动敲她的门来提供这笔贷款的。但是还得去贷款，怎么办呢？

是这样吗？经过多次犹豫不决，最后她鼓足勇气走进银行：“请借给我一笔钱吧，我现在实在身无分文，帮我渡过难关，我以后会报答你们的。”

奥莉小姐才没这么蠢呢。她穿得比有钱时还阔绰，手上戴着昂贵的金表，还挂着一把联谊会的钥匙，身后跟着两位衣冠楚楚的随员。她阔步走进银行，引起周围人的震动，“嗨！这是哪位女大亨啊？！”

……奥莉小姐轻松地得到了贷款。

(6) 谈判时间耐力的高低，时间是改变谈判实力对比的重要因素，谈判者对时间的耐力反映了需求的强度和迫切程度。时间耐力越强，谈判的承受力和主动性越强，谈判实力自然就越强。因此，谈判者在谈判中应有充分的时间余地和耐心。

(7) 谈判信息掌握的程度。在谈判中，谁具有信息优势，谁就具有主动权。相关信息的多少、真伪、及时性等的掌握程度与谈判实力息息相关，两者基本上成正比。

(8) 谈判人员的素质和行为举止。谈判人员的基本素质、谈判能力、谈判技巧及为人处世等，对谈判实力亦具有十分重要的影响，毕竟谈判是通过人来完成的。选择优秀的谈判人员，且谈判人员的举止适当，是增强谈判实力的重要途径。

(三)谈判实力理论的运用

根据约翰·温克勒的理论，商务谈判推销技巧性很强，但其技巧总是围绕着对实力的探寻。为此，他根据谈判推销过程的特点，总结并提出了谈判的十大原则，以确保实力的拥有和不丧失。当然，这是有应用条件的。我们在此仅做一下介绍。在实践中，对于不同的行业和产品或谈判对象，有些是可以灵活应用的。

1. 不轻易给对方讨价还价的余地

谈判推销是实力的对比，一旦我方占据优势地位，就应努力使自己处于一种没有必要讨价还价的地位，或最多只是在枝节问题上交涉，核心问题是不能轻易改变的。这样的谈判便能保持优势，占据主动。

2. 避免仓促开展谈判

在谈判之前，要认真分析双方实力，寻求解决问题的突破口，如对方现状如何，利益何在，问题是什么，谁是决策的关键人物等。特别是在谈判的初始阶段，那些进行了充分准备和调查研究的谈判者，将占据主动地位。反之，那些仓促进行商务谈判推销活动的人，将在一开始就处于被动地位。

3. 要尽量给予对方心理上更多的满足感

凡是涉及交易条件的调整时，特别是当谈判各方都存在若干约束条件，使商务谈判出现争执或僵局而无法有效解决时，给予对方一点成功者的感觉，哪怕是口头上承认对方胜利了，重要的是要让对方感觉到他的成功，增强其自我实现的成就感。

4. 展示实力时，应采取暗示或通过第三方的方式

展示自己的实力不能操之过急，不能够自欺欺人生硬地摊牌对比。如果那样，对方会因你的态度而引起其态度上的对立。如果我方实力强于对方，或需要向对方展示我方的实力情况，一般要通过本方人员扮演特别的角色，或通过第三方自然地表现出来，使对手在平和的气氛中感受到来自我方的压力。

5. 要善于让对手们彼此竞争

谈判推销活动有时会有多方参加，在这种场合，我方要善于制造一种竞争气氛，让对手们彼此之间进行竞争，使我方轻而易举地获利。这类事情最常见于招标活动。

6. 给自己在谈判中的目标和机动幅度留有余地

当你要获取时，应提出比预想的目标要高一些的要求(如果你想要 20 元，那么先提出要 25 元)；当你要付出时，应提出比你预想的目标要低一些的要求(如果你愿意给 10，那么先提出给 7 元)。无论何种情况，让步要稳，要让在明处，要小步实施，要大肆渲染，要对等让步。

7. 不要轻易暴露自己已知的信息和正在承受的压力

优秀的谈判者不会轻易地暴露自己能做到或愿意做到的是什么，也不会透彻地把自己需要什么及为什么需要等告诉对方，他们总是在十分必要的情况下，才把自己的想法一点一滴地透露出来；同时，他们绝不会暴露自己正在承受的压力。另外，谈判者也没有必要再去做一个说谎的人，保持正直非常重要，他所说的话必须要让对方信得过，必须给人以信任感。谈判者的个人品质若能被对方所喜欢，会大大有利于谈判。

8. 在谈判中应多问、多听、少说

谈判不等于演讲，也不同于推销，并非要滔滔不绝，口若悬河。恰恰相反，好的谈判者懂得多问、多听、少说，多问、多听有助于对谈判者之间的相互关系施加某种控制，迫使对方进行反馈，进而对其反馈给我方的信息进行分析研究，发现对方的需要，找出引导其需要并有助于实现我方目标的策略、措施与方法。

9. 要与对方所希望的目标保持接触

谈判中提出高要求是很值得的，但必须与对方的期望保持一定的接触，如果要求过高，使对方失去了谈判的兴趣，对方就会撤退。谈判中的高要求应该是可以浮动的，首先应用信号试探，以期设置好对方的谈判期望；同时你的要求和对方的要求之间距离越大，你必须发出的信号也应该越多，你必须做更多的事使对方靠近你，直到彼此均在对方的期望范围之内为止。

10. 要让对方从一开始就习惯于你的大目标

谈判者应努力追求所能得到的最大值而不能轻易地放弃。谈判者要懂得“降落伞”效应，即先把价格的降落伞在较高的空中打开并慢慢地向下飘落，直到进入对方的视线范围内为止。为了使对方习惯于你的大目标，使用信号是极为重要的技巧。所谓信号，是指通过非正式渠道让对方了解你的目标和要求。使用信号的好处在于，一方面它表明了你所追求的高度，对对方产生某种心理影响和心理适应；另一方面，它不是正式和具体的承诺，而具有相当的灵活性。

第二节　商务谈判的其他理论

一、身份理论

身份理论尝试解释社会身份如何影响个人行为。个人从其扮演的社会角色出发形成了个人的身份定位，如父母、配偶、男性、女性、雇员、上司等，还包括资历、归属的群体以及通过生活经历获得的知识。忠诚于自己的社会身份对人们一生的影响可能比其他许多因素都要强。

身份理论在谈判中的应用可以解释为人们需要被认可、需要安全感、需要能够控制局面等。如果一个谈判者具有很强的身份需求，他可能会从以下角度来考虑问题："如果我同意你的建议，别人会怎么看我呢？"许多谈判从表面上看来是有关利益的冲突，实际上可能涉及与谈判者身份相联系的意图、期望、行为。例如，一个雇员要求与上级经理谈谈他的工作职责。经理很有可能会把这一要求看作威胁他在工作分配上的权威，即身份问题。雇员的意图本来是要修改工作职责，但是，除非他能够消除经理的权威被质疑的这种印象，否则这一要求不会得到解决。在这场谈判中，从表面上来看是岗位职责的分歧，而问题的重点根本不在职责的分配是否合理，而在于雇员是否充分尊重经理的身份定位。

身份问题在国际背景下长期存在。斯里兰卡、巴勒斯坦、巴尔干地区、阿富汗以及北爱尔兰的不同民族采用武装手段来争取尊重、自治和独立，恰恰是源于其身份需求。

反映出身份问题的谈话包括："你在质疑我的判断能力吗？""我做这一行 20 年了，我很熟悉这个问题。"当谈判一方出现上述谈话时，表示谈判对手对其身份的认识已经出现问题。要缓解紧张气氛，另一方应该认真倾听对方谈话，要充分肯定谈话者的专业知识水平，并且充分表现出对谈话者所重视的身份的尊重，然后再回到争论的问题本身。

二、社会作用理论

虽然多伊奇为人们所熟悉是因为他对冲突管理研究的贡献，但是他的许多观点在谈判中同样可以得到非常好的应用。他认为，人们在解决问题中所涉及的一系列理解、预期、技巧与其社会背景紧密联系。如果你的目标是想要改变现实环境，首先必须改变人们对于环境的理解。

例如，在谈判中澄清双方对于问题的理解会使谈判更加有效。交流不充分、态度带有敌意或者对差异过于敏感，这些都是竞争的常见现象，会导致观点扭曲，从而强化冲突，甚至导致冲突永久化。相反，如果能够在谈判时澄清己方的期望、相互作用的规则以及与问题有关的价值，将会影响谈判中所传达的信息。

另外，将冲突定义为"需要通过共同努力来解决的共同问题"，将有助于谈判获得成功。谈判各方使用"我们的问题""我们的解决方案"这一类语言，有助于强化对共同利益的追求。虽然各方不太可能达成自己希望的所有成果，但他们可以进行有益的对话，更好地理解双方的需求，这将有助于未来对问题的解决。

如何进行增进理解的沟通呢？方法之一是确立有助于合作关系的规则。对此，多伊奇给出的建议包括以下内容。

(1) 当意见不一致时，努力从对方的角度来理解其观点。

(2) 充分肯定对方想法的价值。

(3) 强调对方积极的、正面的因素，尽量少表达消极的、负面的感受。

(4) 对对方的合理要求做出积极响应。

(5) 恳请对方提出看法，同时专心倾听、积极响应和分享信息，从而促进双方合作性的交流。

(6) 表现出诚实、有道德、关注他人、正直的品质。

多伊奇的观点可以总结如下：沟通和语言是协调行动的核心，是一种渠道，连接谈判各方。人们以语言进行争论，因此我们应该重塑语言，使其减少威胁性，从而变得更有利于合作。

三、场理论

在物理学中，我们知道原子的运动受到许多更小的颗粒(如质子和电子)的影响，质子和电子又受到更小的颗粒(如夸克、介子、轻子、重子)的影响。虽然我们看不到这些潜在的力量，但它们影响了生活中的所有运动。正如在物理世界中发挥作用的亚原子力，社会力量在人类交往中也发挥着巨大作用。夫妻会受到亲戚的影响，公司决策会受到市场力量的影响，社团组织会受到亚文化的影响。许多力量是可见的，但有些力量是无形的，像亚原子颗粒一样发挥着作用。

德裔美国学者库尔特·卢因认为：个人行为不能独立于社会背景，每一种组织或社会背景都会形成系统力，构成心理环境，从而影响人们的思维和行动方式。气氛被用来描述整体的背景特征，经常被定义为“热烈而安全”或者“冷淡而紧张”。在谈判中，气氛可能是合作的或是竞争性的。心理气氛形成谈判的背景，将支持或者阻碍双方形成信任的态度、进行开诚布公的沟通，影响双方以何种方式讨论和解决分歧。美国学者约瑟夫·P.福尔杰、马歇尔·斯科特·普尔和兰德尔·斯图曼认为：冲突环境的主流气氛会影响各方对彼此的看法，从而激励某种行为方式，并且再反过来强化环境气氛。

例如，最近一位调解员为一家大型金融公司讲授两天的谈判课程，在授课期间，有几名参与者告诉他：“这个公司的文化缺乏领导力，多数雇员不信任上级经理。”对气氛的评价在课堂讨论中也得到了体现，参与者相互竞争、不信任彼此，在课堂练习和讨论中拒绝分享信息。这些感觉形成了一种气氛，并笼罩了整个团体，它影响各方如何计划他们的行为和猜测对方的反应。心理气氛会影响到冲突的发生、发展和解决。一个具体的事件是否会导致冲突，在很大程度上取决于团体内部的紧张水平和社会气氛。

场理论揭示了在谈判中许多潜在的力量会影响谈判者对措辞、情绪反应、压力以及技巧的选择。我们在谈判中的语言和沟通受到各自所属文化群体的影响。例如，一个工会代表如何理解对方经理所说的话以及在谈判中选择什么样的策略，将受到他所在的工会对他的期望的影响。

谈判者必须对这些潜在的力量保持敏感，并且相应调整谈判策略以应对，甚至有效利用这些力量的影响。

四、理性选择理论

理性选择理论是把人们在冲突中的行为描述为一系列的选择，即冲突各方为了收益最大化或损失最小化而做出的一系列行动和反应行动。该理论认为，人们受自我利益的驱动，在做出选择时所依据的偏好相对比较稳定。从这个角度出发的谈判者通常会从收益、损失或者结果衡量的角度来理解语言和事件，他们经常会考虑：“这会给我带来什么？”该理论表明了认知标准的重要性。该标准确立了参考点，低于该标准，交易不能补偿成本；高于该标准，交易才是值得的。虽然这些标准可能是主观的判断，但它们决定着谈判中什么是重要的，对风险和损失的衡量具有显著影响。2002 年诺贝尔经济学奖得主、心理学家卡尼曼指出：人们厌恶损失、避免损失的想法对谈判的影响与获得收益至少同样重要，甚至前者更甚。

博弈论是理性选择的一个例子，实验者试图通过模拟来了解、反映行动，了解人们为了使自己的利益最大化和达成目标会做出何种选择。阿克塞尔罗德使用囚徒困境模型进行研究，总结了实施该策略的四项原则。

(1) 正直待人，不要先于对方采取欺诈行为(即试图以他人的损失换取己方的利益)。

(2) 如果对方欺诈，则采取惩罚行动。

(3) 采取惩罚性的欺诈行动后，应该原谅对方，要避免引起进一步的对抗升级。

(4) 不要聪明过头，过分“聪明”的策略会使其他人做出错误的推断。

通过谈判解决冲突就是为问题的解决提供便利的过程。通过谈判，人们做出判断，没有必要再使冲突升级，或者认识到社会体制对利益的分配方式是可以接受的。如果争论各方认为谈判过程是公平的、恰当的，那就更可能找到各方都接受的解决方案。只要游戏规则看起来公平，各方认为交易符合他们的最大利益，就会达成协议。

五、转化理论

美国学者路易·克里斯伯格认为：冲突转化是一个过程，在这一过程中，长久的争斗通过冲突管理和谈判发生了根本性的、持久的变化。冲突各方可能从抗拒到开始认可对方的主张，他们开始认为各自的目标是相容的，他们以新的、不同以往的方式看待彼此的关系，探讨存在的问题，他们对于冲突的看法从只是关心自己这一方的问题，转换到把冲突看成更大背景中的一部分。当双方改变自己的行为时，对于彼此的感受、态度和看法，以及冲突的问题本身都会发生变化。谈判能够改变人们看待和谈论问题的方式，从而使冲突发生转化。

路易·克里斯伯格认为转化需要经历四个阶段。

第一个阶段是试探性的，各方发现长久的争斗成本过高，因此会提出建议来缓解冲突、促进和解。也就是说，一方会尝试性地伸出和平的触角，测试一下另一方是否会接受这一建议，并将其作为冲突解决的一部分。

第二个阶段涉及公开的姿态或行动，显示出一方愿意为合作解决冲突而努力。在谈判中，这可能涉及让步、公开声明表示或者暂停敌对行为。

第三个阶段是就某些具体细节达成协议，这为相互理解和更大的进步提供了动力。

第四个阶段包括协议的实施和监督。协议、合同、条约和备忘录是最终协议的主要构成要素。

美国社会学家 L.A.科泽认为：双方进行谈判以弥合差异或管理冲突，能够产生新的规则或者新的制度。在这种情况下，协议可能只是一个副产品，而规则发生的变化更加深入和持久。

乍看起来，对于谈判，我们不需要了解什么理论观点。但是，深入了解我们为什么要做出某种战略选择更有利于解决冲突，有利于在谈判中获取最佳利益。很多理论都解释了什么原因导致谈判成功或者破裂，包括以下五个方面。

(1) 对于谈判对手的身份和角色需求应充分理解并且给予足够的尊重，这种需求有可能会使谈判者不能专心于谈判的关键问题。

(2) 意识到社会力量、环境力量对人们的行为产生的影响。

(3) 确认哪些心理、社会、生理基本需要会增加人们达成协议的意愿。

(4) 了解行为选择、推动或者抑制力量和结果之间的关系。

(5) 谈判过程中彼此关系、角色和意识所发生的变化。

六、“黑箱”理论

20 世纪中叶出现了一门新兴科学——控制论，它是由美国科学家诺伯特·维纳创立的。所谓控制，就是运用某种手段，将被控对象的活动限制在一定范围之内，或使其按照某种特定的模式运作。控制论之所以在现代社会生活中产生了重要影响，就是因为它在众多领域的应用中取得了巨大的成果。将控制论运用于谈判领域，使谈判者将谈判活动变得更加程序化，就能够应用最佳模式产生最佳效果，以达到理想境界。

在控制论中，通常把所不知的区域或系统称为“黑箱”，而把全知的系统或区域称为“白箱”，介于黑箱和白箱之间的区域或系统或部分可察黑箱称为“灰箱”。一般来讲，在社会生活中广泛存在着不能观测却是可以控制的“黑箱”问题。在现实中还有许多事物，我们自以为不是“黑箱”，但实际上却是“黑箱”。对此，控制论专家举了一个自行车的例子，我们起初可能会设想自行车不是个黑箱，因为连成它的每一个部件我们都能看出来。事实上我们只是自以为知。踏板与轮子的最初联系在于把金属原子聚在一起的那些原子力，而这些原子力我们一点也看不到。而骑车的孩子，只要知道蹬踏板能使车轮转动就够了。

由此可见，黑箱是我们未知的世界，也是我们要探知的世界。要解开黑箱之谜，我们不能打开黑箱，只能通过观察黑箱中“输入”“输出”的变量，寻找、发现规律性的东西，实现对黑箱的控制。例如，一位有经验的谈判专家替他的委托人与保险公司的业务员商谈理赔事宜。对于保险公司能赔多少，专家心里也没底数，这就是我们通常认为的黑箱，于是，专家决定少说话，多观察，不露声色。保险公司的理赔员先说话：“先生，这种情况按惯例，我们只能赔偿 100 美元，怎么样？”专家表情严肃，根本不说话。沉默了一会儿，理赔员又说：“要不再加 100 美元如何？”专家又是沉默，良久后说：“抱歉，无法接受。”理赔员继续说：“好吧，那么就再加 100 美元。”专家还是不说话，继而摇摇头。理赔员显得有点慌了：“那就 400 美元吧。”专家还是不说话，但明显是不满意的样子。理赔员只好又说：“赔 500 美元怎么样？”就这样专家重复着他的沉默，理赔员不断加码他的赔款，最后的谈判结果是以保险公司赔偿 950 美元而告终，而他的委托人原本只希望要 300 美元。专家的高明之处就在于不断地探知黑箱中的未知数，知道何时不能松口，紧紧抓住利益，也知道何时该停止，放弃利益，所以他为雇主争取了最大的利益。

白箱对于我们来说是已知的世界，所以可以对“输出”“输入”事先确定变数及相互关系。当我们对系统内部结构有了深刻的认识时，就可以把这种结构关系以确切的形式表现出来，这就是“白箱网络”。运用白箱网络来分析谈判，就可以通过白箱规范已知的系统，将非常不确定的状况加以约束，从而可以更好地控制谈判局势。

最后，我们来探讨灰箱问题。对人们来讲，现实世界的绝大多数问题都是灰箱问题，谈判活动也是如此。因为在我们的认识中，对于某个系统，已经有了局部的了解，而对于其他方面则是未知的，这就需要我们充分运用已有的了解和知识，探求这个系统过去的历史，尝试用多种方法去掌握它的内部状态。例如，当我们就一项交易与对方讨价还价时，对方告诉你，让利 8%就已经是他的极限，那么，你是相信呢？还是拒绝呢？这就需要你根据已知进行判断，破解他 8%的灰箱。

在谈判中，若能对本章提及的理论和原则善加利用，将会有效提高谈判的成功率，改善谈判的结果。

课后练习

一、判断题

1. 博弈论是研究各方策略相互影响的条件下，理性决策人的决策行为理论。 (　　)
2. 博弈论启示谈判者要在谈判过程中树立“双赢”的理念。 (　　)
3. 生理的需求在谈判中主要体现在人身安全、地位安全和利益安全上。 (　　)
4. 谈判实力具有决定性和隐蔽性的特点。 (　　)
5. 公平应始终贯穿于谈判过程之中，只有坚持公平原则，双方才有可能达成共识，最终促成双赢的谈判结果。 (　　)

二、不定项选择题

1. 谈判的实质是(　　)。

A. 争取自己的利益　　B. 满足各自的需要
C. 维护己方的利益　　D. 达到一方的目的

2. 在谈判中，谈判者希望自己的人格、身份、能力等得到谈判对手尊重的欲求是需要层次理论中的(　　)。

A. 生理的需要　　B. 尊重的需要
C. 认识和理解的需要　　D. 自我实现的需要

3. 谈判实力具有的特点是(　　)。

A. 综合性　　B. 相对性　　C. 动态性　　D. 隐蔽性

三、简答题

1. 商务谈判的基本理论有哪些？
2. 什么是谈判的“囚徒困境”？
3. 在博弈基础上建立谈判程序是怎样的？

四、案例分析题

1970 年前后，一位老艺术家在一个偏远的集市上意外地发现了一把 17 世纪的名贵的意大利小提琴，摆地摊的卖主要价 10 元，老艺术家因一时庆幸和喜悦竟然连价都没砍就爽快地答应买下。老艺术家的爽快使卖主心里犯嘀咕：“摆了几年都没人问一问的旧琴，怎么这个人连价都不砍就决定要？”于是他试着将价格提高了一倍，老艺术家也马上答应了。没想到，由此却引起了一连串的提价，价格一直升到了 200 元。这个价格在当时当地，特别是对一把旧琴来说，可算得上是天文数字。最后老艺术家还是决定买，但因当时手中没有那么多钱，所以双方商定过几天交钱取琴。当老艺术家凑足了钱取琴时，万万没有想到，只有几天的时间，小提琴却被卖主漆得白白的，挂在墙上了。在老艺术家看来，这把被卖主漆过的小提琴已经一文不值，老艺术家只好十分惋惜地拒绝成交，而此时的卖主既感到莫名其妙又无可奈何。

问题：根据案例分析买卖双方谈判的基础与蕴含的理论。

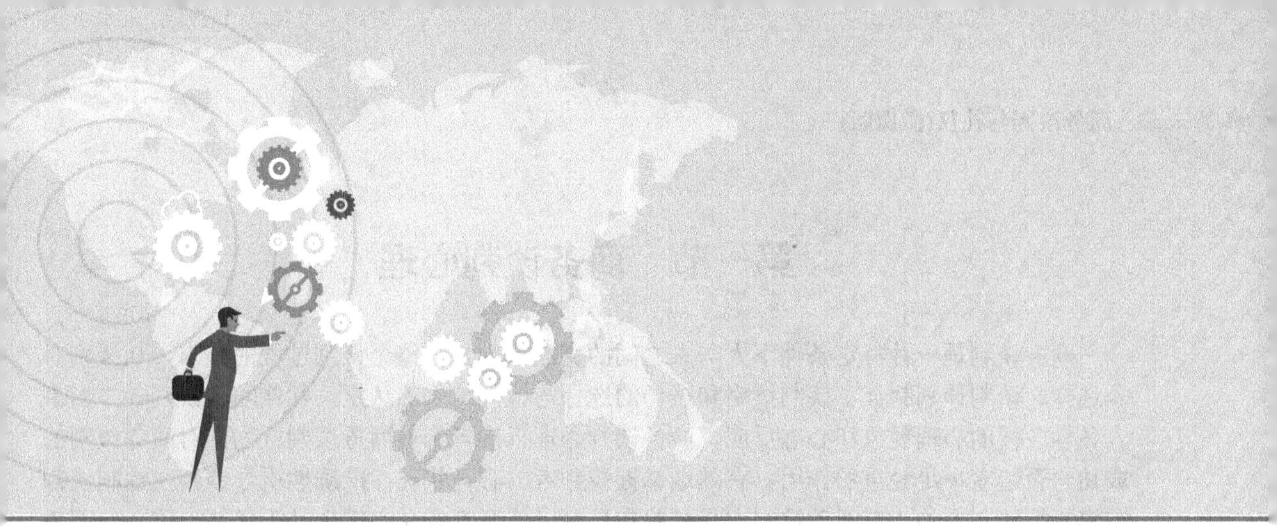

第三章　商务谈判心理、思维和动机

【学习目标】

知识目标：要求学生掌握商务谈判心理的概念和禁忌；理解商务谈判思维的概念；了解商务谈判心理的特点；掌握商务谈判者应具备的素质要求。要求学生能够认真学习，理解基本概念，把握基础理论，学会理论联系实际。

技能目标：在商务谈判中正确运用思维方法、心理等技能；掌握一名优秀的商务谈判者应具备的良好素质，学会在实践中灵活运用谈判素质以取得良好的谈判效果；能够充分理解商务谈判心理、思维对整个谈判进程的重要性；掌握在商务谈判中辩证思维、策略变换的运用，以提高心理素质。

【引导案例】

江西省欣美工艺雕刻厂原是一家濒临倒闭的小厂，经过几年努力，产品终于成功打入日本市场，战胜了其他国家在日本经营多年的厂家，被誉为“天下第一雕刻”。2011 年 12 月，日本三家株式会社的老板同一天接踵而至，到江西省欣美工艺雕刻厂订货，其中一家资本雄厚的大商社，要求原价包销该厂的佛坛产品。但是，雕刻厂决策层想道，这三家商社原先都是经销韩国、我国台湾地区产品的商社，为什么争先恐后、不约而同到本厂来订货呢？于是他们查阅了日本市场的资料，得出的结论是，由于本厂的木材质量上乘、技艺高超，所以制造的产品质量高于其他国家和地区，于是与三家商社在价格上展开谈判。该厂先不理那家大商社，而是先与小商社谈判，把产品与其他国家的产品做比较，并在此基础上将产品当金条一样争价钱、论成色，使其价格达到理想的高度。首先与小商社拍板成交，造成大商社失去货源的危机感。致使大商社不但急于订货，甚至想垄断货源，于是大批订货，以致订货数量超过该厂现有生产能力的好几倍。

(资料来源：https://www.taodocs.com/p-190101049.html)

【启示】本案例中该厂谋略成功的关键在于抓住了谈判对手求货心切的心理，利用产品质量优势争价钱，使价格达到了理想的高度，同时巧于审时布阵，先与小商社谈判，但并非疏远大商社，只是牵制大商社，造成大商社有可能失去货源的危机感和急切心理，为谈判成功赢得了筹码。

第一节　商务谈判心理

商务谈判是一种特定条件下人与人之间的交流行为。在整个谈判过程的始末，从谈判对象选择、谈判计划制订、谈判策略和技巧的选择与谈判结果的认定，都伴随着谈判各方当事人各种各样的心理现象和心态反应。商务谈判心理直接影响着商务谈判行为，对商务谈判的成功与否起着举足轻重的作用。有效地掌握谈判者的心理状况，准确地引导谈判，控制谈判节奏，把谈判者的心理活动控制在最佳状态，可以使谈判者在心理上处于优势地位，从而争取良好的谈判结果，实现预定的谈判目标。

一、商务谈判心理的概念

1. 心理的含义

人的心理看不见摸不到，给人一种深邃的感觉。当一个人面对祖国壮丽的河山、秀美的景色时，便会产生喜爱、愉悦的心理；而当看到被污染的环境、恶劣的天气，又会出现厌恶逃避的心理。这些就是人的心理活动、心理现象。心理学认为，心理是人脑对客观现实的主观能动反映。它既包括人们的各种心理活动，如认知、情感、意志等，也包括人们的心理特征，如动机、需要、气质、性格、能力等。人的心理是复杂多样的，人们在不同的专业活动中，会产生各种与不同活动相联系的心理。

2. 商务谈判心理的含义

商务谈判心理是指在商务谈判活动中谈判者的各种心理活动，是商务谈判者在谈判活动中对各种情况、条件等客观现实的主观能动反映。譬如，当谈判者在商务谈判中第一次与谈判对手会晤时，对方彬彬有礼，态度诚恳，就会对对方有好印象，对谈判取得成功也会抱有信心和希望；反之，如果谈判对手态度狂妄、盛气凌人，势必留下不好的印象，从而对商务谈判的顺利开展存有忧虑。

通过对谈判者心理的研究，一方面，有利于谈判者了解己方谈判成员的心理活动和心理弱点，以便采取相应措施进行调整和控制，保证己方谈判者能以一个良好的心理状态投入谈判中去；另一方面，有利于摸清谈判对手的心理活动和心理特征，以便对不同的谈判对手，选择不同的战略战术。

二、商务谈判心理的特点

与其他的心理活动一样，商务谈判心理有其心理活动的特点和规律。一般来说，商务谈判心理的具体特点归纳如下。

1. 商务谈判心理的内隐性

商务谈判心理的内隐性是指商务谈判者的内心活动藏之于脑、存之于心，别人是无法直接观察到的。但人的心理和行为之间有密切的联系，人的心理会影响人的行为，人的行为是人的心理的外在表现，如高兴时手舞足蹈，悔恨时捶胸顿足，沉痛时低头不语等。因此，人的心理可以从其外显行为上加以推测，例如，在商务谈判中，对方作为购买方对所购买的商品在价格、质量、运输等方面的谈判协议条件感到很满意，那么在双方接触过程中，谈判对方会表现出温和、友好、礼貌、赞赏等态度反应和行为举止；相反，如果很不满意，则会表现出冷漠、粗暴、不友好、怀疑甚至挑衅的态度反应和行为举止。由此可知，掌握这其中的一定规律，就能较为充分地了解对方的心理状态，更好地洞悉对方的所思所想，从而在商务谈判中占据主动地位。

2. 商务谈判心理的个体差异性

商务谈判心理的个体差异性是指因谈判者个体的主客观情况不同，谈判者个体之间的心理状态存在着一定的差异。商务谈判心理的个体差异性，要求人们在研究商务谈判心理时，既要注重探索商务谈判心理的共同特点和规律，又要注意把握个体心理的独特之处，以便有效地为商务谈判的开展进行服务。

3. 商务谈判心理的相对稳定性

商务谈判心理的相对稳定性是指个体的某种商务谈判心理现象产生后往往具有一定的稳定性，在一段时间或一定时期内不会发生大的变化。但这种稳定性不是绝对的，而是相对的。例如，商务谈判者的谈判能力会随着谈判者经验的增多而有所提高，在一段时间内是相对稳定的。

正是由于商务谈判心理具有相对稳定性，我们才可以通过对谈判对手过去的种种表现的观察来了解谈判对手，进一步认识谈判对手。此外，我们也可以运用一定的心理方法和手段去改变或影响我们的谈判心理，使其有利于商务谈判的开展。

三、商务谈判中需要注意的心理因素

在谈判中，如果能够认识到人们普遍具有的某些心理因素，并且有意识地进行观察、加以利用，相应地调整己方的谈判策略，将给谈判带来诸多积极影响。

(1) 对商品大加赞美的人未必就是买主，而对商品百般挑剔的人倒有可能是潜在的客户，也就是中国人所说的“挑剔是买主”。

(2) 当潜在客户对商品的性能、质量、规格等频频发问并仔细探讨的时候，往往意味着交易机会的到来。

(3) 如果客户详细询问商品的售前、售后服务，表明他确实有了要买的打算，往往意味着交易成功的来临。

(4) 售卖者在售卖过程中的主要任务是引导买家产生购买欲望，减轻其付款时的心理负效应。而购买者应该明了想要购买商品的基本功能，理性对待商品的附加功能，以最小的投入获得最大的效用满足。

(5) 在生活中，有很多商品的购买日就是其被束之高阁的日期。因此，我们要理性地对待卖家的花言巧语，避免买回自己并不需要的商品。

(6) 一旦确定交易达成，买方或者卖方要求减价或加价的最后努力可以不用理会。这只是购买者和售卖者心存侥幸的心理活动而已，对交易本身已经没有绝对的影响。

四、商务谈判心理的禁忌

谈判的禁忌是多方面的，下面将从两大方面分述商务谈判心理的禁忌。

1. 一般谈判的心理禁忌

(1) 戒急。在商务谈判中，有的谈判者急于表明自己的最低要求，急于显示自己的实力，急于展示自己对市场、技术、产品的熟悉程度，急于显示自己的口才等。这些行为都很容易暴露自己，易陷入被动地位。

(2) 戒轻。在商务谈判中，有的谈判者轻易暴露所卖产品的真实价格，轻信对方的强硬态度，没有得到对方切实的交换条件就轻易做出让步，遇到障碍就轻易放弃谈判等。“轻”的弊病一是“授人以柄”，二是“示人以弱”，三是“假人以痴”，都是自置窘境的心理弊病。

(3) 戒俗。所谓俗，就是小市民作风。在商务谈判中，有的谈判者因对方有求于他就态度傲慢，有的谈判者因有求于对方就卑躬屈膝。这些行为可能会使谈判者既失去谈判的利益，又失去自己的尊严。

(4) 戒狭。心理狭隘的人不适合介入谈判，因为心理狭隘的人容不下这张谈判桌。在商务谈判中，有的谈判者把个人感情带入谈判中，或自己的喜怒哀乐易受人感染，或脾气急躁、一触即跳，或太在乎对方的言语、态度。这种谈判者一般是“成事不足，败事有余”。

(5) 戒弱。俗话说的“未被打死先被吓死”就是弱。在商务谈判中，有的谈判者过高地估计对手的实力，不敢与对方的老手正面交锋、据理力争，有的谈判者则始终以低姿态面对对手，虚弱之态可掬，忠厚之状可欺。

2. 专业谈判的心理禁忌

(1) 禁忌缺乏信心。在激烈的商务谈判中，特别是同强者的谈判，如果缺乏求胜的信心，是很难取得谈判成功的。“高度重视—充分准备—方法得当—坚持到底”，这是取得谈判胜利的普遍法则。在谈判中，谈判各方为了实现自己的目标，都试图调整自己的心理状态，从气势上压倒对手。所以，成功的信念是谈判者从事谈判活动必备的心理要素，谈判者要相信自己的实力和优势，相信集体的智慧和力量，相信谈判双方的合作意愿，具有说服对方的信心。自信心的获得是建立在充分调研的基础上，而不是盲目的自信，更不是固执地坚持自己的错误。

(2) 禁忌热情过度。严格来讲，谈判是一件非常严肃的事情，它是企业实现经济利益的常见业务活动。在进行商务谈判时，适度的热心和关怀会使对方乐意和你交往，但过分热情就会暴露你的缺点和愿望，给人以有求于他的感觉。这样就削弱了己方的谈判力量，提高了对手的地位，使本来比较容易解决的问题可能要付出更大的代价才能解决。因此，对于谈判者而言，在商务谈判中对于热情的把握关键在于一个“度”。如果己方实力较强，对于对方的提案，不要过于热心，只要表示稍感兴趣，就会增加谈判力量。相反，如果己方实力较弱，则应先缓和一下两者之间的冷漠感，同时表现出热情但不过度，感兴趣却不强求，不卑不亢，泰然处之，从而增加谈判力量。

(3) 禁忌举措失度。在商务谈判中，各种情形复杂多变，难以预料。当出现某些比较棘手的问题时，如果没有心理准备，就会不知所措，签订对己方不利的协议，或者处理不当，不利于谈判的顺利进行。谈判过程中可能会有为一点小事纠缠不清的，有故意寻衅滋事的，当这些事情发生时，谈判当事人应保持清醒的头脑，沉着冷静，随机应变，分析其原因所在，找出问题的症结。如果是对方蛮不讲理，肆意制造事端，就毫不客气，以牙还牙，不让对方得逞，以免被对方的气势压倒。在不同的谈判场合会遇上各种对手，碰到不同的情况，如果不知所措，只会乱了自己，帮了对手。所以，谈判者一定要学会“临危而不乱，遇挫而不惊”。

(4) 禁忌失去耐心。耐心是在心理上战胜谈判对手的一种战术，它在商务谈判中表现为不急于求得谈判的结果，而是通过自己有意识的言论和行动，使对方知道合作的诚意与可能。谈判是一种耐力的竞赛和比拼，没有耐力的人不宜参与谈判。耐心是提高谈判效率、赢得谈判主动权的一种手段，让对方了解自己，又使自己详尽地了解对手，只有双方相互了解、彼此信任的谈判才能获得成功，所以耐心是商务谈判过程中一个不可忽视的制胜因素。

(5) 禁忌掉以轻心。谈判永远不可以掉以轻心。谈判获胜前不能掉以轻心，获胜后更不能掉以轻心，否则，要么是功败垂成，要么是成而树敌。在商务谈判中，一方设置陷阱的情况经常发生，有些商家在提出条件时含而不露，故意掩盖事情的真相。如果谈判者不能及时地发现问题，很容易被迷惑，为合同的履行埋下祸根，一旦情况发生了变化，对方以各种理由不执行协议，将导致谈判前功尽弃。

(6) 禁忌假设自缚。有哲人指出：“主观臆断是一般人的通病。别让你有限的经验成为永恒的事实。”

作为谈判者就是要冒风险，挣脱过去经历的先例，对臆测提出质疑，从你现有的经验之中做一些新的尝试。不要表现出一种姿态，仿佛你有限的经验代表了全球性的真理。尽量先去试验一下自己的猜测是否正确，迫使自己走出经验之外，别固守着落伍的方式做事情。

五、商务谈判中的心理挫折

1. 心理挫折的含义

一个人在做任何事情时都不可能是一帆风顺的，总会遇到各种各样的问题和困难，这就是我们平时所说的挫折。心理挫折不同于此，心理挫折是人们的一种主观感受，它的存在并不能说明在客观上就一定存在挫折或失败。反过来，客观挫折也不一定对每个人都会造成挫折感，每个人的心理素质、性格、知识结构、背景、成长环境等都不相同，因此他们对同一事物的反应也就各不相同。例如，在商务谈判中，当谈判双方就某一问题争执不下时，便形成了活动中的客观挫折，对此，人们的感受是不同的。有的人遇到了困难，反而会激起他更大的决心，要全力以赴把这一问题处理好；有的人则会感到沮丧、失望乃至丧失信心。

所谓心理挫折，是指人在追求实现目标的过程中遇到自感无法克服的障碍、干扰而产生的一种焦虑、紧张、愤懑或沮丧、失意的情绪性心理状态。在商务谈判中，心理挫折会造成人的情绪上的沮丧、愤怒，会引发与谈判对手的对立和对谈判对手的敌意，容易导致谈判的破裂。

2. 心理挫折对行为的影响

心理挫折虽然是人的内心活动，但它却对人的行为活动有着直接的、较大的影响，并且会通过具体的行为表现出来。对绝大多数人而言，在感到挫折时的行为反应主要有以下四种。

(1) 攻击。在人们遇到挫折时，生气和愤怒是最常见的心理状态，在行动上可能表现为攻击，如语言过火、情绪冲动、易发脾气、挑衅动作等。例如，一个人去一家不议价商店买东西，非让老板降价，老板不同意，他便挑出商品的瑕疵硬要老板降价，这时老板被激怒，可能会说出一些过激的话，“你想买就买，不想买就算了” “我不卖了，你到别的地方买去”，甚至做出一些过激的动作，如推搡等。攻击行为可能直接指向阻碍人们达到目标的人或物，也可能指向其他的替代物。

(2) 退化。退化是人在遭受挫折时所表现出来的与自己年龄不相称的幼稚行为。例如，像孩子一样哭闹、耍脾气，目的是威胁对方或唤起别人的同情。

(3) 畏缩。畏缩是人受到挫折后失去自信、消极悲观、孤僻离群、易受暗示、盲目顺从的行为表现。在这时，人的敏感性、判断力都会下降，最终影响目标的实现。例如，当一位刚入行的律师与知名律师打官司时，这位刚入行的律师便很容易产生心理挫折，缺乏应有的自信。在对簿法庭时，无论是他的谈判力，还是思辨能力，甚至语言表达能力都可能会受到影响，这实际上就为对手的胜利提供了条件。

(4) 固执。固执是一个人明知从事某种行为不能达到预期的效果，但仍不断重复这种行为的行为表现。在人遭受挫折后，为了减轻心理上所承受的压力，或想证实自己行为的正确以逃避指责，在逆反心理的作用下，往往无视行为的结果不断地重复某种无效的行为。这种行为会直接影响谈判者对具体事物的判断、分析，最终导致谈判的失败。

3. 心理挫折对商务谈判的影响

在商务谈判中，无论是什么原因引起的谈判者的心理挫折，都会对谈判的圆满成功产生不利的影响。任何形式的心理挫折、情绪激动都必然分散谈判者的注意力，造成反应迟钝、判断力下降，而这一切都会使谈判者不能充分发挥个人潜能，从而无法取得令人满意的谈判结果。

4. 商务谈判心理挫折的预警机制

在商务谈判中，不管是己方人员还是对方人员产生心理挫折，都不利于谈判的顺利开展。因此，谈判者对商务谈判中的客观挫折要有心理准备，应做好对心理挫折的防范和预警，对己方所出现的心理挫折应有有效的办法及时加以化解，并对谈判对手出现心理挫折而影响谈判顺利进行的问题有较好的应对办法。

(1) 加强自身修养。一个人在遭受客观挫折时能否有效摆脱挫折，与他自身的心理素质有很大关系。一般来说，心理素质好的人容易对抗、弱化或承受心理挫折；相反，心理素质差的人在遇到挫折时，则很容易受挫折的影响，产生心理的波动。因此，一个优秀的谈判者往往通过不断加强自身的修养，来提高其应变能力。

(2) 做好充分准备。挫折可以吓倒人，但也可以磨炼人。正确对待心理挫折的关键在于提高自己的思想认识。在商务谈判开始之前，谈判者应做好各项准备工作，对商务谈判中可能出现的各种情况事先做到心中有数，这样就能及时有效地避免或克服客观挫折的产生，减少谈判者的心理挫折。

(3) 勇于面对挫折。常言道：“人生不如意事十之八九。”对于商务谈判来说也是一样，商务谈判往往要经过曲折的谈判过程，通过艰苦的努力才能到达成功的彼岸。商务谈判者对于谈判中所遇到的困难，甚至失败要有充分的心理准备，提高应对挫折打击的承受力，并能在挫折打击下从容应对不断变化的环境和情况，为做好下一步工作打下基础。

(4) 摆脱挫折情境。相对于勇敢地面对挫折而言，这是一种被动地应对挫折的办法。遭受心理挫折后，当商务谈判者无法再面对挫折情境时，可通过脱离挫折的环境情境、人际情境或转移注意力等方式，让情绪得到修补，使之能以新的精神状态迎接新的挑战，如失意时回想自己过去的辉煌。

(5) 适当情绪宣泄。情绪宣泄是用一种合适的途径、手段将挫折的消极情绪释放发泄出去的办法。其目的是把因挫折引起的一系列生理变化产生的能量发泄出去，消除紧张状态。情绪宣泄有直接宣泄和间接宣泄两种，直接宣泄有大哭、大喊等形式；间接宣泄有活动释放、找朋友诉说等形式。情绪宣泄有助于维持人的身心健康，形成对挫折的积极适应，并获得应对挫折的适当办法和力量。

【案例 3-1】

林肯制怒

一天，美国陆军部长斯坦顿来到林肯的办公室，气呼呼地告诉林肯，一位少将用侮辱的话指责他，而那位少将所说的并非真有其事。林肯并没有安慰斯坦顿，而是建议斯坦顿写一封内容尖刻的信回敬那位少将。

“必要的话，你可以狠狠地骂他一顿。”林肯说。

斯坦顿立刻写了一封措辞激烈的信，然后拿给林肯看。

“对了，就这样。”林肯高声叫好，“要的就是这种效果！好好教训他一顿，真写绝了，斯坦顿。”

当斯坦顿把信叠好装进信封里时，林肯叫住他，问道：“你想干什么？”斯坦顿有些摸不着头脑：“寄出去呀。”

“不要胡闹！”林肯大声说，“这信不能发，快把它扔到炉子里去。凡是生气时写的信，我都是这么处理的。这封信写得好，写的时候你已经消了气，现在感觉好多了吧，那么就把它烧掉，如果还没有完全消气，就接着写第二封吧。”

(资料来源：http://bbs.eduol.cn/post_30_190582_3.html.)

(6) 学会换位思考。换位也叫移情，就是站在别人的立场上，设身处地地为别人着想，用别人的眼睛来看这个世界，用别人的心来感受这个世界。积极地参与他人的思想感情，意识到自己也会有这样的时候，这样才能实现与别人的情感交流。“己所不欲，勿施于人”是移情的最根本要求。

六、谈判心理分析

谈判是一个错综复杂的较量过程，所涉及的心理过程，可以从心理特征、行为举止、情绪波动三个方面加以分析。

(一)心理特征分析

心理特征分析在心理学中也称为心理定式分析。它以人为对象，首先要了解谈判对手的背景和心理特征。谈判人员的心理特征主要包括性格、兴趣、脾气、工作风格等，这是人们在长期的生活、工作中形成的。在谈判中，不同的谈判对手，由于所处的地位、拥有的权力不同，其业务能力、谈判知识、个性、风格往往也不同，因此在谈判时就会产生不同的心理活动。例如，公司总裁享有很大的权限，能够不拘细节、敢于“拍板”，销售经理抱着争取到一个好价格的心理，往往会在价格、风险、权利等问题上与你周旋；律师则出于受聘于人的心理，往往在法律细节上逐字推敲，以显示自己的法律学识。在谈判过程中，我们应该针对不同的谈判对手，认真研究，区别对待。

实践证明，任何一项谈判都可能遇到挫折或出现不同意见，甚至反对意见，还可能被拒绝。当这类客观情形使主观感受处在受挫折状态时，必将自觉或不自觉地产生不同类型的心理反应，即产生“挫折反应”，大致可归为以下五类。

(1) 产生攻击心理和行动。具体表现在对受挫的起源点直接进行攻击，或转向攻击、迁怒于第三者，或产生自责、自悔等心理。

(2) 固执心理。谈判人员明知实现既定的谈判目标会遭遇挫折，但仍然执意坚持按原动机继续行动。

(3) 无所适从。某些谈判人员在面对挫折时茫然失措，产生无能为力的心理反应。

(4) 合理化。遇到阻碍后积极调整自己的动机，使之更符合客观实际。

(5) 升华心理。受到挫折后将动机和行动引向更高方向，力求冲破障碍、战胜挫折。

我们只要掌握了谈判人员受挫时心理活动的变化规律，就可以判断出对方在受挫时可能产生的心理变化和即将采取的行动。

(二)行为举止分析

在心理学上，外在的行为举止分析称为动态因素分析，也就是分析研究人对于客观事物所引起的心理反应和变化。在谈判过程中，双方都希望按照自己的目标和愿望去成交，一旦遇到分歧就会产生复杂的心理活动，并通过其外在的举止表露出来。我们只要仔细观察对方的一举一动，就可以窥透谈判对手的内心世界及其动向，发现他们的思路，掌握谈判的主动权。心理学家认为，以下行为举止往往能传达出谈判人员心理的某种含义和暗示。

1. 眼神

眼睛被称为“心灵的窗户”，是人与人沟通中最清楚、最正确的信号。在面部表情中，眼睛最能传神，因为人的瞳孔是根据感情、态度和情绪自动发生变化的，人不能自主控制。在商务谈判中，眼睛的作用是不能忽视的。在交谈中，只有注视对方的眼睛，彼此的沟通才能建立。如果对方目光游移不定，表示他已经心不在焉；沉默时眼睛时开时合，表示他对你已产生厌倦；斜着眼睛，表示有了一种消极的思维，并开始藐视你。眼睛除了表达感情以外，还是了解对方兴趣所在和关注点所在的主要窗口。当人们见到令人害怕的、厌恶的、不愉快的事物时，就会突然扭转视线不看；要是对方中止谈话，转而凝视他的同伴，这就是已经把话说完了的信号；如果中止以后并不望向同伴，意思是说他尚未讲完。一个人正跟对方讲话，对方没有听完就看其他地方，则表示不完全满意己方所说的话；对方说话时却看着别的地方，可能表示对自己所说的话并没有什么把握；对方听到己方的谈话而望向己方，这就是对自己所说的话很有把握；对方不望着己方而看向别的地方，表示他有隐匿的成分；如果他在己方说话时看别的地方，表示不想让己方知道他的感想。

2. 握手

握手的力量、姿势、时间长短，能够表达握手人的不同态度和思想感情。初次见面时，通过握手能解除防范心理，增进感情交流，很容易反映出心理变化，对人们将来关系的发展有着非常特殊而重要的意义。

(1) 支配性握手。通常是对方掌心向下地把手伸给你。这种握手方式告诉你，他在此时处于高人一等的地位，而且表示在未来的接触里，他希望掌握控制权、支配你。事实证明，这种握手很难与被握手者建立平等友好的关系。

(2) 顺从性握手。对方手心朝上伸出手，而且大多力量弱。由此可以看出他是一个懦弱而且缺乏个性的人。通过握手传达出对他的谦恭、顺从。在某些情况下，采取这种握手方式，往往会产生良好的效果。

(3) 平等式握手。对方的手掌直向你伸出，整个握手过程中手掌保持垂直，手指微用力，这表达了彼此间的尊重和默契，说明他是一个好动而且信心十足的人，你可以和这类人处得很好。

(4) 抓指尖握手。有些人握手时不是用手亲切地握住你的手掌，而是伸手握住你的指尖。这是一种不标准的握手形式，是为了和你保持一段空间距离。

3. 手势

手势是表情达意的有效方式，能表达出比表情更复杂的意思。一般情况下，摊开手掌表示真切、诚恳、忠贞和顺从。当某人向你表示真诚时，他会暴露部分或是整只手掌在你面前，这种姿势给你一种说实话的感觉。有的人习惯十指交错两手钳在一起，心理学家认为这是一种“沮丧心情”的手势，表示此人正在压制某种感情，如失去一笔好生意或失去一个“千载难逢”的好机会。

4. 姿态

(1) 双臂交叉于胸前，往往表示防备、疑惑的心理，或表示对对方的意见持否定态度；若同时还攥紧拳头，则表示否定程度更加强烈。

(2) 两腿经常挪动或不时地来回交叉，表示不耐烦或有抵触，不过有时仅仅是一种习惯，想让自己感觉舒服一点。

(3) 揉眼睛、捏鼻子的动作同时出现，则在更大的程度上表明其防备、抵触或否定的心理活动。

(4) 向后仰靠在椅背上，可以看作是不信任、抵触、不需要继续深谈的迹象；如果再伴以两臂叠于胸前的姿势，上述含义的可能性更大。

(5) 摊开手掌，解开衣扣，手腿都自然放松，不交叠，这些动作和姿态都表明愿意开诚布公，乐于倾听对方的意见。

(6) 抚摸下巴、捋胡子等无意识的动作，往往表示正在对所提出的问题和材料进行认真的思索和考虑；此外，坐在椅子的前边缘上，或身体前倾，俯在桌子上也可能有类似的含义，或表示对所讨论的问题发生兴趣。

(7) 两手手指顶端对贴在一起，掌心则分开，形似尖塔，挺胸前视，这通常表示高傲自信、踌躇满志的心情；有时这种姿势是故意用来显示与谈判对手地位不同，暗示自己是降贵屈尊来同对手谈判的。

(8) 两手交叉，托住后脑勺，身体往后仰。当一个人感到自己驾驭着谈判局势，居于支配地位时，往往会情不自禁地做出这种姿态。

(9) 清清嗓音，变换声调，有可能是不安、紧张、焦虑的征兆。

(10) 谈话时不自觉地用手掌或手指蒙在嘴前轻声吹口哨，把手扭来扭去，不时变换坐的姿势和位置，这些都意味着紧张、担心、受挫、束手无策的心理状况，其中第一种动作还可能表明此人不坦率，还留着一手。

(11) 掐灭香烟或任其自燃。在谈判中，点燃香烟并不意味着情绪紧张，然而神情紧张、焦躁不安或过分拘谨的谈判者往往会无意识地掐灭尚未吸完的香烟，或者忘了继续吸下去，任其自燃。

(12) 凑近对方。当问题逐渐接近解决，隔阂或障碍进一步消除时，双方谈判者就会自然地坐得靠拢一点；或者东道主起身离开座位，绕过谈判桌，同坐在客席上的对手凑近面谈。

(13) 拍拍对方的肩膀或手臂，这是希望能快点达成协议或解决问题。当然，这时达成协议或解决问题的时机和条件都已成熟。

(三)情绪波动分析

心理学认为，能满足或符合人的需要的事物，必会引起人的积极态度，使人产生一种肯定的情感，如愉快、满意、喜爱等；不能满足人的需要或与人的需要相抵触的事物，就会引起人的消极的态度，使人产生一种否定的情感，如厌恶、愤怒、憎恨等。在谈判中，谈判人员的情绪是否积极，对于达到既定的谈判目标具有重要的作用。积极的情绪可以提高、增强人的活动能力，促进谈判；消极的情绪则会降低人的活动能力，影响谈判，甚至导致谈判失败。

可以肯定，每一个谈判人员都在为实现自己预期的目标而努力工作。但在整个奋斗过程中，他们有时会充满信心，有时会信心不足；有时会积极主动，有时会消极被动。

影响商务谈判人员情绪上下波动的原因不仅来自个人的内在因素，而且来自一定的外部条件，这些条件可以分为以下六个方面。

(1) 社会因素，主要包括国家政策法令的颁布，物价的涨落，社会风气的好坏等。

(2) 组织的因素，主要包括谈判团体成员之间的关系好坏，谈判团体成员的健康状况，谈判团体的人员变动等。

(3) 领导的因素，主要包括上级领导的信任程度，谈判组长(或团长)的能力与水平等。

(4) 同事的因素，主要包括全体成员在谈判目标、策略、方法、技巧上的意见异同，工作上的协调配合，经济利益的差异，团结互助的精神等。

(5) 遭遇和偶发性的因素，主要包括谈判目标的难易，成功和失败的影响，意外遭遇的影响等。

(6) 自身健康的因素，主要是体格的影响，病人和正常人的情绪是大不相同的。

在谈判中，通过分析谈判对手在长期生活、工作中形成的心理素质和特点，可以揭示谈判对手的心理发展趋势。通过分析研究人对于客观事物引起的心理反应和变化，可以判断对方的心理变化和可能采取的下一步行动；通过分析研究谈判人员的情绪变化，可以因势利导，促进谈判的成功。

第二节　商务谈判思维

谈判被现代人誉为“软脑力体操”，是一项充满科学性和艺术性的复杂活动。商务谈判作为经济活动的重要手段，是现代生活中最普遍、最重要的谈判类型。人的思维活动贯穿其中，是整个谈判的灵魂。谈判思维的正确与否，关系着商务谈判的成败，因此谈判者必须理解、掌握并灵活运用一些基本的思维知识和技巧。

一、商务谈判思维的概念

人的思维过程，从思维形式来说，就是运用概念进行判断、推理、论证的过程。在这个过程中，概念是思维的出发点，并由它组成判断，由判断组成推理，再由推理组成论证。这四个逻辑范畴既是谈判思维过程的四个环节，也是谈判思维的四个基本要素。

商务谈判思维是商务谈判前的准备阶段的思维活动与谈判过程中的临场思维活动的总称。成功的商务谈判对双方来说，亦是正确的、合理的思维结果。

1. 概念

概念是反映事物的本质和内部联系的思维形式。在谈判中，概念是抓住论题本质及其内部联系的基础。如果概念混淆则抓不住对方的实际弱点，还会使谈判失去方向。若在任一论题展开之前，先从概念入手，那么谈判双方则可在同一事物上寻找解决办法或方案。

2. 判断

判断是对客观事物的矛盾本性有所断定的思维形式，其主要作用在于它的认识功能。这种动态断定的思维有四个对立统一的方面：同一与差异、肯定与否定、个别与一般、现象与本质。在商务谈判中，这四个对立统一的思维判断无处不在。

3. 推理

推理是在分析客观事物矛盾运动的基础上，从已有的知识中推出新知识的思维方式。推理的形式有类比、归纳和演绎。

推理的类比形式最典型的运用，是谈判准备工作中的“比价材料”的准备。出口商要研究国际市场同类商品的价位，进口商也要研究同类商品的市场价位，目的在于类比，以便做出自己方案的判断。

推理的归纳形式是谈判者在做某个议题或某个阶段的小结时最常用的手法。可以用它把谈判双方零散的观点廓清，以对双方立场予以判断，也可以用它把自己的论述予以理清，断定一下自己的结论。

推理的演绎形式，也可以说是谈判思维中的解析式思维方式。

4. 论证

论证是根据事物的内部联系，应用辩证的矛盾分析方法，以一些已被证实为真的判断来确定某个判断的真实性或虚假性的思维过程，是认识矛盾、解决矛盾的过程。在商务谈判中，每一场论战即为一场论证。优秀的谈判者在众多人参加时，通过论证，应显示出是一位出色的鼓动家；在人少时，则会像朋友在谈心。要达到这种效果，必须谙熟论证之道。

二、商务谈判中的思维类型

【案例 3-2】

多年前，美国有一位老人，他有 3 个儿子。大儿子跟二儿子都在城里工作，他跟小儿子相依为命，在乡下生活。这一天来了一个人对他说："我能不能把您的小儿子带到城里去工作？"老头说："不行！绝对不行！你给我滚出去！"这个人接着说道："如果我在城里为您的儿子找了个对象，那么能带他走吗？"老头还是说："不行，你给我滚出去！"这个人继续说道："如果我给您找的未来儿媳妇是洛克菲勒的女儿，那您看行吗？"老头想了想，同意了。

过了几天，这个人就找到了美国的首富——石油大亨洛克菲勒，对他说："我想给您的女儿找一个对象，行吗？"洛克菲勒说："不行，滚出去！"这个人又说道："如果我给您找的这个女婿，是世界银行的副总裁，您看行吗？"洛克菲勒答应了。

过了几天，这个人找到了世界银行总裁，对他说："您应该马上任命一个副总裁。"总裁笑了笑说："不可能，我已经有这么多副总裁了，为什么还要任命一个，而且必须是马上呢？"这个人说："如果我让您任命的这个人是洛克菲勒的女婿，那您看行吗？"总裁答应了。

于是这个小伙子马上就变成了洛克菲勒的女婿和世界银行的副总裁了。

这个故事给了你什么启发呢？

(案例来源：[美]卡耐基. 卡耐基成功学[M]. 刘祐，译. 北京：中国城市出版社，2007.)

思维是人类的精神活动，是社会实践和文化濡染的产物。在谈判实践中，思维的表现形式是异彩纷呈的，下面重点介绍五种商务谈判中的思维类型。

1. 发散思维

发散思维是指多个角度对谈判议题进行全方位的理性确认的思维方式。它的具体方法是对有关信息进行筛选、过滤、加工、整理和鉴别，筛除与谈判内容无关的信息，留下与谈判密切相关的可靠信息。发散思维贵在多角度出击，消除思维死角，使论题各部位暴露在谈判桌上，以便各个击破，促进谈判的进行并大幅度提高谈判成功的概率。例如，一上谈判桌，对方单枪匹马对己方几个人，而且让你方门外等候多时。你该采取什么对策呢？从发散思维角度来看，思路的启动可能考虑该人在公司中的地位、权力的大小，该公司是否还有其他谈判，谈判态度是否认真，议程是否完整，是否表达全部核心观点等问题。这种发散思维的目的在于从表面现象尽快掌握商务谈判可能的趋势，同时，也利于采取相应的对策，使谈判有尽可能大的进展。

优秀的谈判者在运用发散思维方式时善于转移思路，犹如快捷变频的雷达，随心所欲地更换频率使路路畅通。若做不到流畅地转移，思路就会呆滞，谈判桌上就会出现暂时的思维死角，从而让对手有喘息的机会，进而影响谈判效果。

2. 超常思维

超常思维是指超越常规、打破思维定式，用不同于一般思维的方式进行思考的思维形式。在谈判实践中，人们常常有这样的感觉，困难不是来自对方实力的威胁，而是自己谈判思路的枯竭或是感觉到谈判对手咄咄逼人的思维攻势。在对手快捷的思维攻击下，若顺其应答就会发现自己十分被动，处处受制于人。而此时，超常思维便是进攻和防卫的最有效的谈判武器。运用超常思维，可以超出对手的想象力，能有效地控制谈判局势，甚至能使对方立刻接受你的方案。

超常思维具有不同于一般性或逻辑性思维的特点，它的主要特征是机智、灵活、富于创造性。与超常思维相对的思维方式是常规思维，可以通过一个例子来体会它们之间的区别。譬如，两个人过河，眼前有一条河，常规思维会认为自然要有桥，无桥则无路，思考如何建桥，而超常思维一看建桥有难度，便会考虑其他办法，如乘船等。故常规思维可能会使思维如水过鸭背，点滴不进，从而使谈判陷入僵局；超常思维则会使思维相互摩擦而产生思维的火花，结出谈判的累累硕果。

3. 跳跃思维

跳跃思维是指在谈判中把事物发展过程的某些内容跳跃过去，而迅速抓住自己想要说明的问题的思维方式。这种思维方式由于能在复杂的事物或大量的信息面前迅速抓住问题的本质，因而被谈判者普遍采用。

跳跃思维的心理基础是找到要害，一举成功，无论在说明问题还是反击对方时，运用这种思维方式均能取得有利的效果。

4. 逆向思维

逆向思维是指从与对手立场及议题结果对立的角度思考、判断、推理的思维方式。逆向思维是一种违反常规的思维方式，是一种强迫性的思维方式，主要手段是反问、否定与反证，既可用于进攻，又可用于防守。在商务谈判中，运用逆向思维方式容易发现一些在正常思维条件下不易发现的问题，利用这些问题可以作为与对方讨价还价的条件或筹码。

5. 快速思维

快速思维是指思维的速度快、结论快、反应快。商务谈判中的快速思维，主要是指针对论题快速地应答或反击，其对象或为某一枝节，或为某一主体，其效力不在于说服对手，主要在震慑、动摇谈判对手的意志。与发散思维不同的是，快速思维可能体现在全方位，也可能仅在于某一点或某一线。快速思维的特点是无论捕捉什么论题，均使思维的羽翼快速启动，迅速有效地攻击对手的某一论点，绝不等铺天盖地的信息都收到后再还击。

第三节　商务谈判动机

动机是促成人们去满足需要的一种驱使和冲动。在商务活动过程中，人们通过谈判达成交易的愿望是由人的需要引起的，它总是指向能够满足未来的某种对象，如商品、货币、劳务。当愿望所指向的对象促使人们要通过谈判来达成交易时，反映这种需要对象的形象或现象客体，就构成谈判动机。动机的形成有赖于需要受到强烈的吸引和刺激。如果对方没有需要的动机，就应该给予某种刺激使之产生需要，并付之以积极的行动，努力使谈判达成协议。因此，谈判双方在谈判过程中要注意寻找彼此需要的共同点，促使预期交易的达成，并扩大合作的领域。

建立在不同心理动机基础上的谈判者的思维活动会有很大差别，表现为以下五种类型。

(1) 经济型。这类谈判者以追求交易中最低成交价格为目标，竭尽全力地讨价还价，迫使对方让步。因为在他们看来，只要能以最低价格成交或获取最大利润就是胜利。经济型的谈判者对进行交易的经济利益很看重，只有有利可图，他才考虑交易的可能性。为达到这一目的，他们也愿意在其他方面作出让步，如付款条件、购买期限、数量、包装、运输方式、交货时间、地点等，但在价格上、利润分配的比例上或费用分摊上态度强硬，不轻易让步。

(2) 冒险型。这类谈判者的动机类型是追求冒险。喜欢冒险的谈判者，一般自信心较好，期望水平也比较高，自我实现欲望强烈。他们喜欢通过尝试别人不敢冒险的事来证明自己的能力，满足自我的成就感心理。因此，这类谈判者比较适合洽商项目风险大、利润高、复杂、富有挑战性的谈判项目。

(3) 疑虑型。这种人的动机特点与冒险型正好相反。疑虑心理动机者考虑事物时看到的多是问题，凡事都往失败、困难处想，他们体验或知觉到的风险比一般人要大得多。冒险者虽也觉察到谈判的风险，但一般都往成功处想，考虑更多的是怎样克服困难，达到最终目的。受疑虑动机支配的人，在谈判中不太能放得开，他们缺乏创造性、灵活性，习惯于按既定计划行事，每当对方提出新问题或新建议，他们都是持怀疑态度，不轻易表示自己的意见，处事谨慎，因此他们成功的概率高但开拓性差。同时，他们为了减少产品的购买风险，还喜欢选择自己熟悉或用习惯的牌号的商品。

(4) 速度型。这类人心理动机的特点是注重效率和速度，雷厉风行，不喜欢无效率的谈判方式。他们看问题尖锐，提问题一针见血，分析问题切中要害，解决问题干净利落，不喜欢烦琐的交易方式，讨厌长时间、无结果的磋商，追求高效率的洽商，只要双方都认为合理、合适，就是理想的结果。

(5) 创造型。创造型动机占主导的谈判者，喜欢标新立异、与众不同，思维较活跃，喜欢创造性地解决问题、处理冲突、缓和僵局。对在谈判中出现的问题，按常规方式也能解决，但他们更欣赏与众不同、别出心裁的处理方法。

第四节　成功谈判者的素质

一、成功谈判者的心理素质

1. 崇高的事业心和责任感

崇高的事业心和责任感是指谈判者要以极大的热情和全部的精力投入谈判活动中，以对自己工作高度负责的态度抱定必胜的信念去进行谈判活动。只有这样，才会有勇有谋，百折不挠，达到目标；才能虚怀若谷，大智若愚，取得成功。试问，一个根本不愿意进行谈判，对集体和国家都没有责任心的人，代表集体去进行谈判，他会全力以赴吗？会取得成功吗？不会的。再有，一个抱着个人目的代表集体去谈判的人，他会为集体的需要据理力争吗？他会使集体需要获得最大限度的满足吗？不会的。只有具有崇高事业心和强烈责任感的谈判者，才会以科学严谨、认真负责、求实创新的态度，本着对自己负责、对别人负责、对集体负责的原则，克服一切困难，顺利完成谈判任务。

2. 坚韧不拔的意志

商务谈判不仅是一种智力、技能和实力的比试，更是一场意志、耐性和毅力的较量。有一些重大艰难的谈判，往往不是一轮、两轮就能完成的。对谈判者而言，如果缺乏应有的意志和耐心，是很难在谈判中取得成功的。意志和耐心不仅是谈判者应具备的心理素质，也是进行谈判的一种方法和技巧。著名的戴维营和平协议就是一个由于耐心持久而促成成功谈判的经典案例。这个谈判的成功，应归功于卡特的耐心和意志。卡特总统是一位富于伦理道德的正派人，他最大的特点就是持久和耐心。有人曾评论说，如果你同他一起待 10 分钟，你就像服了一副镇静剂一样。为了促成埃及和以色列的和平谈判，卡特精心地将谈判地点选择在戴维营，那是一个没有时髦男女出没，甚至普通人也不去的地方。尽管那里环境幽静、风景优美、生活设施配套完善，但卡特总统仅为 14 人安排了两辆自行车的娱乐设备。晚上休息，住宿的人可以任选三部乏味的电影中的任何一部看。住到第 6 天，每个人都把这些电影看过两次了，他们厌烦得近乎发疯。但是，每天早上 8 点钟，萨达特和贝京都会准时听到卡特的敲门声和那句熟悉的单调话语，“你好，我是卡特，再把那个乏味的题目讨论上一天吧。”正是由于卡特总统的耐心、坚韧不拔、毫不动摇，到第 13 天，萨达特和贝京都忍耐不住了，再也不想为谈判中的一些问题争论不休了，这就有了著名的戴维营和平协议。

3. 以礼待人的谈判诚意和态度

谈判是为了较好地满足谈判双方的需要，是一种交际、一种合作。谈判双方能否互相交往、信任、取得合作，还取决于双方在整个活动中的诚意和态度。谈判作为一种交往活动，是人类自尊需要的满足，要得到别人的尊重，前提是要尊重别人。谦虚恭让的谈判风格、优雅得体的举止和豁达宽广的胸怀是一位成功谈判者所必需的。在谈判过程中以诚意感动对方，可以使谈判双方互相信任，建立良好的交往关系，有利于谈判的顺利进行。谈判桌上谦和的态度，比任何场合的交谈都更为重要。例如，人挨着谈判桌，摆出一副真诚的姿态，脸上露出淡淡的笑意，对方发言时总是显出认真倾听的样子，常常是很讨人喜欢的。“是呀，但是……”；“我理解你的处境，但是……”；“我完全明白你的意思，也赞同你的意见，但是……”这些话既表示了对对方的尊重、理解、同情，同时又赢得了“但是” 以后所包含的内容，使谈判向成功又迈进了一步。

4. 良好的心理调控能力

要完成伟大的事业，没有激情是不行的。但在激情下，限制我们激情所激发的行动是那种广泛、不受个人情感影响的观察。谈判是一种高智能的斗智比谋的竞赛活动，感情用事会给谈判造成很大的不利影响。一名成功的谈判者，应具有良好的心理调控能力，在遭受心理挫折时，善于做自我调节、临危不乱、受挫不惊，在整个谈判过程中始终保持清醒、冷静的头脑，保持灵敏的反应能力、较强的思辨性和准确的语言表达，使自己的作用和潜能得以充分发挥，从而促成谈判的成功。

二、成功谈判者的综合素质和能力要求

(一)个人素质

所谓素质，不仅包括谈判人员的文化修养、专业知识和业务能力，还包括谈判人员对国

际和国内市场信息、法律知识、各民族风土人情等知识的掌握情况和谈判人员的道德情操及气质性格特征。商务谈判人员的个体素质主要是指谈判人员对与谈判有关的主客观情况的了解程度和解决在谈判中所遇到问题的能力。

古人云："学如弓弩，才如箭镞，识以领之，方能中鹄。"这句话形象地说明了个人素质包括识、学和才三个层次。"识"是核心层，"学"是中间层，"才"是外围层，如图 3-1 所示。

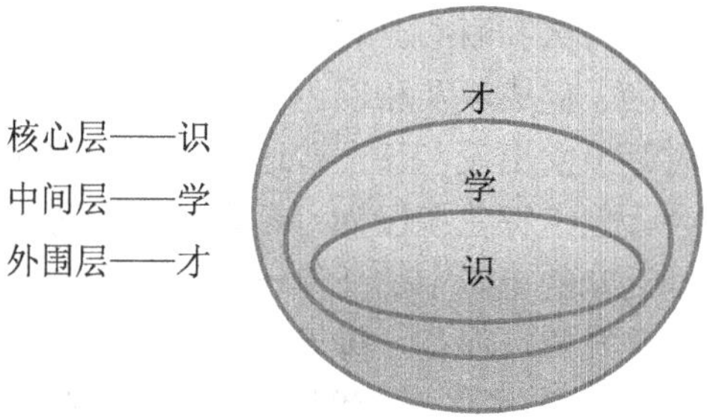

图 3-1　素质结构层次

作为核心层的"识"，具体是指气质性格、心理素质、思想意识等，是属于个体的内在素质，决定了个人品质。商务谈判人员必须有责任感，包括社会责任感和集体荣誉感，具备敬业精神；能够自律和自重，能够正确评估自己，自信心强；正直、诚实、遵守游戏规则和道德行为规范。作为中间层的"学"，具体是指知识结构和谈判经验：商务谈判人员的知识结构包括商务知识、技术知识、人文知识、礼仪知识等；谈判经验包括谈判的次数和谈判的质量。这些可以统称为概念技能，具体体现在思维能力和学习能力方面。商务谈判人员思维要活跃，能够分析事物规律并运用规律解决问题。作为外围层的"才"，是指才能。商务谈判人员需具备的能力包括社交能力、表达能力、资源整合能力、应变能力和创新能力等。

(二)商务谈判人员的基本立场和品德

1. 基本立场

每个商务谈判人员都必须要有自己的基本立场。代表国家参与的国际谈判，谈判人员要始终忠诚于祖国，坚决维护国家利益，坚决维护民族尊严，要有严格的纪律性、原则性和高度的责任感，实现本国人民福利或利益最大化；代表企业参与的商务谈判，谈判人员在谈判活动中，要自觉遵守组织纪律，坚持原则，具有强烈的事业心，尽最大的努力争取商务谈判的成功。商务谈判人员要求廉洁奉公、不谋私利。总体来说，商务谈判人员必须坚持的立场是国家利益最大化，本国人民福利最大化，己方企业利益最大化。谈判人员必须遵纪守法、廉洁奉公，忠于国家、组织和职守，要有强烈的事业心、进取心和责任感。

2. 基本品德

商务谈判人员需具备的基本品德包括以下四个方面。

(1) 诚信为本，讲求信誉。谈判不能建立在欺骗的基础上，因为谈判意味着合作的开始。不择手段、尔虞我诈不仅在法制的市场上行不通，也是没有前途的。谈判要讲究策略，不能违背基本道德规范，才能以良好的信誉赢得长远利益。

(2) 忠于职守，遵纪守法。当前市场经济下，谈判人员必须自觉抵制各种腐败思想的侵蚀，才能为国家、为民族、为企业争取更多的利益，才不会为蝇头小利牺牲企业甚至国家或民族的利益。

(3) 百折不挠，意志坚定。商务谈判是困难、艰苦的过程，有时甚至要“知其不可为而为之”。但是，一旦接受了谈判任务，就要依照己方既定的目标与原则，以勇往直前的姿态全力以赴。在谈判桌上，双方的利益是你进我退，一方若有半点委曲求全的意思，对方定会得寸进尺。因此，在谈判中，不管有什么样的困难和压力，都要显示出奋战到底的决心和勇气。即使是妥协求和，也要在力争后以强者的大度予以提出。

(4) 谦虚谨慎，团结协作。一个人的知识是有限的，必须依靠谈判班子的每个人及幕后顾问的协作和支持才能把事情办好。所以无论个人经验有多丰富，能力有多强，都要虚怀若谷，尊重他人。不论是下属还是谈判对手，谦虚谨慎、宽厚仁爱，把自己置于组织之下、群众之中，认真听取各种有利于谈判的意见，充分调动组织中各类人员的积极性和主动性，才能不断地克服困难，创造良好业绩。

(三)商务谈判人员的基本知识

商务谈判人员需具备的基本知识包括以下两个方面。

1. 横向方面的知识

从横向方面来说，商务谈判人员应当具备的知识包括：国家关于经济贸易方面的方针、政策、新闻动态以及各级政府颁布的有关法律和法规；行业的动态以及变化趋势；商品在国际、国内的生产状况、市场供求关系及变化趋势；价格水平及其变化趋势的信息；产品的技术标准、质量标准和相关参数；国际谈判还要求掌握有关的国际贸易和国际惯例知识，相关国家的法律法规、标准知识，包括贸易法、技术转让法、外汇管理法及有关国家税法方面的知识；各国各民族的风土人情和风俗习惯；可能涉及的各种业务知识、金融知识、市场营销知识等。此外，一个优秀的商务谈判人员还必须掌握经济学、民俗学、行为科学、地理知识、心理学等丰富的基础知识。同时，商务谈判人员还需具备必要的商贸理论和经济理论知识，掌握商贸谈判的有关理论和技巧，熟悉商品学、市场营销学、经营策略、商品运输、贸易知识、财务经营管理知识等，精通各国文化习俗和谈判思维，精通 WTO 规则，能够解决贸易争端，善于组织国际商务谈判。

【案例 3-3】

在 1954 年，周总理出席日内瓦会议，准备放映我国新拍摄的戏剧电影《梁山伯与祝英台》来招待与会的外国官员和新闻记者。出于帮助外国观众看懂这部电影的目的，有关人员将剧情介绍与主要唱段用英文写成了长达 16 页的说明书，剧名也相应地改为《梁与祝的悲剧》。有关人员拿着说明书样本向周总理汇报，满以为会受到表扬，不料却受到了批评。周总理认为这样的说明书是“对牛弹琴”。周总理当场设计了一份请柬，上面只有一句话：“请您欣赏一部彩色歌剧影片《中国的罗密欧与朱丽叶》。”收到这份请柬的外国官员和新闻记者兴趣大增，纷纷应邀出席，电影招待会取得了成功。

(案例来源：周延波. 商务谈判[M]. 北京：科学出版社，2006.)

2. 纵向方面的知识

从纵向方面来说，作为商务谈判的参与者，应当掌握的知识包括：丰富的专业知识，即熟悉产品的生产过程、性能及技术特点；熟悉并了解本专业范围内的产品性能、维修服务、成本核算等专业知识；熟知某种(类)商品的市场潜力或发展前景；丰富的谈判经验及处理突发事件的能力：了解国外企业、公司的类型；掌握一门外语，最好能直接用外语与对方进行谈判；懂得谈判的心理学和行为科学；熟悉不同国家谈判对手的风格和特点等。

(四)商务谈判人员的基本能力

商务谈判人员的基本能力是指谈判人员能够应对商务谈判，驾驭商务谈判这个复杂多变的“竞技场”，顺利地完成谈判任务所要求的基础条件，是谈判者在谈判桌上充分发挥作用所应具备的主观因素，主要包括以下几个方面的内容。

1. 认知能力

善于思考是一个优秀的谈判人员所应具备的基本素质。谈判的准备阶段和洽谈阶段充满了多种多样、始料未及的问题和假象。谈判者为了达到自己的目的，往往以各种手段掩饰其真实意图，传达的信息真真假假、虚虚实实。优秀的谈判者能够通过观察、思考、判断、分析和综合的过程，从对方的言语和行为迹象中判断真伪，了解对方的真实意图。

2. 自控能力

自控能力是指谈判者在谈判环境发生巨大变化时克服心理障碍的能力。由于谈判始终是利益的对决，谈判双方在心理上处于对立的地位，故而僵持、争执的局面不可避免，这会引起谈判者情绪的波动。如果谈判者出现明显的情绪变化，如发怒、沮丧等，可能会产生疏忽，给对手以可乘之机。所以作为一个优秀的谈判人员，无论在谈判的高潮阶段还是低谷阶段，都能心如止水，特别是当胜利在望或陷入僵局时，更要能够控制自己的情感，喜形于色或愤愤不平，不仅有失风度，而且会让对方抓住弱点与疏漏，给对方带来可乘之机。

3. 管理能力

计划能力是管理能力的基本能力。谈判的进度如何把握？谈判在什么时候、什么情况下可以由准备阶段进入接触阶段、实质阶段，进而到达协议阶段？在谈判的不同阶段将使用怎样的策略？这些都需要谈判人员发挥其运筹、计划的能力。当然，这种运筹和计划离不开对谈判对手背景，以及可能采取的策略的调查和预测。

协调能力是管理能力的另一项内容。在商务谈判中，谈判者要善于与他人和睦相处，保持良好的人际关系。因此，谈判人员之间的协调行动，以及商务谈判人员与对方的双赢互动就显得非常重要。一个好的谈判者，既能尊重他人，虚心听取一切有利于谈判进行和谈判目标实现的合理意见，又要善于解决矛盾冲突，善于沟通，调动他人，使谈判人员为实现谈判目标密切合作，统一行动。

控制能力是管理能力的关键能力。谈判是谈判者由两极走向交叉点的过程，由于这个过程会受到诸多不利因素的影响，因此，谈判形式变幻莫测，稍有不慎就会迷失方向。有控制能力的谈判者能运用各种手段和方法把握住谈判局面的发展变化方向，善于抓住转瞬即逝的机会，让谈判按预定的轨道向前发展。

4. 应变能力

谈判中发生突发事件和产生隔阂是难以避免的，任何细致的谈判准备都不可能预料到谈判中可能发生的所有情况。千变万化的谈判形势要求谈判人员必须具备沉着、机智、灵活的应变能力，要有冷静的头脑、正确的分析、迅速的决断，善于将灵活性与原则性结合起来，灵活地处理各种矛盾，以控制谈判的局势。应变能力主要包括处理意外事故的能力、化解谈判僵局的能力、巧妙袭击的能力等。谈判桌上瞬息万变，应变能力能够令商务谈判人员以不变应万变，临危不乱，当你陷入被动或困扰时才能处变不惊，从容应对。若正常的思维方式不能解决，不妨试一试反向思维方式。

【案例 3-4】

有一次，杨澜在广州天河体育中心主持大型文艺晚会。节目进行到中途，她在下台阶时不小心摔了下来。正当观众为这种意外情况吃惊时，她从容地站起来，诙谐地说："真是人有失足、马有失蹄啊！刚才我这个狮子滚绣球的表演还不太到位，看来，我这次表演的台阶还不太好下。不过，台上的表演比我精彩得多。不信，你看他们!"

观众听到她略带自嘲的即兴发挥，忍不住大笑起来。这样，杨澜就巧妙地把观众的注意力吸引到了台上。

(资料来源：豆丁网，http://www.docin.com/p-251326196.html.)

5. 洞察能力

谈判人员在谈判过程中应该注意观察对方的行为，从而发现对方的想法。通过对方表现出来的手势、眼神、面部表情判断他的内心活动，有针对性地展开谈判策略；依据交易双方的经济实力在双方交锋的谈判桌上灵活应变；根据谈判的内外环境和主客观条件，正确判断谈判的发展趋势。谈判实际上是双方心理和智慧的较量过程，一个人的心理活动可以通过表情、身体姿势等方面表现出来，观察对方的相关情况，大到遣词造句、态度立场，小到肢体语言的暗示，读懂对方一个手势、一个眼神的潜台词，洞察对方的心理世界，进而随机应变，对谈判对方的真实意图能迅速地根据掌握的信息和对方当场的言谈举止加以分析综合，做出合理判断，取得谈判的优势。

尽管洞察力在谈判中非常重要，但是许多谈判人员却缺乏商战中应有的警惕性。原因在于，他们太过于在意自己的想法，而无暇倾听别人的意见；过于沉湎于自己的思考中，顾不上或注意不到别人做的事情。这在很大程度上影响了谈判的效率，影响了谈判者臆测的准确性。

6. 表达能力

谈判实质上是人与人之间思想观念、意愿感情的交流过程，是重要的社交活动。谈判人员应该善于与不同的人打交道，也要善于应对各种社交场合。这就要求谈判人员应该有较强的文字表达能力和口语表达能力。简洁、准确的表达能力是谈判人员的基本功。谈判高手往往说话准确、技巧性与说服力强；表达方式富有艺术感染力，并且熟悉专业用语、合同用语和外语。谈判高手与素不相识且目的迥异的对手坐在一起，可以通过恰如其分的表达打破沉默、扭转僵局；情景交融的说理常常可以起到力挽狂澜、转危为安的奇效；巧妙的拒绝，可以避免出现难堪的窘境；理直气壮地反驳可以由被动转为主动，由劣势转为优势。谈判人员还要对对手的表达字斟句酌地加以推敲。同时要善于言谈，口齿清晰、思维敏捷、措辞周全，善于驾驭语言，有理、有利、有节地表达己方观点。谈判人员还要具备较强的文字表达能力，要精通与谈判相关的各种公文、协议合同、报告书的写作，包括对书面文件的理解能力，以及独立起草协议、合同的能力。一般来说，在谈判中，起草出来的协议、合同草案总是对起草的一方有利。文字功夫的奥妙之处就在于使协议、合同表面上看起来公平合理，一旦出现问题，解释起来就全然不是那么回事了。

7. 思维与判断能力

商务谈判人员要思路开阔敏捷、判断力强、决策果断。对方往往会用许多细枝末节的问题来纠缠你，而把主要的或重要的问题掩盖起来，或故意混淆事物之间的前后、因果关系。作为谈判人员就应具备抓住事物的主要矛盾和主要方面的能力，同时要思路开阔，不要为某一事物或某一方面所局限，而要从多方面去考虑问题。判断准确、决策及时，这些能力对于谈判人员来说格外重要。提高这方面的能力就要善于倾听对方的意见并把握对方的意图。谈判是双方相互交换意见的过程，但有些人思维敏捷，冲动性强，往往对方的话刚说一半，他就自以为领会了对方的意思，迫不及待地发表自己的意见，这也是不可取的，容易造成误解，给对方提供一些可乘之机。在风云变幻的谈判场上，要不忽视蛛丝马迹，能掌握谈判对手的动向，抓住稍纵即逝的机会，勇敢果断地决策，以免贻误时机。

创造性思维是以创新为唯一目的，并能产生新的认识的思维活动。它反映了人们解决问题的灵活性与创新性。谈判人员要具备丰富的创造性思维能力，用于开拓创新，拓展商务谈判的新思维、新模式和新方法。创造性思维可以提高谈判的效率。

8. 沟通与交际能力

谈判是人类利用语言工具进行交往的一种活动。一个优秀的谈判者，应像语言大师那样精通语言，通过语言的感染力强化谈判的效果。谈判中的语言包括口头语言和书面语言两类。无论是哪类语言，都要求准确无误地表达自己的思想和感情，使对手能够正确领悟自己的意思，这点是最基本的要求。另外，还要突出谈判语言的艺术性。谈判中的语言不仅应准确、严密，而且应生动形象，富有感染力。巧妙地使用语言表达自己的意图，本身就是一门艺术。

商务谈判是一个谈判过程，更是一个交际过程。真正的交际能力是与人沟通感情的能力，绝不是花言巧语的伎俩。

课后练习

一、判断题

1. 谈判人员只需有谈判技巧，不需要有较高的专业知识。（　）
2. 只顾自己的谈判基本上都会是失败的谈判。（　）
3. 谈判本身就是一种利益的分配。（　）
4. 谈判人员要坚持原则性，不能太灵活。（　）
5. 在商务谈判中，人的心理素质比思维素质更重要。（　）
6. 一名出色的谈判人员应该既具备广博的综合知识，又有很强的专业知识。（　）

7. 谈判人员具备良好的语言表达能力，就是要求他能够滔滔不绝地演讲，甚至夸夸其谈、自吹自擂。（ ）

8. 在商务谈判中，谈判人员应不惜一切代价使己方利益达到最大化。（ ）

9. 谈判的基础是伦理。（ ）

10. 所谓诚信就是指在商务谈判中对谈判对方毫无保留。（ ）

二、不定项选择题

1. 在谈判中能做到“堤外损失堤内补，这次损失下次补”，说明谈判人员有很强的( )。
   A. 预测能力　B. 观察能力　C. 语言表达能力　D. 应变能力
2. 在商务谈判中，自始至终都是谈判人员的( )在发挥着作用。
   A. 礼仪　B. 态度　C. 思维　D. 个人魅力
3. 谈判人员应具备的基本心理素质不包括( )。
   A. 自信　B. 乐观　C. 诚心　D. 好强
4. 在某个行为活动过程中，人们认为或感觉自己遇到难以克服的障碍和干扰时，在心理上形成的一种挫折感，并由此而产生的焦虑、紧张、激动、愤怒等情绪性心理状态称为( )。
   A. 心理挫折　B. 客观挫折　C. 主观挫折　D. 心理失衡
5. 商务谈判中，伦理道德对谈判行为的约束具有( )。
   A. 普遍性　B. 强制性　C. 平等性　D. 激发谈判者积极进取
6. 谈判人员的自信主要表现在( )。
   A. 相信自己　B. 坚持主见　C. 拒绝别人　D. 镇静沉着
7. 应对商务谈判心理挫折时应采取( )。
   A. 勇敢面对　B. 摆脱挫折情境
   C. 情绪宣泄　D. 回避挫折
8. 谈判人员的语言表达能力主要体现在( )。
   A. 能说会道　B. 语言精练　C. 逻辑性强　D. 说服力强

三、简答题

1. 商务谈判人员应具备哪些基本业务知识？
2. 优秀的谈判人员应该具备哪些业务综合能力？
3. 商务谈判中的现代思维方式有哪些？

四、案例分析题

1. 一家电信公司的采购员很诚恳地告诉你，由于其供应商管理层发生了“地震”，经营出现严重问题，原来的生产计划无法完成，想请你帮忙，10 天内为其提供 1000 个 UPS，以解燃眉之急，此时你会怎么办？

(1) 半开玩笑半认真地问：“如果我帮你，你能为我做些什么呢？”

(2) 向对方解释你公司排产已满，马上供货会有难度，除非加班加点，但须收取紧急供货费。

(3) 告知其时间太紧，难以办到。

(4) 认为自己占上风，试图向对方索要更好的条件。譬如，让对方先打款，还要加收 10%

的赶工费等。

(5) 希望与对方拉近关系，借机打入该公司的供应体系，于是告之不仅能如期供货，还可享受 9.5 折的价格优惠。

(资料来源：朱春燕. 商务谈判案例[M]. 北京：清华大学出版社，2011.)

问题：你该怎么办？

2. 三国时期，孙刘联盟唇齿相依，共同抗曹。赤壁一战，奠定了三国鼎立的基础，然而刘备过世之后，吴蜀关系日益紧张，而北方魏国的国势却如日中天。形势对蜀国相当不利，邓芝临危受命，出使吴国，希望恢复联盟，共同抗曹。

邓芝出使吴国之时，两国尚未结束交战状态，而局势对吴国更为有利。孙权设鼎陈戈，杀气腾腾地接见邓芝。邓芝从容不迫，含笑而入，见孙权长揖而不拜，侃侃而谈："我乃蜀中一介书生，特为吴国利害而来，你们却陈兵设鼎以待之，何以如此气量狭窄，不能容物？"

孙权听后，斥退武士，邀邓芝上殿赐坐，改容相谈。

孙权虽然改变了态度，主动向邓芝请教吴蜀联合的利害关系问题，然而他仍怀有动摇之心。邓芝切中要害，单刀直入："大王乃命世之英豪，诸葛亮亦一时之俊杰；蜀有山川之险，吴有三江之固，若二国联合，共为唇齿，进则可以兼吞天下，退则可以鼎足而立。今大王若委贽称臣于魏，魏必望大王朝觐，求太子以为内侍；如其不从，则兴兵以攻，蜀亦顺流进取。如此，则江南之地，不复为大王有矣。"

从邓芝的这一席话语不难看出，他抓住了"联合"是维系两国存亡之大计这一关键，把吴蜀两国对立的关系转化为一种共同的利益，消灭了对抗的因素，树立了一种共同信奉的准则，顺利地说服了孙权，完成了诸葛亮交给他的联盟使命。

(资料来源：罗贯中. 三国演义[M]. 北京：人民文学出版社，2002.)

问题：

(1) 从案例中可以看出，商务谈判人员应该具备哪些基本素质？

(2) 吴蜀两国能够再次联盟的原因是什么？

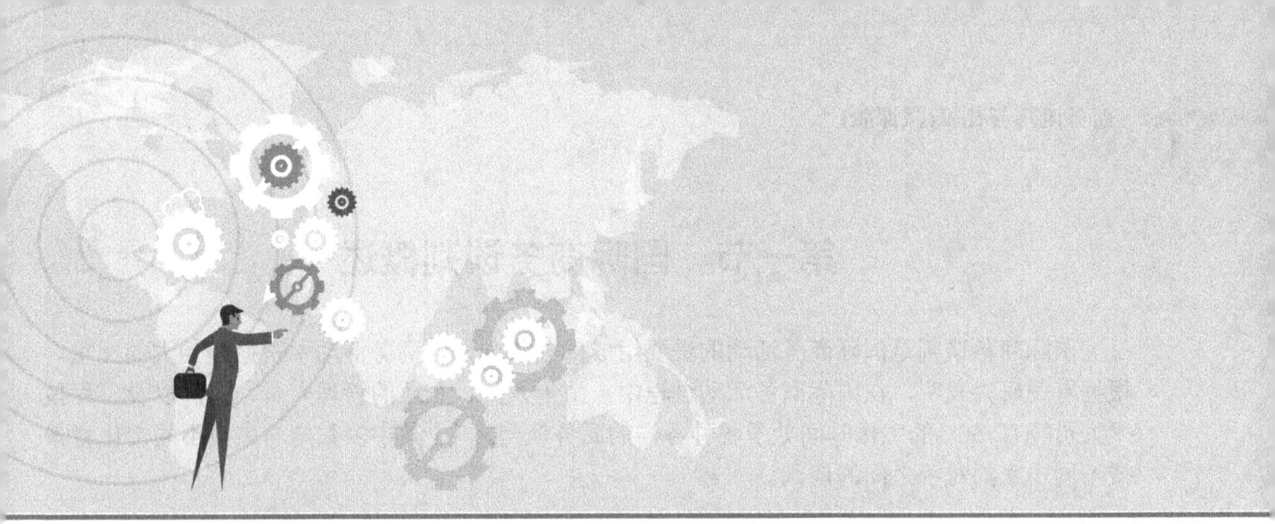

第四章　国际商务谈判

【学习目标】

知识目标： 理解和掌握国际商务谈判的特征和基本要求；了解和熟悉世界主要国家的商人从事商务谈判的基本风格；能够区分中西方商人谈判过程中存在的主要差异，以便获得谈判的主动权，取得预期的谈判效果。

技能目标： 学习世界主要国家和地区商人的谈判风格，掌握相应的谈判策略；了解谈判各方文化差异的影响，在各个环节有所准备；掌握在国际商务谈判中运用语言表达、逻辑思维、组织协调、灵活应变等能力。

【引导案例】

日本商人和美国商人的“Yes”与“No”

由于文化的差异，日本商人和美国商人在“No(不)”的用法上遇到了说不清、道不明的麻烦。日本商人觉得，在谈判时如果他的回答是断然否定，则会让美国人丢面子，因而从来不明确地表达。而美国商人不领会这一点，只要他认为还没有得到明确的答复，就会坚持继续谈下去。当某个美国人说“Yes(是的)”的时候，其通常的含义是“我接受这种看法”。但对日本人而言，“Yes(是的)”却有四种不同的意思：一是表示一方知道另一方正在同他说话，但他并不一定理解了谈话的内容；二是表示对方所说的话可以理解或说清楚了；三是表示他已经理解了对方的建议；四是表示完全同意。因此，当与日本人进行交流时，“Yes(是的)”的实际含义需根据说话的情景来进行判断，必要时可请对方予以确认。

(资料来源：莫林虎. 商务交流[M]. 北京：中国人民大学出版社，2008.)

国际商务谈判是国内商务谈判的延伸和发展。在国内开展商务谈判时，许多谈判策略和技巧都是基于我们自己的文化和地域，是我们耳濡目染的共同的文化、语言和相似的逻辑判断。今天，我们面临的世界和现实的工作不可能把我们仅仅局限在国门之内开展商务活动。为了国家和民族的发展，我们必须融入世界经济中去，要在世界经济发展过程中发挥力量。很显然，参与国际商务活动、开展国际商务谈判就成为必然之选。

第一节　国际商务谈判概述

国际商务谈判是国际商务活动的重要组成部分，在国际商务活动中占据相当大的比重。根据有关研究表明，在国际商务活动过程中，销售人员、企业的管理人员、律师以及工程技术人员等有 50%的工作时间处于各种各样的商务谈判之中，其中多数是与来自不同文化背景或不同国家的对手之间的谈判。

一、国际商务谈判的含义及重要性

所谓国际商务谈判，是指在商务活动中，处于不同国家或不同地区的商务活动当事人为了达成某笔交易，彼此通过信息交流，就交易的各项要件进行协商的行为过程。

国际商务谈判与国内商务谈判有相同的一面，如商务谈判的主、客体都必须合法；谈判各方都处于平等的地位；谈判的目标都是取得双方可以接受的协议等。但是，与国内商务谈判相比，国际商务谈判从准备工作到谈判中涉及的问题都要复杂得多。因为国际商务谈判是跨越国界的谈判，根本区别源于谈判者成长和生存的环境及谈判活动与谈判协议履行的环境差异。在国际商务谈判中，谈判双方来自不同的国家，拥有不同的文化背景，生活于不同的政治、法律、经济、文化和社会背景之下，这种差异不仅表现为谈判者的行为差异，而且会对未来谈判协议的履行产生十分重要的影响。

国际商务谈判是国际货物买卖过程中必不可少的一个很重要的环节，也是签订买卖合同的必经阶段。国际商务谈判的内容不仅包括商务与技术方面的问题，还包括法律与政策问题，是一项政策性、策略性、技术性和专业性很强的工作。国际商务谈判的结果，决定着合同条款的具体内容，从而确定合同双方当事人的权利和义务，故买卖双方都很重视商务谈判这项重要的活动。

在国际货物买卖中，商务谈判是一项很复杂的工作，它比国内贸易中的洽谈交易复杂得多。因为交易双方分属不同的国家或地区，彼此有着不同的社会制度、政治制度、法律体系、经济体制和贸易习惯，有着不同的文化背景、价值观念、信仰和民族习惯，还有语言和文字沟通方面的困难。

在谈判过程中，由于交易双方的立场及其追求的具体目标各不相同，故往往充满尖锐复杂的利害冲突和反复讨价还价的情况。参加商务谈判者的任务是根据购销意图，针对交易对手的具体情况，施展各种行之有效的策略，正确处理和解决彼此间的冲突和矛盾，谋求一致，达成一项双方都能接受的公平合理的协议。由于交易双方达成的协议不仅直接关系着双方当事人的利害得失，而且具有法律上的约束力，不得轻易改变，所以是否拍板成交和达成协议，彼此都应持慎重态度。如果由于失误而导致磋商失败，就会失掉成交的机会。如果由于谈判者急于求成、疏忽大意或其他原因，做了不应有的让步，或接受了不合理的成交条件和有悖于法律规定的条款，致使交易磋商中出现一些错误和隐患，往往事后难以补救。这不仅会使一方在经济上蒙受不应有的损失，而且可能给履约造成困难，进而影响双方关系，对外造成不良的政治影响。

综上所述，足见国际商务谈判是一个很重要的环节，做好这个环节的工作，妥善处理国际商务谈判中出现的各种问题，在平等互利的基础上达成公平合理和切实可行的协议，具有十分重要的意义。

二、国际商务谈判的特点及原则

(一)国际商务谈判的特点

国际商务谈判既具有一般商务谈判的特点，又具有国际经济活动的特殊性，表现在以下四个方面。

1. 政治性强

国际商务谈判既是一种商务交易的谈判，也是一项国际交往活动，具有较强的政治性。由于谈判双方的商务关系是两国或两个地区之间整体经济关系的一部分，常常涉及两国之间的政治关系和外交关系，所以在谈判中两国或地区的政府常常会干预和影响商务谈判。因此，国际商务谈判必须贯彻执行国家的有关方针政策和外交政策，同时，还应注意国别政策，以及执行对外经济贸易的一系列法律和规章制度。

2. 以国际商法为准则

国际商务谈判的结果会导致资产的跨国转移，必然要涉及国际贸易、国际结算、国际保险、国际运输等一系列问题。因此，在国际商务谈判中要以国际商法为准则，并以国际惯例为基础。谈判者要熟悉各种国际惯例，熟悉对方所在国的法律条款，熟悉国际经济组织的各种规定和国际法。这些问题是一般国内商务谈判所无法涉及的，要引起特别重视。

3. 坚持平等互利

在国际商务谈判中，要坚持平等互利的原则，既不强加于人，也不接受不平等条件。作为发展中国家，平等互利是我国对外政策的一项重要原则。所谓平等互利，是指不分国家大小、不论贫富强弱，在相互关系中应当一律平等。在相互贸易中，应根据双方的需要和要求，按照公平合理的价格，互通有无，使双方都有利可图，以促进彼此的经济发展。在进行国际商务谈判时，不论国家贫富、客户大小，只要对方有诚意，就要一视同仁，既不可强人所难，也不能接受对方无理的要求。对某些外商利用垄断地位抬价和压价时，必须不卑不亢，据理力争；对某些发展中国家或经济欠发达地区，我们也不能以势压人，应该体现平等互利的原则。

4. 谈判的难度大

由于国际商务谈判的谈判者代表了不同国家和地区的利益，有着不同的社会文化和经济政治背景，人们的价值观、思维方式、行为方式、语言及风俗习惯各不相同，从而使影响谈判的因素更加复杂，谈判的难度更加大。在实际谈判过程中，对手的情况千变万化，作风各异，有热情洋溢者，也有沉默寡言者；有果敢决断者，也有多疑多虑者；有善意合作者，也有故意寻衅者；有谦谦君子，也有傲慢自大、盛气凌人的自命不凡者。凡此种种表现，都与一定的社会文化、经济政治有关，反映了不同谈判者有不同的价值观和不同的思维方式。因此，谈判者必须有广博的知识和高超的谈判技巧，不仅能在谈判桌上因人而异，运用自如，而且要在谈判前注意资料的准备、信息的收集，使谈判按预定的方案顺利进行。

(二)国际商务谈判的原则

“没有规矩，不成方圆”，在进行国际商务谈判的过程中，同样应遵循相应的原则。

1. 平等性原则

平等是国际商务谈判得以顺利进行和取得成功的重要前提。在国际经济往来中，企业间的洽谈协商活动不仅反映着企业与企业的关系，还体现了国家与国家的关系，相互间要求在尊重各自权利和国格的基础上，平等地进行贸易与经济合作事务。在国际商务谈判中，平等性原则要求包括以下三个方面内容。

(1) 谈判各方地位平等。不分国家大小贫富，不论企业实力强弱，不论个人权势高低，在经济贸易谈判中地位一律平等。不可颐指气使，盛气凌人，把自己的观点和意志强加给对方。谈判各方应尊重对方的主权和愿望，根据彼此的需要和可能，在自愿的基础上进行谈判。对于利益、意见分歧的问题，应通过友好协商加以妥善解决，而不可强人所难，切忌使用要挟、欺骗的手段来达到自己的交易目的，也不能接受对方带强迫性的意见和无理的要求。使用强硬、胁迫手段，只能导致谈判破裂。

(2) 谈判各方权利与义务平等。各国之间在商务往来的谈判中权利与义务是平等的，既应平等地享受权利，也要平等地承担义务。谈判者的权利与义务，具体表现在谈判各方的一系列交易条件上，包括涉及各方贸易利益的价格、标准、资料、方案、关税、运输、保险等。如在世界贸易组织中，国与国之间的贸易和谈判，要按照有关规则公平合理地削减关税，尤其是限制或取消非关税壁垒。谈判的每一方，都是自己利益的占有者，都有权从谈判中得到自己所需要的，都有权要求达成等价有偿、互相受益、各有所得的公平交易。价格是商贸谈判交易条件的集中表现，谈判各方讨价还价是免不了的，但是按照公平合理的价格进行协商，对进出口商品作价应以国际市场价格水平平等商议，做到随行就市，对双方都有利。

为弥合在价格以及其他交易条件上的分歧，顺利解决谈判中的争执，就需要以公平的标准来对不同意见进行判定，而公平的标准应当是谈判各方共同认定的标准。在谈判的信息资料方面，谈判者既有获取真实资料的权利，又有向对方提供真实资料的义务。谈判方案以及其他条件的提出、选择和接受，都应符合权利与义务对等的原则。谈判者享受的权利越多，相应地需要承担的义务也就越多，反之亦然。

(3) 谈判各方签约与践约平等。商务谈判的结果，是签订贸易及合作协议或合同。协议条款的拟订必须公平合理，有利于谈判各方目标的实现，使各方利益都能得到最大限度的满足。签约和践约要使“每方都是胜者”，美国学者尼尔伦伯格的这句话充分体现了谈判的平等性要求，可以说是谈判成功的至理名言。谈判合同一经成立，谈判各方面须“重合同，守信用”“言必信，行必果”，认真遵守，严格执行。签订合同时不允许附加任何不合理的条件，履行合同时不能随意违约和单方面毁约；否则，就会以不平等的行为损害对方的利益。

2. 互利性原则

在国际商务谈判中，平等是互利的前提，互利是平等的目的。平等与互利是平等互利原则密切联系、有机统一的两个方面。国际商务谈判不能以胜负输赢而告终，要兼顾各方的利益。为此，应做到以下三点。

(1) 投其所需。在国际商务活动中进行谈判，说到底就是为了说服对方进而得到对方的帮助和配合以实现自己的利益目标，或通过协商从对方获取己方所需要的东西。

首先，应将自己置身于对方的立场上设身处地地为其着想。把对方的利益看成与自己的利益同样重要，对其愿望、需要与担忧表示理解和同情，富有人情味，建立起情感上的认同关系，从心理上开启对方接纳自己之门。要记住，谈判虽为论理之“战”，然而谈判桌上为人所动的是“情”，常常是“情”先于“理”。

其次，要了解对方在商务谈判中的利益要求是什么。谈判的立场往往是具体而明确的，利益却隐藏在立场的后面，出于戒心，对方不会轻易表白，即使显露，也是很有分寸、注意程度的。因而，想要了解对方的需求，应巧妙地暗探、策略地询问、敏锐地体会“话中之话”、机智地捕捉“弦外之音”。

(2) 求同存异。谈判各方的利益要求完全一致，就无须谈判，因而产生谈判的前提是各方利益、条件、意见等存在着分歧。国际商务谈判实际上是通过协商弥合分歧使各方利益目标趋于一致而最终达成协议的过程。如果因为争执升级、互不相让而使分歧扩大，则容易导致谈判破裂。而如果想使一切分歧意见皆求得一致，在谈判上既不可能也无必要。因此，互利的一个重要要求就是求同存异，求大同、存小异。谈判各方应谋求共同利益，妥善解决和尽量忽略非实质性的差异。这是国际商务谈判成功的重要条件。

(3) 妥协让步。在国际商务谈判中，互利不仅表现在“互取”上，还表现在“互让”上。互利的完整含义应包括促进谈判各方利益目标共同实现的“有所为” 和“有所不为”两个方面。既要坚持、维护己方的利益，又要考虑、满足对方的利益，兼顾双方利益，谋求共同利益，是谓“有所为”；对于难以协调的非基本利益分歧，面临不妥协不利于达成谈判协议的局面，做出必要的让步，此乃“有所不为”。谈判中得利与让利是辩证统一的。妥协能避免冲突，让步可防止僵局，妥协让步的实质是以退为进，促进谈判的顺利进行并达成协议。

三、国际商务谈判的基本要求

国际商务谈判与国内商务谈判之间并不存在本质的区别，但是，如果谈判者以对待国内谈判对手与国内商务活动同样的逻辑和思维去对待国际商务谈判的对手与遇到的问题，是难以取得谈判的预期效果的。因此，为了做好国际商务谈判工作，除了要掌握好商务谈判的基本原理和方法外，还必须注意以下五个基本要求。

1. 树立正确的国际商务谈判意识

国际商务谈判意识是促使谈判走向成功的灵魂。谈判者的谈判意识正确与否，将直接影响谈判方针的确定、谈判策略的选择，进而影响谈判中的行为准则。正确的国际商务谈判意识主要包括：谈判是协商，要争取双赢；谈判中既存在利益关系，又存在人际关系，要注意平衡二者之间的关系；国际商务谈判既要着眼于当前的交易谈判又要放眼未来，考虑今后的交易往来。

2. 做好国际商务谈判的准备工作

国际商务谈判的复杂性和风险性要求谈判者在开展正式谈判之前，必须做好相关的调查和准备工作。要充分分析和了解潜在的谈判对手，明确对方企业和可能的谈判者的个人情况，分析政府介入的可能性，还要对谈判的各方面环境进行详尽的调查，并在此基础上合理制订谈判计划，选择合适的谈判策略，拟定各种防范风险的措施，反复分析论证，准备多种谈判方案应对情况突变。

3. 正确认识并对待文化差异

国际商务谈判的跨文化性要求谈判者必须正确认识和对待文化差异。不同的文化之间没有高低贵贱之分，尊重对方的文化是对国际商务谈判者最起码的要求。正所谓“入乡随俗，入国问禁”。国际商务谈判者应多从对方的角度去看待问题，善于理解对方看问题的思维方式和逻辑判断方式。切记不要在国际商务谈判中，以自己熟悉的文化的“优点”去评判对方文化的“缺点”，这是谈判的一大禁忌。

【案例 4-1】

语义曲解引发的灾难

第二次世界大战后期，中美英三国于 1945 年 7 月 26 日发表了《波茨坦公告》，要求日本无条件投降。日本首相铃木宣布他的政府愿意“默杀”《波茨坦公告》，该词既有“藐视或不理睬”的意思，又有“高明老练地不做出反应”的意思。根据战后“太平洋战争研讨会”的看法，当时铃木持的是后一种意思，即他没有拒绝《波茨坦公告》。

但是，英文里没有与“默杀”完全相对应的词。日本对外广播通讯社的译员选择了“藐视或不理睬”的意思译成英文，因而，该消息广播后，全世界都认为日本拒绝投降。这一误译使美国断定日本不愿意投降，于是在广岛和长崎投下了原子弹。为此，有的西方学者说，如果当时在翻译中选择了另一个词，美国可能就不使用原子弹了。

(资料来源：莫林虎. 商务交流[M]. 北京：中国人民大学出版社，2008.)

4. 熟悉国家政策、国际公约和国际惯例

国际商务谈判的政策性要求谈判者必须熟悉双方国家的有关政策，尤其是外交政策和对外经济贸易政策；还应该了解有关国际公约和国际惯例，如《联合国国际货物买卖合同公约》《2000 年国际贸易术语解释通则》《跟单信用证统一惯例》等。

5. 具备良好的外语技能

语言是交流磋商必不可少的工具。良好的外语技能有利于谈判双方的交流效率，避免沟通过程中的障碍和误解，而且语言本身是文化的重要组成部分，学好外语也能更好地了解对方的文化，能够使谈判者在国际商务谈判中准确表达自己的观点和意见，完整地了解对方的观点和意见，不失时机地抓住机会，实现谈判目标。

第二节　商务谈判风格的国别比较

一、商务谈判风格的特点和作用

国际贸易的特点之一是多国性、多民族性和谈判对象的多层次性。不同国家、不同民族、不同地域的人，其价值观、人生态度、消费习俗、生活方式、文化背景、个人经历等差异极大，因而形成了各具特色的谈判风格。这些风格和特点既影响着谈判者的外在行为举止，也影响其内在的价值观念，甚至影响整个谈判活动的成败。

1. 对谈判风格的理解

“谈判风格”是一个使用频率很高的词。但是，对这个词至今还没有比较确切的定义。大多数对谈判风格的理解来源于文学作品中对“文学风格”的类推。谈判风格是一种看不见摸不着的东西，但它会在谈判中反复地表现出来，并成为谈判中起重要作用的因素。谈判风格是指谈判人员在谈判过程中通过言行举止表现出来的建立在其文化积淀基础上的与对方谈判者明显不同的关于谈判的思想、策略和行为方式等的特点。

这一概念包括四层含义：首先，谈判风格是在谈判场合与过程中表现出来的关于谈判的言行举止；其次，谈判风格是对谈判者文化积淀的折射和反映；再次，谈判风格有其自身的特点，与不同国家或地区的风格存在显著的差异；最后，谈判风格历经反复实践和总结，被某一国家或民族的商人所认同。

2. 谈判风格的特点

(1) 对内的共同性。同一个民族的谈判者或者有着相同文化背景的谈判者，在商务谈判中会体现出大体相同的谈判风格。这就是谈判风格的共同性特点，例如，受儒家文化影响的中国人和日本人，都有“爱面子”的思想。这一特征是由于文化对人的同化和影响形成的。从这个意义上讲，世界上才存在不同国家或地区商人的特点。

(2) 对外的独特性。谈判风格的独特性是指特定群体及其个人在判断中体现出来的独特气质和风格。从社会学观点看，任何集团的人的集合都是一种群体，各群体都有自己的主文化和亚文化，会体现出群体与群体之间的差异。在同一个群体内，个体与个体之间也存在着差异。谈判风格的独特性决定了它的表现形式的多样化。所以，不同国家、民族，或同一个国家、同一个民族，由于文化背景、生活方式、风俗习惯等的影响，会表现出不同的特点和风格。

(3) 成因的一致性。无论哪种谈判风格，其形成原因都大体一致，即主要受文化背景、人的性格以及文化素养等的影响。任何一个民族都深深植根于自己文化的深厚土壤中。无论他是否意识到、是否承认，他都会受到本民族风俗习惯、价值观念和思维方式等的潜移默化的影响，形成自己的世界观，并由此指导自己的行为和处事方式，表现该民族在特定的文化背景下形成的共同气度和作风。如果忽视这一点，很难对其表现出来的谈判风格做出合理而深刻的理解，也很难适应对方的谈判风格，当然也难以获得谈判的成功。

3. 谈判风格的作用

(1) 营造良好的谈判气氛。良好的谈判气氛是保证谈判顺利进行的首要条件。如果我们对谈判对手的谈判风格十分熟悉的话，言行举止就会更加得体，能较快赢得对方的好感，使对方从感情和态度上接纳自己。在这样的氛围下展开谈判，深入探讨问题，自然会容易得多。

(2) 为谈判策略提供依据。学习和研究谈判风格不仅仅是为了创造良好的谈判气氛，更重要的意义是为谈判策略的运用提供依据。如果我们不研究对方的谈判风格，不了解谈判风格的形成、表现形式及作用，就会在制定谈判策略的时候无从下手，更谈不上主动根据对方的谈判风格设谋用略。谈判风格所涉及的知识领域非常广阔，如天文、地理、社会、宗教、民俗、文化、心理、行为、政治、经济等。这些知识本身就会为谈判设谋提供依据和帮助。

(3) 有助于提高谈判水平。商务谈判往往是很理性化的行为，但理性化往往受到非理性或感性东西的引导和驱使。谈判风格在认识上有可能是理性的，但其表现形式多为感性的。

我们研究和学习谈判风格的过程本身，就是一种学习和提高的过程。我们要吸收不同国家、不同民族和地区谈判风格中的优秀之处，拿来为我所用，汲取他们优秀的谈判经验与艺术，减少失误或避免损失，进而形成自己的谈判风格，或使自己的谈判风格更完善、更完美。

二、不同国家的商务谈判风格

谈判风格受谈判者个人气质、心理素质的影响，也会因每个人所处的国度、地区不同，受到不同的政治、经济、文化传统的影响而有所不同。以下将对世界主要国家和地区商人的谈判风格加以介绍。

1. 美国人的谈判风格

美国以其雄厚的综合国力在世界经济舞台上占据着独一无二的显赫地位，英语几乎是国际商务谈判的常用语言，世界贸易有 50%以上用美元结算，这使得美国人对自己的国家深感自豪，对自己的民族具有强烈的自豪感和荣誉感。同时美国又是一个开放程度很高的年轻的移民国家，是世界文化的“大熔炉”，历史上大批拓荒者从欧洲来到北美，开拓出一片片土地。这些历史文化背景造就了我们今天所熟悉的美国人：自信果断，直率开朗，热情豪爽，善于交际，不拘礼节，追求物质生活，富有竞争、创新和进取精神。美国人在谈判中的谈判风格表现如下。

(1) 自信心强，自我感觉良好。美国人的自信，表现在对本国产品的品质优越、技术先进性毫不掩饰的称赞上。他们认为，如果你有能力，就应该表现出来，千万不要遮掩、谦虚，否则很可能被看作是无能。如果你的产品质量过硬、性能优越，就要让购买产品的人认识到这些优点，而那种让消费者在实践中检验的想法，美国人认为是不妥的。

美国人的自信也表现在坚持公平合理的原则上。他们认为进行交易，双方都要有利可图。在这一原则下，他们会提出一个“合理”的方案，并认为是十分公平的。他们喜欢在双方接触的初始就阐明自己的立场、观点，推出自己的方案，以争取主动。如果双方出现分歧，他们只会怀疑对方的分析、计算，而坚持自己的看法。

美国人的自信还表现在他们喜欢批评别人、指责别人。当谈判不能按照他们的意愿进行时，他们常常直率地批评或抱怨。“我是对的，你是错的”这是美国人的普遍心态。他们说话声音大、频率快，办事讲究效率，而且很少说“对不起”，同时也让人感到他们咄咄逼人、傲慢或自大。

(2) 干脆利落，不兜圈子。美国商人坦诚直率、真挚热情、健谈，不断发表自己的意见和看法。在美国人看来，直截了当是尊重对方的表现。他们注重实际，对“是”与“非”有明确、理性的定义。当他们无法接受对方提出的条件时，会明确地告诉对方自己不能接受，而且从不含糊其词，使对方心存希望。无论介绍还是提出建议，美国谈判者都乐于简明扼要，尽量提供准确数据。对于任何非直接、模棱两可的回答都会被美国谈判者视为缺乏能力与自信，不真诚甚至虚伪的表现。美国人十分欣赏能积极反应、立足事实、大方地讨价还价、为取得经济利益而精于施展策略的人；相反，过分谦虚、立场不鲜明，只会把事情弄糟。谈判中直率也好，暗示也好，看起来是谈判风格不同，实际上是文化差异问题。东方人认为直接地拒绝对方、表明自己的要求，会损害对方的面子并僵化彼此之间的关系，像美国人那样直言是缺乏修养的表现。同样，东方人所推崇的谦虚、有耐性、有涵养，可能被美国人认为是虚伪、客套、耍花招。

(3) 时间观念强。美国是一个高度发达的国家，生活节奏比较快。美国有句谚语“不可盗窃时间”。在美国人看来，时间就是金钱，如果不慎占用了他们的时间，就等于偷了他们的美金。因此，美国谈判者总是努力节约时间，不喜欢繁文缛节，希望省去礼节、闲聊，直接切入正题。他们喜欢谈判的节奏紧凑，强调尽可能有效率地进行，迅速决策不拖沓。对于整个谈判过程，他们总有一个进度安排，精打细算地规划谈判时间，希望每一阶段逐项进行，并完成阶段性的谈判任务。他们一件事接一件事，一个问题接一个问题地讨论，直至最后完成整个协定的逐项议价。

(4) 重视利润，积极务实。美国人在谈判讨价还价中，一般不会漫天要价，也不喜欢别人这样做。在许多美国人看来，谈判做生意的唯一目的就是获取利润，而不是生意人之间的交情。一家公司要想长久生存，就必须有可观的收入源源而来。所以亚洲国家的人都有这种感觉：美国人谈生意就是直接谈生意，不注意在洽商中培养双方的友谊和感情，而且还力图把生意和友谊清楚地分开，这种观念使他们在谈判中的行为显得比较生硬，也与亚洲人的文化观念相去甚远。

(5) 重合同，法律观念强。美国是一个高度法治的国家，美国人的法律意识根深蒂固。他们认为，交易最重要的是经济利益。为了保证自己的利益，最公正、最妥善的解决办法就是依靠法律、依靠合同。双方谈判的结果一定要达成书面的法律文件，借之明确彼此的权利和义务，将达成书面协议视为谈判成功的关键一步。他们十分认真地讨论合同条款，而且特别重视合同违约的赔偿条款。合同一旦签订，他们会认真履约，不会轻易变更或放弃。

(6) 谈判风格幽默。美国人的幽默久负盛名，在商务谈判过程中，美国人也喜欢用轻松幽默的语言表达信息，沟通思想，给谈判营造一种轻松的氛围。

【案例 4-2】

美国人的幽默

曾经有这样的故事流传：在餐厅盛满啤酒的杯中发现了苍蝇，英国人会以绅士风度吩咐侍者换一杯啤酒来；法国人会将杯中啤酒倾倒一空；西班牙人不去喝它，只留下钞票，不声不响地离开餐厅；日本人会令侍者把餐厅经理找来，训斥一番；沙特阿拉伯人会把侍者叫来，把啤酒杯递给他，说“我请你喝”；美国人则会对侍者说，“以后请将啤酒和苍蝇分别放置，有喜欢苍蝇的客人自行将苍蝇放进啤酒，你觉得怎样？”

(资料来源：袁革. 商务谈判[M]. 北京：中国物资出版社，2007.)

2. 英国人的谈判风格

英国是世界上资本主义发展最早的国家，早在 17 世纪，它的贸易就遍及世界各地，曾一度在世界上建立起经济、政治和军事霸权。但自 19 世纪以来，英国的经济地位一步步削弱。虽然如此，英国人“曾经称霸世界”的大国意识很强烈，总是表现出一副悠然自得的样子。而且，英国人的民族性格是传统、内向、谨慎，尽管从事贸易的历史较早、范围广泛，但是其谈判风格却不同于其他欧洲国家。

(1) 不轻易与对方建立个人关系。言行持重的英国人不轻易与对方建立个人关系。即使本国人，个人之间的交往也比较谨慎，很难一见如故。他们不轻易相信别人或依靠别人。这种保守、传统的个性在某种程度上反映了英国人的优越感。初与英国人交往，开始总感觉有一段距离，让人感到他们高傲、保守，一旦你与英国人建立了友谊之后，他们会十分珍惜，长期信任你，在做生意时关系也会十分融洽。

(2) 不能按期履行合同。英国商人的这一特点举世闻名。他们经常不遵守交货时间而造成延迟，这也使得他们在谈判中比较被动，外国谈判者会利用这点迫使他们接受一些苛刻的交易条件，为此英国商人也做了很大努力试图改正，但效果并不明显。至于什么原因，众说纷纭，较为信服的论据是，英国工业历史悠久，但英国人更追求生活的秩序与舒适，而勤奋与努力是第二位的。另外，英国的产品质量、性能优越，市场广泛，这又使英国人忽视了现代贸易应遵守的基本要求。

(3) 注重礼仪、崇尚绅士风度。英国人以绅士风度闻名世界，他们谈吐不俗、举止高雅、遵守社会公德、颇有礼让精神。无论在谈判场所内外，英国谈判者都很注重个人修养，尊重谈判业务规律，不会没有分寸地追逼对方。同时，他们也很关注对方的修养和风度，如果你能在谈判中显示出良好的教养和风度，就会很快赢得他们的尊重，为谈判成功打下良好的基础。

(4) 忌谈政治，宜谈天气。英国的全称是大不列颠及北爱尔兰联合王国，由英格兰、威尔士、苏格兰、北爱尔兰四部分组成。英国虽然是统一的君主制国家，但是这四个民族的人在处理事务上有许多微妙之处。我们提到“英格兰”时，一般是指整个联合王国，但是正式场合使用就显得不妥，因为这样会自觉或不自觉地漠视了其他三个民族。所以，在正式场合不宜把英国人叫作英格兰人。在和英国人交谈时可以以他们喜欢的文化遗产、喂养的宠物等作为谈论的话题，尽量避免讨论政治、宗教、皇室是非等。初识英国人，最佳、最安全的话题当然是天气。

【案例 4-3】

与英国人忌谈政治

中国上海某进出口公司李经理到英国与英国商人爱德华先生进行商务谈判。这是李经理初次跟英国人谈判，开局时，李经理为了营造和谐的谈判气氛，谈了一些来英国的见闻，紧接着谈了英皇室查尔斯王子和戴安娜、卡米拉等人的是是非非，并把它当作笑料。爱德华先生开始还听着，后来看见李经理越谈越起劲，便非常生气地结束了这次会谈。李经理误以为对方对这次贸易没有诚意，而不再约见对方。

此次商务谈判中，由于李经理不了解英国商人讨厌对方把皇室的事作为谈资的谈判风格，而误以为对方没有合作诚意，造成谈判破裂，失去了一桩生意。

(资料来源：袁革. 商务谈判[M]. 北京：中国物资出版社，2007.)

3. 德国人的谈判风格

德国是世界著名的工业大国。1990 年东德与西德合并为统一的德国。虽然统一前由于意识形态的差别，东德人和西德人在价值观念、思维方式等方面存在许多差别，但从整个民族的特点来看，德国人作风严谨、纪律性强、说话简单明了、做事雷厉风行。德国谈判者身上所具有的这种日耳曼民族的性格特征会在谈判桌上得到充分的展现。

(1) 谈判准备工作充分周到。德国人严谨保守的特点使他们在谈判前往往准备得十分周到，他们会想方设法地掌握大量谈判对手翔实的第一手资料，不仅要调查研究对方购买或销售的产品，还要仔细研究对方的公司，以确定对方能否成为可靠的商业伙伴。所有这些事情完成以后，他们才会坐到谈判桌前，这样立足于坚实的基础之上，就能在谈判中处于十分有利的境地。

(2) 谈判果断，不拖泥带水。德国人非常讲究效率，他们信奉的座右铭是“马上解决”，他们不喜欢谈判对方“研究研究” “考虑考虑”等拖拖拉拉的谈判语言与行为。谈判桌上的德国人喜欢明确表示出希望做成的交易，准确地规定交易的方式，详细地列出谈判议题，并对谈判中的一些不利因素加以预测。在德国人看来，衡量一个国际商务谈判者是否有能力的标准，就是看一看他所经手的事情能否得到快速而有效的处理。

(3) 自信而固执，坚持己见。德国人对本国产品极有信心，在谈判中常会以本国的产品为衡量标准。德国企业的技术标准相当严格，对于出售或购买的产品质量要求很高，因此要让他们相信你公司的产品能够满足交易规定的高标准，他们才会与你做生意。德国人的自信与固执还表现在他们不太热衷于在谈判中采取让步方式。可能由于德国人的性格倔强、自负，缺乏灵活性和妥协性，因此在交易中他们很少让步，讨价还价的余地不大。他们总是强调自己方案的可行性，一丝不苟，千方百计迫使对方让步，常常在签订合同前的最后时刻还在争取使对方让步。

(4) 重合同、守信用。德国人素有“契约之民”的雅称，非常重视和尊重契约。在签订合同之前，他们会将每个细节都谈判到，明确双方的权利义务后才签字。这种 100%的谈判作风，使得德国商人的履约率在欧洲最高。一旦签约，他们就会一丝不苟地按照合同办事，不论发生什么情况都不会轻易毁约。同时，他们也严格要求对方，除非有特殊情况，绝不理会其贸易伙伴在交货和支付的方式及日期等方面提出的宽限请求或事后解释。

(5) 时间观念强。无论公事还是私事，德国人非常守时。因此，在与他们的谈判和交往中最忌讳迟到。对迟到者，德国人会毫不掩饰他们的不信任和厌恶，哪怕仅仅是几分钟也不行。另外，去德国谈判，时间不宜定在晚上，除非特别重要。虽然他们工作起来废寝忘食，但他们认为晚上是和家人团聚、共享天伦之乐的时间，而且他们会认为你也有相同的想法。所以，冒昧地请德国人在晚上谈判会让他们觉得此人不知趣。

4. 法国人的谈判风格

在近代世界史上，法兰西民族在社会科学、文学、科学技术方面有着卓越成就。法国人具有浓厚的国家意识和强烈的民族、文化自豪感，天性乐观开朗，十分勤劳，待人和蔼可亲，对商品要求新颖、名贵和美观。

(1) 谈判方式比较独特。法国人喜欢先为谈判协议勾画出一个大致的轮廓，然后达成原则协议，最后确定协议中的各项具体内容。所以，法国人不像德国人那样在签订协议之前认真、仔细地审核所有具体细节。他们的做法是：签署的是交易的大概内容，如果协议执行起来对他们有利，他们会若无其事；如果协议对他们不利，他们会毁约，并要求修改或重新签约。

(2) 富有人情味，重视人际关系。法国人乐观、开朗、热情、幽默，注重生活情趣，富有浓郁的人情味和浪漫情怀，非常重视相互信任的朋友关系，并会因此影响生意。在商务交往上，法国人往往凭借着信赖和人际关系去进行，在成为朋友之前，他们不会同你进行大宗交易，而且习惯于先用小生意试探，建立信誉和友谊之后，大生意便接踵而至。热情的法国人将家庭宴会作为最隆重的款待，但绝不能将家庭宴会上的交往视为交易谈判的延伸。一旦将谈判桌上的话题带到餐桌上来，法国人会极为不满。

(3) 坚持用法语谈判。法国人为自己的语言而自豪，他们认为法语是世界上最优美、最高贵的语言，因此在进行商务谈判时，他们往往习惯于要求对方同意以法语作为谈判语言，即使他们的英语讲得很好，也是如此，除非他们在国外或在贸易上对对方有所求。所以要与法国人长期做生意，最好学一些法语，或在谈判时选择一名好的法语翻译。

(4) 重视个人力量。法国人大多注重依靠自身力量达成交易，愿以自己的资金从事经营，因而他们办事不勉强。一般情况下，法国公司的组织结构单纯，自上而下的层次不多，比较重视个人力量，很少集体决策。从事谈判也大多由个人承担责任，决策迅速。法国商人大多专业性强，熟悉产品，知识面广。即使是专业性很强的商务谈判，他们也能一个人独当几面。

(5) 时间观念不强。对别人要求严格，对自己比较随便是法国人时间观念的一大特点。在商业往来或社会交际中经常迟到或单方面改变时间，而且总会找出一大堆冠冕堂皇的理由。在法国社交场合，有个非正式的习惯，主客身份越高，来得越迟。所以，与法国人谈判，就需要学会忍耐。但是，法国人对于别人的迟到往往不予原谅，对于迟到者，他们会很冷淡地接待。

5. 俄罗斯人的谈判风格

苏联解体后，出现了许多独立的国家，但是与我国贸易比较频繁、地理位置比较接近的要数俄罗斯。我国东北地区已经把对俄贸易作为发展对外贸易的重要组成部分。因此，研究俄罗斯人的谈判风格具有较大的现实意义。

(1) 固守传统，缺乏灵活性。由于受苏联计划经济体制的影响，俄罗斯人带有明显的计划经济体制的烙印，习惯照章办事、上传下达。在进行正式谈判时，他们喜欢按计划办事，如果对方的让步与他们原定的具体目标相吻合，容易达成协议；如果有差距，使他们让步则特别困难，甚至他们明知自己的要求不符合客观标准，也不妥协让步。

(2) 节奏缓慢，效率低下。俄罗斯有一句古老的谚语说：“如果你打算出门旅行一天，最好带上一周的面包。”因为在俄罗斯，难以预料和不确定的因素太多，包括谈判中的时间和决策，行政部门的干预、交通和通信的落后。他们认为，时间是非线性的，没有必要把它分成一段一段地加以规划。谈判时，俄罗斯人不爱提出讨论提纲和详细过程安排，谈判节奏松弛、缓慢。他们绝不会让自己的工作节奏适应外商的时间安排，而且俄罗斯人谈判往往喜欢带上各种专家，这样不可避免地扩大了谈判队伍，各专家意见不一也延长了谈判时间，减慢了谈判节奏。因此，与俄罗斯人谈判时，切勿急躁，要耐心等待。

(3) 善于讨价还价。俄罗斯人深深承袭了古老的商业交易之道，在谈判桌前显得非常精明。他们很看重价格，在讨价还价上堪称行家里手，不论你的报价是多么公平合理，怎样计算精确，他们也不会相信，而是千方百计地迫使对方降价，达到他们认为理想的结果。所以同俄罗斯人谈判，灵活的做法是，事先为他们准备好一份标准报价表，所有价格都有适当的溢价，为后面的洽谈减价留下后路，以此迎合俄罗斯人的心理。

【案例 4-4】

俄罗斯商人善于讨价还价

1980 年的奥运会准备在莫斯科举办，出售奥运会电视转播权是一笔好买卖。美国哥伦比亚广播公司、美国国家广播公司、全国广播公司三家大型电视台都准备出大价钱购买独家电视转播权。于是，俄罗斯人把美国三家电视网的上层人物都请到他们的豪华客轮阿列克赛·普希金号上，他们提出要2.1亿美元，这个开价比1976年的2200万美元几乎高出9倍。为了达到他们的目的，俄罗斯人分别与美国的这三家电视台的决策人物接触，让他们相互之间你争我夺，用美国人自己的话说："我们像装在瓶里的三只蝎子那样互相乱咬，咬完之后，两只死了，获胜的一只也被咬得爬不起来了。" 最后，几经反复，美国国家广播公司以8700万美元购得奥运会转播权。后来才知道，俄国人预期的售价在6000万～7000万美元。

(资料来源：孙平. 当代商务谈判[M]. 武汉：武汉大学出版社，2007.)

(4) 注重技术细节。俄罗斯人特别重视谈判项目中的技术内容，这是因为引进技术要具有先进性、实用性，由于技术引进项目通常都比较复杂，对方在报价中又可能会有较大的水分，为了尽可能以较低的价格购买最有用的技术，他们特别重视技术的具体细节，索要的东西也是包罗万象，如详细的车间设计图纸、设备装备图纸、原材料证明书、化学药品、维修指南、各种产品的技术说明等。所以，与俄罗斯人进行谈判要有充分的准备，为了能及时准确地对技术问题进行阐述，在谈判中一定要配备技术方面的专家。

(5) 注重文化传统。俄罗斯人对于研究过俄罗斯文化艺术的外商有着特别的尊重，这会给商务谈判带来友善的气氛。传统上俄罗斯人有四大爱好：喝酒、吸烟、跳舞和运动。俄罗斯人不论男女，几乎没有不喝酒的，而且大多爱喝烈性酒，如伏特加之类。俄罗斯人吸烟也很普遍，而且爱抽烈性烟。跳舞是俄罗斯人的传统，一般每周末都有舞会。俄罗斯人还很重视体育运动，许多人都有一两项专长。

6. 阿拉伯人的谈判风格

阿拉伯国家主要分布在西亚的阿拉伯半岛和北非地区。这些国家经济大都欠发达，但由于该地区有着丰富的石油、天然气等资源，使这些国家靠出售石油获取了巨额利润，人均国民收入名列世界前茅，拥有巨大的消费能力和投资实力。此外，阿拉伯人信奉伊斯兰教，想要与阿拉伯人打交道，就必须对伊斯兰教有所了解，这是明智的选择。比如，遇到斋月，阿拉伯人在太阳落山之前既不吃也不喝，你也要做到入乡随俗，尽量避免接触食物和菜，要表示理解并尊重他们的习俗。

(1) 谈判节奏较为缓慢。同阿拉伯人进行商务谈判，他们往往要花很长时间才能做出谈判的最终决策，与他们的一次谈判只是部分地同他们进行一次磋商。如果外商为寻求合作前往拜访阿拉伯人，第一次很可能得不到自己期望出现的结果，有时甚至第二次乃至第三次都接触不到实质性话题。遇到这种情况，要显得耐心而镇静。

(2) 中下级谈判者在谈判中起着重要的作用。在阿拉伯国家中，谈判决策由上层人员负责，但中下级谈判者向上司提供的意见或建议却能得到高度重视，他们在谈判中起着重要的作用。

(3) 代理商作用不可小觑。在阿拉伯商界还有一个阶层，那就是代理商。几乎所有阿拉伯国家的政府都坚持，无论外商的生意伙伴是个人还是政府部门，其商务活动都必须通过阿拉伯代理商来进行。这种代理制度不仅为阿拉伯国民开辟了生财之道，提供了一个理想职业，而且对外国商人来说也是大有裨益的。这些代理商有着广泛的社会关系网，与企业或政府部门有着直接或间接的联系。如果找到一个好的代理商，则会为外商提供很多便利。

(4) 偏爱讨价还价。阿拉伯人极爱讨价还价，无论交易大小均可讨价还价。更有甚者，不还价即买走东西的人还不如讨价还价后什么也不买的人更受到卖主的尊重。他们的逻辑是：前者小看自己，后者尊重自己。在商务谈判中阿拉伯人对讨价还价更是十分看重，高明的讨价还价要反映智慧，即找准理由，把理由说得令人信服。

(5) 惯用“IBM”。阿拉伯人不喜欢同人面对面地争吵，但他们却有自己的委婉拒绝别人的办法或撒手锏，这就是“IBM”。不要误以为这里说的“IBM”是美国的 IBM 公司。阿拉伯词语中的“I”是“因谢拉”，意为“真主的意志”；“B”是“布克拉”，意为“明天”；“M”是“迈利西”，意为“不介意”。如果阿拉伯人想取消与你的合同，则推指“真主的意志”，你也无可奈何；如果交易气氛对你有利，他要借口“明天”再谈；如果你为他的上述行为而感到不愉快的时候，他会轻松地拍着你的肩膀说“不要介意”。

7. 日本人的谈判风格

日本是东方民族的典型，中国的古典文化对日本有着深刻的影响。7 世纪，随着中国儒家文化的传入，日本接受了儒教中的等级观念、忠孝思想、宗法观念等，逐渐形成了具有大和民族色彩的文化，并在行为方式上处处体现出来。日本是个岛国，资源缺乏、人口密集，民众有危机感，国民经济对整个国际市场的依赖程度很深。

(1) 等级观念根深蒂固。日本人的等级观念根深蒂固，他们非常重视尊卑秩序。日本企业都有尊老的倾向，一般能担任公司代表的人是有 15～20 年工作经验的人。他们讲究资历，不愿与年轻的对手商谈，因为他们不相信对方年轻的代表会有真正的决策权。在日本谈判团内等级意识很重，一般是谈判小组成员奋力争取，讨价还价，最后由“头面人物”出面稍作让步，以达到谈判目的。还应注意的是，日本女性在社会中的地位较低，一般不允许参与大公司的经营管理活动，所以遇到正式谈判时，不宜让女性参加，否则他们可能会表示怀疑，甚至流露出不满。利用日本人这种尊老敬长的心理，与日本人谈判时，派出场的人员最好是官阶、地位都比对方高一级的，这样会有利于谈判的进行。

(2) 团队意识强烈。日本人的团队意识在世界上是首屈一指的。单个日本人与其他民族的人相比，在思维、能力、创新精神或心理素质等方面可能不见得出类拔萃。但是，日本人一旦结为一个团体，这个团队的力量就会十分强大。日本企业的谈判代表团多是由曾经共过事的人员组成，彼此之间互相信赖，有着良好的协作关系，谈判团内角色分工明确，但每个人都有一定的发言决策权，实行谈判共同负责制。在商务谈判决策权问题上不同于欧美等国家那样由负责人说了算，日本谈判者对于较大问题往往不能马上做出决定，而需要通过公司内部反复磋商，有关人员层层上报批准，仔细斟酌得出一致的结论后方能给予答复，所以应给予时间让其商量研究。

【案例 4-5】

日本人注重团队精神

关于日本人的团队精神，有一则不知出自何处而在各国流传的笑话。泰坦尼克号就要沉了，老幼和妇女都上了救生船，剩下的青壮男人为了不被沉船引起的旋涡卷入海底，必须趁船沉之前赶紧跳下去。于是对英国人说：“要保持你的绅士风度吗？跳！”英国人跳下去了；再对美国人说：“你要当英雄吗？跳！”美国人跳下去了；对德国人说：“你要守规矩的话，跳！”德国人也跳下去了；最后就剩下日本人了，于是对着日本人的耳朵小声说：“大家都已经跳下去了，你还不跳？！”日本人这才毫不犹豫地跳了下去。

(资料来源：http://book.ifeng.com/section.php?book_id=617&id=42072.)

(3) 注重礼仪，讲究面子。日本也是一个注重礼仪的国家。日本人所做的一切，都要受严格的礼仪约束。他们在贸易活动中常有送礼的习惯，他们认为礼不在贵，但要有特色，有纪念意义，并对不同的人所送的礼物的档次要有所区别，以示尊卑有序。日本人会根据对象不同行不同的鞠躬礼，同时双手递上自己的名片，然后以双手接对方的名片，仔细看后微笑点头，再两眼平视对方，说上一句“见到你很高兴”之类的客套话。对此，外商也需要理解和遵循，否则会被日本人视为不懂规矩、没有礼貌。

日本人非常讲究面子，他们不愿对任何事情说“不”字。他们认为，直接的拒绝会使对方难堪，甚至恼怒，是极大的无礼。因此，在谈判过程中，他们即使对对方的提议有所保留，也很少直接予以反驳，一般是以迂回的方式陈述自己的观点。在讨价还价时，日本人讲得最多的就是“哈噫”，尽管这个词在辞典中的解释是“是”，但实际上绝不是表示日本人同意，它是意味着“我在听着你说”。同样，在和日本人谈判时，语气要尽量平和委婉，如果你不得不否认某个建议，要尽量婉转地表达，或做出某种暗示，也可以陈述你不能接受的客观原因，绝对避免使用羞辱、威胁性的语言，切忌妄下最后通牒。

(4) 执着、耐心，不易退让。日本人在谈判中的耐心是举世闻名的。日本人的耐心不仅仅是缓慢，而且是准备充分，考虑周全，谈判有条不紊，决策谨慎小心。许多场合下，日本谈判者显得婉转圆滑，即使同意对方观点，也不直截了当地表明，往往给人以模棱两可的印象。日本人在谈判中擅长“蘑菇战术”，在拖延中想方设法了解对方的底线，你若急于求成，他就抬价或压价，把对方磨得精疲力竭，焦躁不安。为了一笔理想交易，他们可以毫无怨言地等上两三个月，只要能达到预想的目标，时间对他们来讲不是第一位的。

(5) 尽量避免诉诸法律。日本人不喜欢谈判中有律师参与。只要有可能，日本谈判团里就不包括律师。他们觉得每走一步都要同律师商量的人是不值得信赖的，甚至认为带律师参加谈判，一开始就在考虑日后纠纷的处理，是缺乏诚意的表现，是不友好的行为。当合同双方发生争执时，日本人通常不选择诉诸法律这一途径，因为日本在很长的历史中，不是靠法律而是求助权贵的仲裁来解决争端的。他们善于捕捉时机签订含糊其词的合同，以便将来形势变化时可以做出有利于他们的解释。

三、中西方商务谈判风格的比较

全球的经理人通过研究各国谈判者的谈判风格差异来帮助其了解谈判进程中正在发生的事情。表 4-1 中列举了日本、北美地区和拉美地区不同的谈判风格。

表 4-1　日本、北美地区和拉美地区谈判风格的比较

比较类别	日　本	北美地区	拉美地区
情绪敏感性	高度注重情绪的敏感性	不太注重情绪的敏感性	注重情绪的敏感性
处理问题的含蓄性	掩饰情绪	直接客观地处理	感情充沛
问题处理的方式	巧妙使用权利；调和	协调多于诉讼	强权；利用弱点

续表

比较类别	日　本	北美地区	拉美地区
对雇主的态度	雇员忠诚于雇主，雇主体恤下属	对雇主缺少忠诚	忠于雇主
决策依据	顾全面子；决策常是为使某人脱离困境	决策基于利益考虑，保全面子并不重要	为维护尊严和荣誉而决策，面子极其重要
决策是否受特殊利益影响	决策者明显地受特别利益的影响	决策者受特别利益影响，但常被认为不道德	涉及特别利益的决策在执行时受到宽容
是否喜欢争论	不争论；正确时保持安静	无论对与错均客观地争论	无论对与错均情绪化地争论
文件的精确性	精确、有效的文字表达	对作为论据的文件高度重视	厌烦被视为理解通用原则的障碍的文件
理性决策的程度	逐渐接近决策	有系统、有组织地进行决策	冲动自发地进行决策
根本利益	团队的利益是根本目标	获取盈利或个体获利是根本目标	集体与个体利益密不可分
决策受个性影响程度	为决策营造一个良好的社会氛围，了解决策者	客观决策；避开冲突利益的困扰	决策者的个性对明智的决策很重要

通过比较北美地区、阿拉伯地区和俄罗斯的不同风格，可以进一步发现各国的谈判风格各具特色，表 4-2 中反映了各地不同的基本文化价值，诸如在是否与如何让步、信息提供途径，以及对合作关系的性质与期限的不同认识等方面的差异。

表 4-2　北美地区、阿拉伯地区和俄罗斯谈判风格的比较

比较类别	北美地区	阿拉伯地区	俄 罗 斯
基本的谈判风格及程序	实事求是	情绪化	理想化
双方发生争论时	依据客观事实	依据主观情感	坚持理想
是否会做出让步	为建立合作关系在早期先做出小的让步	视让步如同谈判中的组成部分	极少或很小的让步
就对方让步的反应	经常给予回报	基本上总是会给予回报	视对方的让步为软弱，几乎从不给予回报
合作关系	短期	长期	没有持续性的合作关系
对时限的态度	非常重视	随意	忽视

当我们考察了世界上部分国家和地区的商务谈判风格之后，有了对商务谈判风格的感性认识和了解。下面进一步简略比较一下基于中西方文化基础上的商务谈判风格。

1. 先谈原则还是先谈细节

按照中国文化的特点，在谈判时，一般注重先谈原则，后谈细节；而西方恰恰相反，他们比较注重先谈细节，避免讨论原则。这种差异常常导致中西方交流中出现障碍。中国人重

视“先谈原则，后谈细节”的原因在于：第一，先谈原则可确立细节谈判的基调，使它成为控制谈判范围的框架；第二，可以利用先就一般原则交换意见的机会来估计和试探对方，看看对方有哪些弱点，创造出一些有利于自己的机会；第三，可以很快地把原则性协议转变成目标性协议；第四，通常原则问题的讨论可以在与对方的上层人物的谈判中确定下来，从而既避免了与实质性谈判中的下层人员可能的摩擦，又能在一定程度上控制他们的举动。而西方人认为细节是问题的本质，细节不清楚，问题实际上就没有得到解决，原则只不过是一些仪式性的声明而已。所以，西方人比较愿意在细节问题上多动脑筋，而对于原则性问题的讨论则显得比较松懈。

2. 重集体还是重个人

应当说，中西方在谈判过程中，都是既重集体又重个人的。但相比较而言，西方人比较侧重于强调集体的权力，强调个人的责任，即分权。而中国人则比较强调集体的责任，强调个人的权力，即集权。这种差异导致谈判场合中会出现这样两种现象：西方人表面看来是一两个人出场，但他们身后却往往有一个高效而灵活的智囊群体或决策机构；中方则是众人谈判，一人拍板。可以想象，如果拍板的人是行家里手倒也还好，但如果拍板者是外行，那么谈判的风险和结果就难以预料了。因此，我们在谈判中，应当科学而恰当地处理好集体与个人、集权与分权的关系，以在与西方人的谈判中始终处于较为主动的地位。

3. 重立场还是重利益

中国人比较重立场，而西方人比较重利益。中国人由于自己的国民性把“面子”看得极重，在谈判中对于立场特别敏感。立场争执往往会使谈判陷入僵局，导致彼此的尖锐对立。西方人对利益看得比立场更为重要，无论对任何人，评价其工作绩效的标准是看其谈判成果。一个在谈判中“勤恳稳重”有余而低效无利的谈判者，在西方人看来是绝对不能容忍的。因此，一个在谈判中过分坚持立场而不能获得利益或放弃了应得利益的人，在西方是不可能被重用提拔的。由于西方的谈判者重效果而轻动机，他们对立场问题往往表现出极大的灵活性，在谈判中只会努力追逐利益。他们对待事物的态度，取决于其是否能为自己带来好处，是否会损害自己的利益。

第三节　国际商务谈判中的文化差异

在世界经济日趋全球化的今天，随着国际商务交往活动的频繁和密切，了解各国间的文化差异就显得格外重要，不加以重视将会引起不必要的误会，甚至可能直接影响商务交往的实际效果。因此，在跨文化商务谈判中，谈判者应该接纳对方的文化，并努力使自己被对方接受；需要借助有效的沟通，在不损害双方利益的前提下做出正确的评价。

一、文化差异概述

1. 文化的定义

关于文化的概念历来众说纷纭。文化是一个国家和民族特定的观念和价值体系，这些观念构成人们生活、工作中的行为。世界各民族由于特定的历史和地域而逐渐形成了自己独有的文化传统和文化模式。由于中西方传统习惯、价值观念、宗教信仰、思维方式等的不同，使得中西方文化表现出诸多差异。

2. 文化差异产生的原因

造成世界文化多元性的原因很多，归纳起来，文化差异的主要来源有以下六个方面。

(1) 地域差异。地域差异是指不同地理区域由于地理环境、经济发展水平和传统习惯等的差异，人们往往有着不同的语言、生活方式和爱好，而这些会影响他们的行为习惯。例如，西方和美洲一些国家的人们把圣诞节看得很重，而长年都没有下雪的地区，如赤道附近的非洲一些国家的人们可能没有圣诞节这个概念，原因是圣诞节的最好装饰是雪，而长年都没有下雪的地区自然而然对过圣诞节的感觉没有北美洲国家那么浓。

(2) 民族差异。民族差异是指不同的民族群体在长期的发展过程中，形成了各自的语言、风俗和爱好、习惯。他们在饮食、服饰、居住、节日、礼仪等物质和文化生活方面各有其特点。

(3) 政治差异。政治差异是指由于各国的政治制度及政策法规对人们的行为具有统一规范的作用，从而使得各国人民在政治观念方面存在着差异。以美国和法国为例，美国总统的权力受到宪法的严格限制，与其他两大机构——国会及最高法院强有力的制约。而法国人还不得不将当年保皇派制定的随时准备复辟君主制的第三共和国宪法稍加修改，进一步扩大总统的权力面。

(4) 经济差异。经济差异是由于经济因素造成的文化差异的一种体现。例如，发达国家的人们生活富裕，受教育水平高，人们更注重生活质量，安全意识也普遍较强，而经济欠发达国家的人们往往更加关心的是消除贫困问题。

(5) 宗教差异。宗教是人类社会发展到一定阶段的历史现象。世界上有三大宗教：基督教、佛教和伊斯兰教。不同的宗教有着不同的文化倾向和戒律，从而影响人们认识事物的方式、行为准则和价值观念。

(6) 观念差异。观念是指人们对客观事物的评价标准，包括时间观念、财富观念、对待生活的态度、对风险的态度等。同样的事物和问题，不同社会的人会得出不一样甚至截然相反的结论。地域差异、民族差异、政治差异、经济差异、宗教差异和观念差异等对人们的影响渗透在饮食、服饰、居住、节日、礼仪等物质和文化生活的各个方面，从而影响了人们的行为习惯、价值观念、宗教信仰和思维方式的诸多差异，最终形成了各国各地区的文化差异。

二、文化差异对国际商务谈判的影响

文化对谈判的影响是广泛而深刻的，不同的文化自然地将人们划分为不同的类群。一方面，这种地域的、所属群体上的差别有使不同文化的群体相互疏远的倾向；另一方面，不同的文化也是人们沟通与交往中的障碍。因此，要求谈判者要接纳彼此的文化，而且要透过文化的差异，无误地揭示、了解对方的目的与行为，并使自己被对方所接受，最终达成协议。

总体来说，文化对国际商务谈判的影响主要体现在以下三个方面。

1. 文化差异对谈判双方人员思维方式的影响

在谈判过程中可以说人的思维始终在发挥作用。由于谈判双方的文化差异导致了谈判人员的思维方式不同，例如，欧美文化偏重抽象思维，他们通常是根据事实进行归纳概括，从而得出相关的理论；而东方人比较重视形象思维和综合思维，习惯将形象的属性和联系结合起来进行思考。因此，这种思维方式的差异，使得谈判双方的决策方法和决策顺序都要有所变化和不同。例如，当面对一项复杂而艰巨的谈判任务时，欧美人常将其分为一系列的小任务，各个击破、分次解决，最后的协议就是一系列小型协议的综合；而东方人注重通判决策的方法，很少存在明显的层次之分，直到谈判进行到最后才达成一揽子协议。

2. 文化差异对谈判的群体观念的影响

现代的谈判大多数是以小组的形式存在的，因此，小组成员的群体意识和相互配合能力都是非常关键和重要的，文化差异在谈判中不同程度地影响着谈判人员的群体观念。例如，日本人的群体观念非常强，这是由其价值观念和精神取向所决定的，一般日本人在谈判决策中所用的时间最长，这就是他们注重集体主义的群体观念所致。而欧美人比较看重个人的力量，实行个人负责制，个人权力很大，因此他们的谈判效率极高，往往一个人可以独当一面。在谈判过程中如果发生大的争执，日本谈判小组的所有成员会全力支持首席代表一人的观点，表现出极强的整体性和凝聚力，而欧美各代表往往会竞相发言，较为松散。

3. 文化因素对谈判结构的影响

谈判结构的因素主要包括参与方数量、参与方之间的权力分配及谈判过程的透明程度。例如，在中国的商务谈判中，外方代表往往是 6 人左右的代表团，而中方代表可能会多达 15 人以上；在权力分配方面，中方代表往往认为谈判中买方处于优势地位而提出有利于本方的提议，这对西方人来说是不可接受的，他们认为谈判双方是平等的，谈判的内容和方式也是公平的。

三、文化差异在国际商务谈判中影响的对策分析

谈判者对文化差异必须有足够的敏感性，要尊重对方的文化差异。西方社会有一句俗语，“在罗马，就要做罗马人”，其意思就是中国的“入乡随俗”。在跨文化商务谈判中，“把自己的脚放在别人的鞋子里”是行不通的，要承认和包容文化的差异，才能在谈判全过程中采取相应对策，包括在谈判前了解可能出现的文化差异，谈判中正确处理文化差异，谈判后针对文化差异做好后续交流。

1. 正视文化的差异

任何一种文化都是人类文明的结晶，没有优劣之分，其反映的是不同民族、不同地域的斗争史和文明史。在国际商务谈判中，文化差异是客观存在的，我们应学着适应它、正视它，学会与不同文化、价值观和思维方式相互融合，求同存异，采取积极的、真挚的态度接受而不是蔑视和拒绝。

2. 谈判前应做好充分的准备工作

在谈判前充分地了解文化差异是至关重要的，其准备工作包括对方的背景、对象和环境的评估、议事日程及让步策略等。其中场地布置方面最能体现文化的差异，如有不慎，可能造成消极的影响。房间的安排也是一个非常敏感的因素，在等级观念较重的文化里，若房间布置不当的话也会引起对方的误解和不安。另外谈判的时限也很重要，美国人就比较重视时间观念，他们视时间为金钱，而在中东和拉美文化里，人们的时间观念会较弱，他们认为时间

是用来享受的。因此，在谈判中我们要在研究对方的文化方面多下功夫。

3. 尊重对手的文化和风俗习惯

风俗习惯是一个国家和民族在历史的长河里逐渐约定俗成的生活模式。世界上不同的国家有着不同的风俗习惯，而在国际商务谈判中我们要认真对待，不能掉以轻心，否则可能会抑制谈判的进程和谈判的效果。因此，商务谈判人员应该适时地把握入乡随俗、客随主便的规律。

4. 在谈判中要恰当处理文化差异

首先是在谈判的过程中对语言的选择和使用。例如，西方人的交流简单明了、坦率直观，不会模棱两可、含混不清；而东方人重面子，讲话委婉间接，很少出现直接的拒绝和反驳，往往会通过迂回曲折的陈述来表达自己的观点和见解。

其次是在谈判方式上，东方人通常以整体着眼，从整体到局部、由大到小的指导原则来解决问题，制订方案；而西方人做事注重事物的内在逻辑关系，谈判开始就直切要点，重视具体的条款而轻视整体的思维模式。因此，在谈判的过程中要区分对待，因人而异。

5. 谈判后要针对文化差异做好后续交流

谈判后管理涉及合同管理及后续交流行为，首先就合同而言，在那些注重人与人之间关系的国家，如中国，其争端的解决往往不完全依赖法律体制，而常常依赖双方间的关系。在这些文化中，书面合同很短，主要用来描述商业伙伴各自的责任。而西方国家如美国，他们一般将合同签订仪式视作既浪费时间又浪费金钱的举动，所以合同常常是通过寄发邮件来签订的。就后续交流而言，美国文化强调把“人和事区分开来”，所以不太注重后续交流。而在东方文化国家，如日本，保持与大多数外国客户的后续交流被视作国际商务谈判的重要部分，他们在合同签订很久以后，仍然会进行信件、图片和互访等交流。

总之，通过上述对文化差异及其对国际商务谈判中的影响的分析，我们应该明确任何一位从事跨文化商务活动的人都应该高度重视文化差异，并共同努力创造一个能适应谈判双方的经济文化环境。

课后练习

一、判断题

1. 一个国内谈判高手并不必然是一个成功的国际商务谈判专家。 (　　)
2. 在商务谈判中，如果法国人的英语讲得很好，他会坚持用英语进行谈判。 (　　)
3. 国际商务谈判的一大禁忌就是以自己熟悉的文化的“优点”去评判对方文化的“缺点”。 (　　)
4. 国际商务谈判与国内商务谈判的根本区别源于谈判者成长和生存的环境及谈判活动与谈判协议履行的环境差异。 (　　)
5. 谈判风格是谈判始终起重要作用的因素。 (　　)
6. 谈判者的谈判意识正确与否，将直接影响谈判方针的确定、谈判策略的选择。(　　)
7. 跨文化谈判的谈判主体之间存在一定的文化差异与文化冲突。 (　　)

8. 相同文化背景的谈判者的谈判风格有着明显的趋同性。 (   )

二、不定项选择题

1. 同英国商人进行谈判时，较安全的话题是(   )。
   A. 爱尔兰的前途　　B. 天气
   C. 大英帝国崩溃的原因　　D. 英国的继承制度
2. 日本人在谈判中往往不断点头并说“哈噫”，这常常是告诉对方他们(   )。
   A. 在注意听　　B. 表示同意　　C. 表示不同意　　D. 表示高兴
3. 国际商务谈判应遵循的原则为(   )。
   A. 平等性原则　　B. 求同性原则　　C. 存异性原则　　D. 互利性原则
4. 中西方谈判风格的不同表现在(   )。
   A. 重集体还是重个人　　B. 先谈原则还是先谈细节
   C. 重立场还是重利益　　D. 重原因还是重结果
5. 美国人的谈判风格是(   )。
   A. 高傲矜持，坦率自信　　B. 注重效率，珍惜时间
   C. 干脆利落，不兜圈子　　D. 重视利润，积极务实
6. 下列关于各国商人谈判风格的描述正确的是(   )。
   A. 德国商人崇尚契约，严守信用
   B. 法国商人注重效率，时间观念强
   C. 俄罗斯商人作风拖拉，态度暧昧圆滑
   D. 日本商人富有耐心，团队意识强烈

三、简答题

1. 与国内商务谈判相比，国际商务谈判具有哪些特点？
2. 为了做好国际商务谈判工作，必须注意的基本要求有哪些？
3. 谈判风格具有哪些特点和作用？
4. 美国人具有哪些谈判风格？
5. 英国人具有哪些谈判风格？
6. 德国人具有哪些谈判风格？
7. 法国人具有哪些谈判风格？
8. 俄罗斯人具有哪些谈判风格？
9. 阿拉伯人具有哪些谈判风格？
10. 日本人具有哪些谈判风格？
11. 文化对国际商务谈判的影响有哪些？
12. 试述处理国际商务谈判文化差异的对策。

四、案例分析题

1. 江苏仪征化纤工业公司总经理任传俊在与日本某公司进行索赔谈判时，遇到了一些麻烦。中方提出索赔 1100 万美元，而对方只认可 300 万美元。在僵持不下时，中方提出休会，邀请对方游览扬州。在大明寺，任传俊总经理深情地说：“这里纪念的是一位为了信仰六渡扶桑，双目失明的鉴真和尚，今天，中日两国人民都没有忘记他。你们不是常常奇怪日

本对华投资为什么比较容易吗？那其中很重要的原因就是日本人了解中国人，知道中国人重感情、重友谊。”日方代表深受感动，回到谈判桌前，愉快地达成了协议。

问题：

(1) 中方为什么把日方带去参观大明寺？

(2) 此案例告诉我们一个什么道理？

2. 法国人安瑞是城市交通管制工程方面颇有名气的专家，一家沙特阿拉伯工程公司邀他到沙特工作，负责该公司营建部分政府工程。安瑞从来没在中东工作过，当他到达工程公司总经理的办公室时，他被请到地板上的一个坐垫上等候。总经理忙着招呼其他来访的人，当时他也清楚地看到了安瑞。安瑞在靠墙的坐垫上耐心地等待。这一批客人共有八位，安瑞是最后一位，半个小时过去了，安瑞忍不住问秘书什么时候才能轮到他，秘书也不清楚。这期间，有许多人进进出出，打断总经理接见的工作，安瑞开始感到不耐烦。很显然，总经理一点也不在乎被他人打扰。一小时过去了，秘书才领着安瑞坐上总经理对面的那张椅子。他使用英文交谈，一阵子客套后，总经理把安瑞介绍给公司里的一个工程师小组，其中包括了总经理的表弟——公司的副总经理，一位美国麻省理工学院的毕业生。引见之后，安瑞就热心地简单报告，用的是英文，主题当然是道路规划问题。不久，安瑞发觉许多听众都表情茫然，这时他才想到，许多专有技术名词和概念必须经过翻译才能使听众听懂，这一组人中，似乎只有总经理的表弟听懂了简报。

问题：

(1) 为什么法国人安瑞会有不耐烦的感觉？如果是你，你将如何应对这种情况？

(2) 分析沙特阿拉伯的工程师小组人员表情茫然的原因，并提出解决办法。

(3) 如果安瑞不是在阿拉伯国家，而是在别的国家，将如何制定自己的策略？

第五章　商务谈判的组织与准备

【学习目标】

知识目标：掌握信息收集的主要内容；熟悉信息收集的方法和途径；了解信息情报的整理和筛选的程序；了解商务谈判方案包含的内容。

技能目标：能全面掌握信息的收集途径；能正确分析处理数据与信息；能正确组织实施市场调查；能撰写商务谈判方案。

【引导案例】

成功源于充足的准备

"凡事预则立，不预则废"，进行商务谈判，前期准备工作非常重要。只有事先做好充足准备，谈判者才会充满自信，从容应对谈判中出现的突发事件、矛盾冲突，才能取得事半功倍的谈判结果。更进一步说，即使只有1%成功的希望，也要做好100%的准备。

浙江奥康集团是国内知名鞋业生产企业，GEOX公司是世界鞋业巨头之一。由于双方谈判前做了充足的准备，最终两家企业达成协议：奥康负责GEOX在中国的品牌推广、网络建设和产品销售，GEOX借奥康之力布网中国，而奥康也借GEOX的全球网络走向世界。

GEOX曾用两年时间对中国市场进行调研，先后考察了8家中国著名的鞋业公司，为最终坐到谈判桌前进行了周密的准备。谈判中，GEOX谈判代表波莱加托，能把几十页的谈判框架、协议条款熟练背出，令在场的人大吃一惊。波莱加托的中国之行排得满满的，去奥康考察谈判成功预期很低，合作机会也很小，只有20%的可能，波莱加托竟做了如此周密的准备，是值得国内企业家们学习和借鉴的。

尽管奥康对与GEOX合作成功的心理预期也是极其低的，但他们的宗旨是：即使是只有0.1%的成功机会，也绝不放过。奥康为迎接波莱加托一行进行了周密的准备和策划。首先，他们通过一份香港翻译全面了解对手公司的情况，包括对手的资信情况、经营状况、市场地位、此行目的以及谈判对手个人的一些情况。其次，为了使谈判对手有宾至如归的感觉，奥康公司专门成立了以总裁为首的接待班子，拟订了周密的接待方案。从礼仪小姐献给刚下飞机的谈判方波莱加托一行的鲜花，到谈判地点的选择、谈判时间的安排、客人入住的酒店预订，整个流程都是奥康公司精心策划，周密安排的，结果使得谈判对手"一直很满意"，为谈判最终获得成功奠定了基础。

【启示】“千里之行，始于足下”，谈判的组织与准备是一项复杂而烦琐的工作，但它直接关系到谈判能否顺利进行，关系到谈判计划和谈判策略能否成功实施。因此，谈判者必须付出相当的精力做好这项工作。商务谈判的组织与准备主要有以下几项：收集信息，组织人员，准备物质条件，制订谈判方案和模拟谈判。

第一节　商务谈判的信息准备

《孙子·谋攻篇》说：“知彼知己，百战不殆；不知彼而知己，一胜一负；不知彼，不知己，每战必殆。”谈判者只有掌握大量的相关信息，才能真正认识自己，掌握谈判对手的实际情况，确定自己的谈判目标和制订切实可行的行动计划。信息准备是商务谈判准备的重要一环，充分掌握适当的有关信息资料，是取得谈判成功的重要保证。

【案例 5-1】

隐藏在公开资料中的信息

在 20 世纪 60 年代我国开始大庆油田的建设时，有关大庆的一切信息几乎都是保密的。除了一些少数有关人员以外，一般人连大庆油田的具体位置都不知道。但日本人不但知道，而且还掌握得非常准确。他们对大庆油田有关情报的收集，既没有派间谍、特务，也没有收买有关人员，完全依靠对我国有关大庆油田公开资料的收集与综合分析。

1966 年 7 月，《中国画报》封面上登出了一张大庆石油工人艰苦创业的照片。画面上，工人们身穿大棉袄，正冒着鹅毛大雪奋力拼搏。日本人根据这一张照片分析出，大庆油田可能是在东北三省北部的某个地点。接着，在《人民日报》上日本人又看到了这样一篇报道，说王进喜到了马家窑，说了一声好大的油海啊！我们要把中国石油落后的帽子扔到太平洋里去。于是，日本人找来伪满时期的旧地图，发现马家窑是位于黑龙江海伦东南的一个村子，在兆安铁路上一个小站以东 10 余公里处。接着，日文版的《人民中国》杂志里又有报道说，中国工人阶级发扬了“一不怕苦，二不怕死”的精神，大庆石油设备不用马拉车推，完全靠肩扛人抬运到工地。日本人据此分析出，大庆的石油钻井离马家窑远不了，远了的话，人工是扛不动的。当 1964 年王进喜出席第三届全国人民代表大会的消息见报时，日本人肯定地得出结论：大庆油田出油了，若不出油，王进喜当不了人民代表。他们进一步根据《人民日报》上的一幅大庆油田钻塔的照片，从钻台上手柄的架势等方面推算出油井的直径，再根据油井直径和政府工作报告，用当时的石油产量减去原来的石油产量，估算出平时大庆油田的石油产量。在这个基础上，他们很快设计出适合大庆油田操作的石油设备。当大庆油田向全世界征求石油设备的设计方案时，其他国家都没有准备，唯独日本人胸有成竹，早已准备好了与大庆油田现有情况完全吻合的设备方案，在与大庆油田的谈判中，一举中标。

【启示】这个案例告诉我们，大量的商务信息资料其实是存在不公开资料之中的。了解和掌握信息并不像我们想象的那么困难。只要我们有心，平时多加留意，认真分析信息来源，从很多公开的相关资料中就能很轻易地得到我们想要的信息，从而为我们的商务谈判打下牢固的信息基础。

一、商务谈判信息准备的内容

(一)环境信息

1. 政治状况

政治和经济是紧密相连的，政治对于经济具有很强的制约力。商务谈判中的政治因素是指与商务谈判有关的政府管理机构和社会团体的活动，主要包括政局的稳定、政府之间的关系、政府对进口商品的控制等。政治因素对商务谈判活动有着非常重要的影响，直接决定了商务谈判的行为。当一个国家政局稳定，政策符合本国国情时，它的经济就会发展，也会吸引众多的外国投资者前往投资；否则，政局动荡，市场混乱，人心惶惶，就必然产生相反的结果。这一点，在我国的政治及经济发展历程中已得到了印证。因此，贸易组织在进行经济往来之前，必须对谈判对手的政治环境做详尽的了解。

2. 法律制度

商务谈判不仅是一种经济行为，而且是一种法律行为，因此在商务谈判中，首先必须要求符合有关的法律规定，才能成为合法行为或有效行为，才能受到国家有关法律的承认和保护。在商务谈判中，只有清楚地了解其法律制度，才能降低商业风险。

3. 宗教信仰

宗教是社会文化的一个重要组成部分，当前，在世界各地宗教问题无不渗透到社会的各个角落。宗教信仰影响着人们的生活方式、价值观念及消费行为，也影响着人们的商业交往。人们在很多情况下所面临的矛盾与冲突，大多数情况下源于宗教信仰，也就是由意识形态的不同而引起的。对于宗教的有关问题，商务谈判人员必须了解，如宗教的信仰和行为准则、宗教活动方式、宗教的禁忌等，这些都会对商务活动产生直接的影响，如果把握不当，则会给企业带来很大的影响。例如，麦当劳曾经进入印度失败，当地人讥讽麦当劳“用 13 个月的时间才发现印度人不吃牛肉”。

4. 商业习俗

在商务谈判中，商业习俗对谈判的顺利进行影响很大。谈判当事人由于各自所处的地理环境和历史的种种原因，形成了各具特色的商业习惯。作为谈判人员，要促使谈判顺利进行就必须了解各地的风俗习惯、商业惯例，否则双方就很有可能会产生误会和分歧。比如，日本的文化是把和谐放在首位，日本人日常交往中非常注重礼节，和日本人进行谈判时千万不要在这方面开玩笑，这是日本人最忌讳的；而美国文化则比较强调进取、竞争和创新，美国有句名言：“允许失败，但不允许不创新。”所以，多数美国人交往中性格外露、热情自信、办事干脆利落、谈判时开门见山，很快进入谈判主题，并喜欢滔滔不绝地发表自己的看法，谈判中善于施展策略，同时也十分赞赏那些讨论价还价和善于施展策略的谈判对手。有位谈判人员说过“和东方人做生意，应多做解释少争执，这样会伤面子；对英国人则应有礼貌地慢慢说服等。”

5. 价值观念

价值观念是人们对客观事物的评价标准。对商务谈判营销影响较大的价值观念有时间观念和审美观念。时间观念是人们利用时间的态度。一般来说，工业发达的地区，人们的生活和工作节奏都比较快，时间观念强，认为“时间就是金钱”，业务洽谈十分注重时间。相反，在某些地区却不同，如在拉美国家，家庭主妇购买速溶咖啡会被人笑话，认为是“懒惰的主妇”，因为在这里的时间不值钱。

6. 气候因素

气候因素包括雨季的长短与雨量的多少、气温的高低等，这些因素对人们的消费习惯，对贸易谈判都会产生一定的影响。比如，日本汽车之所以能在东南亚和中国香港等地打败欧洲厂商，原因在于日本汽车在进入市场时，考虑到当地气候炎热，在汽车上配有制冷设备，而欧洲汽车没有这些设备，不能适应市场的需要。

(二)市场资料

在谈判中，只有及时、准确地了解与标的对象有关的市场行情，预测分析其变化动态，才能掌握谈判的主动权。这里所讲的市场行情是广义的，不仅仅局限于对价格变化的了解，还应包括市场同类商品的供求状况，相关产品与替代产品的供求状况，产品技术发展趋势，主要竞争厂家的生产能力、经营状况、市场占有率，市场价格变动比例趋势，有关产品的零配、供应，以及影响供求变化显现与潜在的各种因素。

1. 供求状况

一般而言，在买方市场条件下，卖方居劣势；反之亦同理。但不同地区、不同时间的市场供求也会发生某种变化，简单地说，甲地的滞销商品在乙地并非肯定滞销，特别是时尚品，它与消费地域密切相关，不可一概而论。

2. 供求动态

供求动态即市场供求变化的提前量，有些新产品、新时尚在市场投入期往往不被人看好，一旦被消费者知晓，就会形成消费热潮，对此商务人员要做好充分论证。

3. 相关产品(或服务)分析

相关产品包括替代品、补充品及前续产品与后续产品等。替代品包括功能相近的不同品牌的产品、功能上升级换代的产品等多种类型。往往替代品的快速发展会导致主项产品的价格下降，甚至被挤出市场。补充品是人们在消费主项产品时，必须附带消费的产品，如汽车与汽油、休闲时间与娱乐、电脑与网络。补充品的快速发展(或低价位)可以为主项产品本身的发展创造条件。前续产品是生产主项产品必需的原材料或初级加工产品(服务)，如汽车与钢材价格及进口关税、酒类与粮食供应价格，前续产品的充裕有助于主项产品(服务)的供应量增加和成本下降。后续产品是因主项产品(服务)而派生的为主项产品提供直接服务的产品或行业，如汽车与汽车维修、美容，与前续产品同样，它也能刺激主项产品的社会需求。

【案例 5-2】

掌握情报，后发制人

在某次交易会上，我方外贸部门与一客商洽谈出口业务。在第一轮谈判中，客商采取各种招数来摸我方的底，罗列过时行情，故意压低购货的价格。我方立即中止谈判，搜集相关的情报，了解到日本一家同类厂商发生重大事故停产，又了解到该产品可能有新用途。在仔细分析了这些情报以后，谈判继续开始。我方根据掌握的情报后发制人，告诉对方：我方的货源不多；产品的需求量很大；日本厂商不能供货。对方立刻意识到我方对这场交易背景的了解程度，遂甘拜下风。在经过一些小的交涉之后，接受了我方的价格，并购买了大量该产品。

4. 竞争者的情况

竞争者的情况主要包括市场同类产品的供求状况；相关产品与替代产品的供求状况；产品的技术发展趋势；主要竞争厂家的生产能力、经营状况和市场占有率；有关产品的配件供应状况；竞争者的推销力量、市场营销状况、价格水平、信用状况等。

一般来讲，了解竞争者的状况是比较困难的，因为无论是买方还是卖方，都不可能完全了解自己的所有竞争对手及其情况。因此，对于谈判人员来说，最重要的是了解市场上占主导力量的竞争者。

(三)谈判对手的情况

1. 资信情况

了解谈判对手的资信情况：一是要调查对方是否具有签订合同的合法资格；二是要调查对方的资本、信用和履约能力，包括对手商业信誉及履行能力情况，如对手的资本积累状况，技术装备水平，产品的品种、质量、数量及市场信誉等。对对方的资本、信用和履约能力的调查，资料来源可以是公共会计组织对该企业的年度审计报告，也可以是银行、资信征询机构出具的证明文件或其他渠道提供的资料。

【案例 5-3】扫一扫，看“某市 S 公司南非市场拓展被骗”案例。

2. 对手的合作欲望情况

它包括对手同我方合作的意图是什么，合作愿望是否真诚，对我方的信赖程度如何，对实现合作成功的迫切程度如何，是否与我国其他地区或企业有过经济往来等。总之，应尽可能多地了解对方的需要、信誉等。对方的合作欲望越强，越有利于谈判向有利于我方的方向发展。

【案例 5-4】

打电话给阿尼

阿尼是谈判大师夏派罗在外地的一位朋友。那时，夏派罗在巴尔的摩开律师事务所。一天，夏派罗接到客户电话说，想卖出他三年前花 200 万美元买下的一处位于巴尔的摩和华顿之间的地产。他刚买下后房地产就开始下滑。税费、保险费还有其他费用又花了 60 万美元，简直是雪上加霜。这块地皮很久都无人问津，但最近有人对该地皮感兴趣。客户要求夏派罗帮他谈成这笔生意。

夏派罗开始了解情况，包括那块地皮周边类似地产的价格、附近地区地价涨落的趋势等。客户给他地产的定价是 320 万美元，底线是 260 万美元。

买家是 GG 建筑材料公司，是一家上市公司。夏派罗立即找到它的相关信息——季报、半年报、年报、损益表、新闻报道、相关文章。得知他们刚刚上市几个月，手中有大量的通过出售股票募集的现金。还调查了GG公司的营业范围，他们在芝加哥、得克萨斯、密西西比以及佛罗里达都有销售中心，其业务已拓展到全国。据他们的宣传材料上讲，还要继续扩展到中部大西洋地区。这对夏派罗来说是个好消息，因为客户的地产正位于这一带的中部。

渐渐地，夏派罗获得的信息越来越多。就在那时，他想到了他的朋友阿尼，阿尼在那个地方经营一家电视台，估计电视台的老板应该认识当地不少人。于是，夏派罗打电话给阿尼，问他是否了解GG建筑材料公司。阿尼说，GG公司没有在电视台做广告，不是他的客户。“不过，在一次商会的招待会上，GG建筑材料公司的副总经理对我说：“你是巴尔的摩人，能不能给我介绍几个当地的房地产经纪人？”夏派罗由此推断GG建筑材料公司要在巴尔的摩建立分公司，他们对房地产有迫切的需求。

谈判开始，对方反复说夏派罗定价离谱，说他们公司可能会集中精力拓展南部业务，而关注这个地区只是他们的谈判策略，这种说法显然不太诚实。他们说的与夏派罗了解的情况不一致。最后，夏派罗说尊重他们的意见，还说：“我们还有其他的选择需要考虑，比如说把这块地分割开出售(事实上也确实如此)。万一以后你们决定在我们这个地区开展业务而我们还没有把这块地卖出去，请再和我们联系。”这时，夏派罗的客户狠狠地捏了一下他的腿。很显然他有点沉不住气了，认为夏派罗太冒险。

这位客户度日如年，这么多年来他这块地都无人问津，现在终于有人感兴趣了，希望谈判千万不能破灭。等到第十天GG公司打来电话，说想再谈谈，但不同意320万美元的价格，经过讨价还价，最终以270万美元成交。

【启示】谈判有时就应该冒险，准备得越充分，冒险的成分就越小。在这次谈判中，我们知道对方需要向北扩展，向中部大西洋地区扩展，而且我们知道对方正在这一带找人给他们公司买房子。沉得住气的原因是，调研工作做得好，其实就是多打了一个电话。事实上，每个人都有一个“阿尼”，就看你会不会用。

3. 对手的谈判人员情况

它包括谈判对手的谈判班子由哪些人组成，成员各自的身份、地位、年龄、经历、职业、爱好、性格、谈判经验如何，另外还需了解谁是谈判中的首席代表，其能力、权限、特长及弱点是什么，此人对此次谈判抱何种态度、倾向意见如何等，这些都是必不可少的情报资料。

【案例5-5】

一位有名的律师曾代表一家公司参加了一次贸易谈判，对方公司的总经理任主谈。在谈判前，律师从自己的信息库里找到了一些关于那位总经理的材料，其中有这样一则笑话：总经理有个毛病，每天一到下午4～5点的时候就会心烦意乱，坐立不安，并戏称这种“病”为“黄昏症”。这则笑话使律师灵感顿生，他利用总经理的“黄昏症”，制定了谈判的策略，把每天所要谈判的关键内容拖延到下午4～5点。

最终，这一安排真的使谈判获得了成功。

(四)己方的情况

己方的情况包括本企业产品及生产经营状况和本方谈判人员的情况，如本次交易对我方的重要性，己方在竞争中所处的地位，己方对有关商业行情的了解程度，对谈判对手的了解程度，己方谈判人员的经验等。

正确地评价自己是确定奋斗目标的基础。通过对己方各方面条件进行客观的分析，有助于我们弄清己方在谈判中的优势和薄弱环节，有针对性地制定谈判策略，以便在谈判时能扬长避短。

二、信息收集的方法和途径

(一)实地考察，搜集资料

具体表现在企业派人到对方企业，通过对其生产状况、设备的技术水平、企业管理状况、工人的劳动技能等各方面的综合观察和分析，以及当地人员的走访，获得有关谈判对手各方面的第一手资料。当然，在实地考察之前应有一定的准备，带着明确的目的和问题，才能取得较好的效果。实地考察时应摆正心态，摆脱思想偏见，避免先入为主。

(二)通过各种信息载体搜集公开情报

企业为了扩大自己的经营，提高市场竞争力，总是通过各种途径进行宣传，这些都可以为我们提供大量的信息，如企业的文献资料、统计数据和报表、企业内部报纸和杂志、各类文件、广告、广播宣传资料、用户来信、产品说明和样品等。我们从对这些公开情报的搜集和研究中，就可以获得我们所需要的情报资料。因此，平时应尽可能地多订阅有关报纸杂志，并分工由专人保管、收集、剪辑和汇总，以备企业所需。

【案例 5-6】

1935 年 3 月 20 日，有个叫伯尔托尔德·雅各布的作家被德国特务从瑞士绑架了，因为这位人物引起了希特勒的极度恐慌。他出版了一本描述希特勒新军组织情况的小册子，这本 172 页的小册子描述了德军的组织结构、参谋部的人员布置、部队指挥官的姓名、各个军区的情况，甚至谈到了最新成立的装甲师里的步兵小队。小册子列举了 168 名指挥官的姓名，并叙述了他们的简历，而这些在德国都属于军事机密。希特勒勃然大怒，要求情报顾问尼古拉弄清楚雅各布的这些材料是从哪里窃取的。

尼古拉对雅各布盘问道："雅各布先生，告诉我们，你的材料是从哪里来的？"雅各布的回答却大大出乎他的意料："上校先生，我的小册子的全部材料都是从德国报纸上得来的。比如我写的哈济少将是第 17 师团指挥官，并驻扎在纽伦堡，因为当时我从纽伦堡的报纸上看到一个讣告，这条消息报道说新近调驻在纽伦堡的第 17 军团指挥官哈济将军参加了葬礼。"雅各布接着说："在一份乌尔姆的报纸上，我在社会新闻栏里发现了一宗喜事，就是关于菲罗夫上校的女儿和史太梅尔曼少校举行婚礼的消息。这篇报道提到菲罗夫是第 25 师团第 36 连队的指挥官，史太梅尔曼少校的身份是军官。此外，还有从斯图加特前往参加婚礼的沙勒少将，报纸上说他是当地的师团指挥官。

真相终于大白，雅各布并非间谍，却在做着被认为只有间谍才能做到的事情。

(三)通过各类专门会议收集信息

各类专门会议如各类商品交易会、展览会、订货会、博览会等。这类会议都是某方面、某组织的信息密集之处，是了解情况的最佳地方。

(四)通过对与谈判对手有过业务交往的企业和人员调查

任何企业为了业务往来，都必然搜集大量的有关资料，以准确地了解对方。因此，同与对手有过业务交往的企业联系，必然会得到大量有关谈判对手的信息资料。另外，向与对手打过官司的企业与人员了解情况，会获得非常丰富的情报，他们会提供许许多多有用的信息，而且是在普通记录和资料中无法找到的事实和看法。

【案例 5-7】

有一家大公司要在某地建立一个分支机构，找到当地某电力公司，要求以低价优惠供应电力，但对方自恃是当地唯一一家电力公司，态度很强硬，谈判陷入僵局。这家大公司的主谈人私下了解到电力公司对这次谈判很重视，一旦双方签订了合同，便会使这家电力公司起死回生，逃脱破产的厄运，这说明这次谈判的成败对电力公司来说关系重大。这家大公司主谈人充分利用了这一信息，在谈判桌上表现出决不让步的姿态，声称："既然贵方无意与我方达成一致，我看这次谈判是没多大希望了。与其花那么多钱，不如自己建个电厂划算。过后，我会把这个想法报告给董事会的。"说完，便离席不谈了。电力公司谈判人员叫苦不迭，立即改变了态度，主动表示愿意给予优惠价格，最后使主动权掌握在这家大公司手中。

三、信息情报的整理和筛选

通过信息搜集工作，可以获得了大量来自各方面的信息，要使这些原始信息情报为我所用，发挥其作用，还必须经过信息的整理和筛选。

整理和筛选的目的在于，一方面是为了鉴别资料的真实性与可靠性，去伪存真。在商务谈判前，有些企业和组织故意提供虚假信息，掩盖自己的真实意图。另外，由于各种原因，有时搜集到的信息可能是片面的、不完全的，这就需要通过对信息的整理和筛选得以辨别。另一方面，在保证真实、可靠的基础上，结合谈判项目的具体内容，对各种信息进行分类和排队，以确定哪些信息对此次谈判是重要的，哪些是次要的，并在此基础上制订出具体的谈判方案和对策。

【案例 5-8】

日商举办的农业加工机械展销会上，展出的正是国内几家工厂急需的关键性设备。于是某公司代表与日方代表开始谈判。按惯例，卖方首先报价 1000 万日元，我方马上判断出其价格的"水分"，并且对这类产品的性能、成本及在国际市场上的销售行情了如指掌，暗示生产厂家并非你独此一家。最终我方主动提出休会，给对方一个台阶。当双方重新坐在谈判桌时，日方主动削价 10%，我方根据该产品近期在其他国家的行情，认为 750 万日元较合适。日商不同意，最后我方根据掌握的信息及准备的一些资料，让对方清楚，除他外还有其他一些合作伙伴。在我方坦诚、有理有据的说服下，双方最终握手成交。

中方处于优势的原因：对有关谈判的信息有充分的收集整理，用客观数据给日方施加压力。(这从"我方马上判断出其价格的'水分'，并且对这类产品的性能、成本及在国际市场上的销售行情了如指掌"中体现出来)。我方依据近期其他国家的行情掌握了谈判的主动权。在谈判中要赢得让对方心服口服、赢得有理有据。

日方处于劣势的原因：日方在收集、整理中方信息上没有做到准确、详尽、全面。谈判前没有做好信息收集工作，于是在谈判中面对中方大量信息时陷于被动，丧失了谈判的主动权。日方只关心自己的利益，并未考虑到中方对此的急迫需求与相应的谈判准备，因此在中方的攻击下，频频让步。

信息情报的整理和筛选要经过以下程序。

(1) 筛选。初步进行筛选。

(2) 分类。即将所得资料按专题、目的、内容等进行分类。

(3) 比较和判断。比较即分析，通过分析了解和判断资料之间的联系、资料的真实性和客观性，以做到去伪存真。

(4) 研究。在比较、判断的基础上，对所得资料进行深化加工，形成新的概念和结论，为我方谈判所用。

(5) 整理。将筛选后的资料进行整理，做出完整的检索目录和内容提要，以便检索查询，为谈判提供及时的资料依据。

四、信息资料的传递与保密

谈判信息资料的搜集整理与谈判信息资料的传递与保密是紧密相连、有机统一的，谈判者在做好信息资料的搜集整理的基础上，还需要十分注意谈判信息资料的传递与保密工作。

(一)信息资料的传递

商务谈判信息资料的传递是指谈判人员同己方企业的联系。在外地谈判的情况下，为了保持联系，进行有效的控制调节，上下级间应有信息资料的传递。例如，有国外的谈判小组因为需要听取有关专家意见或请示总部决策，就有必要同国内取得联系；而国内的管理部门因为需要及时了解国外谈判进程，必须与在国外的谈判小组联系。为此，应事先规定好联络方式和制度，并明确联络程序、责任人，以便迅速顺利地汇报谈判情况，请示下一步行动，避免推诿以致丢失商机。

【案例 5-9】扫一扫，看“‘谈判女杰’的智谋”案例。

(二)信息资料的保密

对谈判所涉及内容、文件及双方各自有关重要观点等资料应做好保密工作。如果不严格保密，将造成不应有的损失。例如，国外在重要的生意谈判中，有的不惜花重金聘请“商业间谍”摸对方的底。因此，应加强谈判信息资料的保密工作。

谈判信息资料保密的一般措施包括：不要给对方造成窃密机会，如文件调阅、保管、复印、打字等；不要随便托人代发电报、电信等；不要随意乱放文件；不要在公共场所，如餐厅、机舱、车厢、过道等地方谈论有关谈判业务问题；不要过分信任临时代理人或服务人员；最后的底牌只能让关键人物知道；在谈判达成协议前，不应对外公布；必要时使用暗语。

【案例 5-10】

一场谈判中技术人员无意识的信息泄密

我国某公司与日本某公司谈判某项交易。在谈判开始后，双方人员彼此作了介绍，并马上投入了技术性的谈判。在技术性谈判环节，日方负责技术谈判的人员谈得很好。

中方商务人员利用谈判休息时间，对日方技术人员表示赞赏："您技术熟练、表述清楚、水平不一般，我们就欢迎这样的专家。"该技术人员很高兴，表示他在公司的地位很重要，知道的事也多。

中方商务人员顺势问道："贵方主谈人是你的朋友吗？"

"我们常在一起喝酒，这次与他一起来中国，就是为了帮助他。"他回答得很干脆。

中方又问了一句："为什么非要你来帮助他，没你就不行吗？"

日方技术人员迟疑了一下："那倒不是，但这次希望他能成功，这样他回去就可升为部长了。"

中方随口跟上："这么讲我也得帮助他了，否则，我就不够朋友。"

在此番谈话中，中方认为对方主谈人为这次晋升的机会，一定会全力以赴要求谈判的结果——签订合同。于是，在后来的谈判中，中方巧妙地加大压力，谨慎地向前推进，成功地实现了目标，也使对方如愿得到了合同，其升职的条件也得到了满足。

第二节　商务谈判的组织准备

在现代社会中，一场商务谈判往往比较复杂，涉及的范围较广。就涉及的知识而言，包括产品、技术、市场、金融、运输、保险和法律等许多方面。若是国家间的商务谈判，还涉及海关条例、外语等知识。这些知识绝非个人的精力、知识、能力所能胜任。所以，商务谈判除了一对一的单人谈判外，更多情况下是在谈判团体、谈判小组之间进行。这个谈判团体或小组就是商务谈判组织，它是指为实现一定的谈判目标，依照某种方式结合的集体。商务谈判组织放大了个人力量，并且形成一种新的力量，这种新的力量同个体的力量有着本质的差别。它是组织的总体效应，仅仅依附于组织而存在。组织力量的来源，一方面是组织成员的个人素质和能力，另一方面是组织成员之间的协作能力。

【案例 5-11】

谈判中的组织工作软肋

2006 年 6 月，空客项目决定落户天津之际，正是中国大飞机项目论证处于争执不下的关键阶段。当时业内人士普遍认为，空客项目负有为中国大飞机项目积累制造经验的责任，但从一开始，空客项目就被明确：与中国大飞机项目没有关系。

2006 年 4 月，天津市主要领导拜会了中航一集团、二集团领导层，希望取得中国航空业的支持。两家航空集团随后从下属的哈飞、南昌洪都航空、西飞、上飞、沈飞、成飞抽调相关人员组成专家组，为天津空客项目服务。6 月初，专家们集中到天津，开始与空客谈判。

谈判开始后，中欧双方围绕着设备采购、空客外派人员的数量等问题争论激烈。谈判的主动权一直掌握在空客手中。空客之所以始终占据主动权，得益于他们对中方经济情报的及时获取，每次开谈之前，空客方面就已经得知中方的意图和计划。一位专家告诉记者，有一次，空客的谈判代表甚至直截了当地对中方说："我们谈判就是一步不让，你们这个合同都得签。你们高层领导比我们急。"也因此，在早期的谈判中，空客只是让中方尽可能承担一切费用，但对于外方在合资公司中是以设备还是以技术，或者是以现金出资，一直不予明确。

让空客有机可乘的还有中方的组织工作。空客方面由空客德国公司牵头，联合空客的供应商组成人员固定的项目工作组，而中方则缺乏专门的机构和人员。

一位参与谈判的专家回忆起反映双方组织工作水平的一个细节：中方项目组与空客方面谈判时，每个人都用各自单位印制的名片，而空客则为所有参与项目谈判的人员统一印制了有空客标识的项目组专用名片。“人家一看，就知道我们是一群乌合之众！”这位专家说。

中方对谈判的组织也相对被动：因为中方项目组主要领导不是业内专家(由天津港保税区管委会的领导兼任)，在每次谈判时，中方都缺乏详细的谈判计划——专家们被临时招来，谈判后也不总结谈判中的问题和下次谈判的重点，又立即返回原单位。专家们戏称这种做法是“招之即来，谈后即去”。

一、谈判组织的结构与规模

(一)谈判组织的结构

谈判组织的结构分为三个层次，包括谈判小组的领导人、懂行的专家或专业技术人员和谈判必需的工作人员。

(1) 谈判小组的领导人，又称首席谈判代表或谈判小组组长。谈判小组的领导人必须由有谈判经验的人担任，全权代表企业的根本利益，负责谈判班子的组成，协调班子成员之间的关系，制订谈判计划，调动班子成员的积极性，并对有关重要问题进行决策，就有关重要问题与对手磋商，代表组织与对方签约，做好谈判的汇报工作。

(2) 懂行的专家或专业技术人员。根据谈判的实际需要，合理安排各种专业人员，负责某一方面的专门工作。一般的商务谈判所需的知识大体包括：技术方面如价格、交货、支付条件等，商务方面，合同法律方面，语言翻译方面四大领域的知识。与此相对应，谈判班子配备的专业人员则包括：熟悉生产、产品和技术服务的技术人员；熟悉贸易惯例和交易行情的商务人员；具备财务核算能力和金融知识的财务人员；精通相关法律法规的法律人员。在国际商务谈判中，还需要配备懂业务的翻译人员。

(3) 谈判必需的工作人员，如记录人员。记录人员应具有熟练的文字记录能力，熟悉相关的专业知识，反应机敏，能够准确、完整、及时地记录谈判内容。根据谈判需要，还可以安排秘书、司机等其他工作人员，从事资料收集、数据分析、文字打印及驾车、综合服务等。

以上三个层次的人员如果各有所长，各司其职，在谈判中互相配合，彼此协作，就构成了一个理想的谈判群体。

(二)谈判组织的规模

一般来讲，当一个人参与谈判时，经常会面临以下一些困难或者不方便之处：一是既要陈述自己的交易条件，又要观察对方的反应；二是既要倾听对方的回答，又要同时做好相关的笔录；三是要一边筹划对策，一边回答对方的问题；四是有时候难以及时衡量各种交易条件对本方的利害得失；五是要进行整个谈判的记录，有时难免产生遗漏；六是一个人行动缺乏监督机制，会为对方行贿提供机会。

当多个人一起参与谈判时，往往在以下方面会带来各种有利的条件：一是可以灵活地运用谈判小组的战略战术，如 “白脸”和“红脸”的分工协作；二是可以进行分工，一个人讨价还价，另一个人可针对不同情况采取不同的对策；三是一个人由于身体不支，可由另一人继续洽谈，这在国外谈判时尤为重要；四是遇到困难可以一起商量，这在国外谈判且通信设施较差的情况下更能体现出来。

但是，一个成功的谈判队伍，到底有多少人比较合适，有无一个适当的规模要求？

在具体确定谈判队伍的规模时，需要考虑三个主要因素：一是谈判队伍的工作效率；二是有效的管理幅度；三是谈判所需专业知识的范围。

对于这个问题，国内外谈判专家普遍认为，谈判队伍的理想规模以 4 人左右为宜。比尔·斯科特在《贸易洽谈技巧》中指出："从有利于控制谈判小组这一方面考虑，4 个人应是最佳人数，其中首席谈判代表 1 人，主谈 3 人。"他还认为："参加谈判的人数上限大约为 8 人。一个谈判队伍由两个小组组成，因而每个小组应为 4 人。"

从管理学角度来看，有其道理。

(1) 工作效率最高。一个集体能够高效率工作的前提是内部必须进行严密的分工和协作，而且要保持信息交流的畅通。如果人数过多，成员之间的交流和沟通就会产生障碍，需耗费更多的精力统一意见，从而降低了工作效率。从大多数谈判情况看，4 人左右时工作效率是较高的。

(2) 最佳的管理幅度和跨度。管理学研究表明，一个领导能够有效地管理下属的人数是有限的，即存在有效管理幅度。管理幅度的宽窄与管理工作的性质和内容有关。在一般性的管理工作中，管理幅度以 4～7 人为宜，但对于商务谈判这种紧张、复杂多变的工作，既需要其充分发挥个人独创性和独立应付事变的能力，又需要其内部协调统一、一致对外，故其领导者的有效管理幅度在 4 人左右才是最佳的。超越这个幅度，内部的协调和控制就会发生困难。

(3) 能满足一般谈判所需的知识范围。多数商务谈判涉及的业务知识领域大致是下列四个方面：第一，商务谈判，如确定价格、交货风险等；第二，技术方面，如确定质量、规格、程序和工艺等；第三，法律方面，如起草合同文本、合同中各项条款的法律解释等；第四，金融方面，如确定支付方式、信用保证、证券与资金担保等。参加谈判的人员主要是这四个方面的人员，如每个人是某一方面的专家，恰恰是 4 人。

(4) 便于小组成员调换。参加谈判的人员不是一成不变的，随着谈判的不断深入，所需专业人员也有所不同。例如，在洽谈的摸底阶段，生产和技术方面的专家作用大一些；而在谈判的签约阶段，法律方面的专家则起关键性作用。这样，随着谈判的进行，小组成员可以随时调换。因此，谈判小组保持 4 人的规模是比较合理的。

上述谈判小组 4 人的规模，只是就一般情况而言，并且只是一种经验之谈。有些大型的谈判，领导和各部门负责人都可能参与，再加上工作人员如秘书等，队伍可能达 20 人左右。在这种情况下，可以进行合理分工，可大致由 4 人组成正式谈判代表，与对方展开磋商，其余人只在谈判桌外向其提供建议和服务。

二、谈判人员配备的原则

1. 知识、能力互补

商务谈判是一项涉及商业、法律、金融、专业技术等多种知识的经济活动，而任何个体，其所拥有和掌握的知识总是有限的，而且存在着个体差异。因此，在组建谈判组织时，必须做到知识互补，使谈判组织的成员都是处理不同问题的专家。此外，还应当考虑到具体成员在能力上的互补。善于逻辑思维的人和善于发散思维的人组成谈判搭档，既可以减少谈判中的失误，又有利于对方案进行调整，或提出新的合作模式。此外，有些人善于表达，有些人善于观察，有些人善于思考，安排恰当的人员组合，使他们在能力上互补，往往会产生 1+1>2 的效果。这样，通过谈判人员在知识、能力方面的相互补充，才可以形成整体优势。

2. 性格互补

在一个较为合理而完整的谈判组织中，谈判人员的性格必须互补协调，即一个谈判集体要由多种性格的人员组成，通过“性格的补偿作用”，使每个人的才能得到充分发挥，不足得到弥补。谈判人员的个体性格，按行为类型基本上可以分为外向型与内向型两种类型。外向型人的特点是性格外露、善于交际、思维敏捷、处事果断，这类性格的人善于在谈判中“攻城拔寨”，但是他们情绪易波动的个性特点，使他们在谈判中容易出现漏洞。内向型人的特点是性格内向、不善交际，独立性差，善于从事正常的、按部就班的工作，但有耐心，做事有条不紊，沉着稳健。内向型的谈判人员，在谈判中思维缜密，不急躁，沉着冷静，但是他们往往过于保守，在谈判中处于被动。在谈判组织构成中，只有将这两种性格特征的人结合起来，才能形成一个性格协调的健全群体。

3. 分工明确、彼此协作

谈判的成功往往与参与谈判的人员有着密切的联系，然而，单凭个别人高超的谈判技巧，并不一定能够保证谈判获得预期的结果，好的谈判结果往往与团队中的成员形成合力、合作互补有关。这就犹如一场高水平的交响乐，之所以最终赢得观众雷鸣般的掌声，往往与各位演奏家精湛的技艺与默契的配合有关。

三、谈判人员的素质要求

谈判行为的主体是人，谈判人员的素质、能力和谋略是谈判成功与否的关键因素。弗雷斯·查尔斯·艾克尔在《国家如何进行谈判》一书中写道：“根据 17、18 世纪的外交规范，一个完美无缺的谈判者，应该心智机敏，而且有无限的耐心；能巧言掩饰，但不欺诈行骗，能取信于人，而不轻信于人；能谦恭节制，但又刚毅果断；能施展魅力，而不为他人所惑；能拥有巨富、藏娇妻，而不为钱财和女色所动。”

总体来讲，谈判人员的素质要求可以概括为四个方面：“德”“能”“心”“识”，如图 5-1 所示。

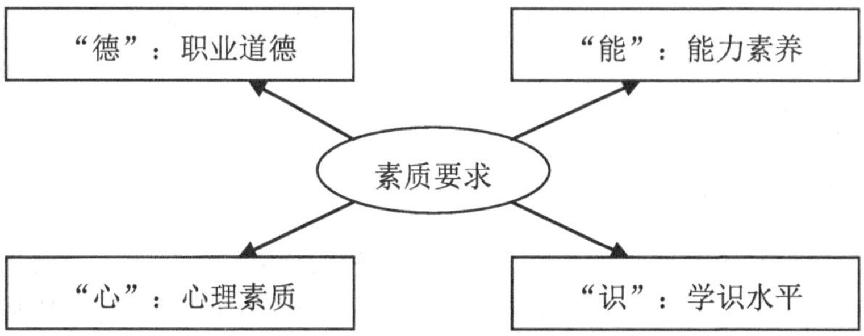

图 5-1 谈判人员的素质要求

(一)谈判人员的“德”

“德”指的是谈判人员的职业道德，这是对谈判人员的首要要求，主要体现在以下六个方面。

(1) 遵纪守法、廉洁奉公、有奉献精神。

(2) 忠于组织，时刻将组织的利益放在第一位。

(3) 有强烈的事业心、进取心和责任感，对所从事的谈判工作尽心、尽力、尽职、尽责。

(4) 严守企业和国家机密，不被他人或其他利益所惑。

(5) 树立平等互惠的观念，尊重对手，防止妄自菲薄和妄自尊大两种倾向。

(6) 具备团队精神，不搞个人主义和分裂主义。

(二)谈判人员的“能”

“能”指的是谈判人员的能力素养，是驾驭商务谈判这个复杂多变的“竞技场”的能力，主要包括以下五个方面。

(1) 判断能力。善于思考是一个优秀的谈判人员所应具备的基本素质。谈判的准备阶段和洽谈阶段充满了多种多样、始料未及的问题和假象，谈判者为了达到自己的目的，往往以各种手段掩饰真实意图，其传达的信息真真假假、虚虚实实，优秀的谈判者能够通过观察、思考、判断、分析和综合的过程，从对方的言行和行动迹象中判断真伪，了解对方的真实意图。

(2) 运筹能力。谈判的进度如何把握？谈判在什么时候、什么情况下可以由准备阶段进入接触阶段、实质阶段，进而到达协议阶段？在谈判的不同阶段将使用怎样的策略？这些都需要谈判人员发挥其运筹能力。

(3) 表达能力。谈判是人类利用语言工具进行交往的一种活动。优秀的谈判者，应像语言大师那样精通语言，通过语言的感染力强化谈判的艺术效果。谈判中的语言包括口头语言、书面语言和肢体语言。无论使用哪类语言，都要求准确无误地表达自己的思想和感情，使对手能够正确领悟你的意思，这是最基本的要求。另外，还要突出谈判语言的艺术性。谈判中的语言不仅应当准确、严密，而且应生动形象、富有感染力。巧妙地用语言表达自己的意图，本身就是一门艺术。

(4) 应变能力。任何细致的谈判准备都不可能预料到谈判中可能发生的所有情况，千变万化的谈判形势要求谈判人员必须具备沉着、机智、灵活的应变能力，以控制谈判的局势。

(5) 创新能力。随着社会的发展和科学的进步，以综合性、动态性、创造性、信息性为特征的人类现代思维方式已经取代了落后的传统思维方式，创造性思维有时能够产生意想不到的效果，提高谈判的效率。

(三)谈判人员的“心”

“心”指的是谈判人员的心理素质。在谈判过程中会遇到各种阻力和对抗，也会发生许多突变状况，谈判人员只有具备良好的心理素质，才能承受住各种压力和挑战，取得最后的成功。心理素质主要包括以下两个方面。

(1) 意志力。谈判的艰巨性，不亚于任何其他事业，谈判桌前持久的讨价还价枯燥乏味，令人厌倦。谈判者之间的持久交锋，不仅是一种智力、技能和势力的比试，更是一场意志、耐心和毅力的较量，如果谈判者没有坚韧不拔、忍耐持久的恒心是难以适应的。

(2) 自控力。自控力表现在一个谈判人员无论在谈判的高潮阶段还是低潮阶段，都能心平如镜，特别是当胜利在望或陷入僵局时，更要能够控制自己的情感，喜形于色或愤愤不平不仅有失风度，而且会让对方抓住弱点与疏漏，给对方造成可乘之机。优秀的谈判人员应当培养一种敏锐、通达的心境，能够冷静地观测事态的发展变化，抓住薄弱环节，出其不意、克敌制胜。

【案例 5-12】扫一扫，看“红狐狸的自控力”案例。

(四)谈判人员的“识”

“识”指的是谈判人员的学识水平。商务谈判人员应该拥有合理的学识结构，具体来讲包括以下方面。

(1) 公共关系知识。主要应该了解企业知名度、美誉度、组织形象、公共形象塑造等。

(2) 心理学知识。不懂得运用心理学理论去影响、说服谈判对手，不懂得洞察对方的心理变化，不懂得利用微妙的技巧影响对方心理，在谈判过程中往往会寸步难行。

(3) 文化礼仪知识。礼仪是一种为大多数人所遵守的规范，它有历史性、传承性、文化性、约定性、群体性。在商务谈判中，谈判人员必须具备一定的商务谈判礼仪常识。

(4) 政策性的知识。必须了解一些政策性的知识，对各种规范、制度、政策、程序、要求等做到了然于胸。

(5) 商贸业务知识。必须了解谈判中可能涉及的各种商贸业务知识。

(6) 丰富的商品知识。具体包括要熟悉相关商品的性能、特点和用途，技术要求和质量标准、检验方法；要熟悉相关商品的生产潜力、未来趋势以及今后发展的可能性。

(7) 国际贸易的相关知识。在进行国际商务谈判时，必须非常熟悉国外企业和公司的类型，熟悉不同国家谈判对手的风格和特点，熟悉各国各民族的风土人情和风俗习惯。

(8) 涉及某个特殊行业、特殊内容商务谈判的相关知识。

四、谈判组织内的分工与协作

在谈判组织中的每一个人都应该有自己明确的分工与职责，所有成员各司其职，同时又相互配合，确定主从关系，步调一致，只有这样才能让谈判工作顺利地开展与进行。

(一)“主谈”与“辅谈”的分工与协作

“主谈”是指在谈判的某一阶段，或针对某些议题时的主要发言人。除主谈以外的小组其他成员处于辅助配合的位置上，故称为“辅谈”或“陪谈”。

主谈是谈判工作能否达到预期目标的关键性人物，其主要职责是将已确定的谈判目标和谈判策略在谈判中贯彻实施。主谈要非常熟悉各项方针政策和法律规范，深刻理解本企业的战略目标和商贸策略；具备熟练的专业技术知识和较广泛的相关知识；具有较丰富的商务谈判经验，思维敏捷，善于分析和决断，有较强的表达能力和驾驭谈判进程的能力；具有权威气度和大将胸怀，能做到临危不乱，能与谈判组其他成员团结协作，默契配合，统领整个谈判队伍为实现目标而努力。

主谈必须与辅谈密切配合，才能真正发挥主谈的作用。在谈判中，己方一切重要的观点和意见都应主要由主谈来表达，尤其是一些关键的评价和结论更要由主谈表述，辅谈绝不能随意谈及个人观点或者给出与主谈不一致的结论。

辅谈要配合主谈，起到参谋和支持作用。当对方集中火力、多人多角度刁难主谈时，辅谈要善于使主谈摆脱困境，从不同角度反驳对方的攻击，增强主谈的谈判实力。当主谈谈到涉及辅谈所熟知的专业问题时，辅谈应给予主谈更详尽、更充足的证据支持。主谈与辅谈的身份、地位、职能不能发生角色越位，否则谈判就有可能因为己方乱了阵脚从而陷入被动。

【案例 5-13】

A、B 两家公司分别作为求租方和承租方，正在就一个数字机床进行一场产品租赁谈判。当谈到机床的价格问题时，B 公司一直对其价格居高不下，不肯让步。A 公司的主谈人说："好吧！如果你们实在要坚持这个价格，我们只好暂时不租了。"而这时他的一个辅谈人立即以提醒的口吻说道："这不行啊，厂里正等着用呢，不租怎么行呀？回去也没有办法交代呀！"这次谈判的结果可想而知，以 A 公司的退让为结束。

(二)"台上"人员与"台下"人员的分工与协作

在比较复杂的谈判中，为了提高谈判的效果，可组织"台上"和"台下"两套队伍。台上人员是直接在谈判桌上谈判的人员，台下人员是不直接与对方面对面地谈判，而是为台上谈判人员出谋划策或准备各种必需的资料和证据的人员。台下人员可以是负责该项谈判业务的主管领导，指导和监督台上人员按既定目标和准则行事，维护企业利益；也可以是台上人员的幕后操纵者，台上人员在大的原则和总体目标上接受台下队伍的指挥，确定谈判成交时也必须征得台下人员认可，但是台上人员在谈判过程中仍然具有随机应变的战术权力。台下人员还可以是具有专业水平的各种参谋，如法律专家、贸易专家、技术专家等，他们主要起参谋作用，向台上人员提供专业方面的建议，台上人员有权对其意见进行取舍。当然，台下人员不能过多、过滥，也不能过多地干预台上人员，要充分发挥台上人员的职责权力和主观能动性，及时地、创造性地处理好一些问题，争取实现谈判目标。

【案例 5-14】

1987 年，湖北医药工业研究所研制出一种胃药冲剂，经专家鉴定具有 80 年代国际先进水平。当时，武汉某制药厂提出要购买这项专利技术，研究所提出的条件是谁提供一台制剂干燥设备，谁便可获得生产权。围绕这台价值 3 万元的设备，双方讨价还价。制药厂谈判人员犹豫不决，内部意见也不统一，最后导致谈判破裂。

1990 年，珠海市丽株制药厂获知此信息后，即派人到武汉与研究所展开谈判。当即拍板成交，丽株以 40 万元转让费获得专利技术，取得"丽珠得乐"商标。1991 年，"丽珠得乐"强劲打入全国各地医药二级站，实现年产值 1.2 亿元，利税 3000 万元，经过几年努力成为有名的上市公司。

第三节　商务谈判物质条件的准备

商务谈判物质条件的准备工作主要包括三个方面：谈判场所的选择、谈判会场的布置和食宿安排。从表面上看，这同谈判内容本身联系不大，但事实上不仅联系密切，而且关系到整个谈判的发展前途。

一、谈判场所的选择

谈判总是要在某一个具体的地点展开。商务谈判地点的选择往往涉及一个谈判环境心理因素的问题，对于谈判效果具有一定的影响，谈判者应当很好地加以利用。有利的地点、场所能够增强己方谈判地位和谈判力量。

商务谈判的地点选择与足球比赛的赛场安排有相似之处，一般有四种选择：一是在己方国家或公司所在地谈判；二是在对方所在的国家或公司所在地谈判；三是在双方所在地交叉谈判；四是在谈判双方之外的国家或地点谈判。对于谈判者来说，不同地点均各有其优点和缺点，谈判者要根据不同的谈判内容具体问题具体分析，正确地加以选择，充分发挥谈判地点的优势，促使谈判取得圆满成功。

(一)在己方地点谈判

谈判的地点最好选择在己方所在地，因为人类与其他动物一样，是一种具有“领域感”的高级动物，谈判者才能的发挥程度、能量的释放和自己所处的环境密切相关。在己方地点谈判的优势表现在：谈判者在自己领地谈判，地点熟悉，具有安全感，心理态势较好，信心十足；谈判者不需要耗费精力去适应新的地理环境、社会环境和人文环境，可以把精力集中地用于谈判；可以利用种种便利条件，控制谈判气氛，促使谈判向有利于自己的方向发展；可以利用现场展示的方法向对方说明己方产品水平和服务质量；在谈判中台上人员与台下人员的沟通联系比较方便，可以随时向高层领导和有关专家请示、请教，获取所需资料和指示；利用东道主的身份，可以通过安排谈判之余的各种活动来掌握谈判进程，从文化习惯上、心理上对对方产生潜移默化的影响，处理各类谈判事务比较主动；谈判人员免除旅途疲劳，可以以饱满的精神和充沛的体力去参加谈判，并可以节省去外地谈判的差旅费用和旅途时间，降低谈判支出，提高经济效益。对己方的不利因素表现在：在己方公司所在地谈判，不易与公司工作彻底脱钩，经常会有公司事务分散谈判人员的注意力；离高层领导近，联系方便，会产生依赖心理，一些问题不能自主决断，而频繁地请示领导也会造成失误和被动；己方作为东道主要负责安排谈判会场以及谈判中的各项事宜，要负责对客方人员的接待工作，安排宴请、游览等活动，所以己方负担比较重。

商务谈判最好争取安排在己方所在地点谈判，犹如体育比赛一样，在主场获胜的可能性大。有经验的谈判者，都设法把对方请到己方地点，热情款待，使自己得到更多的利益。

【案例 5-15】扫一扫，看“谈判中的主场优势”案例。

(二)在对方地点谈判

在对方地点谈判，对己方的有利因素表现在：己方谈判人员远离家乡，可以全身心投入谈判，避免主场谈判时来自工作单位和家庭事务等方面的干扰；在高层领导规定的范围，更有利于发挥谈判人员的主观能动性，减少谈判人员的依赖性；可以实地考察一下对方公司及其产品的具体情况，能获取直接的、第一手的信息资料；当谈判处于困境或准备不足时，可以方便地找到借口(如资料欠缺、身体不适、授权有限需要请示等)，从而拖延时间，以便做出更充分的准备；己方省去了作为东道主所必须承担的招待宾客、布置场所、安排活动等事务的繁杂工作。

对己方的不利因素表现在：与公司本部的距离遥远，某些信息的传递，以及资料的获取比较困难，某些重要问题也不易及时与本公司磋商；谈判人员对当地环境、气候、风俗、饮食等方面会出现不适应，再加上旅途劳累、时差不适应等因素，会使谈判人员身体状况受到影响；在谈判场所的安排、谈判日程的安排等方面处于被动的地位；己方也要防止对方过多安排旅游等活动而消磨谈判人员的精力和时间。因此，到对方地点去谈判必须做好充分的准备，如摸清领导的意图要求，明确谈判目标，准备充足的信息资料，组织好谈判班子等。

(三)在双方所在地交叉谈判

有些多轮大型谈判可在双方所在地交叉谈判。这种谈判的好处是，对双方来说至少在形式上是公平的，同时也可以各自考察对方的实际情况。各自都担当东道主和客人的角色，对增进双方相互了解、融洽感情是有好处的。它的缺点是这种谈判时间长、费用大、精力耗费大，如果不是大型的谈判或是必须采用这种方法谈判，一般应少用。

(四)在第三地谈判

在第三地谈判对双方的有利因素表现在：在双方所在地之外的地点谈判，对双方来讲是平等的，不存在偏向，双方均无东道主优势，也无作客他乡的劣势，策略运用的条件相当，可以缓和双方的紧张关系，促成双方寻找共同的利益均衡点。

对双方的不利因素表现在：双方首先要为谈判地点的确定而谈判，而且地点的确定要使双方都满意也不是一件容易的事，在这方面要花费不少时间和精力。第三地谈判通常被相互关系不融洽、信任程度不高，尤其是过去是敌对、仇视，关系紧张的双方的谈判所选用，可以有效地维护双方的尊严、脸面。

【案例 5-16】

一家日本公司想与另一家公司共同承担风险、进行经营，但困难的是双方都不太了解对方的信誉。为了解决这个问题，有关人员请两家公司决策人在一个特别的地点会面商谈。这是个火车小站，车站门口有一座狗的雕塑，在它的周围站满了人，但几乎没有人看这件雕塑，只是在等人。为什么都在这儿等人呢？原来这儿有个传说故事。故事中有一只犬名叫“巴公”，对主人非常忠诚，有一次主人出门未回，这只狗不吃不喝，一直等到死。后来被人们称为“忠犬巴公”，把它作为 “忠诚和信用”的象征，并在这传说的地方为它塑像。所以，许多人为了表示自己的忠诚和信用，就把这儿当成了约谈地点。当两家公司的决策人来到这里时，彼此都心领神会，不需太多的言语交流，就顺利地签订了合同。

二、谈判会场的布置

选择环境优美、条件优越的谈判地点，并巧妙地布置会谈场所，使谈判者有一种安全舒适、温暖可亲的心理感受，不仅能显示出己方热情、友好的诚恳态度，也能使对方对你的诚恳用心深表谢意，这就为谈判营造出了和谐的气氛，可促使谈判获得成功。

一般来讲，谈判场所要环境幽静，不要过于嘈杂和喧闹；通信设施要完备，要具备一定的灯光、通风和隔音条件；最好在举行会谈的会议室旁边备有一两个小房间，以利于谈判人员协商机密事情；医疗、卫生条件较好，安全防范工作要好。

主要谈判场所应当整洁、宽敞、光线充足，也可以配备一些专门的设施，供谈判人员挂些图表或进行计算。除非双方都同意，否则不要配有录音设备。经验证明，录音设备有时对双方都会起到副作用，使人难以畅所欲言。

谈判会场的布置也很重要，如选择什么形状的谈判桌、怎样安排谈判人员的座位等谈判会场的布置及座位的安排是否得当，是检验谈判人员素质的标准之一。对于较大型的正规商务谈判，如果主人连谈判会场的布置及座位的安排都做不到符合国际惯例，就很难证明主方是谈判的行家。而且，在与客方进行正式谈判之前，谈判会场的布置往往会给客方留下一个较深的印象，有些商人往往会根据谈判会场的布置状况去判断主方对本次谈判的重视程度和诚意乃至谈判者的素质。所以，谈判会场的布置与座位的安排有时候还可能影响谈判的成败。

一般来说，商务谈判时，双方应面对面而坐，各自的组员应坐在主谈者的两侧，以便互相交换意见，增加其团队的力量。商务谈判通常用长方形条桌，座位安排通常如图 5-2 和图 5-3 所示。

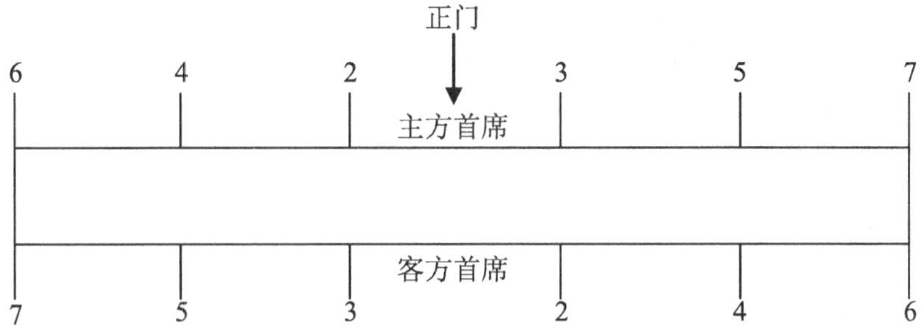

图 5-2 谈判座位安排

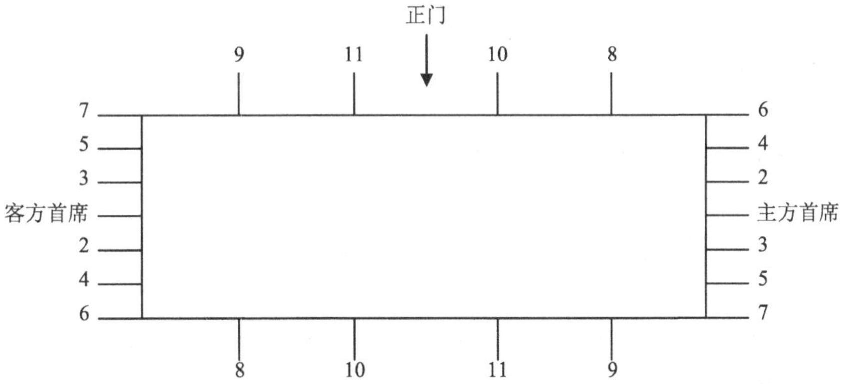

图 5-3 谈判主方、客方的座位安排

根据图 5-2 所示，若以正门为准，主人应坐背门一侧，客人则面向正门而坐，其中主谈人或负责人居中。我国及多数国家习惯把翻译员安排在主谈人的右侧即第二个席位上，但也有少数国家让翻译员坐在后面或左侧，这样做也是可以的。

根据图 5-3 所示，若谈判长桌一端向着正门，则以正门的方向为准，右为客方，左为主方。其座位号的安排也是以主谈者(即首席)的右边为偶数，左边为奇数，即所谓“左边为大”。

若没有条桌，也可用圆桌或方桌。一般来讲，比较大型、重要的谈判，谈判桌可选择长方形的，双方代表各居一面。如果谈判规模较小或双方人员比较熟悉，可以选择圆形谈判桌，以消除长桌那种正规、不太活泼的感觉。双方团团坐定，会形成一个双方关系融洽、共同合作的印象，而且彼此交谈容易，气氛随和。

还有一种排位方法是随意就座，适合于小规模的、双方都比较熟悉的谈判。有些谈判还可以不设谈判桌。

与谈判桌相配的是椅子。椅子要舒适，不舒适使人坐不住；也不能过于舒适，太舒适使人易产生睡意，精神不振。此外，会议所需的其他设备和服务也应周到，如烟缸、纸篓、笔、记事本、文件夹、各种饮料等。

【案例 5-17】

位置影响成败

日本老资格政治家河野一郎在他的回忆录中清晰地描述了 20 世纪 50 年代他与苏联领导人布尔加宁的一次谈判，就是利用环境的优势轻取对手。当他来到谈判会议室准备就座时，苏联人按惯例让他先行选择，河野环视了一下，就近选了一把椅子说：“我就坐这儿吧。”布尔加宁说了声：“好。”便在河野的对面坐了下来。事后，河野讲，他选择的椅子在方向上是背光的，谈判中他很容易看到对方的表情，甚至布尔加尔流露出的倦容。而对方却没有办法捕捉到他的任何表情流露。河野宣称这是他多年外交谈判的一个秘诀。

三、食宿安排

谈判是一种艰苦复杂、耗费体力、精力的交际活动，因此用膳、住宿安排也是会谈的内容。东道主一方对来访人员的食宿安排应周到细致、方便舒适，但不一定要豪华、阔气，按照国内或当地的标准条件招待即可。许多外国商人，特别是发达国家的客商十分讲究时间、效率，反倒不喜欢烦琐冗长的招待仪式。但是，适当组织客人参观游览、参加文体娱乐活动也是十分有益的。它不仅可以调节客人的旅行生活，也是增进双方私下接触、融洽双方关系的一种有益形式，有助于谈判的进行。

【案例 5-18】扫一扫，看“尼克松访华时的欢迎乐曲”案例。

第四节　商务谈判方案的制订

商务谈判方案的制订，是指谈判者在谈判开始前对谈判目标、议程、对策等预先所做的安排。其主要内容有：确定谈判主题，谈判的各项交易条件，规定谈判期限，拟定谈判议程，安排谈判人员，选择谈判地点，确定谈判时间，制订谈判的具体执行计划等。商务谈判方案的制订是谈判过程的总纲领、总策略，是谈判前的周密准备，使谈判人员有明确的方向。

一个成功的谈判方案应该注意以下基本要求：简明扼要、要点具体、应变灵活。

【案例 5-19】

日本某公司与一家美国公司进行了一场许可证贸易谈判。谈判一开始，美方就大肆宣扬己方的优势与实力，以求抢到谈判的制高点。然而，日方代表却一言不发，埋头记录。当美方代表口若悬河地大谈一番向日方征询意见时，日方代表竟糊里糊涂，似乎什么也未弄明白，第一轮谈判结束。一个月后，日方又派出人员全新的代表团与美方接洽，迫使对方从头开始介绍情况和阐明立场。末了，日方代表故技重演，以“不明白”为由结束了第二轮谈判。

又过了一个月，这样的闹剧再次上演了，日方仍未答复任何问题就结束了谈判。所不同的是，这次日方告诉美方，他们将慎重研究后，再给予明确回音。之后日方一去未回，杳无音讯。美方愤怒不已，大骂日方不讲信用，浪费他们的时间和精力。恰在此时，日方派出了真正的谈判代表来到美国，拿出一个无懈可击的方案。

此时，美方心灰意冷，毫无准备，无法与日方讨论每一个细节，最后，只好接受对日方明显有利的协议。

一、谈判主题

每次商务谈判都应有目的性，围绕着希望实现的目的和希望解决的问题展开，这些目标的实现和问题的解决就是谈判主题。

(一)谈判主题的表现方式

谈判主题可以表现为理论观点，也可以表现为基本利益，还可以表现为行为方式等。谈判主题确定后，紧接着的工作就是将这一主题具体化，即制定出具体的谈判目标。

(二)确定谈判主题需要注意的事项

(1) 制订谈判计划首先必须确定谈判主题。
(2) 一次谈判一般只有一个中心，一个主题。
(3) 谈判主题的表述方式应该言简意赅，切忌赘述，最好用一句话加以概括。
(4) 谈判方案中的主题应是双方公开的观点。

二、谈判目标的确定

制订谈判计划的核心问题是确定谈判目标。所谓谈判目标就是期望通过谈判而达到的目标。它的实现与否，对企业总体目标意义重大，是判定谈判是否成功的标志。

谈判目标的制定，既要考虑企业的总体目标，也要考虑企业的实际状况、谈判对手的实力、双方力量对比以及市场供求变化因素。例如，企业 2007 年的总目标是确保得到 500 万元的订单，在市场供需稳定的情况下，谈判的对方又是老客户，关系较好，而企业目前又迫切需要得到订单，以保证生产的连续性。这样在第一季度中，就可以把谈判的总目标定为 150 万元，必要时可以在其他方面给对方一定的让步或优惠，如提前交货等，以确保目标的实现。

谈判目标的制定，要在综合多方信息、资料的基础上，反复研究确定。确定谈判目标一般包括以下几个要素：交易额、价格、支付方式、交货条件、运输、产品规格、质量、服务标准等。

但是，仅仅列出单一的谈判目标还是很不够的，它只是具体的指标，还要从总体上综合考虑谈判可能出现的结果，并制定相应的目标，这就是谈判的最优期望目标、可接受目标和最低限度目标。因为在实际谈判中，谈判的双方都会遇到这样的问题：我方应该首先报价吗？

如果首先报价，开价多少？如果是对方首先报价，我方应还价多少？倘若双方就价格争执不下，那么，在什么条件下我方可接受对方的条件？在什么情况下，我方必须坚守最后防线？要更好地解决这些问题，就必须认真研究、制定谈判的最优期望目标、可接受目标和最低限度目标。

(一)谈判目标的三个层次

1. 最优期望目标

它是指在谈判桌上，对谈判者最有利的一种理想目标，它在满足某方实际需求利益之外，还有一个“额外的增加值”。例如，在资金供求谈判中，需方可能实际只想得到 200 万元，但谈判一开始，需方可能报价 250 万元。这 250 万元就是需方的最优期望目标。这个数字比它实际需要的 200 万元多 50 万元。用一简式表达就是：

$$E=Y+\Delta Y$$

式中：Y——需方的实际需求资金数额；

ΔY——报价的增量；

E——需方的最优目标。

但是，供方绝不会做提供 250 万元资金的慷慨之事。根据供方了解的信息(如偿还能力、经济效益高低和利率等情况)，他明知对方实际只需要 200 万元，为了使谈判深入下去，使主动权掌握在自己手中，却故意压低对方的报价，只同意提供 150 万元。如此这般，几经交锋，双方列举各种理由予以论证，谈判结果可能既不是 250 万元也不是 150 万元，而是略低于或高于 200 万元。如果一开始需方不提出 250 万元，或供方不提出 150 万元，谈判就无法进行。为什么在谈判中形成这种习惯，其原因极为复杂，涉及心理、信誉、利益，乃至历史成见等诸多因素。

需要说明的是，谈判实践中，最优期望目标带有很大的策略性，往往很难实现，因此，真正较为老练的谈判者在必要时可以放弃这一目标。但这并不是说这种最优期望目标在谈判桌上没有积极意义，它不仅仅是谈判进程开始时的话题，而且在某种情形下，最优期望目标也不是绝对达不到的。比如，一个信誉度极高的企业和一家资金雄厚、信誉良好的银行之间的谈判，达到最优期望目标的机会是完全可能存在的。正因为如此，美国著名的谈判专家卡洛斯对两千多名谈判人员进行的实际调查表明，一个良好的谈判者必须坚持“喊价要狠”的准则。这个“狠”的尺度往往接近喊价者的最优期望目标。

在讨价还价的磋商过程中，倘若卖主喊价较高，则往往能以较高的价格成交；倘若买主出价较低，则往往也能以较低的价格成交。因此，在谈判桌上，卖方喊价高或买方还价低的时候，都会带来对自己较为有利的谈判结果。

2. 最低限度目标

它是指在谈判中对某一方而言，毫无讨价还价余地，必须达到的目标。换言之，最低限度目标即对某一方而言，宁愿离开谈判桌，放弃合作项目，也不愿接受比这更少的结果。

最低限度目标的确定主要考虑到以下 4 个因素。

(1) 价格水平。价格水平的高低是谈判双方最敏感的一个问题，是双方磋商的焦点。它直接关系到获利的多少或谈判的成败。影响价格的因素有主观与客观之分。主观因素包括营销的策略、谈判的技巧等可以由谈判方决定或受谈判方影响的因素，而影响价格的客观因素主要有以下几点。

第一，成本因素。这里的成本主要是指“市场成本”，一般是指产品从生产到交货的一切费用。具体来说，它包括生产该产品所需的原材料、劳动和管理费用以及为购销该商品所耗费的调研、运输、广告费和关税、保险费、中间商的佣金等费用。

第二，需求因素。需求因素对价格水平的影响主要通过需求弹性加以体现。所谓需求弹性，它与市场的供需状况，同类产品的市场价格等因素相关联，从而合理确定价格策略是必要的。

第三，竞争因素。决定价格下限的是商品成本，决定价格上限的则是顾客的需求程度。在上限与下限之间所定的价格的高低，则由竞争来决定。也就是说，价格的确定不以个别成本为依据，而是取决于既定需求条件下同类商品的竞争状态，取决于由竞争形成的社会平均成本和平均利润。一方面，主要是注意竞争者的多少，竞争者越多，说明竞争越激烈，价格的变化也就越大；另一方面，要注意竞争的激烈程度，不同市场下，竞争的激烈程度也有所不同，在谈判中要充分注意这一点。

第四，产品因素。针对不同性质和特征的产品，买方的购买习惯也有所不同。一般来说，消费品价格的灵活性大，而工业品的价格灵活性小。此外，人们对于不同产品的利润率存在不同的期望，也就导致谈判者的不同价格目标。

第五，环境因素。谈判需要天时、地利、人和，而环境是指三者的统一体，当环境对谈判某一方有利时，其希望通过价格得到的利益也就更大些，买方可能会进一步要求降价，而卖方则可能会要求提价。因此，我们应该善于把握机会，使环境向有利于己方的方向发展。

(2) 支付方式。不同的支付方式通过价格对谈判的预期利润会造成较大影响。现款交易与赊款交易会存在不同的风险性，如果直接付款可以在价格上进行适当的优惠，但如果赊款的话，就不能在价格上有所退让，力争将由于时间带来的资金损失降到最小，而且赊款带来的债务人不付款或扣款的现象也普遍存在，特别是在进出口贸易中卖方常常会遇到不利的支付条件。在国际贸易中的跟单托收支付方式、付款交单和承兑交单对出口方的影响大不相同，除了收汇风险不同之外，还间接影响交易商品的单位价格。例如，同一售价为 100 万美元的商品，若采用付款交单方式，售价为 100 万美元；若采取承兑交单支付方式，售价为 102 万美元。即便如此，对卖方来说前者也是更为有利的货款支付方式。因为从表面上看，前者比后者少收 2 万美元，但由于后者付款时间靠后，卖方会承受利息损失，并且在买方承兑交单后卖方就须交单，卖方承担的风险更大，因此，实际上承兑交单这种付款方式对卖方是不利的。

(3) 交货期限及罚金。在货物买卖中，交货的期限对双方都有利害关系。在商务合同中，交货期限作为根本条款或是重要条款常常有明确的规定，一方若未按时交货就要赔偿对方的经济损失。一般情况下，卖方总是希望延迟交货，而买方总是希望卖方能早日交货。按照国际惯例，卖方报价中的交货期一般为签约后两个月。若买方提出要在签约后一个月交货，则卖方就需交纳迟交罚金。卖方就要根据买方提出的要求，对各方面的因素进行综合考虑，可以提出交货条件方面的最低可接受限度，即如果不增加额外罚金的话，可以同意对方提出的提前交货要求。

(4) 保证期的长短。保证期是卖方将货物卖出后的担保期限。担保的范围主要包括货物的品质和适用性等。关于保证期限的长短，从来都是商务谈判中双方据理力争的焦点问题之一。卖方一般会尽力缩短保证期，因为保证期越长，卖方承担的风险越大，可能花费的成本也就越大；买方总是希望保证期越长越好，因为保证期越长，买方获得的保障程度越高。但是，由于保证期的长短事关卖方信誉及竞争能力，事关交易能否做成和怎样做成的问题，因此卖方在通常情况下是会仔细考虑保证期问题的。通常卖方根据出险的情况，可以确定关于保证期的最低可接受条件，如果自己能确认在保证期内风险不大，可以答应对方延长保证期的要求。

3. 可接受目标

可接受目标是谈判人员根据各种主要因素，通过考察种种情况，经过科学论证、预测和核算之后所确定的谈判目标。可接受目标是介于最优期望目标与最低限度目标之间的目标。在谈判桌上，一开始往往要价很高，提出自己的最优目标。实际上这是一种谈判策略，其完全是为了保护最低目标或可接受目标，这样做的实际效果往往超出了谈判者的最低限度要求，通过双方讨价还价，最终选择一个最低与最高之间的中间值，即可接受目标。

实际业务谈判中，往往双方最后成交值是某一方的可接受目标。可接受目标能够满足谈判一方的某部分需求，实现部分利益目的。它往往是谈判者秘而不宣的内部机密，一般只在谈判过程的某个微妙阶段挑明，因而是谈判者死守的最后防线，如果达不到这一可接受目标，谈判就可能陷入僵局或暂时休会，以便重新酝酿对策。

可接受目标的实现，往往意味着谈判的胜利。在谈判桌上，为了达到各自的可接受目标，双方会各自施展技巧，运用各种策略。

(二)谈判目标可行性分析

某个具体商务项目的谈判目标确定后，我们还要对其进行经济效益分析及实现的可行性研究。

1. 商务谈判目标可行性研究的主要内容

(1) 本企业的谈判实力和经营状况。

(2) 对方的谈判实力和经营状况，资信情况和交易条件、态度、谈判风格等。

(3) 竞争者的状况及其优势。

(4) 市场情况，即商品的供求关系；如果对方是我方唯一选择的合作伙伴，则对方处于十分有利的地位，我们的目标水平就不要定得太高；反之，如果我方有许多潜在的买主(或卖主)，那么对方显然处在较弱的地位，我们的目标水平就可相应定得高一些。

(5) 影响谈判的相关因素，如政治形势、宗教信仰、文化习俗、法律制度、财政金融、地理气候等。

(6) 以往合同的执行情况。

2. 商务谈判目标的经济效益分析

它是指在客观上对企业经济利益和其他利益(如新市场区域的开拓、知名度)的影响及所谈交易在企业经营活动中的地位等所做的分析、估价和衡量。

三、商务谈判主要交易条款

不同种类的谈判涉及不同的交易条款，这些交易条款的内容规定了谈判各方在不同时间、不同空间应履行的义务和应享受的权利，谈判各方因为关注的利益点不同，其主要交易条款也有各自的重点和主次差别。

商定交易条款的注意事项如下。

(1) 双方当事人的谈判资格和签约资格的审定。

(2) 在敲定交易条款的内容时，应注意谈判目标的清晰程度和干扰因素，注意条文清楚无歧义，明细能执行，切忌含糊不清、模棱两可，以致产生争议、扯皮不断。

(3) 要注意在谈判进程、合同签订的各个环节各方的态度及暗示的背景。

(4) 不要轻信名片，名片不能代表证书，有的人名片头衔很大，实际上是空的。

(5) 要慎重应对子公司，与某些公司打交道，不要只看母公司的信誉和资产情况，实际上有的母公司对子公司是不负连带关系的。

(6) 要注意签约地点，签约地点往往决定了是否采用当地法律解决合同纠纷。

四、明确谈判的地点和时间

(一)谈判地点

谈判地点的选择应该综合考虑影响谈判的多方面因素及选择不同地点的优缺点，具体内容参考本章第三节的介绍。

(二)谈判时间

谈判总是在一定的时间内进行的。这里所讲的谈判时间是指一场谈判从正式开始到签订合同时所花费的时间。在一场谈判中，时间有三个关键变数：开局时间、间隔时间和截止时间。

1. 开局时间

开局时间就是选择什么时候来进行这场谈判。它的得当与否，有时会对谈判结果产生很大影响。例如，如果一个谈判小组在长途跋涉、喘息未定之时，马上便投入紧张的谈判中去，就很容易因为舟车劳顿而导致精力难以集中，记忆和思维能力下降而误入对方圈套。所以，我们应对选择开局时间给予足够的重视。

一般来说，我们在选择开局时间时，要考虑以下四个方面的因素。

(1) 准备的充分程度。俗话说：“不打无准备之仗”，在安排谈判开局时间时也要注意给谈判人员留有充分的准备时间，以免仓促上阵。

(2) 谈判人员的身体和情绪状况。谈判是一项精力高度集中，体力和脑力消耗都比较大的工作，要尽量避免在身体不适、情绪不佳时进行谈判。

(3) 谈判的紧迫程度。尽量不要在自己急于买进或卖出某种商品时才进行谈判，如果避免不了，应采取适当的方法隐蔽这种紧迫性。

(4) 考虑谈判对手的情况。不要把谈判安排在让对方明显不利的时间进行，因为这样会招致对方的反对，引起对方的反感。

2. 间隔时间

一般情况下，一场谈判极少是一次磋商就能完成的，大多数的谈判都要经历过数次，甚至十数次的磋商洽谈才能达成协议。这样在经过多次磋商没有结果，但双方又都不想中止谈判的时候，一般会安排一段暂停时间，让双方谈判人员暂时休息，这就是谈判的间隔时间。

谈判间隔时间的安排，往往会对舒缓紧张气氛、打破僵局具有很明显的作用。常常有这样的情况：在谈判双方出现了互不相让、紧张对峙的时候，双方宣布暂停谈判两天，由东道主安排旅游和娱乐节目，在友好、轻松的气氛中，双方的态度和主张都会有所改变，结果，在重新开始谈判以后，就容易互相让步，达成协议了。

当然，也有这样的情况：谈判的某一方经过慎重的审时度势，利用对方要达成协议的迫切愿望，有意拖延间隔时间，迫使对方主动做出让步。

可见，间隔时间是时间因素在谈判中的又一个关键变数。

3. 截止时间

截止时间就是一场谈判的最后限期。一般来说，每一场谈判不可能没完没了地进行下去，总有一个结束谈判的具体时间。而谈判的结果却又往往是在结束谈判的前一点点时间里才能出现。所以，如何把握截止时间去获取谈判的成果，是谈判中一种绝妙的艺术。

截止时间是谈判的一个重要因素，往往决定着谈判的战略。谈判时间的长短，往往迫使谈判者决定选择克制性策略还是速决胜策略。同时，截止时间还构成对谈判者本身的压力。由于必须在一个规定的期限内做出决定，这将给谈判者本身带来一定的压力。谈判中处于劣势的一方，往往在限期到来之前，对达成协议承担着较大的压力。他往往必须在限期到来之前，在做出让步、达成协议、中止谈判或交易不成之间做出选择。一般来说，大多数的谈判者总是想达成协议的，为此，他们唯有做出让步了。

五、确定谈判的议程和进度

谈判的议程是指有关谈判事项的程序安排，是对有关谈判的议题和工作计划的预先编制。谈判的进度是指对每一事项在谈判中应占时间的把握，目的在于促使谈判在预定的时间内完成。这方面，重点应解决以下几个问题。

(1) 议题。凡是与本次谈判有关的，需要双方展开讨论的问题，都可以成为谈判的议题。我们应将与本次谈判有关的问题罗列出来，然后根据实际情况，确定应重点解决哪些问题。

(2) 顺序。安排谈判问题先后顺序的方法是多种多样的，应根据具体情况来选择采用哪一种程序：其一，可以首先安排讨论一般原则问题，达成协议后，再具体讨论细节问题；其二，也可以不分重大原则问题和次要问题，先把双方可能达成协议的问题或条件提出来讨论，然后讨论会有分歧的问题。

(3) 时间。至于每个问题安排多少时间来讨论才合适，应视问题的重要性、复杂程度和双方分歧的大小来确定。一般来说，对重要的问题、较复杂的问题、双方意见分歧较大的问题占用的时间应该多一些，以便让双方能有充分的时间对这些问题展开讨论。

在谈判的准备阶段，己方应率先拟定谈判议程，并争取对方同意。在谈判实践中，一般以东道主为先，经协商后确定，或双方共同商议。谈判者应尽量争取谈判议程的拟定，这样对己方来讲是很有利的。

谈判议程的拟定大有学问。首先，议程安排要根据己方的具体情况，在程序上能扬长避短，即在谈判的程序安排上，保证己方的优势能得到充分的发挥。其次，议程的安排和布局，要为自己出其不意地运用谈判手段提供契机，对一个经验丰富的谈判者来讲，是绝不会放过利用拟定谈判议程的机会来运筹谋略的。最后，谈判议程的内容要能够体现己方谈判的总体方案，统筹兼顾，还要能够引导或控制谈判的速度以及己方让步的限度和步骤等。

六、制定谈判的对策

谈判桌上风云变幻，任何情形都会发生，而谈判又是有时间限制的，不容许无限期地拖延谈判日程。这就要求我们在谈判之前应对整个谈判过程中双方可能做出的一切行动做正确的估计，并选择相应的对策。

谈判的对策是指谈判者为了达到和实现自己的谈判目标，在对各种主客观情况充分估量的基础上，拟采取的基本途径和方法。

谈判对策的确定应考虑下列影响因素。

(1) 双方实力的大小。

(2) 对方的谈判作用和主谈人员的性格特点。

(3) 双方以往的关系。

(4) 对方和己方的优势所在。

(5) 交易本身的重要性。

(6) 谈判的时间限制。

(7) 是否有建立持久、友好关系的必要性。

以上谈判方案的制订，有赖于对双方实力及其影响因素的正确估量和科学分析，否则，谈判计划就没有实际意义。

第五节 模拟谈判

在正式谈判开始前，虽然我们尽力搜集了与谈判有关的各方面信息资料，在此基础上拟订了详细的谈判方案，并进行了人员的准备，选择了相关的谈判策略，但这还不够。要保证谈判成功，常常需要采取模拟谈判的方法来改进和完善谈判的准备工作，检查方案可能存在的漏洞。尤其对一些重要的谈判、难度较大的谈判，彩排显得更有必要。模拟谈判是商务谈判，尤其是大型商务谈判、国际商务谈判准备工作中不可或缺的重要组成部分。

一、模拟谈判的概念

所谓模拟谈判，就是将谈判小组成员一分为二，或在谈判小组外，再组建一个实力相当的谈判小组，由一方实施己方的谈判方案，另一方以对手的立场、观点和谈判作风为依据，进行实战操练、预演或彩排。谈判者预先搞“扮演角色”不仅是一两次，而是多次。利用不同的人扮演对手这个角度，提出各种他所能想象得出的问题，让这些问题来难为自己，在为难之中，做好一切准备工作。

德国商人非常重视谈判前的彩排，不论德国的大企业还是小企业，也不论是大型复杂的谈判还是小型简单的谈判，德国商人总是以一种不可辩驳的权威面目出现，常常能牢牢地控制着谈判桌上的主动权，其中的关键在很大程度上就要归功于他们对模拟谈判的重视。对于德国商人而言，事先演练是谈判的一个必经程序，他们对谈判可能出现的任何细节都要做周密的准备，对对方可能要提出的任何难题，都要事先做出安排，拟订应对方案。这样不打无准备之仗，自然以后的谈判就很容易被纳入德国商人事先设计好的轨道，为谈判的胜利奠定基础。

二、模拟谈判的必要性

在谈判准备工作的最后阶段，企业有必要为即将开始的谈判举行一次模拟谈判，以检验自己的谈判方案，而且也能使谈判人员提早进入实战状态。只要正确地进行思想练习和实际演习，就能获得功效，提高谈判能力。模拟谈判的必要性表现在以下三个方面。

1. 提高应对困难的能力

模拟谈判可以使谈判者获得实际性的经验，提高应对各种困难的能力。很多成功谈判的实例和心理学研究成果都表明，正确的想象练习不仅能够提高谈判者的独立分析能力，而且在心理准备、心理承受、临场发挥等方面都是很有益处的。在模拟谈判中，谈判者可以一次又一次地扮演自己，甚至扮演对手，从而熟悉实际谈判中的各个环节，这对初次参加谈判的人来说尤为重要。

2. 检验谈判方案是否周密可行

谈判方案是在谈判小组负责人的主持下，由谈判小组成员具体制定的。它是对未来将要发生的正式谈判的预计，这本身就不可能完全反映出正式谈判中出现的一些意外事情。同时，谈判人员受到知识、经验、思维方式、考虑问题的立场、角度等因素的局限，谈判方案的制订就难免会有不足之处和漏洞。事实上，谈判方案是否完善，只有在正式谈判中方能得到真正检验，但这毕竟是一种事后检验，往往发现问题为时已晚。模拟谈判是对实际正式谈判的模拟，与正式谈判比较接近。因此，能够较为全面严格地检验谈判方案是否切实可行，检查谈判方案存在的问题和不足，及时修正和调整谈判方案。

3. 训练和提高谈判能力

模拟谈判的对手是自己的人员，对自己的情况十分了解，这时站在对手的立场上提问题，有利于发现谈判方案中的错误，并且能预测对方可能从哪些方面提出问题，以便事先拟定出相应的对策。对于谈判人员来说，能有机会站在对方的立场上进行换位思考，是大有好处的。正如美国著名企业家维克多·金姆说的那样：“任何成功的谈判，从一开始就必须站在对方的立场来看问题。”这样的角色扮演，不但能使谈判人员了解对方，也能使谈判人员了解自己，因为它给谈判人员提供客观分析自我的机会，注意到一些容易忽视的失误，如在与外国人谈判时使用过多的本国俚语、缺乏涵养的面部表情、争辩的观点含糊不清等。

【案例 5-20】

1954 年，我国派出代表团参加日内瓦会议。因为是新中国成立以来第一次与西方人打交道，没有任何经验，在代表团出发前，进行了反复的模拟练习。由代表团的同志为一方，其他人分别扮演西方各国的新闻记者和谈判人员，提出各种问题“刁难”代表团的同志。在这种对抗中，及时发现问题，及时给予解决。经过充分的准备，我国代表团在日内瓦会议期间的表现获得了国际社会的一致好评。

三、模拟谈判的作用

模拟谈判的作用主要表现以下方面。

(1) 模拟谈判能使谈判人员获得一次临场的操练与实践，经过操练达到磨合队伍、锻炼和提高协同作战能力的目的。

(2) 在模拟谈判中，通过相互扮演角色会暴露本方的弱点和一些可能被忽略的问题，以便及时找到出现失误的环节及原因，使谈判的准备工作更具有针对性。

(3) 在找到问题的基础上，及时修改和完善原定的方案，使其更具有实用性和有效性。

(4) 通过模拟谈判，使谈判人员在相互扮演中，找到自己所充当角色的比较真实的感觉，可以训练和提高谈判人员的应变能力，为临场发挥做好心理准备。

总之，模拟谈判是一种无须担心失败的尝试，通过模拟谈判可以启发和开阔人们的视野，有可能将预演中的弱点变为真实谈判中的强项。通过总结不但可以完善本方的谈判方案，还可以在无敌意的心态条件下，站在对方的角度进行一番思考，从而丰富本方在消除双方分歧方面的建设性思路，有助于寻找到解决双方难题的途径。

四、模拟谈判的任务

模拟谈判的主要任务包括以下几个方面：一是检验本方谈判的各项准备工作是否到位，谈判各项安排是否妥当，谈判的计划方案是否合理；二是寻找被本方忽略的环节，发现本方的优势和劣势，从而提出如何加强和发挥优势、弥补或掩盖劣势的策略；三是准备各种应变对策，在模拟谈判中，须对各种可能发生的变化进行预测，并在此基础上制定各种相应的对策；四是在以上工作的基础上，制定出谈判小组合作的最佳组合及策略等。

另外，模拟谈判还有一些具体的问题需要确定，如确定暗号，商务谈判是协同作战，需要参与谈判的成员之间密切配合，随时进行必要的信息交流。但是，在谈判中有些话很难当着谈判对手的面直接用话语的方式进行交流，因此，谈判成员之间有必要事先商定一些暗号，既达到相互提示的目的，又不让谈判对手知道。当然，并非每一次谈判前都需要模拟谈判，这要根据谈判议题的复杂程度、谈判人员的经验能力和对对手的了解程度而做灵活适当的准备。

五、模拟谈判的方法

(一)全景模拟法

全景模拟法是指在想象谈判全过程的前提下，企业有关人员扮成不同的角色所进行的实战性的排练，这是最复杂、耗资最大但也往往是最有成效的模拟谈判方法。这种方法一般适用于大型的、复杂的、关系到企业重大利益的谈判。

在采用全景模拟法时，应注意以下两点。

1. 合理地想象谈判全过程

有效的想象要求谈判人员按照假设的谈判顺序展开充分的想象，不只是想象事情发生的结果，更重要的是事物发展的全过程，想象在谈判中双方可能发生的一切情形，并依照想象的情况和条件，演习双方交锋时可能出现的一切局面，如谈判的气氛、对方可能提出的问题、我方的答复、双方的策略、技巧等问题。合理的想象有助于谈判的准备更充分、更准确。所以，这是全景模拟法的基础。

2. 尽可能地扮演谈判中所有会出现的人物

这有两层含义：一方面是指对谈判中可能会出现的人物都有所考虑，要指派合适的人员对这些人物的行为和作用加以模仿；另一方面是指主谈人员(或其他在谈判中准备起重要作用的人员)应扮演一下谈判中的每个角色，包括自己、己方的顾问、对手和他的顾问。这种对人物行为、决策、思考方法的模仿，能使我方对谈判中可能遇到的问题、人物有所预见。同时，处在别人的地位上进行思考，有助于我方制定更加完善的策略。

(二)讨论会模拟法

这种方法类似于“头脑风暴法”，分为两步：第一，企业组织参加谈判的人员和一些其他相关人员召开讨论会，请他们根据自己的经验，对企业在本次谈判中谋求的利益、对方的基本目标、对方可能采取的策略、我方的对策等问题畅所欲言。不管这些观点、见解如何标新立异，都不会有人指责，有关人员只是忠实地记录，再把会议情况上报领导，作为决策的参考。第二，针对谈判中种种可能发生的情况、对方可能提出的问题等提出疑问，由谈判组成员一一加以解答。

讨论会模拟法特别欢迎反对意见，这些意见有助于己方重新审核拟订的谈判方案，从多种角度和多重标准来评价方案的科学性和可行性，不断完善准备的内容，提高成功的概率。国外的模拟谈判对反对意见倍加重视，然而在我国企业中却长期没有得到应有的重视，讨论会往往变成“一言堂”，领导往往难以容忍反对意见，这种讨论不是为了使谈判方案更加完善，而是成了表示赞成的一种仪式，这大大违背了讨论会模拟法的初衷。

(三)列表模拟法

这是最简单的模拟方法，一般适用于小型的、常规性的谈判。具体操作过程是：通过对应表格的形式，在表格的一方列出我方经济、科技、人员、策略等方面的优缺点和对方的目标及策略，另一方则相应地罗列出我方针对这些问题在谈判中所应采取的措施。这种模拟方法最大的缺陷在于它实际上还是谈判人员的一种主观产物，它只是尽可能搜寻问题并列出对策，至于这些问题是否真的会在谈判中发生，这一对策是否能起到预期的作用，由于没有通过实践的检验，因此，不能百分之百地讲这一对策是完全可行的，对于一般的商务谈判，只要能达到八九成的胜算就可以了。

六、模拟谈判时应注意的问题

模拟谈判的效果如何，直接关系到企业在谈判中的实际表现，而要想使模拟谈判真正发挥作用，就必须注意以下问题。

(一)科学地做出假设

模拟谈判实际上就是提出各种假设情况，然后针对这些假设，制定出一系列对策，采取一定措施的过程。因而，假设是模拟谈判的前提，又是模拟谈判的基础。

按照假设在谈判中包含的内容，可以分为以下三类。

(1) 对客观环境的假设。它包含的内容最多、范围最大，涉及人们日常生活中的环境、空间和时间。其主要是为了估计主客观环境与本次谈判的联系和影响的程度。

(2) 对自身的假设。它包括对自身心理素质准备状况的评估，对自身谈判能力的预测，对企业经济实力的考评和对谈判策略的评价等多项内容。对自身的假设，可以使我方人员正确认识自己在谈判中的地位和作用，发现差距、弥补不足，在实战中就可以扬长避短，发挥优势。

(3) 对对方的假设。它主要是预计对方的谈判水平，对方可能会采用的策略，以及面对我方的策略，对方如何反应等关键性问题。

为了确保假设的科学性，首先，应该让具有丰富谈判经验的人提出假设，相对而言，这些人的假设准确度较高，在实际谈判中发生的概率大；其次，假设的情况必须以事实为基础，所依据的事实越多、越全面，假设的精度也越高，假设切忌的就是纯粹凭想象的主观臆造；最后，我们应该认识到，再高明的谈判也不是全部假设到谈判中都会出现的，而且这种假设归根结底只是一种推测，带有或然性。若是把或然奉为必然去指导行动，那就是冒险。有的谈判老手都是能抓住对手的“假设的必然性”，出其不意地变换套路，实现己方的预期目标。

(二)对参加模拟谈判的人员应有所选择

参加模拟谈判的人员，应该是具有专门知识、经验和看法的人，而不是只有职务、地位或只会随声附和、举手赞成的老好人。一般而言，模拟谈判需要下列三种人员。

(1) 知识型人员。这种知识是指理论与实践相对完美结合的知识。这种人员能够运用所掌握的知识触类旁通、举一反三，把握模拟谈判的方方面面，使其具有理论依据的现实基础。同时，他们能从科学性的角度去研究谈判中的问题。

(2) 预见型人员。这种人员对于模拟谈判是很重要的。他们能够根据事物的变化发展规律，加上自己的业务经验，准确地推断出事物发展的方向，对谈判中出现的问题相当敏感，往往能对谈判的进程提出独到的见解。

(3) 求实型人员。这种人员有着强烈的脚踏实地的工作作风，考虑问题客观、周密，不凭主观印象代替客观事实，一切以事实为出发点，对模拟谈判中的各种假设条件都小心求证，力求准确。

(三)参加模拟谈判的人员应有较强的角色扮演能力

模拟谈判要求我方人员根据不同的情况扮演场上不同的人物，并从所扮演的人物心理出发，尽可能地模仿出他在某一特定场合下的所思所想、所作所为。心理学研究表明，谈判者作为生活在特定的社会与文化环境中的人，由于周围环境对他的复杂影响和其自身从历史的经验和过去的认知感受中获得的教训，导致了他必然对周围环境做出独特的反应，并形成自己的个性，而一旦要扮演另外一个社会角色时，往往会发生内心的冲突。根据这一情况，一方面，企业在安排模拟谈判角色时，要根据我方人员的性格特征有针对地让其扮演类似的对方人员；另一方面，要求我方人员具有善于克服在扮演特定谈判角色(特别是这一角色与自己差距很大)时所产生的心理障碍，要善于揣摩对方的行为模式，尽量地从对方的角度来思考问题，做出决定。

(四)模拟谈判结束后要及时进行总结

模拟谈判的目的是为了总结经验，发现问题，弥补不足，完善方案。所以，在模拟谈判告一段落后，必须及时、认真地回顾在谈判中我方人员的表现，如对对手策略的反应机敏程度、自身班子协调配合程度等一系列问题，以便为真正的谈判奠定良好的基础。

课后练习

一、判断题

1. 最好的谈判方案应该是充分体现企业最高利益，制定出最理想的谈判目标，最能激励谈判人员坚定不移地实现寸步不让的全盘计划。 (　　)
2. 谈判信息是商务谈判的决定性因素。 (　　)
3. 全景模拟法是最复杂、耗资最大但也往往是最有成效的模拟谈判方法。 (　　)
4. 在商务谈判中双方讨价还价就是在争取实现最高目标。 (　　)
5. 制订谈判计划的核心问题是确定谈判目标。 (　　)

二、不定项选择题

1. 谈判人员配备的原则不包括(　　)。
   A. 知识、能力互补　　B. 性格互补
   C. 善于表达　　D. 分工明确、彼此协作
2. 谈判中的形势千变万化，要想控制谈判的局势，谈判人员需具备哪种能力？(　　)
   A. 运筹能力　　B. 应变能力　　C. 判断能力　　D. 创新能力
3. 以下不属于对主谈的要求的是(　　)。
   A. 将已确定的谈判目标和谈判策略在谈判中贯彻实施
   B. 非常熟悉各种专业知识
   C. 有较强的表达能力和驾驭谈判进程的能力
   D. 具有较丰富的商务谈判经验，思维敏捷，善于分析和决断
4. 以下关于谈判场所选择的说法正确的是(　　)。
   A. 在第三地谈判是最公平的选择
   B. 谈判的地点最好选择在己方所在地
   C. 谈判地点在对方所在地，在场所安排、谈判日程等方面，我方会处于被动的地位
   D. 有些多轮大型谈判可在双方所在地交叉谈判
5. 从总体上来讲，商务谈判的信息在谈判中(　　)。
   A. 直接决定谈判的成败　　B. 间接作用
   C. 成为控制谈判过程的手段　　D. 无作用
6. 商务谈判胜负的决定性因素在于(　　)。
   A. 与对方的友谊　　B. 主谈人员的经验
   C. 谈判人员报酬的多少　　D. 商务谈判人员的素质
7. 商务谈判必须实现的目标是谈判的(　　)。

A. 最低目标　　B. 可接受目标
C. 最高目标　　D. 实际需求目标

8. 谈判小组中商务人员主要负责组织的(　　)。
A. 技术条款谈判　　B. 价格条款谈判
C. 法律条款谈判　　D. 金融条款谈判

9. 在谈判小组中起灵魂作用的是(　　)。
A. 领导　　B. 主谈人　　C. 辅谈人　　D. 专家

10. 谈判人员应具备的基本心理素质不包括(　　)。
A. 自信　　B. 乐观　　C. 诚心　　D. 好强

三、简答题

1. 商务谈判信息收集的主要内容是什么?
2. 谈判人员的素质要求有哪些方面?
3. 谈判组织的结构层次是什么?
4. 模拟谈判的必要性是什么?
5. 谈判目标的三个层次是什么?

四、案例分析题

中国F公司与法国G公司商谈一条计算机生产线的技术转让交易。G公司把其报价如期交给了F公司，报价包括装配线设备、检测试验室、软件、工程设计方案、技术指导、培训等。双方约定接到报价后两周内在北京开始谈判。F公司接到报价后即着手准备。

F公司主谈拿到报价资料后，有关技术部分交专家组去分析并提出了相关要求，而商务部分由主谈负责分析，并约定时间开会讨论。

专家组对技术资料反映的技术先进性、适用性、完整性进行了分析，对不清楚的部分列出清单，对国际市场的状况做了对比，对G公司产品系列、企业经营状态做了分析，并形成了书面意见。

主谈将装配线设备、检测试验主设备列出清单，标上报价，列出对照价(分析价)、交易目标价、分几步实现的阶段价，形成一份设备价格方案表；又照此法，将技术内容列出清单，分出各项价并形成一份技术价格方案表；将技术指导和人员培训费分列出人员专业、人数、时间、单价、比较价、目标价等并制成技术服务价格方案表；工程设计列出分工内容、工作量估计、分列单项价、比较价、目标价等，并制出工程设计价格方案表。在所有价格方案表中，均以对应形式列出G公司报价及可能的降价过程，F公司的还价及可能对应的还价水平，并附上理由。

开会时，专家组与主谈交换各自的准备情况，同时分析双方的有利与不利因素(企业面临的政治、经济大气候，市场竞争，各自需求，参加谈判人员的情况等)。经过讨论，主谈与专家意见有分歧。主谈认为这是第一次采购，G公司第一次进入中国市场，应有利于压价，谈判目标可以高一些；专家组认为G公司技术不错，我方又急需，少压价能成交也可以接受。这个分歧直接影响最终的谈判条件，以及谈判起步的策略。于是，主谈决定请示领导。

主谈、专家组一起向项目委托谈判单位的领导汇报整体思路及分歧。在领导的指导下，大家进一步分析利弊后，达成了共识，形成了统一的谈判预案。

问题：你认为F公司的谈判准备工作做得如何?

第六章　商务谈判的开局

【学习目标】

知识目标： 了解商务谈判开局阶段的主要任务；掌握开局阶段的基本策略；了解如何采用正确的方式进行谈判意图的陈述；熟悉营造谈判开局气氛的重要性及影响因素；了解营造良好开局气氛的方法；了解谈判开局陈述内容的制定方式。

技能目标： 能根据实际情况运用不同的开局策略；能合理组织运用谈判开局陈述内容；能根据商务谈判任务进行谈判开局的设计；掌握摸清对手的基本情况的方法，为谈判目标的实现打下扎实的基础。

【引导案例】

1972 年 2 月，美国总统尼克松访华，中美双方将要展开一场具有重大历史意义的国际谈判。为了创造一种融洽和谐的谈判气氛，中方在周恩来总理的亲自带领下，对谈判过程中的各种环境都做了精心而周密的准备和安排，甚至对宴会上要演奏的中美两国民间乐曲都进行了精心的挑选。当天，在欢迎尼克松一行的国宴上，当军乐队熟练地演奏起由周总理亲自选定的《美丽的亚美利加》时，尼克松总统简直惊呆了，他绝没有想到能在中国的北京听到他如此熟悉的乐曲，这是他生平最喜爱并指定在他的就职典礼上演奏的家乡乐曲。敬酒时，他特地到乐队前表示感谢，此时国宴达到了高潮，一种融洽而热烈的气氛也同时感染了美国来的客人。周总理一个小小的精心安排就赢得了此次国际谈判的一种和谐融洽的谈判气氛，不得不说周总理是一位超级谈判高手，拥有着高超的谈判艺术。

(资料来源：汤秀莲. 国际商务谈判[M]. 北京：清华大学出版社，2009.)

【启示】俗话说，“万事开头难”“好的开始是成功的一半”，商务谈判的开局对整个商务谈判过程起着非常重要的作用，它往往表明商务谈判双方对此次谈判所持有的态度和诚意，是积极进行还是消极应付，关系到商务谈判的格调和商务谈判的走向。一个良好的开局会为以后的商务谈判取得成功打下良好的基础，对于谈判是否能够取得预期的目标起到至关重要的作用。

开局阶段所占用的时间虽然比较短，但却是一个很重要的阶段，是为整个谈判奠定基础的阶段。经验表明，成功的谈判人员都会充分重视和利用谈判开局，创造对己方有利的、理想的谈判气氛，引导整个谈判的发展方向，甚至左右整个谈判的格局，争取掌握谈判的主动权和控制权，最终实现己方的谈判目的。

第一节　谈判开局的含义及其作用

一、谈判开局的含义

商务谈判开局是指谈判双方见面后，在讨论具体、实质的内容之前，相互介绍、初步接触和意向性沟通。谈判的开局是整个商务谈判的起点，在很大程度上影响整个谈判的走向和发展趋势。商务谈判开局的主要任务是营造谈判气氛和谈判摸底。

开局阶段中的谈判双方对谈判尚无实质性认识，各项工作千头万绪，无论准备工作做得如何充分，都免不了遇到新情况、新问题。由于在此阶段中，谈判各方的心理都比较紧张，态度比较谨慎，都在调动一切感觉功能去探测对方的虚实及心理状态。所以，在这个阶段一般不进行实质性谈判，而只是进行见面、介绍、寒暄，以及谈判一些不是很关键的问题。这些非实质性谈判从时间上看，只占整个谈判程序中一个很小的部分；从内容上看，似乎与整个谈判主题无关或关系不大，但它却很重要，因为它为整个谈判定下了一个基调。所以，在谈判开局阶段，应做好充分的准备工作，确保谈判的顺利进行。

二、谈判开局的作用

开局阶段并不触及谈判的实质性内容，但是，开局阶段对整个谈判过程具有相当重要的作用。

1. 能够树立良好的第一印象

在人与人第一次交往中留给对方的印象，会在对方的头脑中成型并占据主导地位，这种印象在心理学上被称为第一印象，而该效应也被称为第一印象效应。在商务谈判中，同样存在着第一印象效应，而且往往是由谈判者带给对方的。在商务谈判的开局阶段，在对方心目中树立起良好的第一印象，对于顺利地开展谈判具有相当重要的作用。

2. 可以营造适当的谈判气氛

所有的谈判都是在一定的谈判气氛下展开的，良好适当的谈判气氛可以对谈判的进程起到一定的推动作用，有助于提高谈判的有效性和效率；反之，如果谈判气氛不佳或不恰当，往往会阻碍谈判的顺利进行，并影响最后谈判结果的达成。所以，在商务谈判开局阶段营造适当的谈判气氛，对于谈判的成功具有相当重要的作用。

3. 谈判开局地位对于谈判进程具有重要的影响

由于谈判双方的实力、背景、目的和了解对手程度不同，一般在商务谈判的开局阶段会呈现出相对差异的谈判状态，我们称之为谈判双方的开局地位。开局地位的不同，对谈判进程会产生很微妙的影响，而且往往会影响谈判策略和手段的使用。一般来说，商务谈判的相对开局地位有以下几种。

(1) 主和客。主客地位的产生主要来源于谈判双方对谈判地点的选择，一般位于谈判举行地的一方或者谈判活动的主要组织一方被称为谈判的主方，另一方则是客方。谈判的主方是谈判的主要组织者，决定谈判的举行时间、地点以及主要议程，同时也承担为客方安排交通、食宿等任务。所以，作为谈判的主方，可以选择更有利于自己的谈判时间和地点，同时可以通过一些特殊的安排对客方施加压力。所以，在谈判开始前，通常应力求成为谈判的主方，以获得谈判的主动权。 谈判的客方，“客随主便”，不得不接受主方的一些不利于己方的安排。但是，这也不意味着客方就一定处于消极被动的地位。如果不得不做客方的话，首先，应该做好充分的准备，尽量减少由此带来的不利影响；其次，不应该完全听任主方的安排，对于不利于己方的安排，可以提出异议，要求重新安排，并且尽量多地参与到谈判的组织工作中。

此外，如果谈判双方对于谁主谁客有分歧，或者谈判地点对谈判进行影响不大的时候，也可以将谈判安排在第三地进行，从而避免由于主客地位不同而带来的不公平。

(2) 明和暗。由于信息的不对称，谈判参与方在谈判开始前所掌握的对方信息总会或多或少地有所差异，这就产生了开局阶段双方的“明”“暗”地位。如果自己的信息相对较多地被对方获得，而掌握对方的信息相对较少，那就可以说是处在“明处”；反之，则可以说处在“暗处”。

商务谈判在很大程度上来说是一场信息战，掌握信息多，特别是掌握对方信息多的一方，往往会在谈判中握有一定的主动权。而己方信息过多地被对方掌握，会暴露己方更多的弱点甚至可能的谈判计划。具体来说，在谈判中会有“彼明我暗”和“彼暗我明”两种状态，而这两种状态，对于谈判的进程和谈判策略的使用有着截然不同的影响。

第一，“彼明我暗”。一般来说，这是谈判双方都比较期望出现的一种状态。在这种情况下，己方掌握较多关于对方的信息，而对方掌握己方的信息相对比较少。这样有利于更好地制订有针对性的谈判计划，且对对方会产生较大的迷惑性。

第二，“彼暗我明”。这种情况一般对己方不太有利，对方掌握较多己方的信息，而己方掌握对方信息又相对较少。因此，谈判的进程很可能更多地为对方所控制，在这种情况下，一方面要求谈判者尽快收集更多对方的信息，另一方面要求谈判者避免暴露更多己方的信息。

(3) 强和弱。开局气势的强弱很大部分的原因在于谈判双方企业实力的对比。一般实力强大的企业自然处于强势的地位，而实力弱小的企业则处于弱势的地位。

第二节　谈判开局的主要任务

开局阶段的目标主要是为进入实质性谈判创造良好条件，在谈判人员相互介绍和交流中，力争营造有利的谈判气氛，尽量探测对方的基本态度，并对谈判程序、共同遵守的原则等基础问题进行沟通并达成一致。开局阶段主要有以下四项基本任务。

一、营造良好的谈判气氛

由于谈判双方的立场不同，所追求的具体目标也各异，因此谈判过程中充满了复杂的利害冲突和矛盾。不过谈判的目的是协调利害冲突，谋求妥协，实现共同利益，达到双赢的效果。这就要求谈判双方应当共同努力，在谈判开始前建立一种合作的气氛，有个顺利的开端，为双方融洽的工作奠定良好的基础。谈判开局气氛对整个谈判过程起着相当重要的影响和制约作用。可以说，某一方如果控制了谈判开局气氛，那么，在某种程度上就等于控制住了谈判对手。

二、交换意见

在开局阶段，谈判者切忌过分闲聊，离题太远，尽量将话题集中于谈判的目标、计划、进度和人员四个方面，就这四个方面充分交换意见，达成一致，以确定行动和讨论问题的适当速度和节奏。

1. 谈判目标

谈判目标即双方需要达成的共识、原则、总体目的或阶段性目的。谈判目标因各方的出发点不同而有不同的类型。常见的有以下几种类型：意在了解对方动机的探望型、旨在发掘互利互惠合作机会的创造型、旨在说明某些问题的论证型、达成原则的协定型、达成具体的协定型、批准草签的协定型、回顾与展望型、处理纷争型等。目标既可以是上述的一种，也可以是其中几种的混合型。

2. 谈判计划

谈判计划是指谈判的议程安排，内容包括需要双方磋商的议题、原则、规程及时间安排。通常应解决以下问题：双方谈判讨论的中心问题，尤其是第一阶段谈判的安排；列入谈判范围的有哪些事项，哪些问题不讨论，问题讨论的顺序是什么；讨论中心问题及细节问题的人员安排；总体及各阶段谈判的时间安排。

3. 谈判进度

谈判进度是指会谈的速度或是会谈前预计的洽谈速度。谈判双方可以设定会谈结束的时间，对于每项议程进行的时间最好也有个大致范围的估计，这样可以合理地安排讨论，使讨论所花的时间不超过既定范围，确保谈判的效率和质量。如果发现在时间安排上存在偏差，那么一定要大胆提出修改，不要碍于情面而轻易接受对方提出来的议程，否则负担不起由于忽视议程而导致的后果。

4. 谈判者

谈判者是指每个小组的成员情况，包括姓名、职务以及在谈判中的地位与作用。上述问题也许在谈判前就已经讨论过了，但在谈判开始时，仍有必要再就这些问题协商一次。最为理想的方式是以轻松、愉快的语气先谈双方容易达成一致意见的话题。例如，“咱们先确定一下今天的议题，如何？”“先商量一下今天的大致安排，怎么样？”这些话，从表面上看好像无足轻重，分量不大，但这些要求往往最容易引起对方肯定的答复，因此比较容易创造一种一致的感觉。如果对方急于求成，一开局就喋喋不休地大谈实质性问题，己方应巧妙地避开对方肯定的答复，把对方引到谈判目的、议程上来。如对方一开始就说：“来，咱们雷厉风行，先谈价格条款。”己方可以接着应道：“好，马上来，不过咱们先把会谈的程序和进度统一下来，这样谈起来效率更高。”从而使双方合拍。这也是防止谈判因彼此追求的目标、对策相去甚远而在开局之初就陷入僵局的有效策略。

三、开场陈述

商务谈判开局阶段的另外一个重要任务，就是谈判双方要在此时分别做开场陈述。开场陈述是指谈判的参与方分别把己方的基本立场、观点和利益向对方阐述，让谈判对手了解己方的谈判期望、谈判风格和表达方式的过程。

开场陈述在谈判开局阶段有着非常重要的作用，通过开场陈述可以向对方表明己方的谈判意图，消除对方的一些不切实际的谈判期望，同时可以在对方的开场陈述中观察谈判对手，获取一些谈判对手的信息。

【案例 6-1】

6 分钟对话融资 2000 万美元——全世界最快的融资协定

1999 年，身在北京的软银集团总裁孙正义在北京和马云见面。一个是大把资金持有的风险投资者，另一个则是渴求资金的阿里巴巴总裁，这对马云来说是个绝好的机会。

可是当马云走进屋子的时候发现，黑压压的一群人都在等着见孙正义，孙正义只给了每个人 20 分钟的时间。轮到马云的时候，他告诉孙正义，“我不需要钱，如果你感兴趣的话，我给你介绍一下阿里巴巴”，说完他随手用桌上的笔记本电脑用了 6 分钟的时间向孙正义展示了阿里巴巴网络贸易平台。

孙正义看完之后马上说，“我一定要投资阿里巴巴！”不久 2000 万美元到了阿里巴巴的账户上。

对话到此结束，谈判也到此结束，世界上最快的融资协定在 6 分钟之内完成。

(一)开场陈述的表达方式

开场陈述应慎重、字斟句酌，要根据实际场合、氛围，采取不同的方式表达。

1. 从表达方式所产生的效果上，可分为明示和暗示两种

明示是指我方以明确的方式表明己方在贸易谈判中的立场、观点、原则和利益要求等。此种方式清楚明了，将谈判的目标、范围阐述明白，为接下来的谈判指明方向。暗示是指我方采取较为含蓄、间接的方式来表明我方在商务谈判中有关问题的立场、观点及利益要求等。此方式主要针对谈判对手在某些问题上态度不明朗时，为了给双方更大的空间而采取的方式。例如，“关于我方价格的优惠问题，就要看贵方订购的数量和支付方式了。”

主要开场陈述方式有以下几种。

(1) 协商式陈述。协商式陈述是指以协商、肯定的语言进行陈述，使对方对己方产生好感，创造双方对谈判的理解充满“一致性”的合作感觉。协商式陈述语言要友好礼貌，充分尊重对方，但又不刻意奉承对方；姿态上应该不卑不亢，沉稳中不失热情，自信但不自傲，把握恰当的分寸。

协商式陈述举例：“根据我们双方以往的合作经历，我想这次谈判也会非常顺利。从我们之前的沟通情况来看，目前问题主要集中在价格上，当然货物的质量也至关重要，质量不好的货物价格再便宜，你们也一定不会购买的。我们把质量和价格放到前面讨论怎么样？当然，你们是我们的老客户，若订货数量大，我们将给予你们额外的折扣。至于交易的其他方面也好商量，希望通过磋商，我们能达成双方满意的合作。”

(2) 坦诚式陈述。坦诚式陈述是指谈判者本着坦诚的心态，开诚布公地向对方表露己方的真实意图以取得对方的信任、理解和尊重，赢得对方的通力合作。坦诚式陈述可以省去一些礼节性的外交辞令，坦率地陈述己方的观点以及期望，使对方产生信任感。

坦诚式陈述举例：“我们此次前来是就引进贵公司 A 型全自动生产设备有关事宜与你们协商。这个项目如果合作成功，不仅可以提高我公司的生产能力和产品质量，还可以提升贵公司的市场影响力。只要你们保证质量，服务周到，价格合理，其他条件都好商量，希望我们能达成合作。”

(3) 慎重式陈述。慎重式陈述是指以严谨、凝重的语言进行陈述，表达出对谈判的高度重视和鲜明的态度。慎重式陈述不急于拉近双方关系，注意与对方保持一定的距离。

慎重式陈述举例：“很高兴能有机会和你们合作，我们愿意出售这块土地。目前除了贵公司之外，另有三家公司也对这块地皮表示出了浓厚的兴趣，正在积极与我们接洽。当然，如果你们的条件比较合理，价钱比较理想，我们还是愿意与你们合作的。”

2. 从表达形式上，可分为书面表达、书面表达与口头表达相结合、口头表达三种形式

(1) 书面表达。即通过书面文字完整地表明本方意图。此形式通常说明本方的意图是明确的、终局的、不容讨价还价的，对方除了接受或拒绝之外没有回旋余地。这种表达方式主要是由于国家宏观政策、法律、法规等因素的约束而必须遵守。例如，国家公共设施的工程招标文件，有关工程的质量、材料、结构、完工期限等都不容磋商。

提交书面材料，不做口头陈述这种开局方式是一种局限性很大的方式，因为其缺少口头陈述或补充，谈判提交材料的一方，对书面材料的文字表达要非常严格，不能产生歧义，各项条款制定必须十分严密。而谈判的另一方对书面材料的各个条款只能选择接受或不接受，对条款的审核必须十分仔细，不能有任何疏漏。

这种开局方式，一般只在两种情况下运用。一是本部门在谈判规则的约束下不可能有别的选择方式。比如，本部门向政府部门投标，这个政府部门规定在裁定的期间内不与投标者见面、磋商。二是本部门准备把提交最初的书面材料也作为最后的交易条件。这时要求文字材料要明确具体，各项交易条件要准确无误，让对方一目了然，只需要回答“是”与“不是”，无须再做出任何解释。如果是对对方所提出的交易条件进行还价，还价的条件也必须是终局的，对方要么全盘接受，要么全盘拒绝。

(2) 书面表达与口头表达相结合。这种方式是指在谈判中既向对方提交书面材料，又用口头方式进行陈述、解释或补充。这种方式有利于己方对文字表述中一些重要的问题做更详细的说明，也有利于帮助对方对条文中一些难懂的问题做更清楚的解释。这种表明己方意图的方式仍然侧重于书面，因此它比较适用于双方争夺利益不大的情况。这种开局方式是比较理想的一种开局方式，也是目前大多数谈判中运用的开局方式。

这种方法具有以下优势：能用书面材料的方式保证内容完整，并把繁杂的数据以图表等形式清晰地表达出来，交易条件明确具体，同时还可以根据谈判现场灵活地运用恰当的语言进行感情的沟通、交流，缩小双方距离，或对某些条款进行进一步解释或补充，减少误解和争议。但是，这种方式也有缺点，如写上去的东西有可能会成为一种对己方的限制，并难以更改。另外，文字形式的条款不如口语带有感情色彩，细微的差别表达也不如口语，特别是在不同语种之间，就更有局限性。因此，谈判者应该掌握不同形式下的谈判技巧。在提出书面交易条件后，就应努力做到下述要点。

① 让对方尽量多发言，不可多回答对方提出的问题。

② 尽量试探出对方反对意见的坚定性。

③ 不要只注意眼前利益，还要注意目前的合同与其他合同的内在联系。

④ 无论心理感觉如何，都要表现出冷静、泰然自若。

⑤ 要随时纠正对方的某些概念性错误，不要只在对本企业不利时才纠正。

(3) 口头表达。即是指在开局阶段，没有任何书面文件，只在口头上表明己方谈判意图，以便双方进一步磋商、接触，逐步摸清对方意图，再做出相应允诺。此方式给谈判双方提供了更大的协商空间，谈判者可以利用语气、语调中的情感因素来影响对方。

这种方式有许多优点：可以见机行事，有很大的灵活性；先磋商后承担义务；可充分利用感情因素，建立个人关系，缓解谈判气氛等。但这种方式也存在着某些缺点：容易受到对方反击；阐述复杂的统计数字与图表等相当困难；语言不同可能产生误会。

因此，在运用这种谈判方式应注意下面几个问题。

① 明确谈判主题，不要东拉西扯。

② 对每一个条款或问题都要详细协商，但不可抓住一个问题不放，浪费时间。

③ 要统筹考虑，顾及全局。

④ 提出的条件要恰当，要留有讨价还价的余地。

⑤ 要表现得镇定自若，不要轻易让对方探到底线。

【案例 6-2】

甲方：我们对贵方所能提供的原材料很感兴趣。我们准备大宗购进一批，生产一种新产品。我们曾与其他厂家打过交道，但关键的问题是时间，我们想以最快的速度在这个问题上达成协议。为此，我们希望开门见山，并简化谈判的程序。虽然我们以前从未打过交道，不过据各方面反映，贵方信誉好，一向很合作。预祝我们的交易成功。

乙方：我们非常高兴贵方对我们的产品感兴趣，并愿意出售我们的产品。但是，我们的产品数量有限，市场又比较紧俏。当然，这一点是灵活的，我们关心的是价格问题。正因为如此，我们才不急于出售数量有限的产品。

【启示】案例中谈判各方通过简明的语言，明确地阐述了各自的谈判目的、所关心的主要问题、立场和态度，耐人寻味。

(二)开场陈述的基本内容

开场陈述的基本内容如下。

(1) 己方对谈判问题的基本立场和理解。

(2) 己方的利益，即己方希望通过谈判取得的利益，特别是根本的利益和首要的利益。

(3) 己方对于谈判的期望，以及对于对方的期望。

(4) 己方的谈判诚意，即己方愿意为达成谈判结果而付出的努力。

(5) 需要在谈判开局向对方说明的其他问题。

【案例 6-3】

我国某出口公司的一位经理在同东南亚某国商人洽谈大米出口交易时开场陈述是这样

表达的：“诸位先生，首先让我向几位介绍一下我方对这笔大米交易的看法。我们对这笔出口买卖很感兴趣，我们希望贵方能够现汇支付。不瞒贵方说，我方已收到了某国其他几位买方的递盘。因此，现在的问题只是时间，我们希望贵方能认真考虑我方的要求，尽快决定这笔买卖的取舍。当然我们双方是老朋友了，彼此有着很愉快的合作经历，希望这次洽谈会进一步加深双方的友谊。这就是我方的基本想法。”

(资料来源：汤秀莲. 国际商务谈判[M]. 北京：清华大学出版社，2009.)

【启示】上述案例中，中方经理将本方的立场、观点、双方的利益所在、面临的问题、合作的前景都阐述得一清二楚，层次分明，使对方能够很快明确此次谈判的意图。

四、继续了解谈判对手

在商务谈判开始之前，谈判双方就已经开始了了解对方的工作，但是，由于尚未当面接触，所以，这种了解都是片面的、不直观的。对于谈判对手真正的了解，则要到谈判正式开始之后，即在谈判的开局阶段，所以，谈判的开局阶段也是谈判双方相互认识、相互了解的阶段。通过适当的途径和方法来了解谈判对手，是谈判开局阶段另一个非常重要的任务。在这一阶段中，谈判双方应抓住有限的机会，尽可能地了解对方，获得更多关于对方的信息。

在商务谈判的开局阶段，除了仔细倾听并分析对方的开场陈述之外，还可以通过多种其他途径来了解对手，主要包括以下内容。

1. 摸清对方情况

谈判者要设法全面了解谈判对手的情况，虽然在大多数谈判场合，过于细致入微的了解显得似乎有些小题大做，但只有尽可能地把握对方各方面的情况，才能顺藤摸瓜，去探察对方的需要，由此掌握谈判中的主动权，使谈判成为同时满足双方利益的媒介。摸清对手的情况，最好是与熟悉对手的人交谈，全方位了解对手的强项和弱项，并有针对性地做好相应的准备工作。在当今这个通信和计算机很发达的社会里，我们很多的业务和个人履历都像一本打开的书。诸如抵押、留置权、法律判决、设备改进、合同授予、税收和追踪记录这些公开记录，任何人都可以利用；通过信用调查、股东报告可以得到财务数据；公司的组织指南、电话号码簿和内部报纸也很容易得到。谈判者要注意收集各种资料，以便对对手做出准确的判断。

2. 评估对手实力

既然谈判是一个逐步从分歧走向一致或妥协的过程，就需要评估对手的出发点和实力。他们有关键的实证材料吗？这些材料符合逻辑吗？道德上可以接受吗？谈判者由哪些人员组成？各自的身份、地位、性格、爱好、谈判经验如何？他们是否有一个具有良好谈判技巧的高水平首席代表？其能力、权限、以往成败的经历、特长和弱点，以及对谈判的态度、倾向意见如何等。一旦对对手的优势有所了解便可预测一下，当开始谈判时他们会朝哪个方向走，他们有多少可以谈判的余地。

一般情况下，需要掌握的对手实力的信息包括公司的历史，社会影响，资本积累与投资状况，技术装备水平，产品的品种、质量、数量等。

3. 明确对手目标

就像明确自己的目标一样确定对手的目标。将假定的对手目标列一个清单，确定优先等级并按优先等级分类。最高优先级：你认为哪些是对手志在必得的目标？中间优先级：你认为哪些是对手想要争取的目标？最低优先级：你认为哪些是对手会当作额外收益的目标？对手的需求与诚意如何？对方同己方合作的意图是什么？合作愿望是否真诚？他们对实现这种合作的迫切程度如何？但要记住，这些只是猜测的，只能随着谈判进行，通过观察来检验自己的判断是否正确。

4. 分析对手的弱点

就像必须了解对手的优势一样，也必须清楚他们的弱点，无论是他们的论点依据，还是他们的个人能力。如果谈判对手是一个小组，分析是否有机会分而治之，如提出一个取悦一些人而惹怒另一些人的方案；也可以事先研究他们论据中的弱点，充分发掘他们在陈述中有悖于道德和有政治问题的地方。例如，电器批发部的销售主任以高折扣销售一些损坏了的电器，将会导致各种职业道德和法律问题。

5. 利用正规渠道的情报

仔细检查所有有关于对手的文章，如分析行业杂志及相关出版物上有关对手情况的详细报道。这些文章可能会有极宝贵的关于对手现状、历史、目前战略目标的背景资料。也可以查看由政府机构公开出版的有关对手法律上和财政上状况的文件。大多数资料都能以很低的费用获取，只要你肯留心去收集。如果可能，尽量多地向以前的谈判代表请教。

6. 研究历史资料

谈判常常会因为供货商要重新协商新的年度供货合同、雇员要求变更工作期限等诸如此类的事情而发生变化。如果与一个已经熟悉的团体谈判，则应当分析以往谈判中他们所采取的方式，向曾经参与谈判的同事请教，适当地调整自己的战术。但要记住在越来越熟悉对手的同时，对手同样也越来越熟悉你，他们会根据对你方策略的了解来明确地表达他们的目标。在这种情况下要注意几点：以往谈判中力量的对比未必与现在一样；对手可能有更具权威、更具影响力的新职位；对手的新职位可能会使其暴露出新的弱点和长处；双方面临的时间压力可能是不同的；在谈判的每个回合中双方所做的准备工作是不同的。

7. 多边谈判

如果谈判对手由多个团体组成，除了评估每个团体和个人，还应该估计各团体之间是否有冲突，对此冲突己方能否加以利用，并对每个团体和个人的风格、特点都要做详细的了解和把握。此外，要明确谁有权力代表其他几方做重要决定，必要时对其进行重点突破。

8. 利用非正式渠道的情报

为了精于收集情报，必须把自己训练得像侦探一样善于思考。日复一日地利用非正式的社交场合、商务网络、不经意的偶遇，或者与有关人员适时地通电话，来查明对手是如何工作的。也可以派人到他们的办公室去看他们是如何对待下属和顾客，或者邀请他们的老顾客共进午餐并审慎地问一些问题。事实证明，对于对手心怀不满的那些前雇员是一个信息宝库，但也要警惕他们会不知不觉地向你传递一些捕风捉影的错误信息。

第三节　谈判开局的气氛

一、谈判气氛的含义

谈判气氛是谈判对手之间相互影响、相互作用所共同形成的人际氛围。不同的谈判活动会表现出不同的谈判气氛，能够影响谈判人员的心理、情绪和感觉，从而引起相应的反应。因此，谈判气氛对整个谈判过程具有重要的影响，其发展变化直接影响整个谈判的结果。

谈判气氛的形成可以是在谈判的开始、中间或者结尾，但最开始的开局氛围在很大程度上影响谈判过程的氛围，特定的谈判气氛会影响谈判人员的心理、情绪、感觉和态度，从而在不知不觉间左右谈判的发展方向，甚至影响到谈判活动的成败。同样的谈判议题，在不同的谈判气氛中，谈判的结果可能大相径庭。因此，重视营造积极、热烈、合作的谈判气氛，避免出现对立、冷淡、紧张的谈判气氛是十分重要的一环，可以说，开局氛围的成功营造有利于谈判按照己方预想的情况顺利进行。

【案例 6-4】

中国一家彩电生产企业准备从日本引进一条生产线，于是与日本一家公司进行了接触。双方分别派出了一个谈判小组就此问题进行谈判。谈判那天，当双方谈判代表刚刚就座，中方的首席代表(副总经理)就站起来，对大家说，“在谈判之前我要和大家分享一个好消息。我的太太昨天夜里为我生了一个大胖儿子！”此话一出，中方职员纷纷站起来向他道贺。日方代表也纷纷站起来向他道贺。整个谈判的会场气氛顿时高涨起来，谈判进行得非常顺利。中方企业以合理的价格顺利引进了一条生产线。

(资料来源：马克态. 商务谈判理论与实务[M]. 北京：中国国际广播出版社，2004.)

分析：这位副总经理为什么要提自己太太生孩子的事情呢？

原来他在与日方企业接触过程中发现，日本人愿意板起面孔谈判，造成一种冰冷的谈判气氛，给对方造成一种心理压力，从而控制整个谈判，趁机抬高价码或者提高条件。于是他便想出了用自己的喜事来打破日本人的冰冷面孔，营造一种有利于己方的高调气氛。

【启示】任何谈判都是在一定的气氛下进行的。每一场谈判都有其独特的气氛：有的是冷淡的、对立的；有的是积极的、友好的；有的是平静的、严谨的；有的是简洁明快的；还有的是旷日持久的。不同谈判气氛对谈判的影响不同，一种谈判气氛可以在不知不觉中把谈判朝着某种方向推进。比如，积极的、合作的气氛会把谈判朝着达成一致协议的方向推进，冷淡对立的气氛则会把谈判推向更为严峻的境地。因此在一开始，营造出一种合作的、诚挚的、轻松的、认真的和解决问题的气氛，对谈判可以起到十分积极的作用。

二、影响谈判开局气氛的因素

谈判应该是互惠的，一般情况下双方都会谋求一致，为了达到这一目的，洽谈的气氛必须具有诚挚、合作、轻松和认真的特点。要想取得这样一种洽谈气氛，需要有一定的时间，不能在洽谈刚开始不久就进入实质性谈判。因此，要花足够的时间利用各种因素，协调双方的思想和行动。

1. 谈判双方之间的关系

(1) 双方过去有过业务往来，且关系很好。谈判人员态度应该比较热情、放松、亲切，开局阶段的气氛应是热烈、真诚、友好和愉快的。

(2) 双方有过业务往来，但关系一般。谈判人员态度应随和自然，开局阶段的气氛应是比较友好、坦诚、和谐的。

(3) 如果双方过去有过一定的业务往来，但己方对对方的印象不好。谈判人员的态度应该礼貌而冷峻，开局阶段的气氛应是严肃、凝重、低调的。

(4) 过去双方从来没有业务往来。谈判人员在态度上应不卑不亢、沉稳中不失热情、自信但不傲气，开局阶段的气氛应是真诚、热情、友好的。

2. 谈判双方的实力

谈判实力是指影响双方在谈判过程中的相互关系、地位和谈判最终结果的各种因素的总和。在通常情况下，谈判实力取决于谈判方对达成合作的愿望程度、对交易内容与交易条件的满足程度、对商业行情的了解程度、市场竞争的形势、所在企业的信誉和影响力、谈判时间的紧迫程度、谈判艺术与技巧的运用等因素。

(1) 双方谈判实力相当。为了防止一开始就强化对手的戒备心理或激起对方的对立情绪，以致影响到实质性谈判，在开局阶段，己方谈判人员在语言和姿态上要做到轻松又不失严谨、礼貌又不失自信、热情又不失沉稳，力求创造一种友好、轻松、和谐的氛围。

(2) 己方谈判实力明显强于对方。为了使对方能够清醒地意识到这一点，从而产生威慑作用，又不致将对方吓跑，在开局阶段，语言和姿态上既要表现得礼貌友好，又要充分显示出己方的自信和气势，要创造一种友好、矜持的气氛。

(3) 己方谈判实力弱于对方。为了不使对方在气势上占上风，从而影响后面的实质性谈判，在开局阶段的语言和姿态上，一方面要表示出友好，积极合作；另一方面也要充满自信，举止沉稳，谈吐大方，使对方不能轻视己方，要创造一种友好、平等的气氛。

3. 谈判的主题

(1) 双方悦纳的主题。对于双方感兴趣、乐于协商的谈判主题，谈判气氛应是友好、和谐、愉快的。

(2) 一方不感兴趣的主题。对于一方兴趣不大、无所谓的谈判主题，谈判气氛应是自然、轻松、友好的。

(3) 一方抵触的谈判主题。对于一方刻意回避、较为抵触的谈判主题，谈判气氛应是严肃、冷峻、对立的。

4. 双方谈判人员个人之间的关系

如果双方谈判人员过去有过交往接触，并且结下了一定的友谊，则开局气氛较为轻松、愉快；反之，如果双方谈判人员曾有过不愉快的过节，则开局气氛较为冷淡，甚至对立。

谈判的开局气氛是多种多样的：或热烈，或冷淡；或紧张，或舒缓；或愉快，或压抑；或轻松，或凝重；或友好，或对立；或自然，或平淡等。谈判的开局气氛要根据谈判双方之间的关系、谈判实力以及谈判主题等情况灵活地营造，谈判气氛的形成是谈判双方共同作用的结果。谈判开局气氛影响因素状况及谈判气氛对照表如表 6-1 所示。

表 6-1　谈判开局气氛影响因素状况及谈判气氛对照表

双方关系	好	一般	不好	未知
	热烈诚挚	坦诚友好	严肃凝重	热情真诚
双方实力	相当	己方强	己方弱	
	友好和谐	友好矜持	友好平等	
谈判主题	双方悦纳	一方无兴趣	一方抵触	
	愉快友好	自然友好	严肃冷峻	
人员关系	好	一般	不好	未知
	轻松愉快	自然友好	冷淡对立	亲切友好

三、营造谈判开局气氛的技巧

谈判开局气氛是谈判双方仪表、语言、姿态、表情、动作等交互作用形成的洽谈氛围。在具体的谈判活动中，为形成对己方有利的谈判气氛，还可灵活运用一些技巧。

(一)营造高调气氛

高调气氛是指谈判情绪比较热烈，谈判双方情绪积极、态度主动，愉快因素成为谈判情势主导因素的谈判开局气氛。通常在下述情况下，谈判一方应努力营造高调的谈判开局气氛：本方占有较大优势；价格等主要条款对自己极为有利；本方希望尽早达成协议。

在高调气氛下，对手也会更多地注意到他自己有利的方面，而且对前景的看法也倾向于乐观，因此，高调气氛可以促进协议的达成。营造高调气氛通常有以下几种方式。

1. 感情攻击法

感情攻击法是指通过某一特殊事件来引发普遍存在于人们心中的感情因素，并使得这种感情迸发出来，从而达到营造气氛的目的。

【案例 6-5】扫一扫，看“感情攻击方营造高调开局气氛”案例。

2. 称赞法

称赞法是指通过称赞对方来削弱对方的心理防线，从而焕发出对方的谈判热情，调动对方的情绪，营造高调气氛。

采用此方法时要注意以下几点。

(1) 选择恰当的称赞目标和内容。要选择那些对方最引以为豪的，真正过人之处，并希望己方注意的目标，否则有讽刺之嫌。例如，对方个人因素：如个人的仪表、谈吐、气质、才干、经历、家庭成员等；对方企业因素：如企业规模、品牌知名度、经营业绩、管理水平、服务能力等；对方所在国家和城市：如名胜古迹、人文环境、社会风貌、自然环境等。

(2) 选择恰当的称赞时机，应选择对方心情比较好、气氛比较缓和的时机，如果时机选择得不好，称赞法往往适得其反。

(3) 选择恰当的称赞方式。称赞方式一定要自然，不可过于夸张，不要让对方认为你是在刻意奉承他，否则会引起反感。

(4) 称赞程度要恰当，否则会使对方尴尬难堪。

【案例 6-6】扫一扫，看“美国柯达公司创始人与美国优美座位公司的谈判开局”案例。

【案例 6-7】扫一扫，看“称赞法营造高调开局气氛”案例。

3. 幽默法

幽默法是指用幽默的方式来消除谈判对手的戒备心理，使其积极参与到谈判中来，从而营造高调谈判开局气氛。采用幽默法时同样要注意到实际、方式以及要收放有度。

在商务谈判中，幽默地开个得体的玩笑，可以松弛神经、活跃气氛，营造出适于沟通的愉快氛围，运用幽默技巧需要注意以下几个问题。

(1) 幽默内容要高雅。幽默的内容取决于幽默者的思想情趣与文化修养。幽默内容粗俗或不雅，有时也能博人一笑，但过后就会感到乏味无聊。只有内容健康、格调高雅的幽默，才能给人以启迪和精神享受，而且也是对自己形象的成功塑造。

(2) 幽默态度要友善。幽默的过程，是感情互相交流传递的过程。如果借幽默来达到对他人冷嘲热讽、发泄内心厌恶和不满的目的，那么别人一定会认为你不够尊重他人，以后也不会愿意和你继续交往。

(3) 幽默要分清场合。美国总统里根在一次国会开会前，为了试试麦克风是否好用，张口便道：“先生们、女士们请注意，五分钟之后，我们将对苏联进行轰炸。”一语既出，众皆哗然。显然，里根在不恰当的场合和时间里，开了一个极为荒唐的玩笑。为此，苏联政府对美国提出了强烈的抗议。

(4) 幽默要分清对象。我们身边的每个人，因为身份、性格和心情的不同，对幽默的承受能力也有差异。幽默要因人、因事、因时而发，否则会触怒他人。

【案例 6-8】扫一扫，看“英国首相丘吉尔和美国总统罗斯福的幽默开局”案例。

【案例 6-9】扫一扫，看“蘑菇和松茵的幽默比喻”案例。

4. 问题挑逗法

问题挑逗法是指提出一些尖锐问题诱使对方与自己争议，通过争议使对方逐渐进入谈判角色。这种方法通常是在对方谈判热情不高时采用，有些类似于“激将法”。但是，这种方法很难把握好火候，在使用时应慎重一些，要选择好退路。

【案例 6-10】扫一扫，看“美国金融大王摩根的挑逗式开局”案例。

(二)营造低调气氛

低调气氛是指谈判气氛十分严肃、低落，谈判的一方情绪消极、态度冷淡，不愉快因素构成谈判情势的主导因素。通常在下面这种情况下谈判一方应该努力营造低调气氛：本方有讨价还价的砝码，但是并不占有绝对优势，合同中某些条款并未达到本方的要求，如果本方施加压力，对方会在某些问题上作出让步。低调的气氛会给谈判双方都造成较大心理压力，这种情况下，哪一方心理承受力弱，哪一方往往会妥协让步。因此，在营造低调气氛时，本方一定要做好心理准备，并要有较强的心理承受能力。

营造低调气氛通常有以下几种方法。

1. 压抑法

压抑法是以沉重、抑郁的心情、冷峻的语言诱发对方的消极情感，致使一种低沉、严肃的气氛笼罩在谈判开始阶段。

【案例 6-11】扫一扫，看“美国克莱斯勒公司与美国政府的压抑式谈判开局”案例。

2. 沉默法

沉默法是以沉默的方式来使谈判气氛降温，从而达到向对方施加心理压力的目的。注意这里所讲的沉默并不是一言不发，而是指本方尽量避免对谈判的实质问题发表议论。

采用沉默法时要注意以下两点。

(1) 要有恰当的沉默理由。通常人们采用的理由有假装对某项技术问题不理解，假装不理解对方对某个问题的陈述，假装对对方的某个礼仪失误表示十分不满。

(2) 要沉默有度，适时出击，掌握主动。

【案例 6-12】扫一扫，看“美日贸易谈判的沉默式谈判”案例。

3. 疲劳战术

疲劳战术(又称消磨法)是指对方对某一个问题或者某几个问题反复进行陈述，从生理和心理上疲劳对手，降低对手的热情，从而达到控制对手并迫使其让步的目的。在与日方的谈判中，他们经常将疲劳战术与沉默法结合使用。

【案例 6-13】扫一扫，看“日本航空公司与美国麦道公司的谈判”案例。

4. 指责法

指责法是指对对手的某项错误或礼仪失误严加指责，使其感到内疚，从而达到营造低调气氛，迫使谈判对手让步的目的。

【案例 6-14】扫一扫，看“中美大型设备采购谈判中的指责法运用”案例。

(三)营造自然气氛

自然气氛是指谈判双方情绪平稳，谈判气氛既不热烈也不消沉。自然气氛无须刻意去营造，许多谈判都是在这种气氛中开始的。这种谈判开局气氛便于向对手进行摸底。营造自然气氛要做到以下几点。

(1) 注意自己的行为、礼仪。

(2) 要多听、多记，不要与谈判对手就某一问题过早发生争执。

(3) 提前准备几个问题，但询问方式要自然。

(4) 对于对方提问，能正面回答的一定要正面回答；不能回答的，要采用恰当方式进行回避。

1. 寒暄法

寒暄法是指双方见面落座后，在轻松愉快的闲聊中形成诚挚、融洽的谈判氛围。双方闲聊的话题可以是询问对方休息、饮食状况，对本地的感觉印象；也可以是一些与谈判无关的、令双方感兴趣的话题，诸如以前各自的经历、共同交往的人、文艺体育、时事新闻、地理气候、风俗习惯等；若彼此有过交往，可叙谈以往合作经历或感受，表达对对方的谢意或歉意。

【案例 6-15】扫一扫，看“美国 AF 公司与中国金凯公司的谈判开局”案例。

2. 进攻法

进攻法是通过语言或行为来表达己方强硬的姿态，从而使对方转变态度， 形成平等协商的谈判氛围。运用进攻法在态度上要自信，做到有理、有利、有节地捍卫己方的尊严和正当权益，从而建立平等的谈判气氛。

【案例 6-16】扫一扫，看“美日车企的开局谈判”案例。

3. 示弱法

示弱法是指谈判一方向另一方表明自己的弱势，取得对方的同情，从而形成平和融洽的谈判氛围。

【案例 6-17】扫一扫，看“示弱法营造自然开局气氛”案例。

谈判气氛并不是一成不变的。在谈判中，谈判人员可以根据需要来营造适合自己的谈判气氛。但是，谈判气氛的形成并不完全是人为因素的结果，客观条件也会对谈判气氛有重要的影响，如节假日、天气情况、突发事件等。因此，在营造谈判气氛时，一定要注意外界客观因素的影响。

建立与谈判对手的良好关系有助于良好商务谈判氛围的形成。通常与对方建立良好关系包括以下技巧。

(1) 记住名字。在与谈判对手一次偶然或短暂的交往后，能准确、迅速地说出对方的名字，不仅是一种友善的表示，也给对方传递了一条信息——你在我心中的位置，对方会因此而感动。记住别人名字的最好方法就是建立名片档案，注明初识时间、地点、关键事项等。

(2) 娱乐活动。邀请谈判对手参加娱乐活动能很好地沟通双方感情。娱乐活动的方式多种多样：切磋棋艺，打网球、保龄球、高尔夫球，听音乐，唱卡拉 OK，跳舞等。

(3) 旅游观光。旅游观光是增进友谊的一种较好形式，因为它使双方接触时间延长，游览、就餐、休息都在一起，是深入交往的极好时机。

(4) 家庭拜访。家庭拜访包括到谈判对方成员家里访问，参加其家庭的重要活动等，往往也能收到较好的效果。

(5) 赠送礼物。在双方交往中，根据不同对象的喜好有意识地馈赠一些礼物，表示友好和 联络感情，可拉近双方距离。

第四节　谈判开局的策略

谈判开局的策略是多种多样的，一定要在仔细分析谈判双方地位、谈判内容的基础上选择合适的开局方式，运用恰当的开局策略，俗语讲“万事开头难”，只要开头开好了就相当于开启了谈判成功的大门，后续谈判的顺利进行也就不言而喻了。

商务谈判的开局策略包括：一致式开局策略、保留式开局策略、坦诚式开局策略、进攻式开局策略、挑剔式开局策略。谈判时用哪种开局策略要根据实际情况来选用。

一、一致式开局策略

所谓一致式开局策略指的是在谈判开始时，为使对方对自己产生好感，以“协商”“肯定”的方式，创造或建立起对谈判的“一致”感觉，从而使谈判双方在友好的气氛中不断将谈判引向深入的一种开局策略。现代心理学研究表明，人们通常会对那些与自己想法一致的人产生好感，并愿意将自己的想法按照那些人的观点进行调整，这一研究结论正是一致式开局策略的心理学基础。

一致式开局策略的目的在于创造取得谈判胜利的条件，可以在高调气氛和自然气氛中运用，但尽量不要在低调气氛中使用。因为在低调气氛中使用这种策略容易使自己陷入被动。一致式开局策略如果运用得好，可以将自然气氛转变为高调气氛。

运用一致式开局策略的具体方式有很多，比如，在谈判开始时，以一种协商的口吻来征求谈判对手的意见，然后对其意见表示赞同或认可，并按照其意见进行工作。运用这种方式应该注意的是，拿来征求对手意见的问题应是无关紧要的问题，即对手对该问题的意见不会影响到本方的具体利益。另外，在赞成对方意见时，态度不要过于献媚，要让对方感觉到自己是出于尊重，而不是奉承。

另一种重要途径，就是在谈判开始时以问询方式或补充方式诱使谈判对手走入你的既定安排，从而在双方间达成一种一致和共识。①问询方式，是指将答案设计成问题来询问对方，例如，“你看我们把价格及付款方式问题放到后面讨论怎么样？”②补充方式，是指借以对对方意见的补充，使自己的意见变成对方的意见。

【案例 6-18】

甲方：“我们彼此介绍一下各自的生产、经营、财务和商品的情况， 您看如何？”

乙方：“完全可以，如果时间、情况合适的话，我们可以达成一笔交易，您会同意吧？”

甲方：“完全同意。我们谈半天如何？”

乙方：“估计介绍情况一个小时足够了，其他时间谈交易条件，如果进展顺利，时间差不多，行。”

甲方：“那么，是贵方先谈，还是我先谈？”

乙方：“随便，就请您先谈吧。”

二、保留式开局策略

保留式开局策略是指在谈判开局时，对谈判对手提出的关键性问题不做彻底、确切的回答，而是有所保留，从而给对手造成神秘感，以吸引对手步入谈判。但要注意，在采取保留式开局策略时不要违反商务谈判的道德原则，即以诚信为本，向对方传递的信息可以是模糊信息，但不能是虚假信息，否则，会将自己陷入非常难堪的局面之中。

【案例 6-19】

有一家日本公司与我国福建省一家公司进行了接触，双方互派代表就投资问题进行谈判。谈判一开始，日方代表就问，“贵公司的实力如何我们还不了解，能否请您向我们介绍一下以增加我方进行合作的信心。”中方代表回答道，“不知贵方所指实力包括哪几方面，但有一点我可以明确告诉您，造飞机我们肯定不行，但是制茶我们是内行，我们的制茶技术是世界一流的。福建有着丰富的茶叶资源，我们公司可以说是近水楼台。贵公司如果与我们合作的话，肯定会比其他公司合作得满意。”

三、坦诚式开局策略

坦诚式开局策略是指以开诚布公的方式向谈判对手陈述自己的观点或想法，从而为谈判打开局面。

坦诚式开局策略比较适合于长期的业务合作关系的双方，以往的合作双方比较满意，双方彼此又相互了解，不用太多的客套，减少了很多外交辞令，节省了时间，直接坦率地提出己方的观点、要求，反而更能使对方对己方产生信任感。但要注意的是，采用这种策略时，要综合考虑多种因素，如自己的身份、与对方的关系、当时的谈判形势等。

坦诚式开局策略有时也可用于谈判实力弱的一方。当我方的谈判实力明显不如对方，并为双方所共知时，坦率地表明己方的弱点，让对方加以考虑，更表明己方对谈判的真诚，同时也表明对谈判的信心和能力。

【案例 6-20】

北京门头沟一单位书记在同外商谈判时，发现对方对自己的身份持有强烈的戒备心理。于是他当机立断，站起来向对方说道：“我是党委书记，但也懂经济、搞经济，并且拥有决策权。我们摊子小，实力不大，但人实在，愿意与贵方真诚合作。咱们谈成也好，谈不成也好，至少您这个外来的洋先生可以交我这个中国的土朋友。”寥寥几句肺腑之言，一下子打消了对方疑虑，使得谈判顺利向纵深发展。

四、进攻式开局策略

进攻式开局策略是指通过语言或行动来表达己方强硬的姿态，从而获得谈判对手必要的尊重，并借以制造心理优势，使得谈判顺利进行下去。采用进攻式开局策略一定要谨慎，因为在谈判开局阶段就设法显示自己的实力，使得谈判开局就处于剑拔弩张的气氛中，对谈判的进一步发展极为不利。进攻式开局策略通常只在这种情况下使用：发现谈判对手在刻意制造低调气氛，这种气氛对己方的讨价还价十分不利，如果不把这种气氛扭转过来，将损害己方的切身利益。

【案例 6-21】

日本一家著名的汽车公司在美国刚刚“登陆”时，急需找一个美国代理商来为其推销产品，以弥补他们不了解美国市场的缺陷。当日本公司准备同美国一家公司就此问题进行谈判时，日本公司的谈判代表因塞车迟到了。美国公司的代表抓住这件事情紧紧不放，想要以此为手段获取更多的优惠条件。日本公司的代表发现无路可退，于是站起来说：“我们十分抱歉耽误您宝贵的时间，但这绝非我们的本意，我们对美国的交通状况了解不足，所以导致迟到这个不愉快的结果，我希望我们不要再因为这个无所谓的问题耽误宝贵的时间了，如果因为这件事情怀疑到我们合作的诚意，那我们只好结束这次谈判，我认为，我们所提出的优惠代理条件是不会在美国找不到合作伙伴的。”

日本代表一席话说得美国代理哑口无言，美国人也不想失去一次赚钱的机会，于是谈判顺利地进行下去了。

这个案例中，日方谈判代表采取了进攻式的开局策略，阻止了美国代表谋求营造低调气氛的企图。进攻式策略可以扭转不利于己方的低调气氛，使之走向自然气氛或高调气氛。但是，进攻式开局策略也可能使谈判陷入僵局。

五、挑剔式开局策略

挑剔式开局策略是指开局时，对对手的某项错误或礼仪失误严加指责，使其内疚，从而营造低调气氛，迫使对手让步。

【案例 6-22】

巴西一家公司到美国去采购成套设备。巴西谈判小组成员因为上街购物耽误了时间，当他们到达谈判地点时，比预定时间晚了 45 分钟。美方代表对此极为不满，花了很长时间来指责巴西代表不遵守时间，没有信用，如果照这样下去的话，以后很多工作很难合作，浪费时间就是浪费资源、浪费金钱。对此巴西代表感到理亏，只好不停地向美方代表道歉。谈判开始以后似乎还对巴西代表来迟一事耿耿于怀，一时间弄得巴西代表手足无措，说话处处被动，无心与美方代表讨价还价，对美方提出的许多要求也没有静下心来认真考虑，匆匆忙忙就签订了合同。合同签订以后，巴西代表平静下来，头脑不再发热时才发现自己吃了大亏，上了美方的当，但已经晚了。

本案例中美国谈判代表成功地使用挑剔式开局策略，迫使巴西谈判代表自觉理亏，在来不及认真思考的情况下而匆忙签订对美方有利的合同。

课后练习

一、判断题

1. 谈判开局阶段，可适当谈论些轻松地、非业务性的话题，切忌涉及个人隐私。(　　)
2. 在谈判开局阶段，双方的注意力都不太集中，不适合进行实质性的谈判。(　　)
3. 在做开场陈述时一定要明确、具体地提出己方的利益重点。(　　)
4. 对方陈述时，己方一定要倾听，要思想集中，同时要积极思索、寻找相应的对策。(　　)
5. 谈判气氛的形成完全是人为因素的结果，客观条件不会对谈判气氛造成什么影响。(　　)
6. 口头谈判中，决策往往受主谈人的意志和判断力的影响，虽然很灵活，但其严密性却难以保证。(　　)
7. 在谈判意图陈述中，不要盲目地对交易条件进行讨价还价，有些条件对方是不肯让步的。(　　)
8. 谈判是一个逐步从分歧走向一致或妥协的过程。(　　)
9. 在自然气氛中，对手往往只注意到他自己的有利方面，而且对谈判前景的看法也倾向于乐观。(　　)
10. 谈判开局气氛是由参与谈判的所有谈判者的情绪、态度与行为共同制造的。(　　)

二、不定项选择题

1. 协商式开局策略适用于这种谈判开局气氛(　　)。

A. 高调气氛或低调气氛　　B. 高调气氛或自然气氛
C. 低调气氛或自然气氛　　D. 高调气氛、低调气氛或自然气氛

2. 在谈判摸底期间最好的策略是(　　)。

A. 己方先说　　B. 让对方先说　　C. 书面交谈　　D. 顺其自然

3. 坦诚式开局策略适用于(　　)。

A. 高调开局式　　B. 低调开局式
C. 自然气氛　　D. 高调气氛、低调气氛和自然气氛

4. 开局阶段奠定谈判成功基础的关键是(　　)。

A. 良好的谈判气氛　　B. 合理的报价
C. 反复磋商　　D. 确定谈判目标

5. 谈判开局阶段，谈判各方的心理都比较(　　)。

A. 紧张　　B. 放松　　C. 胸有成竹　　D. 不在乎对手

6. 谈判开局阶段人的注意力(　　)。

A. 最集中　　B. 分散　　C. 自然　　D. 忐忑不安

7. 谈判的格局是在开局后的(　　)内确定。

A. 一周　　B. 三天　　C. 几小时　　D. 几分钟

8. 赢得谈判主动，最重要的是摸清对方的(　　)。

A. 主谈人性格　　B. 财务情况　　C. 底牌　　D. 风俗习惯

9. 商务谈判中，摸清对方需要、掌握对方心理的手段是(　　)。

A. 问　　B. 听　　C. 看　　D. 说

10. 商务谈判的开局气氛分为(　　)。

A. 高调气氛　　B. 低调气氛　　C. 自然气氛　　D. 平淡气氛

11. 营造低调气氛常用的方法有(　　)。

A. 感情攻击法　　B. 幽默法　　C. 疲劳战术　　D. 指责法

12. 在对方陈述时，己方应该(　　)。

A. 思考对策　　B. 倾听　　C. 搞懂　　D. 归纳

13. 在开局阶段不应该做的事有(　　)。

A. 过早让步　　B. 轻易说绝不
C. 只用可以或不可以　　D. 措辞太极端

三、简答题

1. 简述影响开局气氛的几种因素。
2. 简述如何营造自然气氛。
3. 谈判意图陈述的内容包括哪些？

四、案例分析题

1. 金星啤酒要进入中山市场，首选中山市几家大餐饮企业作为进入的突破口。如何让这几家餐饮企业推荐金星啤酒或者金星啤酒作为饭店的主要酒水，还真的需要下功夫做好老板

的工作，这个任务落到了金星啤酒销售副经理小赵的身上。

小赵："哟，这么多空酒瓶！老板，一看中午客人喝空了这么多瓶酒，就知道你的生意做得红红火火。现在啤酒销量不错吧？"小赵说话语音洪量、真诚，让人听起来很受用。

马老板："马马虎虎，请问有什么事？"

小赵："噢，我是金星啤酒集团的小赵，早就听说你是中山餐饮业起步最早、做得最好老板，今天来拜访您，跟您学学生意经，交个朋友。"

马老板："没有什么经验，只是踏踏实实地做生意罢了。"

小赵："这才是最宝贵的经验，也是做生意最基本的原则。正是因为你的实在、讲信誉，你的顾客才信任你，愿意和你打交道，你的生意才越做越大了。"

马老板："还是你们文化人会总结。"

小赵："文化高不能决定事业的成功，关键是做事和做人，听说你不是就凭借着一个'义'字把生意做大了吗？"

马老板一听就很高兴，急忙把小赵让到办公室里商谈，果然没有费多大的劲儿，小赵就和马老板签订了每年销售 10 万元啤酒的大订单。

问题：

(1) 小赵为什么会成功？

(2) 小赵运用了哪种方法营造了如此高调的气氛？

2. 可口可乐是专业生产、销售饮料的企业，汇源果汁则是专业生产、销售果汁的企业，双方在市场上势均力敌，为了能够更好地合作和发展，双方拟定洽谈合作事宜。可口可乐希望能够并购汇源果汁在果汁终端市场上的全部业务，包括生产和销售，汇源果汁除了果汁生产销售业务之外，只剩下原材料生产基地业务。因此，汇源提出的条件就是可口可乐并购市场终端业务的同时必须承诺永远不进入果汁原材料市场。可口可乐认为汇源提出的条件过于苛刻，因此他们也提出汇源从此不得进入终端消费市场。

问题：请分别作为汇源和可口可乐的谈判代表，在谈判开局之前进行开局陈述。要求既要简明扼要，陈述己方条件，表明己方观点，又要带有一定的指向性，鼓励和说服对方同意自己的观点。

扫一扫：
看商务谈判的报价的微课视频。

第七章　商务谈判的报价

【学习目标】

知识目标： 掌握谈判中价格信息的主要内容；掌握报价的理论知识；了解价格谈判策略的内容。

技能目标： 能全面地收集、分析与处理价格的相关信息；能有效地实施报价、价格解释与价格评论；能在商务谈判过程中灵活运用价格谈判的策略与技巧。

【引导案例】

一位来自得克萨斯州阿马里洛的律师朋友约翰·布罗德富代表自己的客户谈判购买一处不动产，虽然一切都很顺利，可是他想：“我试试看我的这个方法是否有效。”于是他拟出了一份文件，向卖方提出了 23 条要求，其中的一些要求显然十分荒唐。他相信，只要卖方一看到这份文件，立刻就会拒绝其中至少一半的条件。可是让他大为吃惊的是，他发现对方居然只对其中的一条表示出了强烈反对。即便如此，约翰还是没有欣然答应，他坚持了几天时间，直到最后才不情愿地答应了。虽然约翰只是放弃了这 23 个条件中的一个，但卖方还是觉得自己赢得了这场谈判。

（资料来源：https://wenku.baidu.com/view/c8c7b8ae162ded630b1c59eef8c75fbfc77d9414.html.）

【启示】在下定决心要开出高于心理预期的条件之后，你应该如何确定你所开出的具体条件？要解决这个问题，首先需要清楚地界定自己的目标。通常情况下，你所开出的条件与对方开出的条件应该和双方最终成交的条件保持等距。但并不是每次谈判都会一方让一半。因此，在双方进行谈判时，通常需要了解报价的影响因素，针对具体情况制定报价策略。

价格是商务谈判中的主要内容，它直接影响着谈判结果，是事关谈判能否取得胜利的关键问题之一。要达到预期的价格谈判目的，就必须熟识商务价格谈判的报价原则、影响因素及报价技巧，有针对性地制定报价策略，找出最合理的价位并力求使对方接受，才能在谈判中占据有利地位，把握竞争中的主动权。

第一节 报价的理论知识

报价是指报出价格或报出的价格(广义的报价，除价格这一核心外，也包括向对方提出的所有要求)。这里所指的“价”是就广义而言的，并非单指价格，而是指包括价格在内的诸如交货条件、支付手段、违约金或押金、品质与检验、运输与保险、索赔与诉讼等一系列内容。报价标志着价格谈判的正式开始，也标志谈判者的利益要求的 “亮相”。报价是价格谈判中一个十分关键的步骤，不仅给谈判对手以利益信号，成为能否引发对方交易欲望的前奏，而且在实质上对影响交易的盈余分割和实现谈判目标具有举足轻重的意义。

报价阶段即谈判开局结束后，双方各自提出自己交易条件的阶段。谈判双方往往是经过各自互探对方的底细，在明确了交易的具体内容、范围并讨论磋商后，提出各自的交易条件，表明自己的立场和利益需求。商务谈判中的报价直接影响商务谈判的结果，关系到谈判者最终获利的大小，关系到商务谈判能否取得胜利。在商务谈判中，价格因素的作用非常大，也就是说，卖方开价与买方还价的技巧，在很大程度上直接影响商务谈判的最终结果。

报价绝不是报价一方随心所欲的行为。报价应该以影响价格的各种因素、所涉及的各种价格关系、价格谈判的合理范围等为基础。同时，由于交易双方处于对立统一之中，报价一方在报价时，不仅要以己方可能获得的利益为出发点，更必须考虑对方可能的反应和能否被对方接受。因此，报价的一般原则应当是：通过反复分析与权衡，力求把握己方可能获得的利益与被对方接受的概率之间的最佳结合点。可以说，如果报价的分寸把握得当，就会把对方的期望值限制在一个特定的范围，并有效控制交易双方的盈余分割，从而在之后的价格磋商中占据主动地位；反之，报价不当，就会助长对方的期望值，甚至使对方有机可乘，从而陷入被动境地。可见，报价策略的运用，直接影响价格谈判的开局、走势和结果。

一、报价的依据

从理论上来说，商务谈判报价依据有两个：第一，对报价者最为有利，即卖方报出最高价，在预期成交价基础上加上虚头；买方报出最低价，在预期成交价基础上扣减虚头，以便在后期谈判中讨价还价让虚头。第二，成功的可能性最大，报价时要考虑到对方的接受能力和市场背景，避免狮子大开口吓跑对方。

在实际商务谈判中，报价遵循以下依据。

(1) 随行就市。

(2) 以主要出口或进口国家成交价为依据。

(3) 参照买主或买主当地批发价。

(4) 国际经济行情的状况及发展趋势。

(5) 国际市场同类商品的供求状况及发展趋势。

(6) 国际市场代用商品的供求状况及发展趋势。

(7) 有关商品的生产、库存变化，主要地区的安全稳定状态等。

以上依据并不是一成不变的“死”依据，在报价时仅起参考作用，不起决定性作用。在报价时，最根本的依据是我们想不想买(或卖)，想在何时买(卖)。如果我们确实想买(卖)，我们的报价就可以适当地调高(低)一些；如果我们确实不想买(卖)，我们的报价就可以拼命压低(哄抬高价)。具体在谈判中如何报价，应该随行就市，依情而定，灵活掌握。

二、报价的原则

报价并不是简单地提出己方的交易条件，这一过程实际上非常复杂，稍有不慎就有可能陷自己于不利的境地。谈判实践告诉我们，在报价时要遵循下面几项原则。

1. 开盘报价必须是“最高”价或“最低”价

对于卖方来讲，开盘价必须是“最高的”(相应地，对买方来讲，开盘价必须是“最低的”)，这是报价的首要原则。

首先，若本方为卖方，开盘价为本方的要价确定了一个最高限度。一般来讲，除特殊情况外，开盘价一经报出，就不能再提高或更改了，最终双方成交的价格肯定是在此开盘价格以下。若本方为买方，开盘价为本方的要价确定了一个最低限度。没有特殊情况，开盘价也是不能再降低的，最终双方成交的价格肯定在此开盘价格之上。

其次，从人们的观念上来看，“一分钱一分货”是多数人信奉的观点。因此，开盘价较高，会影响对方对本方提供的商品或劳务的印象和评价。

再次，开盘价较高，能够为以后的讨价还价留下充分的回旋余地，使本方在谈判中更富有弹性，便于掌握成交时机。

最后，开盘价的高低往往对最终成交水平具有实质性的影响，即开盘价高，最终成交价的水平也就比较高；开盘价低，最终成交价的水平也相应地比较低。

【案例 7-1】

一位工会职员为造酒厂的会员要求增加工资一事向厂方提出了一份书面要求，一周后，厂方约他谈判新的劳资合同。令他吃惊的是，一开始厂方就花很长时间向他详细介绍销售及成本情况，反常的开头叫他措手不及。为了争取时间考虑对策，他便拿起会议材料看了起来，最上面一份是他的书面要求。一看之后他才明白，原来是在打字时出了差错，将要求增加工资 12%打成了 21%，难怪厂方小题大做了。他心里有了底，谈判下来，最后以增资 15%达成协议，比自己的期望值高了 3 个百分点。看来，他原来的要求太低了。

2. 开盘价必须合情合理

开盘价要报得高一些，但绝不是指要漫天要价、毫无控制，恰恰相反，高的同时必须合乎情理，必须能够讲得通。可以想象，如果报价过高，又讲不出道理，对方必然会认为你缺少谈判的诚意，或者被逼无奈而中止谈判扬长而去；或者以其人之道，还治其人之身，相对地来个“漫天砍价”；抑或一一提出质疑，而本方又无法解释，其结果只好是被迫无条件地让步。在这种情况下，有时即使本方已将交易条件降低到较公平合理的水平上，对方仍会认为尚有“水分”可挤，因而还是穷追不舍。可见，开盘价脱离现实，便会自找麻烦。因此，开盘价过高将会有损于谈判。同时，报价留出虚头的主要目的是为以后谈判留出余地，过高或过低将为谈判造成困难。虚头留出多少，要视具体情况来定：竞争对手的多少、货源的情况、对手要货的用途、关系的远近等都会影响虚头的大小。

【案例 7-2】

天价“汤臣一品”

某海外开发商在上海浦东陆家嘴黄浦江边建造了 6 栋豪华公寓，取名“汤臣一品”。这几栋公寓不仅户户面朝黄浦江，对面外滩的繁华景色一览无余，更有甚者，公寓的所有建筑装饰材料均来自进口，保安及自动化控制系统堪称一流。公寓于 2005 年建成，面向全球发售，所报价格每平方米高达 11 万～13 万元人民币，比当时上海中心城区平均楼价高出十多倍，也比相邻的高档公寓贵了 3～4 倍！结果，开盘后一年多，一套也没卖出去。究其原因，这种一厢情愿，不顾市场行情，不考虑买方是否愿意接受的离谱报价，违反了报价的基本原则。

(资料来源：https://max.book118.com/html/2016/0806/50537179.shtm.)

3. 报价应该坚定、明确、完整

开盘价的报出要坚定、果断，不保留任何语尾，这样做能够给对方留下本方是认真而诚实的好印象。要记住，任何欲言又止、吞吞吐吐的行为，必然会导致对方的不良感受，甚至会产生不信任感。

开盘报价要明确、清晰而完整，以便对方能够准确地了解本方的期望。实践证明，报价时含混不清最容易使对方产生误解，从而扰乱本方所定步骤，对己不利。

4. 不对报价做主动的解释和说明

报价时不要对本方所报价格做过多的解释、说明和辩解，因为对方不管我方报价的水分多少都会提出质疑的。如果在对方还没有提出问题之前，我方便主动加以说明，会提醒对方意识到我方最关心的问题，而这种问题有可能是对方尚未考虑过的问题。因此，有时过多地说明和解释，会使对方从中找出破绽或突破口，向我方猛烈地反击，有时甚至会使我方十分难堪，无法收场。

报价在遵循上述原则的同时，必须考虑当时的谈判环境和与对方的关系状况。如果对方为了自己的利益而向我方施加压力，则我方就必须以高价向对方施加压力，以保护我方的利益；如果双方关系比较友好，特别是有过较长的合作关系，那么报价就应当稳妥一点，出价过高会有损于双方的关系；如果本方有很多竞争对手，那就必须把要价压低到至少能受到邀请而继续谈判的程度，否则会连继续谈判的机会都没有。因此，除了掌握一般性报价的原则和策略外，还需要灵活地加以运用，不可教条主义。

进行报价解释时应注意以下问题。

价格解释是指卖方就其商品特点及其报价的价值基础、行情依据、计算方式等所做的介绍、说明或解答。价格解释对于卖方和买方，都有重要作用。从卖方来看，可以利用价格解释，充分表白所报价格的真实性和合理性，增强其说服力，软化买方的要求，以迫使买方接受报价或缩小买方讨价的期望值；从买方来看，可以通过对方价格解释分析讨价还价的余地，进而确定价格评论应针对的要害。

通常情况下，一方报价完毕之后，另一方会要求报价方进行价格解释。那么在进行价格解释时，必须注意以下几个问题。

(1) 不问不答。买方不主动问及的问题不要回答。其实，买方未问到的一切问题，都不要进行解释或答复，以免造成言多有失的后果。

(2) 有问必答。对对方提出的所有有关问题，都要一一做出回答，并且要很流畅、很痛快地予以回答。经验告诉人们，既然要回答问题，就不能吞吞吐吐、欲言又止，这样极易引起对方的怀疑，甚至会提醒对方注意，从而穷追不舍。

(3) 避虚就实。对本方报价中比较实质的部分应多讲一些，对于比较虚的部分，或者说水分含量较大的部分，应该少讲一些，甚至不讲。

(4) 能言不书。能用口头表达和解释的，就不要用文字来书写，因为当自己表达有误时，口述和笔写的东西对自己的影响是截然不同的。有些国家的商人，只承认笔上的信息，而不重视口头信息，因此要格外慎重。

【案例 7-3】

“虚假喊价”的运用

有一年，我国某进出口公司在和法国商人戴维斯洽谈生意时，一位工作人员无意中透露了我国当年黄狼皮生产情况很好的信息。过了两天，戴维斯就向我国某进出口公司发函表示愿意与中方进行购买黄狼皮的谈判意愿。在戴维斯的来信中，不仅表示购买的数量很大，而且报价比一般市场价高出 3%。当时，中方业务人员做出的错误的判断是，以为戴维斯是想用“喊高价”来挤掉其他商家，以达到自己垄断国外市场的目的。因为谁都乐意高价出售自己的货品，因此，我国某进出口公司此后便回绝了其他几家外商的求购要求。没想到，时隔不久，从伦敦传来消息，某商家在国际市场上以平价抛售黄狼皮。这时，我国某进出口公司的工作人员才明白上了戴维斯的当。戴维斯用 “喊高价”的手法，稳住我国公司，然后他在国际市场上抛售自己库存的黄狼皮。此时，中方价位比国际市场高出 3%，而且由于有了戴维斯的订单不肯降低价格。没有中国某进出口公司优质平价的竞争，戴维斯顺利地抛售了自己全部黄狼皮的库存，而中国某进出口公司的货则全部砸在自己手中。

(资料来源：李爽. 商务谈判[M]. 北京：清华大学出版社，2011.)

三、报价的次序

虽然商务谈判中的报价泛指对于各种交易条件的要求，但是，其中对于价格的要求仍然是核心内容。提出价格要求时，谁先报价是一个非常重要而又微妙的问题。先报价和后报价各有利弊，需要根据谈判当时的具体情况进行决策。

1. 先报价的利弊

先报价的有利之处在于：可以为价格谈判划定一个大致的框架，使得对方进行讨价还价时也不得不以此为依据，保证最后成交价格尽量落在己方可控制的范围之内；此外，提出一个出乎对方意料的报价，可以打乱对方的原有部署，甚至动摇对方的谈判信心，为己方争取到谈判的主动权。总之，先报价在整个谈判中都会持续地起作用，因此，先报价比后报价的影响要大得多。

先报价的不利之处在于：一方面，增加对方对己方的了解，对方可以根据己方报价调整自己的报价，很有可能获得意想不到的好处；另一方面，报价属于一种探测，先报价带有一定的盲目性，容易使己方落入被动的局面，受到对方在价格上的不断攻击。 其最常用的做法是：采取一切手段，调动一切对其有利因素，集中力量攻击我方报价，逼迫我方一步一步降价，而不透露他们自己的报价。

先报价适用条件：本方实力强于对方、在谈判中处于有利地位、卖方竞争激烈。

2. 后报价的利弊

后报价的有利之处在于：可以先获得对方对价格的要求，特别是当对价格的市场动态不了解时，后报价将有利于己方调整价格期望，提出更有效的报价，提高报价的成功率。

后报价的不利之处在于：失去了报价的主动地位，价格谈判的范围被对方基本限定，最后的成交价格往往达不到己方的期望。

后报价适用条件：本方实力明显弱于对手、本方对谈判环境了解不够、谈判经验不足的。

【案例 7-4】

爱迪生的专利价格

美国著名发明家爱迪生在某公司当电气技师时，他的一项发明获得了专利。公司经理向他表示愿意购买这项专利，并问他要多少钱。当时，爱迪生想的是，只要能卖到 5000 美元就很不错了，但他没有说出来，只是督促经理说："您一定知道我的这项发明专利权对公司的价值了，所以，价钱还是请您自己说一说吧！"经理报价道："40 万美元，怎么样？"还能怎么样呢？谈判当然是没费周折就顺利结束了。

爱迪生因此而获得了意想不到的巨款，为日后的发明创造提供了资金。

(资料来源：仰书钢. 商务谈判理论与实务[M]. 北京：北京师范大学出版社，2007.)

四、报价起点的确定及确定合理的报价范围

1. 报价起点的确定

通常是作为卖方，报价起点要高，即"开最高的价"；作为买方，报价起点要低，即"出最低的价"。商务谈判中这种"开价要高，出价要低"的报价起点策略，由于足以震惊对方，被国外谈判专家称为"空城计"。对此，人们也形象地称之为"狮子大张口"。

"开价要高，出价要低"的报价起点的确定，有以下作用。

(1) 这种报价可以有效地改变对方的盈余要求。当卖方的报价较高，并振振有词时，买方往往会重新估算卖方的保留价格，从而价格谈判的合理范围会发生有利于卖方的变化。同样，当买方的报价较低，并有理有据时，卖方往往也会重新估算买方的保留价格，从而价格谈判的合理范围便会发生有利于买方的变化。

(2) 卖方的高开价，往往为买方提供了评价卖方商品的价值尺度。因为在一般情况下，价格总是能够基本上反映商品的价值。人们通常信奉："一分钱一分货"，所以，高价总是与高档货相联系，低价自然与低档货相联系。这无疑有利于实现卖方更大的利益。

(3) 这种报价中包含的策略性虚报部分，能为下一步双方的价格磋商提供充分的回旋余地。因为在讨价还价阶段，谈判双方经常会出现相持不下的局面。为了打破僵局，往往需要谈判双方或其中一方根据情况适当做出让步，以满足对方的某些要求和换取己方的利益。所以，开盘的"高开价"和"低出价"中的策略性虚报部分，就为讨价还价过程提供了充分的回旋余地和准备了必要的交易筹码，这可以有效地造成做出让步的假象。

(4) 这种报价对最终议定成交价格和双方最终获得的利益具有不可忽视的影响。这种“一高一低”的报价起点，倘若双方能够有理、有利、有节地坚持到底，那么，在谈判不致破裂的情况下，往往会达成双方满意的成交价格，从而使双方都能获得预期的物质利益。

当然，价格谈判中这种报价起点策略的运用，必须基于价格谈判的合理范围，必须审时度势，切不可漫天要价和胡乱杀价，否则，就会失去交易机会和导致谈判失败。

2. 确定合理的报价范围

商务谈判中的价格谈判，尽管影响价格的因素很多，各种价格关系的运用为谈判者提供了余地，但是价格谈判毕竟有它的限度，即有它的合理范围，也可以表达为可达成协议的空间。

可达成协议的空间(Zone of Possible Agreement，ZOPA)是指可以达成一桩交易的空间。谈判各方的保留价格决定着可达成协议的空间的界限，该空间存在于谈判各方的保留价格限度相互重叠的区域内。

一位买主决定购买一座商业仓库的保留价格为 275 000 美元(并且希望越便宜越好)，卖主决定的保留价格为 250 000 美元(并且希望卖价越高越好)。因此，可达成协议的空间就在 250 000～275 000 美元。如果调换以上数字，即买主决定的保留价格是 250 000 美元，而卖主决定的保留价格是 275 000 美元，那么就没有可达成协议的空间，因为双方同意的价格范围没有相互重叠的区域。此时，不管谈判人员有多么高超的技巧，也不会达成什么协议，除非出于对其他价值因素的考虑，或者是一方或双方都改变了自己的保留价格。

五、报价时机的把握

价格谈判中，报价时机也是一个策略性很强的问题。有时，卖方的报价比较合理，但并没有使买方产生交易欲望，原因往往是此时买方正在关注商品的使用价值。所以，价格谈判中，应当首先让对方充分了解商品的使用价值和为对方带来的实际利益，待对方对此发生兴趣后再来谈价格问题。经验表明，提出报价的最佳时机，一般是对方询问价格时，因为这说明对方已对商品产生了交易欲望，此时报价往往水到渠成。

有时在谈判开始的时候对方就询问价格，这时最好的策略应当是听而不闻。因为此时对方对商品或项目尚缺乏真正的兴趣，过早报价会徒增谈判的阻力。应当首先谈该商品或项目能为交易者带来的好处和利益，待对方的交易欲望已被调动起来再报价。当然，对方坚持即时报价，也不能故意拖延，否则，就会使对方感到不被尊重甚至反感，此时应善于采取建设性的态度，把价格同对方可获得的好处和利益联系起来。

第二节　价格谈判的信息准备

【案例 7-5】

我国某冶金公司要向美国购买一套先进的组合炉，派一高级工程师与美商谈判，为了不负使命，这位高工做了充分的准备工作，他查找了大量有关冶炼组合炉的资料，花了很大的精力对国际市场上组合炉的行情及美国这家公司的历史和现状、经营情况等了解得一清二楚。谈判开始，美商一开口要价 150 万美元。中方工程师列举各国成交价格，使美商目瞪口呆，终于以 80 万美元达成协议。当谈判购买冶炼自动设备时，美商报价 230 万美元，经过讨价还价压到 130 万美元，中方仍然不同意，坚持出价 100 万美元。美商表示不愿继续谈下去了，把合同往中方工程师面前一扔，说：“我们已经做了这么大的让步，贵公司仍不能合作，看来你们没有诚意，这笔生意就算了，明天我们回国了。”中方工程师闻言轻轻一笑，把手一伸，做了一个优雅的请的动作。美商真的走了，冶金公司的其他人有些着急，甚至埋怨工程师不该抠得这么紧。工程师说：“放心吧，他们会回来的。同样的设备，去年他们卖给法国只有 95 万美元，国际市场上这种设备的价格 100 万美元是正常的。”果然不出所料，一个星期后美方又回来继续谈判了。工程师向美商点明了他们与法国的成交价格，美商又愣住了，没有想到眼前这位中国商人如此精明，于是不敢再报虚价，只得说：“现在物价上涨的厉害，比不了去年。”工程师说：“每年物价上涨指数没有超过 6%。余年时间，你们算算，该涨多少？”美商被问得哑口无言，在事实面前，不得不让步，最终以 101 万美元达成了这笔交易.

分析：中方在谈判中取得成功的原因及美方处于不利地位的原因是什么？

【启示】从美方来看，收集、整理对方信息上没有做到准确，详尽，全面。从文中来看，重要的原因可能是：没有认清谈判对象的位置。美商凭借其技术的优势性以及多次进行相类似交易的大量经验，轻视对手，谈判前就没有做好信息收集工作，于是在谈判中步步在对方大量信息的面前陷入被动，一开始就丧失了整个谈判的主动权。

从中方来看，胜利的最关键一点在于对对方信息进行充分的收集整理，用大量客观的数据给对方施加压力，从收集的内容可看出，不仅查出了美方与他国的谈判价格(援引先例)，也设想到了对方可能会反驳的内容并运用相关数据加以反击(援引惯例，如 6%)，对客观标准做了恰到好处的运用，真可谓做到了中国古语所说的“知己知彼，百战不殆”。

进行价格谈判，只有掌握大量充分的关于待交易的商品或劳务的价格信息，才能在与谈判对手的较量中占据优势，根据实际情况，为确定自己的价格谈判追求的目标和实施切实可行的价格谈判的策略与技巧进行铺垫。下面我们就价格谈判过程中，应掌握的有关价格的相关知识进行介绍，在价格谈判中应巧妙运用。

一、影响价格的因素

商品价格是商品价值的货币表现，影响价格形成的直接因素主要有：商品本身的价值、货币的价值以及市场供求状况。上述每一因素，又是由许多子因素决定的，并处于相互联系、不断变化之中。这说明在市场经济的条件下，价格是一个复杂的、动态的机制。

商务谈判中的价格谈判，应当首先了解影响价格的具体因素。这些具体因素，主要包括以下内容。

1. 市场行情

市场行情是指该谈判标的物在市场上的一般价格及波动范围。市场行情是市场供求状况的反映，是价格磋商的主要依据。如果谈判的价格偏离市场行情太远，谈判成功的可能性就很小。这也说明，谈判者必须掌握市场信息，了解市场的供求状况及趋势，从而了解商品的价格水平和走向。只有这样，才能取得价格谈判的主动权。

2. 利益需求

由于谈判者的利益需求不同，他们对价格的理解也就各不相同。日常生活中，一件款式新颖的服装，即使价格较高，年轻人也可以接受；而老年人可能偏重考虑面料质地，并据此评判价格。商务谈判中，如某公司从国外一厂商进口一批货物，由于利益需求不同，则谈判结果可能有三种：一是国外厂商追求的是盈利最大化、某公司追求的是填补国内空白，谈判结果可能是高价；二是国外厂商追求的是打入我市场、某公司追求的是盈利最大化，谈判结果可能是低价；三是双方都追求盈利最大化，谈判结果可能是妥协后的中价，或者谈判失败。

3. 交货期要求

商务谈判中，如果对方迫切需要某原材料、设备、技术，即“等米下锅”，谈判中对方可能比较忽略价格的高低。另外，某方只注重价格的高低，而不考虑交货期，也可能反而吃亏。例如，某远洋运输公司向外商购买一条旧船，外商开价 1000 万美元， 该公司要求降低到 800 万美元。谈判结果，外商同意了 800 万美元的价格， 但提出推迟交船三个月；该公司认为价格合适，便答应了对方的要求。可是，外商又利用这三个月跑了运输，营运收入 360 万美元，大大超过了船价少获的 200 万美元。显然，该远洋运输公司并没有在这场谈判中赢得价格优势。

4. 产品的复杂程度

产品结构、性能越复杂，制造技术和工艺要求越高和越精细，成本、价值及其价格就会越高，而且该产品核计成本和估算价值就较困难，同时可以参照的同类产品也较少，价格标准的伸缩性也就较大。

5. 货物的新旧程度

货物当然是新的比旧的好，但新的自然价格比较高。其实，一些“二手货”，如发达国家的“二手”设备、工具、车辆等，只要折旧年限不很长，经过检修，技术性能仍相当良好，售价也相当低廉。这说明货物的新旧程度对价格有很大影响。

6. 附带条件和服务

谈判标的物的附带条件和服务，如质量保证、安装调试、免费维修、供应配件等，能为客户带来安全感和许多实际利益，往往具有相当的吸引力。人们往往宁愿“多花钱，买放心”“多花钱， 买便利”，因此，这些附带条件和服务，能降低标的物价格水平在人们心目中的地位和缓冲价格谈判的阻力。从现代产品的观念来看，许多附带条件和服务也是产品的组成部分，交易者对此自然重视。

7. 产品和企业的声誉

产品和企业的良好声誉是宝贵的无形资产，对价格有重要影响。人们对优质名牌产品的价格，或对声誉卓著的企业的报价，往往有信任感。因此，人们宁肯出高价买名品，也愿意与重合同、守信誉的企业打交道。

8. 交易性质

大宗交易或一揽子交易，比那些小笔生意或单一买卖，更能减少价格在谈判中的阻力。在大宗交易中，一万元左右的价格差额可能算不了什么；而在小笔生意中，蝇头小利也会斤斤计较。在一揽子交易中，货物质量不等、价格贵贱不同，交易者往往忽略价格核算的精确性或不便提出异议。

9. 销售时机

旺季畅销，淡季滞销。畅销时，供不应求，则价格上扬；滞销时，供过于求，为减少积压和加速资金周转，只能削价促销。

10. 支付方式

商务谈判中，货款的支付方式，是现金结算还是使用支票、信用卡结算，或以产品抵偿；是一次性付款，还是分期付款或延期付款等，这些都对价格有重要影响。谈判中，如能提出易于被对方接受的支付方式，将会使己方在价格上占据优势。

二、价格谈判中的价格关系

商务谈判中的价格谈判，除应了解影响价格的诸多因素，还要善于正确认识和处理各种价格关系。

1. 主观价格与客观价格

价格谈判中，人们往往追求“物美价廉”，总希望货物越优越好，而价格越低越好；或者同等的货物，低廉的价格。似乎这样才占了便宜，才赢得了价格谈判的胜利。其实，这种主观价格，往往是买者的一厢情愿。如果真的“物美”，势必“价高”；否则，卖者就要亏本，连简单再生产也无法维持。所以，通常情况下，“物美价廉”是没有的，或者是少有的。现实交易的结果往往是：作为买方，一味追求“物美价廉”，必然要与卖方的 “物美价高”发生冲突，于是卖方为表面迎合买方的“价廉”心理， 便演出了偷梁换柱的戏法， 暗地里偷工减料或以次充好，把“物美”变成了与“价廉”对应的“物劣”。这种“物劣价廉”的粉墨登场，正是价值规律使然。 可见，一味追求主观价格， 常常是“精明不高明”。

与主观价格相对立的是客观价格，即能够客观反映商品价值的价格。应当懂得，价值规律是不能违背的。在现代市场经济条件下，商品交易的正常规则应当是：遵循客观价格，恪守货真价实。只有这样，才能实现公平交易和互惠互利。

2. 绝对价格与相对价格

商品具有二因素：价值与使用价值。这里，我们把反映商品价值的价格，称为绝对价格；而把反映商品使用价值的价格，称为相对价格。

商务谈判中，人们往往比较强调反映商品价值的绝对价格，忽视反映商品使用价值的相对价格。其实，商品的价格，既要反映价值又要反映供求关系。而反映使用价值的相对价格，实质上反映着一种对有用性的需求。因此，相对价格在谈判中应当受到重视。在价格谈判中，作为卖方，应注重启发买方关注交易商品的有用性和能为其带来的实际利益，从而把买方的注意力吸引到相对价格上来，这容易使谈判取得成功；而作为买方，在尽量争取降低绝对价格的同时，也要善于运用相对价格的原理，通过谈判设法增加一系列附带条件，来增加自己一方的实际利益。可见，运用相对价格进行谈判，对于卖方和买方都有重要意义。而价格谈判成功的关键往往在于：正确运用绝对价格与相对价格的原理及其谈判技巧。

3. 消极价格与积极价格

从日常生活中可以发现，一位老教授不肯花 30 元买件新衬衣，但愿意花 50 元买两本书；一位年轻人不肯花 50 元买两本书，但请朋友吃饭花了 100 元却不以为然。这两个例子中，前面的“不肯”，说明对价格的反应及行为消极，属于消极价格；而后面的“愿意”，表明对价格的反应及行为积极，便是积极价格。其实，价格的高低，很难一概而论，同一价格，不同的人由于需求不同，会有不同的态度。这里，心理转变、观念转变，有时起决定作用。对于那位老教授，如果商店的营业员向他宣传，穿上挺括的新衬衣会改善你的形象，有利于社会交往，从而获得许多书本上没有的东西。那位老教授可能改变态度，决定买原来不想买的衬衣。对于那位年轻人，如果他的师长向他忠告，知识是不可缺少的精神食粮，只有不断学习新知识，充实自己、提高自己，才利于成长和发展，才能更好地适应社会的需要。那位年轻人就可能转变认识，培养起买书和学习的兴趣。上例中，营业员的宣传、师长的忠告，都是在做消极价格向积极价格的转化工作。

运用积极价格进行商务谈判，是一种十分有效的谈判技巧。谈判中常常会有这种情形，如果对方迫切需要某种货物，他就会把价格因素放在次要地位，而着重考虑交货期、数量、品质等。因此，商务谈判中尽管价格是核心，但绝不能只盯住价格，就价格谈价格，要善于针对对方的利益需求，开展消极价格向积极价格的转化工作，从而赢得谈判的成功。

【案例 7-6】

20 世纪 90 年代初，我国一个经贸代表团访问某发展中国家。该国连年战乱之后百废待兴，需要建设一个大型化肥厂来支持农业复兴。我们提出成套设备转让的一揽子方案后，该国谈判代表认为报价较高，希望降低 20%。我们经过认真分析，认为我们的报价是合理的，主要是该国在支付能力上有实际困难。于是，我们详细介绍了所提供的设备与技术的情况，强调了项目投产后对发展该国农业生产的意义，同时我们又提出了从设计、制造、安装、调试、人员培训到技术咨询等方面的一揽子服务和有利于该国的支付方式。对方经反复比较，终于高兴地确认我们的报价是合理的。这样，消极价格转化为积极价格，实现了双方的合作。

4. 固定价格与浮动价格

商务谈判中的价格谈判，多数是按照固定价格计算的。其实，并不是所有的价格谈判都应当采用固定价格，尤其是大型项目的价格确定采用固定价格与浮动价格相结合的方式很有必要。大型项目工程的工期一般持续较长，短则一两年，长则五六年甚至十年以上，有些原材料、设备到工程接近尾声才需要用，如果在项目谈判时就预先确定所有价格，显然是不合理的。一般而言，许多原材料的价格是随时间而变化的，工资通常也是一项不断增长的费用，此外有时还要受到汇率变动的影响等。因此，在项目投资比较大、建设周期比较长的情况下，分清哪些按照固定价格计算，哪些采用浮动价格，对交易双方都可以避免由于不确定因素带来的风险；也可以避免由于单纯采用固定价格，交易一方将风险因素全部转移到价格中去而致使整个价格上扬。

采用浮动价格，其涉及的有关参数不是任意的，而多由有关权威机构确定，因而可以成为谈判各方都能接受的客观依据。这样虽不能完全避免某些风险因素，但比单纯采用固定价格公平、合理得多。就浮动价格进行谈判，主要是讨论有关权威机构及有关公式的选用。

5. 综合价格与单项价格

商务谈判中，特别是综合性交易的谈判，双方往往比较注重综合价格，即进行整体性的讨价还价，有时出现互不相让的僵局，甚至导致谈判失败。其实，此时可以改变一下谈判方式：将整个交易进行分解，对各单项交易进行逐一分析，并在此基础上进行单项价格的磋商。这样不仅可以通过对某些单项交易的调整，使综合交易更加符合实际需要，而且可以通过单项价格的进一步磋商，达到综合价格的合理化。例如，一个综合性的技术引进项目，其综合价格较高。采用单项价格谈判后，通过项目分解可以发现，其中先进技术应予引进，但有些则不必一味追求先进。某些适用的中间技术引进效果反而更好，其价格也低得多；其中关键设备应予引进，但一些附属设备可不必引进而可自行配套，其单项费用又可节省。这样，一个综合性的技术引进项目，通过单项价格谈判，不仅使综合项目得到优化，而且综合价格大幅度降低。实践表明，当谈判在综合价格上出现僵局时，采用单项价格谈判，常常会取得意想不到的效果。

6. 主要商品价格与辅助商品价格

对于某些商品，不仅要考虑主要商品的价格，还要考虑其配件等辅助商品的价格。许多厂商的定价策略采用组合定价，对主要商品定价低、对辅助商品却定价高，并由此增加盈利。例如，某些机器、车辆，整机、新车价格相对较低，但零部件的价格却较高。使用这种机器或车辆，几年之后当维修和更换配件时，就要支付昂贵的费用。

【案例 7-7】

20 世纪 70 年代初，美国柯达公司生产的彩色胶卷价格较高，因此销售量较低。此时，柯达公司研制出一种低成本的“傻瓜相机”，使摄影变得“你只管按快门”这样简单。而柯达公司的经营战略正是“给你一盏灯，让你去点油”。结果，人们真的纷纷购买这种廉价相机，于是大大促进了高价格彩色胶卷的销售。这都说明，对于价格，包括价格谈判，不仅要关注主要商品价格，也要关注辅助商品价格，包括配件、相关商品的价格，切不可盲目乐观，落入“价格陷阱”。

三、“昂贵”的确切含义

在谈判桌上，如果对方在价格上挑毛病，提出价格太贵了，应该想办法搞清楚这个太贵的含义。

(1) 总的经济状况不佳导致价格太贵。对方目前的经济状况不好，或是欠缺支付能力，或是计划支付的资金有限，或是他正打定主意要同其他供货者谈一谈，这些都有可能是对方觉得“太贵”的原因。如果经过观察，发现对方确实经济状况不好，在相当一段时间内都无力购买，那么最好的办法是暂时放弃。

(2) 暂时的经济状况不佳导致价格太贵。如果对方称目前没有足够的现款，可以主动建议其他支付方式，如果对方仍不接受，说明这一说法是一种托词。

(3) 手头没有足够的款项导致价格太贵。这多发生在中间商身上，资金没有周转到手，这种情况下无须降价，赊账就可以解决问题。

(4) 想付出的款项有限导致价格太贵。这是在谈判中要求对方杀价的最常见的原因。如果对方不准备花太多钱来购买，说明没有激发起对方获得这一产品的强烈愿望。

(5) 对方对价格有自己的看法导致价格太贵。说明对方接受你的价格，需要动用大量事实解释，改变对方的看法。

(6) 同类产品及代用品导致价格太贵。如果对方用同类产品及代用品的低廉价格与你的产品价格相比较，则要设法让他们确实知道你的产品的优点和能够给他们带来更多的利益，从而刺激他们享有的欲望。

(7) 竞争者的价格导致价格太贵。如果对方以竞争者的价格做参照，提出的价格不合理的话，你应该解释价格不同的原因，指出对方在进行价格比较时忽略了某些方面。如果价格比竞争者高出很多，那么必须做出如下选择：或者向对方提供一些补偿，或调整价格，或坚持原价，能卖多少就卖多少，这时谈判毫无结果也在所不惜。

(8) 从前的价格导致价格太贵。现在的价格高于从前的价格，对方要求恢复原来的价格。这时谈判者应解释价格上涨的原因，并指出现在的价格已经很低了，或者可以看在老关系的情面上，在其他方面提供一些好处。

(9) 习惯性压价导致价格太贵。面对讨价还价的老手，最好的办法是对此置之不理，或将其视为玩笑，把话题集中在产品的优点或其他问题上。

(10) 出于试探价格的真假导致价格太贵。如果对方在试探你，那么价格在双方之间已基本上不是障碍了，只要以礼相待而不为之所动，自然对方不再继续坚持。

四、商品的有用性是价格的后盾

在实际谈判过程中，谈判者应依照下列四项原则处理价格问题：一是周详而认真地确立好价格水平；二是激发对方的需求欲望，设法使他相信你所提供的产品正是他们需要的；三是使对方的注意力集中在产品的有用性上；四是根据洽谈的具体情况和对方的态度，运用心理战术，巧妙提出价格问题。

五、准确探知临界价格

在谈判中买主想知道卖主的最低出让价，卖主想知道买主的最高接受价，以便判断出一个双方都能接受的临界价格。所以要运用一些技巧从对方口中探听出来。

下面一些技巧能有效地帮助你。

1. 买主可从这些方面着手

(1) 以假设试探。假设要购买更多或额外的东西，价格是否能降低一些。

(2) 低姿态试探。买主先告诉卖主他显然没有那么多钱来购买这幢房子，但出于好奇想知道，这幢房子现在能值多少钱，没有防备的卖主会毫无保留地说出来。卖主做梦也没有想到这个人是真正存心要买这幢房子的，不久买主就来和卖主议价了。

(3) 派别人试探。先让另一个人出低价来试探卖主的反应，然后真的买主才出现。

(4) 规模购买试探。对于只卖一件东西的卖主，买主可以提议成套购买。卖主会认为太荒谬而说出许多不该说的话，使买主知道卖主真正愿意接受的价格。

(5) 低级购买试探。买主先提出购买品质较差的产品，再设法以低价购买品质较好的产品。

(6) 可怜试探。买主表现出对卖主的产品很感兴趣，但资金有限买不起，看卖主能否出个最低价。

(7) 威胁试探。告诉卖主，要卖就是这个价，否则就算了。

(8) 让步试探。买主提议以让步来交换对方的让步，然后以此为起点继续商谈。

(9) 合买试探。买主先问卖主两件产品多少钱，再问其中一件多少钱，然后以这个差价为基础买第二件产品。

2. 卖主可从这些方面着手

(1) 请你考虑试探。卖主先出一个较高价，以此来观察买方的反应程度。

(2) 诱发试探。卖主说以前买主以这个价格成交过，买主如果说他也想以这个价格成交，卖主就心里有底了。

(3) 替代试探。卖主先提出某些没有的东西来询问买主愿意付出的价格，然后代之以另外的东西求得高价。

(4) 告吹试探。卖主对于买主的出价表示十分惊讶，表现出显然无法达成交易的样子，然后问买主的最高价，作为以后交易的参考。

(5) 错误试探。卖主先出低价来引起买主的兴趣，假装发现一个错误，撤回低价。

(6) 开价试探。卖主先和买主谈好交易，在好好考虑后再将价钱提高。

(7) 仲裁试探。以强硬办法逼买方让步，谈判破裂亦无妨，再请第三者来仲裁。

第三节　实施报价的方式

商务谈判报价的方式是指以何种方式提交己方的报价，主要有两种分类，在运用中应根据不同的实际情况来选择合适的报价方式。

一、根据报价方式划分

根据报价方式划分，包括书面报价和口头报价。

1. 书面报价

通常是一方事先提供详尽的文字材料、数据和图表，将本公司愿意承担的义务和权利，以书面形式表达清楚，使对方有时间针对报价做充分的准备。

2. 口头报价

通常是一方以口头形式提出自己的要求和愿意承担的义务。在口头报价方面，要善于利用口头报价的灵活性特点，可以根据谈判的进程，随时调整和变更自己的谈判战术，先磋商后承担义务，没有约束感，可充分利用个人沟通技巧，利用情感因素，促成交易达成。

实际谈判中，谈判人员一般采用书面报价为主、口头为辅的报价方式。

二、根据报价战术划分

根据报价战术划分，包括欧式报价和日式报价。

1. 欧式报价

欧式报价是从高往低走，其一般的模式是：首先提出留有较大余地的价格，然后根据买卖双方的实力对比和该笔交易的外部竞争状况，通过给予各种优惠，如数量折扣、报价折扣、佣金和支付条件上的优惠(如延长支付期限、提供优惠信贷等)逐步软化和接近买方的市场和条件，最终达成成交的目的。实践证明，这种报价方法只要能够稳住买方，往往会有一个不错的结果。注意：实施欧式报价喊价要狠，让步要慢。

2. 日式报价

日式报价是从低往高走，其一般的做法是：将最低价格列在价格表上，以求首先引起买主的兴趣。由于这种低价格一般以对卖方最有利的结算条件为前提，并且在这种低价格交易条件下，各个方面都很难全部满足买方的需求，如果买方要求改变有关条件，则卖主就会相应提高价格。因此，买卖双方最后成交的价格，往往高于价格表中的价格。

日式报价在面临众多外部对手时，是一种比较艺术的报价方式。一方面，可以排斥竞争对手而将买方吸引过来，取得与其他卖主竞争中的优势和胜利；另一方面，当其他卖主败下阵来纷纷走掉时，买主原有的买方市场的优势不复存在，原来是一个买主对多个卖主，谈判中显然优势在买主，而此时双方谁也不占优势，可以坐下来细细地谈，而买主这时要想达到一定的要求，只好任卖主一点一点把价格抬高才能实现。

一般来说，日式报价较欧式报价更具有竞争实力，但它不适合买方的心理，因为一般人总是习惯于价格由高到低，逐步降低，而不是不断地提高。因此，对于那些谈判高手，会一眼识破日式报价者的计谋，而不至于陷入其制造成形的圈套。

应对方法是：其一，把对方的报价内容与其他卖主的报价内容一一进行比较和计算，并直截了当地提出异议；其二，不为对方的小利所迷惑，自己报出一个一揽子交易的价格。

三、根据报价表达方式划分

1. 差别报价

同一商品，因客户性质、购买数量、需求急缓、交易时间、交货地点、支付方式等方面的不同，会形成不同的购销价格。这种价格差别，体现了商品交易中的市场需求导向，在报价策略中应重视运用。例如，对老客户或大批量需求的客户，为巩固良好的客户关系或建立起稳定的交易联系，可适当实行价格折扣；对新客户，有时为开拓新市场，亦可给予适当让价；对某些需求弹性较小的商品，可适当实行高价策略；对方“等米下锅”，价格则不宜下降；旺季较淡季，价格自然较高；交货地点远程较近程或区位优越者，应有适当加价；支付方式，一次付款较分期付款或延期付款，价格需给予优惠，等等。

2. 对比报价

价格谈判中，使用对比报价往往可以增强报价的可信度和说服力，一般有很好的效果。报价对比可以从多方面进行。例如，将本企业商品的价格与另一可比商品的价格进行对比，以突出相同使用价值的不同价格；将本企业商品及其附加各种利益后的价格与可比商品不附加各种利益的价格进行对比，以突出不同使用价值的不同价格；将本企业商品的价格与竞争者同一商品的价格进行对比，以突出相同商品的不同价格等。

3. 分割报价

这种报价主要是为了迎合买方的求廉心理，将商品的计量单位细分化，然后按照最小的计量单位报价。采用分割报价，能使买方对商品价格产生心理上的便宜感，容易为买方所接受。

第四节　价格谈判的策略与技巧

价格谈判策略与技巧是指谈判人员为取得预期的谈判目标而采取的措施和手段的总和。它对谈判成败有直接影响，直接关系到双方当事人的利益和企业的经济效益。恰当地运用价格谈判策略与技巧是商务谈判取得成功的重要前提。关于价格谈判的策略与技巧，以及它们的实施与应对，总结如下。

一、反向提问策略

当谈判进行到一定程度后，卖方可能首先要价，而对方不是马上递价，却向卖方提出一连串的问题，买方在卖方的回答中寻找可能出现的机会，给讨价还价做准备。这就是反向提问策略。

买方可能向卖方提出的题目举例如下。

(1) 如果我方加大订货量或减少订货量呢？

(2) 如果我方买下你方的全部产品呢？

(3) 如果我方向你方提供技术力量呢？

(4) 如果我方自己提货，免除你方哪些服务项目呢？

任何一个问题都可能使卖方暴露意图或查清卖方对价格的态度。

破解方法包括以下几个方面。

(1) 不要对对方的设问立刻做出估价。

(2) 分析对方设问的原因，不要被其大批量或小批量的声称而诱惑住。

(3) 等对方先确定订货量为条件再行报价。

(4) 回避问题，拖延时间，为报价做好准备。

(5) 以其人之道还治其人之身，将“球”再踢回去，提出种种附加条件请对方考虑。

二、低价策略

为防止对方大力杀价，卖方力图使对方相信所出价格低廉合理，这种策略就是低价策略。

(1) 以最小或较小的计价单位报价。不管洽谈的交易数量有多大，卖方都应尽量从小的计价单位报价，这样对方容易接受。

(2) 价格比较。用较高的产品价格与所谈的产品价格做比较。

(3) 采用示范方法。将所推销的产品与一些劣质的竞争产品放在一起示范，借以强调所推销产品的优点。

(4) 抵消法。对方认为价格有些高，卖方可以强调其他所有能够抵消价格高的因素，将产品的优点全部列出，有助于补救高价格的欠缺。

(5) 从另一个角度讨论价格。把产品的价格和产品的使用寿命同期结合起来，是讨论价格的一种有效方法。

破解方法包括以下几个方面。

(1) 不管对方划小计价单位，或变换报价形式，你都不应忘记，单位价格的基础是产品的成本，双方应坐下来细细算账。

(2) 在出现价格比较的情况下，你应注意不同材质的区别以及功能上的差异将给日后使用时带来的不便。

(3) 上述策略中的“价格比较”和“抵消法”略加调整就可成为互相克制的方法。

(4) 放开视野，多角度考虑问题，不应顺着对方的角度单一考虑价格的合理性。

三、抬价策略

在卖方报出价格一段时间后重新抬高价格，这种策略就是抬价策略。运用抬价策略是可抵制对方进一步要求的好办法，可以帮助卖方证明他的报价是合理的。

破解方法包括以下几个方面。

(1) 看穿对方的诡计，直接指出来，也许对方和你一样，不愿意使谈判触礁，而愿意开诚布公地谈判。

(2) 定一个不难超越的预算金额，然后努力去争取，要尽量争取到你所能得到的价格。

(3) 对方在合同上署名的人数越多越好，以避免一些不讲信用的人推翻协议。

(4) 抬价，反击回去，推翻你和他达成的协议。在合同没签好以前，要求对方做出某种承诺，以防他反悔，由此可以得到一个稳固的保证；考虑退出谈判。

四、最后出价策略

报价时告诉对方“这已是最后的出价”或“这是最低价格”，听起来似乎没有回旋的余地了。这样的策略就是最后出价策略。

破解方法包括以下几个方面。

(1) 仔细倾听他说的每一句话。

(2) 不要过分理会对方所说的话，要以你自己的方式去听。

(3) 替对方留点面子，使他有机会收回意见。

(4) 让他明白，如此一来就做不成交易了。

(5) 考虑是否摆出退出谈判的样子，以试探对方的真意。

(6) 提出新的解决办法。

(7) 假如你意识到对方将采取该策略，不妨出些难题，先发制人。

五、价格陷阱策略

卖方往往利用市场价格预期上涨的趋势，诱使对方上钩，这就是所谓的“价格陷阱”策略。这一策略在价格虽上涨，但到真正上涨还需要较长时间的情况下运用。

破解方法包括以下几个方面。

(1) 谈判的目标、计划和具体步骤一经确定，就要毫不动摇地坚持去做，绝不要受外界情况的干扰而轻易地加以改变，也不要随意迁就。

(2) 买方要根据实际来确定订货单，不要被卖方在价格上的蝇头小利所迷惑，这对于买方至关重要。

六、多重报价策略

多重报价就是给客户三种选择方案，而不是只有一种。如果只提供一种方案，客户就会本能地想着还价；而如果从低到高给出三种方案的报价，客户的注意力便会从“我要还价”转移到“哪种方案更合适”上。客户会开始思考，“第三种方案价格太高，第一种提供的价值又不够充足，还是第二种最合适”。

怎样应用多重报价？多重报价的方法并非万无一失。客户可能会要求用最低的报价买最高报价的方案，并且诱使你分项列出每一项的单价。千万不要这样做，这样做就给了客户逐项还价的机会。

另外，客户也可能要求你把第二种方案的价格下调。这种情况下，你要学会交换。要么从方案中去掉一些对客户来说不太重要的项目；要么让客户提供一些对你有用的东西作为交换，如将你介绍给公司的其他部门。不管怎样，谈判的原则是：除非有交换，不然不轻易降价。

其实，降价反而会让客户不悦。如果轻易地降低价格，会让客户觉得你的报价有很大的水分，减少对你的信任与尊重。而如果采用交换的方式，你既不会损失自己的利益，又会让客户更相信你。

七、“托儿”策略

【案例 7-8】

一位机器买卖商承包了一家大型机器生产厂家的所有机器设备，他想以较高的价格把这批设备分包给其他商人。每一个来投标承包他的机器的商人都意外地在他的办公室发现一张手写的竞价单，而那上面正是他们各自的竞争对手所出的价格。投标者为了得到这批机器，都想出个高过那张竞价单上的价格。一个又一个的投标者来到他的办公室，这位机器买卖商偶尔托词离开几分钟，也就在这段时间里投标者们都无意地看到了那张其实是那位商人自己填写的竞价单。就这样，那位商人几乎不费什么力便轻松地获得了谈判的胜利。这就是使用了“托儿”策略。

有人常使用“托儿”提出更低的价位来试探对方的底线，等对方降低了高价的期望时，自己再提出比“托儿”高点的价位，这样对方不仅欣然接受这个价位，还会对你表示感谢。

1. 买方的“托儿”

如果你是买方，使用“托儿”手段可以如下所述，可根据自己的情况进行选择运用。

(1) 让卖方竞争者同处一室，使他们互相竞价。

(2) 如果卖主有限，你也可以广散“英雄帖”，多多邀请他们参战，即使这些卖主中只有几个是合格的。

(3) 实在没有竞争者，可以编出几个来写在文件上，并有机会让真正的卖主见到它。

(4) 告诉卖主，一项正在进行的新的设计方案有可能要削减你所要购买的此项货物的需求。

(5) 表现出你的老板因为谈判拖延而感到不高兴。

2. 卖方的“托儿”

(1) 对潜在的买主说另外有一个人想将存货都买下。

(2) 提出在此之前，有人给过更好的条件。

(3) 告诉买方，因缺货很可能价格要上涨。

(4) 让买方知道，另外的买主已经订了货。

(5) 指出存货已经不多。

(6) 透露消息，说你正与另一大宗客户谈判。

(7) 告诉买方，因为不能赚钱，所以想卖了它。

八、底线策略

在谈判中，底线策略是适用的，它是一种简单而有效且符合道德规范的方法。如果有经验的买主正确使用这个策略，结果就会使双方都受益。

什么叫底线策略呢？为了简明起见，我们用下面的一个例子来说明。

在美国，有一位房主整修他家后院的园艺和栅栏。由于后院的布局非常特殊，这一项工作显得相对复杂。他找到当地的一个园艺装修队，对方开价 3 万美元。无论从哪方面看，这个要价都是很合理的。尽管如此，房主仍嫌这笔开支太大，他只出 2 万美元。房主想方设法让装修队认为他的资金短缺。

面对这种情景，精明的装修队并没有跟他讨价还价，他们做出的反应是一边建议房主考虑修改提议，一边向房主演示可能的其他装修方式。这样一来，房主从演示中了解到他从来没有想到过的事情，诸如建栅栏、铺电线、砌砖墙、造小瀑布等，使房主对他所购买的服务有了更好的认识，他在出价时也比原来心服口服了，从而使这笔交易得以达成。

一些高明的谈判专家建议，当你购买某个比较复杂的产品或服务时，你应该无一例外地考虑使用底线策略。

底线策略为什么会奏效呢？原因是卖主会力求做成这笔交易。当买方说：“我想买你的产品，可我只有这么多钱时，卖主的反应往往是肯定的、友好的，他们会认真考虑买方所存在的问题，并力图解决问题，促成交易。这样谈判就会从双方竞争转变为双方合作。卖方会对买方表示理解，他会重新看待买方的实际需要。同时卖方也发现原来报价中有些项目可以省去，有的可以变更，剩下的可以由买方来调整，以符合开支计划，从而买卖双方互相帮助，达到共同目的。

底线策略之所以有效，部分原因是它利用了卖方的自负心理——人总是愿意帮助需要帮助的人。而底线策略正好给卖方一个绝好的机会，让他显示自己的商业知识和对别人的关心。买方使用底线策略未必能最终取得低价，但买方能学到很多有关产品的知识，提高自己的竞争力。

当我们已充分了解了底线策略的卓越成效后，该如何去实施呢？

当买方使用底线策略时，卖方就应该考虑采取以下措施。

(1) 检验对方的声明，因为大部分开支计划是可变的。

(2) 在谈判之前准备好用第二交易方式，包括产品设计、发货方式、价目表等。

(3) 如果我方一时没有针对对方策略的措施，就应向对方争取时间，研究问题之所在。

(4) 查明对方的真正决策者，对方是否做出决定，要买什么样的产品。

(5) 改变付款的方式和时间，买方可能现在资金短缺，但以后会有钱的。对方也许只是想拖延时间，如在过节之后付款。

(6) 查明对方真正掌握财政大权的人。

(7) 让对方也参与解决他自己制造的难题。

只要你事先做好准备，就能把对方用底线策略制造的难题转变为机遇，在卖给对方符合需要的产品的同时创造出比预计更多的利润。成功的秘诀在于谈判之前问自己：“要是对方使用底线策略，我该怎么办？”处理好对方的底线策略就能在竞争存在的同时做成买卖。

买方的底线策略原则是“我想买你的东西，可我只有这么多钱。”卖方的对应策略应该是：“我也想把东西卖给你，但在此之前，我们应先解决几个简单的问题。”以下的卖方底线策略符合上述交易要求。

(1) 最低定价是×××元。

(2) 你在买××号的同时必须买一些××号。

(3) 这台机器只有两年的保修期。

(4) 我们同意你们要求的这一价格，条件是 6 个月内交货。

(5) 除非你们把所有的订单交给我们，否则我们不能满足你们的要求。

(6) 成交的条件是你们先预付××元预付款。

(7) 这件事我们可以做到，条件是你们重新设计产品以符合我们的生产流水线。

九、迂回战术

在商务谈判过程中，什么情况都可能出现，有时双方已经很难再听进去正面道理，正面进攻已经受挫，这时，你就不应再强行或硬逼着他们进行辩论，而应采取迂回前进的方式。

这就像在战场上一样，有时双方已经戒备森严，设防严密，正面很难突破，这时最好的进攻策略就是放弃正面作战，设法找到对方其他部位的弱点，迂回前进，一举成功。在谈判桌上也是如此，当双方互不相让，正面交锋也很难使对方让步时，就要暂时避开争论主题，寻找双方感兴趣的其他题目，从中发现对方的弱点，然后针对其弱点，逐步展开辩论，使对方认识到自己的不足之处，对你产生信服感，然后层层递进，逐步引入主题，就价格条件展开全面进攻，这时对方就会冷静地思考你的观点，也易被说服。

【案例 7-9】

1992 年，某电子仪器厂要引进一条电子产品生产流水线。该厂经过考察后，将谈判重点放到日本某公司的产品上。但日方自恃技术力量雄厚，要价偏高。双方都经过精心准备，派出公司的精英，也是各自国内的谈判能手，组成谈判小组展开激烈角逐。

日方在谈判一开始就给人以盛气凌人的姿态，高报底盘，高出中方考察人员所掌握的外汇底盘 210 万美元。中方与之进行了四轮谈判，但日方寸步不让，声称他们的生产线是世界之冠，独一无二，宁可不成交也不降价，谈判陷入了僵局。这时，中方派往日本考察的技术人员报告了一个重要信息，日方的生产受到韩国几家同类工厂产品的冲击，韩国生产线目前正在与之争夺市场，日方对此深感头疼。于是我方当即决定中止谈判，请求日方等待我方的最后答复，给对方以我方无力支持的假象，暗地里却派专家赴韩国考察，结果发现，韩国产品不如日本，价格也不低。但尽管如此，中方还是向韩国方面发出邀请。同年8月，韩方代表到达中国，受到中方代表热烈的欢迎，日方代表明显受到冷落。

日方有感于中韩合作的达成，将严重影响打开中国市场的美好前景，而且日本人素来以竞争取胜，有时为争取市场不惜牺牲某些代价。日方立即主动要求恢复谈判，我方却以“暂时不需要日方产品”为由予以拖延。日方此时犹如热锅上的蚂蚁，他们派中间商对中方进行游说，表示愿让利销售，中方这才恢复谈判。

在谈判桌上，日方原先的盛气凌人早已飞到九霄云外，代之以殷勤恭敬，他们大谈中日合作，表示愿支持中国现代化建设，愿在此项目上给予最大优惠。

中方代表不紧不慢地说：“我们为贵方的表现感到高兴，我们已经注意到了贵公司在生产线价格上的转变。平等互利是国际经济交往中的基本原则，任何一方都不应当运用优势向对方索要高价。”日本代表马上应声道，“当然，当然。”中方代表话锋一转，照日方痛处一击：“平等竞争与选择是商业贸易的惯例，我们愿意倾听贵方的再一次报价。”此话即暗示对方，我方已同韩国方面讨论价格问题了。日方代表明白这一意图之后，在再次报盘中提出一个比较合理的价格，我方乘胜追击，最后终于以满意的价格同日方达成了谈判协议。

这就是采取迂回战术的典型例子，我方针对日方担心失去市场的弱点，放弃正面进攻，针对其薄弱之处发起反击，步步逼近，最终取得了胜利。

在商务谈判中，使用迂回策略，也有各种各样的方式。

(1) 乘虚而入式。这是在双方为价格而激烈交锋中，利用对方急于进攻的心理，诱使对方透露出更多的信息，从中找出破绽，乘对方专心进攻、疏于防守之际，攻击短处。

(2) 声东击西式。声东击西式是指在谈判过程中，双方出现僵局，无法取得进展，于是巧妙地变换议题，转移对方视线，从而实现自己目标的方法。

(3) 旁敲侧击式。旁敲侧击式是指在谈判桌上很难取得进展时，除在谈判桌上同对方较量外，还可用间接的方法和对方互通信息，与对方进行情感和心理的交流，增加信任，使分歧尽快解决。

十、虚假出价策略

现在流行一种靠虚假低价来诱使人们做一项交易的风气。他们把高额利润转化成附加费或添加昂贵的部件。不管你是买者还是卖者，了解一下虚假低价能帮你在以后的谈判中节省一笔冤枉钱。

目前，汽车交易商已把虚假性低价发展起来，游艇交易商正迎头赶上。他们把车和船的基础卖价定得很低，而旧车、船的折价却很高，购买者在经过仔细检查后还认为价钱很公道。但就在你兴奋之余已落入陷阱。

交易完结之前，购买者就已发现自己负担了先前许多根本不知道的附加费用。落实到每个部件时，他会发现每一样的价格都很高。以购买折价旧船的买主为例，他突然发现那些旧船有很多处需要修补，经过折腾后，这艘船就不像交易商所说的那么值钱了。

【案例 7-10】

一对夫妇想以 4 万元卖掉他们的一辆二手车，于是在报上登了一则广告。一下子有许多人感兴趣。有一个买者开价 38000 元并留下 2000 元定金，被这对夫妇接受了。他们于是回绝了其他所有买主。

他们等了很长时间对方还没寄支票来结束交易。他们有些迫不及待地打电话给那位买主。但是，那个买主却很难过地解释说他的搭档不同意 38000 元的出价。他说他们曾找过一辆相似的车，而那只值 34000 元……

这对夫妇当然十分生气。但这时他们早已扔掉了其他感兴趣的买主的名字，也不愿意重新做登广告、接电话及卖汽车讨价还价等事项。最后，他们只能以 34000 元的价格卖给那个反悔的买主。

这就是虚假出价的结果。

虚假出价也是卖者可能会遇上的一种不道德的购买策略。其大致形式就是一个买主靠出一个足够高的价格来吓退其他买主，等他和卖主处于一对一的局面时，再来讨价还价。

1. 虚假出价策略对于那些不知道自己想要什么的顾客最有效

他们不对能够满足他们短期和长期需求的各种选择进行仔细权衡，也不会去关注未来的外加费用。有些使用虚假出价策略的公司就是冲着这类人来的。

至此，我们讨论卖方向买方的虚假出价，买方也经常向卖方虚假出价。他们的策略是承诺大批量订货，但结果从未做到这一点。比如订货时对要求轻描淡写但售后服务时却百般刁难；承诺付款而久拖不兑现，或者承诺迅速做出决策而实际上却很慢。买方占主动的虚假出价基于同一个原则：引留意者上钩，再提出苛刻条件。

这类虚假出价在房地产交易中很常见，这对销售者来说可能是灾难性的。心怀不轨的聪明买主能使卖者纠缠于理论，最终地产根本就卖不出。虚假出价的买主就是靠这种手腕迫使卖主降价出售的。

2. 有效地遏制虚假出价

作为买主，要清楚你究竟需要什么，不需要什么；不要为价格所困；让销售者宣布包含所有附加费的全部价格；为你并不立即需要的部分签订某一价格的远期合同；作为卖主，应先拿到数额相当高的不返还定金；亲自草拟出价，定最后期限及保障条款；检查买主的讨论记录；接到过于好的生意时要持怀疑态度；在交易成交前不要轻易舍弃其他竞争者的名字；一旦可能，让不止一个人在书面的出价单上签字，这样做可以以防万一。作为买者，尽可能地把对方的总价格细分；要有一个严格控制更新产品的手续来保证某一特定更新产品被深入了解并定价；不要贪婪，没有天上掉馅饼的好事；最好的建议是离开虚假出价者。

课后练习

一、判断题

1. 如果己方的谈判实力强于对方，那么对方先报价是最有利的。（　　）

2. 把价格分解成若干层次渐进提出，使若干次的报价，最后加起来仍等于当初想一次性

报出的高价，这就是“加价报价法”。 ( )

3. 报价是要对己方所报价格做出详细的解释和说明，以使对方清楚明白。 ( )

4. 在做报价解释时要做到不问不答，就是指对于买方问及的问题一概不予回答。( )

5. 开盘价的高低往往对最终成交水平具有实质性的影响。 ( )

6. 在商务谈判中，日本商人具有注重近期利益的特点。 ( )

二、不定项选择

1. 进行报价解释时必须遵循的原则是( )。

A. 不问不答　B. 有问必答　C. 避实就虚

D. 能言不书　E. 真实可靠

2. 下列论述中，错误的是( )。

A. 冲突性较大的谈判，先报价有利　B. 冲突性较大的谈判，后报价有利

C. 合作性较大的谈判，先报价有利　D. 合作性较大的谈判，后报价有利

E. 合作性较大的谈判，报价顺序无所谓

3. 报价阶段的策略主要体现在( )。

A. 报价的先后　B. 如何报价

C. 怎样对待对方的报价　D. 报价的时机

4. 谈判对手的资料搜集主要有( )。

A. 对手资信情况　B. 谈判双方实力

C. 对手的谈判期限　D. 贸易客商类型

5. 下列对报价的论述中正确的是( )。

A. 报价指的是向对方提出所有的交易条件

B. 价格是报价的核心

C. 掌握市场行情是报价的基础

D. 报价是指双方所提出的价格条件

E. 报价不是随心所欲的

三、简答题

1. 试述先报价的优缺点。

2. 简述价格谈判的策略与技巧。

四、案例分析题

意大利某电子公司欲向中国某进出口公司出售半导体生产用的设备，派人来北京与中方洽谈。其设备性能良好，适合中方用户，双方很快就设备性能指标达成协议，随即进入价格谈判。中方讲：“其设备性能可以，但价格不行。希望降价。”意方说：“货好，价也高，这很自然，不能降。”中方说：“不降不行。”意方说：“东方人真爱讨价还价，我们意大利人讲义气，就降0.5%。”中方说：“谢谢贵方的义气之举，但贵方价格系不合理价。”意方问：“怎么不合理？”中方答：“贵方以中等性能要高等价，而不是适配价。”意方又问：“贵方不是对我方设备很满意吗？”中方答：“是的，这是因为它适合我们的需要，但并不意味着是最先进的设备。如用贵方报的价，我们可以买到比贵方设备更好的设备。”意方说：“这话说得倒使我无法回答了，我需要考虑后再说。”休息一会儿，双方再谈。意方报了一

个改善 3%的价格。中方认为还没有到成交线，要求意方再降。意方坚决不同意，要求中方还价，中方给出再降 15%的条件。

意方听到中方条件，沉默了一会儿，从包里翻出了一张机票说："贵方的条件太苛刻，我方难以承受。为了表示交易诚意，我再降 2%。贵方若同意，我就与贵方签合同；贵方若不同意，这是我明天下午 2:00 回国的机票，按时走人。"说完，站起来就要走。临走又留下一句话："我住在友谊宾馆×楼×号房间，贵方有了决定，请在明日中午 12:00 以前给我电话。"

中方在会后认真研究成交方案认为 5.5%的降价仍不能接受，至少应降 7%，也就是还差 1.5%。如何能再谈判呢？于是先调查明天下午 2:00 是否有飞意大利的航班或欧洲的航班，以探其虚实，结果是没有。第二天上午 10:00 左右，中方让翻译给意方宾馆房间打电话，告诉他："昨天贵方改善的条件反映了贵方交易的诚意，我方表示赞赏。作为一种响应，我方也可以改变原立场，只要求贵方降 10%。"意方看到中方一步让了 5%，而 10%与其内定价格相差一些，但比 15%而言，可以谈判了，于是希望马上与中方见面。中方赶到宾馆，到其房间谈起来。没有太多的寒暄，开门见山，双方认为还有差距，但均愿意成交。只有一条路——互相让步，你多我少，还是我多你少？双方推断，在此之前双方各让了 5%，对等，最后一搏是否也应对等？最终双方将 5%的差距(意方 5%与中方的 10%比)各担一半，即以降价 7.5%成交。

问题：

(1) 本案中，意方采用的谈判策略是什么？

(2) 试评价意方对该谈判策略的使用。

扫一扫：
看商务谈判的磋商与再谈判的微课视频。

第八章 商务谈判的磋商与再谈判

【学习目标】

知识目标： 掌握商务谈判价格磋商的程序；掌握讨价还价策略、让步策略和打破僵局策略的基本方法与技巧。

技能目标： 在商务谈判磋商阶段能熟练运用讨价还价策略和让步策略；能够根据商务谈判的具体情形破解谈判的僵局。

【引导案例】

一对夫妻在浏览杂志时看到一幅广告中当作背景的老式座钟非常喜欢。妻子说：“这座钟是不是你见过的最漂亮的一个？把它放在我们的过道或客厅当中，看起来一定不错吧？”丈夫答道：“的确不错！我也正想找个类似的钟挂在家里，不知道多少钱？”研究之后，他们决定要在古董店里找寻那座钟，并且商定只能出400元以内的价钱。

他们经过三个月的搜寻后，终于在一家古董店的橱窗里看到了那种座钟，妻子兴奋地叫了起来：“就是这座钟！没错，就是这座钟！”丈夫说：“记住，我们绝对不能出超出400元的预算。”他们走近那座钟。“哦喔！”妻子说道：“时钟上的标价是740元，我们还是回家算了，我们说过不能超过400元的预算，记得吗？”“我记得，”丈夫说：“不过还是试一试吧，我们已经找了那么久，不差这一会儿。”

夫妻私下商量，由丈夫作为谈判者，争取以400元买下。随后，丈夫鼓起勇气，对售货员说：“我注意到你们有座钟要卖，定价就贴在座钟上，而且蒙了不少灰，显得有些旧了。”之后，又说：“告诉你我的打算吧，我给你出个价，只出一次价，就这么说定。想你可能会吓一跳，你准备好了吗？”他停了一下以增加效果。“你听着——240元。”那座钟的售货员连眼也不眨一下，说道：“卖了，那座钟是你的了。”

那个丈夫的第一个反应是什么呢？得意扬扬？“我真的很棒！不但得到了优惠，还得到了我想要的东西。”不！绝不！他的最初反应必然是：“我真蠢！我该对那个家伙出价140元才对！”你也知道他的第二反应：“这座钟怎么这么便宜？一定是有什么问题！”

然而，他还是把那座钟放在客厅里，看起来非常美丽，好像也没什么毛病。但是他和太太却始终感到不安。那晚他们安歇后，半夜曾三度起来，因为他们没有听到时钟的声响。这种情形持续了无数个夜晚，他们的健康迅速恶化，感到紧张过度并且都有了高血压的毛病。

【启示】为什么会这样？就因为那个售货员不经过价格磋商就以 240 元把钟卖给了他们。假设售货员懂得基本的价格磋商，第一次还价 700 元，那个丈夫认为没有达到他可以接受的 400 元底线，仍坚持 240 元，售货员再降价至 400 元。这时可能的情况是那个丈夫看到已经达到自己的预期，可能就成交了。即使那个丈夫非常具有谈判力，发现对方仍然有降价空间，一直坚持 240 元，最后也以 240 元成交，那对夫妻也会很高兴，不至于出现后面的事情。

磋商阶段是谈判双方讨价还价的阶段，是指一方报价以后到成交之前的这个时间段。在这个阶段，谈判双方就价格问题展开激烈的讨论，经过多次磋商，最终达成协议。这是整个谈判的核心阶段。

商务谈判过程中，当交易一方报价之后，一般情况下，另一方不会无条件地接受对方的报价，而会提出“重新报价”或“改善报价”的要求，俗称“讨价”，于是双方就价格问题开始一系列的讨价还价，进行实质磋商。“讨价还价”有三层含义：一是讨价，二是还价，三是经历多次的反复磋商，一方或双方做出让步，才能促成交易双方达成一致意见。作为买方，讨价还价应遵循“货比三家”的原则；作为卖方，在讨价还价中要极力突出自己经营的商品的优良性、合理性和公平性的特点。可以说，讨价还价的过程就是一个信息逐渐公开，筹码不断调整，障碍不断清除，促进谈判目标朝着有利于己方方向发展并逐渐走向成交的过程。

第一节 讨 价

一、讨价的理论知识

1. 讨价的含义

讨价是指在谈判中的一方报价之后，另一方认为其报价离己方的期望目标太远，而要求报价一方重新报价或改善报价的行为。这种讨价要求是实质性的，即迫使价格降低；也是策略性的，其作用是引导对方根据己方的判断改变对方的期望值，并为己方的还价做准备。讨价应建立在价格评论基础上，也是价格磋商的正式开始。

2. 价格评论的含义

买方对卖方的价格及通过解释了解到的卖方价格的贵贱性质做出批评性的反应，就是价格评论。即通过对卖方的解释进行研究、寻找报价中的不合理点，并通过对这些“虚头”“水分”在讨价还价之前先“挤一挤”，这就好比总攻前的“排炮”，扫一扫路障，打掉一些明暗碉堡。

3. 讨几次价再还价

若首次讨价，就能得到对方改善报价的反应，就说明对方报价中的策略性虚假部分可能较大，价格中所含的虚头、水分较多，或者也可能表明对方急于促成交易的心理。但是一般来说，报价者开始都会固守自己的价格立场，不会轻易还价。另外，即使报价方做出改善报价的反应，还要分析其让步是否具有实质性内容。对于买方，要讨价几次合适，没有永远不变的确切答案，这要根据价格分析情况与卖方的价格解释和价格的改善状况而定，只要对方没有大幅度的明显让步，就意味着还有降价的可能。

二、讨价的方式与策略

1. 总体讨价方式

总体讨价是从总体价格和内容、方式方面要求重新报价，常常用于评论之后的第一次要价，或者用于较为复杂交易的第一次要价。双方从宏观的角度，主要凭“态度”压价，笼统地提要求，不显露掌握的准确材料。对方为了表示“良好态度”，也可能调整价格。例如，“贵方已听到了我们的意见，若不能重新报出具体有成交诚意的价格，我们的交易是难以成功的”“请就我方刚才提出的意见，提出贵方改善的价格”等。

2. 具体的讨价方式

具体的讨价方式是就分项价格和具体报价内容要求重新报价，常常用于对方第一次改善价格之后，或不宜采用笼统讨价方式时。具体讨价的要求在于准确性与针对性，而不在于“全部”将自己的材料都端出来，在做法上是将具体的讨论内容分成几块：可以按内容分，如运输费、保险费、技术费、设备条件、资料、技术服务、培训、支付条件等；也可以按各项内容的水分大小分类，水分大的放在一类、中等的放在一类、水分低的放在一类。

具体讨价策略应注意不能任意起首从哪一块讨价，一般规律是从水分最大的那一块起讨价，然后对水分中等的那块讨价，最后对水分较小的那块讨价。正确的讨价步骤应是：讨价——改善后的新价——新的讨价的反复循环过程。

第二节　还　　价

还价也称“还盘”，一般是指针对卖方的报价买方做出的反应性报价。还价是商务谈判中交易磋商的一个必备环节，是整个谈判的中心。还价要力求给对方造成较大的压力和影响或改变对方的期望；又应着眼于使对方有接受的可能，并愿意向双方互利性的协议靠拢。因此，还价前的筹划，就是要通过对报价内容的分析和计算，设计出各种相应的方案和对策，使谈判者在还价过程中得以贯彻，以发挥“后发制人”的威力。

一、还价前的准备

1. 弄清对方为何如此报价

在这一阶段要做到以下几点。

(1) 检查对方报价的全部内容，询问如此报价的原因和根据，以及在各项主要交易条件上的灵活性范围。

(2) 注意倾听对方的解释和答复，但不要主观臆测对方的动机和意图。

(3) 记下对方的答复，但不要加以评论，并尽力减少答复，掌握好该说与不该说的内容。

2. 判断谈判形势

判断谈判形势，要区别以下几点。

(1) 哪些是对方可以接受的，哪些是不能接受的。

(2) 哪些是对方急于要讨论的，哪些是可以拖延讨论的。

(3) 在价格和其他主要条件上对方讨价还价的实力。

(4) 可能成交的范围。

假如双方分歧很大，我方如果决定准备进入下一回合的谈判，要进行如下选择。

(1) 由我方重新报价(口头或书面均可)。

(2) 建议对方撤回原价，重新考虑一个比较实际的报价。

(3) 改变交易形式，比如售价不变，但对其他一些交易条件进行一些改变。改变交易形式的目的是使之更适合于成交的要求。

二、还价方式

还价中，谈判者要确保自己的利益和主动地位，应善于根据交易的内容、所包的价格，以及讨价方式，采取不同的还价方式。

1. 按照谈判中还价的依据划分

(1) 按可比价还价。这是指己方无法准确掌握所谈商品本身的价值，而只能以相似的同类商品的价格或竞争者商品的价格做参照进行还价。这种方式的关键是所选择的用以参照的商品的可比性及其价格的合理性，只有可比价格合理，还价才能使对方信服。

(2) 按成本还价。这是指己方能计算出所谈商品的成本，以此为基础再加上一定比率的利润作为依据进行还价。这种还价方式的关键是所计算成本的准确性，成本计算得比较准确，还价的说服力就比较强。

2. 按照谈判中还价的项目划分

(1) 总体还价。总体还价即一揽子还价，是与全面讨价对应的还价方式。

(2) 分别还价。分别还价是分别讨价后的还价方式，是指把交易内容划分成若干类别或部分，然后按各类价格中的含水量或按各部分的具体情况逐一还价。

(3) 单项还价。单项还价一般是与针对性讨价相应的还价方式，是指按所报价格的最小单位还价，或者对某个项目进行还价。

三、还价起点的确定

还价方式确定后，关键的问题是要确定还价的起点。还价起点即买方的初始报价，是买方第一次公开报出的打算成交的条件，其高低直接关系到自己的经济利益，也影响着价格谈判的进程和成败。

1. 还价起点确定的原则

(1) 起点要低。还价起点低，能给对方造成压力，并影响和改变对方的判断及盈余的要求，能利用其策略性虚报部分为价格磋商提供充分的回旋余地和准备必要的交易筹码，对最终达成成交价格和实现既定的利益目标具有不可忽视的作用。

(2) 还价起点要接近成交目标，至少要接近对方的保留价格，以使对方有接受的可能性。否则，太低的话，对方会失去交易兴趣而退出谈判，或者己方不得不重新还价而陷入被动。

2. 还价起点确定的参照因素

(1) 报价中的含水量。价格磋商中，虽然经过讨价，报价方对其报价做出了改善，但改善的程度各不相同，因此，重新报价中的含水量是确定还价起点的第一项因素。对于所含水分较少的报价，报价起点应当较高，以使对方同样感到交易诚意；对于所含水分较多的报价，或者对方报价只做出很小的改善，便千方百计地要求己方立即还价者，还价起点就应较低，以使还价与成交价格的差距同报价中的含水量相适应。同时，在对方的报价中会存在不同部分含水量的差异，因而还价起点的高低也应有所不同，以此可增强还价的针对性并为己方争取更大的利益。

(2) 成交差距。对方报价与己方准备成交的价格目标的差距，是确定还价起点的第二项因素。对方报价与己方准备成交的价格目标的差距越小，其还价起点应当较高；对方报价与己方准备成交的价格目标差距越大，还价起点就应较低。当然，不论还价起点高低，都要低于己方准备成交的价格，以便为以后的讨价还价留下余地。

四、还价的基本要求

(1) 做好还价前的准备。还价不是一种简单的压低价格的过程。必须建立在企业的利益分析、市场调查和货比三家的基础上，在此基础上确定自己的还价。

(2) 明确对方报价的具体含义。己方在清楚地了解了对方报价的全部内容后，就要透过其报价的内容来判断对方的意图，在此基础上可以分析出，怎样能使交易既对己方有利又能满足对方的某些要求。也就是说，谈判人员要将双方的意图和要求逐一进行比较，弄清双方分歧之所在、估计什么是对方的谈判重点等相关内容。

(3) 统筹兼顾。由于价格既涉及技术问题又涉及策略问题，包含的内容非常广泛。因此，在还价中，不能仅仅只是把目光集中在价格上，应当通盘考虑，把价格与技术、商务等各个方面结合起来，统筹兼顾，这样才能使谈判更加富有意义，也可以缓和还价中存在的难度和矛盾。

第三节　讨价还价的策略

一、常用的讨价还价策略

1. 投石问路策略

投石问路策略的具体运用，是卖方发盘之后，买方不马上还盘，而是提出种种假设条件下的商品售价问题。这种策略既能保持“平等信赖”的气氛，又有利于还价前对卖方情况的进一步掌握，探测对方的虚实。如果要想试探堆放在价格上有无回旋的余地，就可提出“如果我方增加购买数量，你们可否考虑优惠一下价格呢？”或者再具体一些，“购买数量为 1000 件时，单价是 10 元；如果购买数量为 2000 件、5000 件或 100000 件，单价又是多少呢？”这种试探，对方一般不好拒绝回答。

选择投石问路的形式主要有以下几种。

(1) 如果我们和你签了为期一年的合同，你方的价格优惠是多少？

(2) 如果我们以现金支付或采取分期付款的形式，你方的产品价格有什么差别？

(3) 如果我们给你方提供生产产品所需的原材料，成品价又是多少呢？

(4) 我方有意购买你们其他系列的产品，能否在价格上再优惠些呢？

(5) 如果货物运输由我们解决，你方的价格是多少？

(6) 如果我们要求你们培训技术人员，你们可否按现价出售这套设备？

反过来，对方如果使用投石问路策略，我方应采取以下几点措施。

(1) 找出买方购买的真正意图，根据对方情况估计其购买规模。

(2) 如果买方投出一个“石头”，最好立刻向对方回敬一个。例如，对方探询数量与价格之间的优惠比例，我方可立刻要求对方订货。

(3) 使对方投出的石头为己方探路。如对方询问订货数额为 2000 件、5000 件、10000 件时的优惠价格，本方可以反问：“你希望优惠多少？”或“你是根据什么算出的优惠比例呢？”

或许有的时候，买方的投石问路可能反倒为卖方创造了极好的机会。针对买方想要知道更多信息的心理，卖方可以提出许多建议，促使双方达成更好的交易。

【案例 8-1】

某食品加工厂为了购买某种山野菜与某县土产公司进行谈判。在谈判过程中，食品加工厂的报价是每千克山野菜 15 元。为了试探对方的价格“底牌”，土产公司代表采用了投石问路的技巧，开口报价每千克山野菜 22 元，并摆出一副非此价不谈的架势。急需山野菜的食品加工厂的代表急了：“市场的情况你们都清楚，怎么能指望将山野菜卖到每千克 18 元呢？”食品加工厂的代表在情急之中暴露了价格“底牌”，于是土产公司的代表紧追不放。“那么，你是希望以每千克 18 元的价格与我们成交啦？”这时，食品加工厂的代表才恍然大悟，只得无奈地应道：“可以考虑。”最后，双方真的以每千克 18 元的价格成交，这个结果比土产公司原定的成交价格要高出 3 元。如果土产公司的代表不是巧妙地运用投石问路的技巧揭出对方的“底牌”，是很难找到一个如此合适的价位与对方成交的。

2. 严格要求策略

严格要求策略是买卖双方均可运用的策略。买方对卖方的商品从各个方面进行严格检查，提出卖方交易中的许多问题并要求卖方改善报价，这就是买方的严格要求策略。

买方严格要求卖方的目的，就是为使卖方降低其商品的价格。买方严格要求的范围，一般是在商品质量、性能等使用价值方面和成本价格、运输等方面寻找“弱点”。

“严格要求”的方式多采取对比法，即将卖方的商品及其交易条件与其他卖主的商品和交易条件相比较，使卖方不得不承认自己的弱点，按报价卖出的可能性很小，从而不得不降低要求。在此基础上买方适当让步，就能使交易取得成功。

卖方采取的做法通常是：保持耐心，寻找对方提问中的漏洞和不实之词，实事求是地加以解释；对于某些难题、有争议的问题，要快刀斩乱麻，直截了当地提出看法；对于不便回答或次要的问题，要适当回避。

3. 蚕食策略

蚕食策略是指一方在还价后，得到了对方一定程度的让步，但仍不满足，再进一步提出更多的要求，以争取己方利益。这一策略的核心是还价一点一点地进行，慢慢增加条件，积少成多，最后达到自己的目的。这种策略应避免狮子大开口，一开始就将价格压到最低，这样非常容易导致对方产生抵制心理，难以进行下一步的价格磋商。

【案例 8-2】

销售小姐的蚕食策略

“冯先生，你看一下这款灯，它的功率就大一些，房间里面更加明亮，在房间里面看书就会很方便。”奇怪了，他怎么知道我喜欢躺在床上看书，哦，忘记了，我刚刚告诉他我喜欢看书。

“好的，冯先生，对自己的眼睛好一点。你看一下是选择这个蓝色的一款，还是红色的一款？”那位促销小姐接着问我。

“蓝色这一款要多少钱？”我问道。

“598 元”促销小姐回答。

“红色的那一款呢？”我追问道。

“548 元，两个相差不大，打完折扣这差 40 元，如果您喜欢蓝色，就选择蓝色这一款。”我感叹道，这个促销小姐真的很会琢磨人的心理，她真的抓住了我的心理，而我的需求也被她一次又一次放大。

“冯先生，你看一下，你可以购买这个床头灯，不用开房间大灯，只需要开这个床头灯就行了，比较省电。”

“冯先生，小孩子的眼睛要保护好，我建议您再为小朋友购买一台护眼灯……”

一次又一次的让步，让当时购买灯具只有 2000 元的预算放大到 3500 元。销售小姐成功地运用了蚕食策略，抓住了对方当时的心理，利用心理上感受不到的微小让步，让对方坚定自己的观念，再获得对方的让步，再一次坚定信念，直到“蚕食”完毕。

4. 最后价格策略

采用最后通牒式的语言，如“这是我方能提供的最低价钱。”或“我方已经报出了最优惠的价格，不可能让步了。”最后价格策略的目的是给对方设置心理障碍，增加对方确定最后价格的紧迫感，以求迫使对方接受己方的提案。

例如，卖方表示，“这个价钱是我方的最后出价，贵方可以考虑一下，如果不接受，请通知我方。”卖方的这个价格表面上似乎是其最后出价，如果买方没有经验，而对方价格又属于可接受范围的话，很可能双方就以此价格成交交易了。其实从卖方的“考虑”“通知我方”等词语中可以得知“最后价格”依然有一定的回旋余地，如果买方有足够的心理准备，可能的结果是：买方没有给卖方回音，卖方出于达成交易的心理，先向买方询问考虑的结果，这时卖方可能做出让步，改变“最后价格”；买方通知卖方不接受卖方价格，双方进行进一步磋商；买方通知卖方不接受卖方价格，双方谈判就此终止。

可见在运用最后价格策略时，必须说得很巧妙，以取信于对方，使对方感觉不接受这个价格，就会失去这笔交易。而作为另一方则应对对方的“最后价格”仔细研究，根据实际情况做出合理的应对。如果确知对方的最后价格只不过是个探测气球，可不予理睬；如果资料表明对方的最后价格根本站不住脚时，可以适时反驳对方的价格；还可以用改变某个交易条件的办法，使对方改变最后价格水平；如果对方态度强硬，而己方又无法接受这个最后价格时，则可暂时中止谈判或考虑退出谈判。

5. 吹毛求疵策略

成语“吹毛求疵”是说人有一种挑剔的习惯，与这相类似的一个词是“鸡蛋里挑骨头”，即再好的东西也可以从中找出毛病来。这种挑剔的习惯运用到谈判中，就是一种还价的高招，这种技巧往往被买主用来压低卖主的报价，方法是故意找碴儿，提出一大堆问题及要求，其中有些问题确实存在，有的则是故意制造出来的，目的是迫使对方降低心理期望值，使对方觉得理由确实成立而不得不降价。具体运用时可使用对比法，即将商品及其交易条件与其他商品和交易条件相比较，使卖方不得不承认自己的弱点和不足，以实现我方的谈判意图。还要明确的是，吹毛求疵要恰到好处，对商品不能一味贬低，因为贬低过度可能会激怒对方，反而不利于谈判。

【案例 8-3】

美国谈判学家罗伯斯有一次去买冰箱。营业员指着罗伯斯要的那种冰箱说：“259.5 美元一台。”接着罗伯斯导演了一台精彩的“喜剧”。

罗：这种型号的冰箱一共有多少种颜色?

营：共有 32 种颜色。

罗：能看看样品本吗?

营：当然可以！(说着立即拿来了样品本)

罗(边看边问)：你们店里的现货中有多少种颜色?

营：现有 22 种。请问您要哪一种?

罗(指着样品本上有但店里没有的颜色)：这种颜色同我厨房的墙壁颜色相配！

营：很抱歉，这种颜色现在没有。

罗：其他颜色与我厨房的颜色都不协调。颜色不好，价钱还这么高，要不便宜一点，我就要去其他的商店了，我想别的商店会有我要的颜色。

营：好吧，便宜一点就是了。

罗：可这台冰箱有些小毛病！你看这里。

营：我看不出什么。

罗：什么？这一点毛病尽管小，可是冰箱外表有毛病通常不都要打点儿折扣吗?

营：……

罗(又打开冰箱门，看了一会儿)：这冰箱带有制冰器吗?

营：有！这个制冰器每天 24 小时为您制冰块，一小时才 3 美分电费。(他认为罗伯斯对这制冰器感兴趣)

罗：这可太糟糕了！我的孩子有轻微哮喘病，医生说他绝对不可以吃冰块。你能帮我把它拆下来吗?

营：制冰器没办法拆下来，它和整个制冷系统连在一起。

罗：可是这个制冰器对我根本没用！现在我要花钱把它买下来，将来还要为它付电费，这太不合理了！……当然，假如价格可以再降低一点的话……

结果，罗伯斯以相当低的价格——不到 200 美元买下了他十分中意的冰箱。

6. 沉默寡言策略

沉默寡言策略是谈判中最有效的防御策略之一，其含义是：在谈判中先不开口，让对方尽情表演，或多向对方提问并设法促使对方继续沿着正题谈论下去，以此暴露其真实的动机和最低的谈判目标，然后根据对方的动机和目标并结合己方的意图采取有针对性的回答。

这种谈判策略之所以有效，其根据在于：谈判中说得越多，就有可能将自己的底细暴露得越多，从而越有可能处于被动境地，也会使对方受到冷遇，造成心理恐慌，不知所措，甚至乱了方寸，从而达到削弱谈判力量的目的。

细心地聆听对方吐出的每一个字，注意对方谈判人员的措辞、表达方式、语气和声调，都可以为己方提供有效的信息。采用该策略要有耐心，要冷静，否则不如不用。

【案例 8-4】

一次，美国的一位非常著名的谈判专家替一家电影公司与保险公司交涉赔偿事宜。保险公司的理赔员首先发表了态度："先生，我知道你是谈判专家，一向都针对巨额款项谈判，恐怕我无法承受你的要价。我们公司打算出 2 万元赔偿款，你觉得如何呢？"谈判专家表情严肃地沉默着。理赔员见他一直沉默，果然沉不住气了："抱歉，请勿介意我刚才的提议，我再加一点，2.5 万元如何呢？"又是一阵沉默。"那 3.5 万元如何呢？"谈判专家等了一会儿答道："3.5 万元？嗯……电影公司可能接受不了啊。"理赔员开始显得有些不安了："好吧，再加 1 万，4.5 万元。"又是一阵难耐的沉默，谈判专家说道："嗯，我不知道。""那就 5 万吧。"理赔员痛心疾首地说……最后，这件理赔案以 8 万元达成协议，而电影公司原本只是希望能够拿到 5 万元的赔偿金。在谈判专家的沉默策略中，保险公司顶不住压力，节节败退。"沉默是金"在这里得到了充分的体现。

7. 不开先例策略

不开先例策略通常是指在谈判过程中处于优势的一方，为了坚持和实现提出的交易条件，而采取的对已有的先例来约束对方，从而使对方就范，接受己方交易条件的一种技巧。它是一种保护卖方利益，强化自己谈判地位和立场的最简单而有效的方法。

【案例 8-5】

在一次关于电冰箱价格的谈判中，电冰箱供应商面对采购商希望降价的要求，采取了有效的不开先例策略，委婉地回绝了采购商的降价要求。

甲方："你方提出的每台 2000 元的价格着实让我方难以接受，如果你们有诚意成交，能否每台降低 300 元？"

乙方："你们提出的要求实在令人为难，一年来我们对进货的 500 多位客户都是这个价格，要是这次单独破例给你方调价，那么以后我方与其他客户的生意就难做了……很抱歉，我们每台 2000 元的价格不贵，不是没诚意，是实在不能开这个先例，不能再减价了。"

8. 削弱对方反对意见策略

【案例 8-6】

有一天，一个贵妇人打扮的女人牵着一条狗登上公共汽车，她问售票员，"我可以给狗买一张票，让它也和人一样坐个座位吗？”售票员说：“可以，不过它也必须像人一样，把双脚放在地上。”售票员没有否定答复，而是提出一个附加条件：像人一样，把双脚放在地上，削弱了对方的反对意见，从而制服了对方。

二、讨价还价的态度

谈判双方在报价时，往往是卖方喊价高、买方出价低，这是谈判心理或策略要求留有讨价还价的余地。对于对方的重新报价或改善报价，应保持平和信赖的态度，要仔细倾听，诱导发言，试探虚实，发现纰漏，认真分析，正确理解报价。这些都取决于谈判者的素质和经验。

1. 仔细倾听

认真仔细地倾听对方的报价，是尊重对方的一种表现；可以从健谈的报价者那里得到有用的资料，捕捉还价的理由；也能从内向的报价者那里引出其心中的秘密，掌握对方期望值；要倾听谈判对方的副手或经验不足的新手发言，倾听会使这些人自我感觉良好，继续刺激增强其兴奋度，甚至还会因为满足了其虚荣心，导致这部分人畅所欲言，而从中获取更重要的信息。

2. 试探虚实

试探虚实是指在不打断对方说话时，顺着对方话题发问，提出种种假设条件，要求对方回答，并捕捉对方回答中对己方有利的信息，以便抓住机会，收集还价的资料。试探虚实，既能表达合作的诚意，进一步鼓励、诱导对方打开话匣，保持平和信赖的气氛，又有利于掌握对方意图，更好地伺机还价。

第四节　让 步 策 略

一、让步的原则

谈判中的让步不仅仅取决于让步的绝对值的大小，还取决于彼此的让步策略，即怎样做出让步，以及对方怎样争取到让步。具体讨价还价的过程中，我们要注意以下几方面的基本原则与要求。

1. 维护整体利益

让步的一个基本原则是：整体利益不会因为局部利益的损失而造成损失，局部利益的损失是为了更好地维护整体利益，以最小让步换取谈判的成功。以局部利益换取整体利益是让步的基本出发点。因此，在谈判中，在己方认为重要的问题上要力求对方先让步，而在较为次要的问题上，根据情况的需要，己方可以考虑先做让步。

2. 明确让步条件

不要做无谓的让步。谈判者要知道，每一次让步都实实在在地包含着己方的利润损失或者成本增加。因此，在谈判中的每次让步都要换取对方在其他方面的相应让步，体现得大于失的原则。

3. 选择恰当的让步时机

让步时机要恰如其分，不到需要让步的时候绝不做让步，以便使己方较小的让步能给对方以较大的满足。即使己方已决定做出让步，也要使对方觉得己方让步不是一件轻而易举的事，这样对方就会珍惜所得到的让步。

4. 确定适当的让步幅度

在谈判中，让步一般应分多次进行，因此，每一次让步的幅度不要过大，节奏不宜太快，应做到步步为营。因为一次让步幅度太大，会使对方的期望值提高，从而提出更高的让步要求，使己方陷入被动。如果让步节奏太快，对方的要求轻而易举地实现了，己方的让步不会引起对方的足够重视。

5. 不要承诺与对方做同等幅度的让步

因为双方即使让步幅度相当，但由此得到的利益不一定是相同的。

6. 每次让步后要检验效果

如果己方先做了让步，那么在对方做出相应的让步前，就不能再做出让步了；如果做了让步后又觉得考虑欠妥，想要收回，这时也不要不好意思，因为这不是决定，完全可以推倒重来。

二、让步的选择

从一般意义上讲，让步行为分两种类型：一种是不花代价的让步，如谈判中礼貌待人，认真倾听对方的讲话，详细解答对方的疑问，通过感情投资使对方认识到自己在谈判桌外的让步；让对方了解自己产品的特殊优点，明确使用这种产品能给对方带来的利益，使对方认识到买这种产品就是给他提供了一定的利益；让对方了解己方目前所处的市场优势地位，如市场形势、购买数量、付款条件等，使对方认识到与其他人的条件相同就是给他做出了让步；适时让本单位的高级主管人员出面，以提高谈判规格，使对方认识到己方的合作诚意和能够带来长期业务往来的利益；等等。另一种是花费代价的让步，即要通过自己给对方降低或提高价格、增加购买数量、改变付款方式等，来实现谈判的目标。

上述两种让步，第一种不属于我们常说的内容，也就不在我们的研究之列，只要在谈判中注意就行了。我们这里只研究花代价的让步。

由于每个让步都要牺牲自己的部分利益而给对方带来某种好处，怎样才能以最小的让步换取谈判的成功是谈判者研究的重要内容。美国谈判专家嘉洛斯总结自己的经验，把让步的选择分为四个方面：让步时间的选择、让步对象的选择、让步方法的选择、让步来源的选择。

(1) 让步的时间与谈判的顺利进行程度有关。只要能满足对方的要求，促使谈判顺利进行，什么时间都可以。在这里，选择的关键是让对方马上就能接受，而没有犹豫不决的余地。因此，尽快让步和拖延让步时间都是可行的。但从总体来说，只要谈判的时间允许，适当拖延让步时间是有利的。

(2) 让步的对象即让步的受益人。对方参与谈判的人员虽然是代表一个单位参加的，但内部利益上却存在差别。一般来说，让步的受益人有四种类型：①对方公司。那些关于价格的让步多数是给对方公司的让步。②对方公司的某个部门，如公司中的某个工厂、某个事业部等。当谈判的履约与不同的部门有关时，让步的对象就可能是不同的部门。③某个第三者。当谈判的成交与某个第三者有关时，该第三者就成为自己的让步对象。④谈判者本人。如给谈判对方免费出国考察的机会或各种好处费，都是以谈判者本人作为让步的受益人。至于自己在让步中选择谁作为让步对象，主要取决于所选让步对象对谈判结果的作用，即要选择那些自己用较少的让步可以换取对方较多让步或自己的较少让步就能促使谈判成功的受益人作为让步对象。

(3) 让步的方法是指对方从哪里可以得到自己的让步。由于让步的内容可以使对方满足或者增加对方的满足程度，因而可以采用不同的方法让给对方。可以在谈判桌上做出让步，也可以在谈判桌下做出让步；让步的内容可以与本次谈判的议题有关，也可以与本次谈判的议题无关；让步可以由谈判者做出，也可以由与谈判无关的其他人做出。可见，让步可以是直接的，也可以是间接的，究竟是采用直接的让步还是间接的让步，要在总体上有利才行。

(4) 让步的来源是指自己在谈判中做出让步的费用由谁来承担。同让步的受益人一样，承担让步成本的也有四种类型，即谈判者所代表的公司、本公司中的某个部门、某个第三者和谈判者本人。让步费用的承担是与谈判利益所得密切相关的，谁获得谈判的利益，谁就应该承担让步的费用。

三、让步的幅度

让步的幅度是指每次让步数额的大小。从谈判的惯例来看，每次让步的幅度有两种计算方法：一种是按预计的成交价为基础计算，每次让步幅度占总成交价的 1%～10%。如果低于 1%，说明没有谈判诚意；如果高于 10%，则会给自己带来较大损失。另一种是按预计让步的总额计算，每次让步要占准备让步价格总额的 5%～50%。无论哪种计算方式，其幅度内容都有较大的差距，选择让步幅度的高点、低点还是中间水平，既要取决于价格总额的大小，还要考虑让步的次数及其先后顺序。

在讨价还价中，确定让步幅度有两个原则：①买方的让步总额要小于卖方。例如，在一项谈判中，卖方多次让步的总额为 10 万元，买方多次让步的总额最多为 8 万元。这是在买方市场条件下买者处于有利地位的反映。②每次让步的幅度要逐步由大到小。例如，第一次的让步幅度可定为全部让步总额的 45%，第二次为 30%，第三次为 18%，第四次为 7%。这一原则的目的是逐步降低对方的期望值。这两个原则是一个整体，谈判者在确定自己的让步方案时必须全面考虑。

让步幅度和让步次数的不同组合构成不同的让步幅度模式，如表 8-1 所示。采用不同的模式会得到不同的谈判结果：有的会使谈判成功，有的则导致谈判失败。为此，必须了解不同让步幅度模式的类型及其优缺点，以便做出正确的选择。

表 8-1　让步幅度模式

让步方式	第一步	第二步	第三步	第四步
危险模式	70	20	9	1
理想模式	40	30	20	10
鼓励对方模式	25	25	25	25
失败模式	10	20	30	40

典型的让步幅度模式有四种，即危险模式、理想模式、鼓励对方模式和失败模式。假如有一位卖主准备减价 100 元，分 4 次让步完成，结合其让步过程可以看出不同模式的特点。

1. 危险模式

4 次让步的数额分别是 70 元、20 元、9 元、1 元。这一模式的特点是：其一，让步的幅度由大到小，但前后的差距太大，第一次占全部让步的 70%，第四次仅占 1%。其二，开始的让步超过全部让步的 50%以上，这对卖方来说是不利的，因为它从一开始就吊起了对方的胃口，鼓励对方继续要求让步，同时他永远也不会知道对方是否愿意付出更高的价格购买自己的商品。其三，最后一次的让步幅度太小，仅为全部让步价格的 1%，显得没有诚意。从让步的数字来看，属于该模式的还有多种组合，只要第一次让步超过 50%，都属于让步中的危险模式。

2. 理想模式

4 次让步的数额分别是 40 元、30 元、20 元、10 元。这一模式的特点是：一是让步的幅度由大到小，但差距不大。先多说明自己有谈判诚意，后小使对方感到争取让步越来越困难，从而逐步降低对方的期望值，促其尽快成交。二是每次让步的幅度既不太大，又不太小。第一次不太大(占全部让步的 40%)，使对方不能产生较高的期望值；最后一次不太小(占全部让步的 10%)，使对方感到自己有成功的愿望。因此，这一模式被谈判界普遍推崇。

3. 鼓励对方模式

4 次让步的数额分别为 25 元、25 元、25 元、25 元。这一模式的特点是：把让步总额平均分割，然后均衡让步。该模式由于每次给对方相同的满足，因而会使对方变得贪得无厌，提出多次要求，耐心等待你的让步，这样便把谈判长期拖下去。

4. 失败模式

4 次让步的数额分别是：10 元、20 元、30 元、40 元。这一模式的特点是：让步幅度由小到大。采用该模式会引导对方相信以后将得到更大的让步，因而期望值越来越高；当对方的期望值提高以后，一旦满足不了要求便会失望，从而影响以后谈判的顺利进行。属于这种让步模式的数字组合有多种，只要让步幅度由小到大，均属于失败的让步模式。

根据让步模式的不同特点和要求，谈判者可做出自己的选择。

四、让步的策略

1. 步步为营

商场如战场，在商务谈判中，要注意无论是发起攻势还是进行让步，都要循序渐进。例如，在让步中，每做出一定让步，应该巩固阵地，每让出一步，都要让对方付出艰辛的努力，并且感到你再让步的可能性已经不大。成功运用步步为营的让步策略能够获得退一步而进两步的结果，反之太快让步则有可能失掉本可以争取到的利益。

【案例 8-7】

威尔斯夫妇新购置了一套餐厅设备，他们决定把旧的那一套卖掉，但旧的那一套状况还非常好，他们在报纸上登广告，愿意以 3800 元的价钱出售。他们焦急地等待着回音。一个星期内，有几个人打过电话来，但当他们看过后，都不是很中意。威尔斯夫妇越来越讨厌那套放在客厅角落的设备，他们急于出手，于是又登了一次广告。

很快，有一位太太打电话来告诉威尔斯夫妇，表示她很想买一套餐厅设备，当她询问完那套设备的颜色后，表示她很喜欢，她也表示对于“那个合理的价格”表示满意。电话挂断后，威尔斯先生很高兴，他认为这笔交易大有希望。

一个星期日的清晨，这位太太打电话来说她一个小时内要来访。那位太太没到之前，威尔斯夫妇讨论该如何与她做交易，威尔斯先生认为要将价定得高些，而且小心地步步为营。他们最终定下了 3500 元的目标，威尔斯太太不太情愿地同意了，她其实心里认为只要能有 3000 元就可以了，她实在很想把这套设备弄走。

那位太太和她先生抵达以后，不到 10 分钟，威尔斯太太就面带胜利的微笑回来了。她如愿以偿地以 3500 元的价格完成了交易。等那对夫妇离去后，威尔斯先生问太太，他们究竟出多少价钱，威尔斯太太十分懊恼地说：“我真希望你没有问我这个问题。他们出价 3500 元，我冲口就说‘我接受这个价钱’。其实，我很有可能得的更多。”

威尔斯太太的确应该懊恼，她在这场交易中犯了个十分愚笨的错误。那位太太似乎是个很好的人，她又很喜爱那套设备，同时钱和运输设备都准备好了，威尔斯太太认为和她讨价还价似乎不太公平，而且特别是 3500 元是她和丈夫事先定好的目标。假如卖不成，那套设备可能就要永远留在他们客厅里了。威尔斯太太的错误在于她答应得太快了，如果她能坚持一下，对方是会做出让步的。

【启示】事实上，人们总是比较珍惜难以得到的东西，在商场上也是这样。对方不会欣赏很容易就得到的成功，太容易得到的东西，他们不会太珍惜。所以，假如你真的想让对方快乐，就让他们去努力争取每样能得到的东西。在遇到对方固执己见的时候，你应当聪明地学习抵抗的方式：先后退，继而倾听、思考，然后慢慢地移动。除了不要太快让步以外，也不要太快就提供给对方额外的服务，即使要做出让步，也不能做得太快。

本案例中购买那套旧设备的夫妇，还价 3500 元就轻易得到了。那么他们或许会想他们是不是上了当，这套设备肯定存在不少的问题。或许他们在回家的路上会很懊恼自己开价太高，或许开价 3000 元也能成交。事实上，如果他们不是表现得那么急于得到那套设备，开价 3000 元并且坚持的话，真的可能得到。威尔斯太太过快的让步使得本来是双方皆大欢喜的事情变成了双方都很懊恼的事情。

2. 于己无损

商务谈判中，损害己方根本利益的让步是不可取的，但有些不损害己方重大利益又有利于达成协议的让步，还是应该采取的。正如寓言“朝三暮四”中的故事：主人喂猴子，早上给它吃三升橡子，晚上给它吃四升橡子，猴子感到不满意，主人重新安排，早上给它吃四升橡子，晚上给它吃三升橡子，这只猴子满意了。朝三暮四变成了朝四暮三，这对主人来说是于己无损的让步。商务谈判时常可以用以下方式做于己无损的让步：①帮助对方了解市场行情及本公司产品的特点；②暗示或明示成交后下次交易将做出重大让步；③做出姿态上的让步，注意倾听对方陈述，对对方的要求和处境表示理解等。

3. 先硬后软

双方谈判处于僵持阶段，没有让步谈判就无法进行，所以要打破僵局，谈判中的让步是难免的。一般来说，让步的最佳策略是在谈判开始时，采取比较强硬的立场，在与对方进行交锋的过程中进行一定的妥协，但让步幅度不宜过大。这样做可以削弱对方的信心，并且借机试探对方的实力，由此来确定己方的立场。

【案例 8-8】

美国大富翁霍华·休斯为了大量采购飞机，亲自与某飞机制造厂的代表谈判。霍华·休斯性情古怪，脾气暴躁，他提出了 34 项要求。谈判双方各不相让，充满火药味。后来，霍华·休斯派他的私人代表出面谈判。没想到，私人代表满载而归，竟然得到了 34 项要求中的 30 项，其中包括 11 项非得到不可的。霍华·休斯很满意，问私人代表是如何取得这样大的收获的。私人代表说："那很简单，每当谈不拢时，我都问对方：'你到底希望与我解决这个问题，还是留待霍华·休斯跟你解决？'结果，对方无不接受我的要求。"

第五节　谈判僵局的处理

一、谈判僵局产生的原因

1. 立场观点的争执

双方各自坚持自己的立场观点而排斥对方的立场观点，形成僵持不下的局面。在谈判过程中，如果双方对各自立场观点产生主观偏见，认为己方是正确合理的，而对方是错误的，并且谁也不肯放弃自己的立场观点，往往会出现争执，陷入僵局。双方真正的利益需求被这种立场观点的争论所搅乱，而双方又为了维护自己的面子，不但不愿做出让步，反而用否定的语气指责对方，迫使对方改变立场观点，谈判就变成了不相容的立场对立。谈判者出于对己方立场观点的维护心理往往会产生偏见，不能冷静尊重对方观点和客观事实。双方都固执己见排斥对方，而把利益忘在脑后，甚至为了捍卫立场观点的正确而以退出谈判相要挟。这种僵局处理不好就会破坏谈判的合作气氛，浪费谈判时间，甚至伤害双方的感情，最终使谈判走向破裂的结局。立场观点争执所导致的僵局是比较常见的，因为人们很容易在谈判时陷入立场观点的争执不能自拔而使谈判陷入僵局。

2. 面对强迫的反抗

一方向另一方施加强迫条件，被强迫一方越是受到逼迫，就越不退让，从而形成僵局。一方占有一定的优势，他们以优势者自居向对方提出不合理的交易条件，强迫对方接受，否则就威胁对方。被强迫一方出于维护自身利益或是维护尊严的需要，拒绝接受对方强加于己方的不合理条件，反抗对方强迫。这样双方僵持不下，使谈判陷入僵局。

3. 信息沟通的障碍

谈判过程是一个信息沟通的过程，只有双方信息实现正确、全面、顺畅的沟通，才能互相深入了解，才能正确把握和理解对方的利益和条件。但是实际上双方的信息沟通会遇到种种障碍，造成信息沟通受阻或失真，使双方产生对立，从而陷入僵局。

信息沟通障碍是指双方在交流信息过程中由于主客观原因所造成的理解障碍。其主要表现为：由于双方文化背景差异所造成的观念障碍、习俗障碍、语言障碍；由于知识结构、受教育程度的差异所造成的问题理解差异；由于心理、性格差异所造成的情感障碍；由于表达能力、表达方式的差异所造成的传播障碍；等等。信息沟通障碍使谈判双方不能准确、真实、全面地进行信息、观念、情感的沟通，甚至会产生误解和对立情绪，使谈判不能顺利进行下去。

4. 谈判者行为的失误

谈判者行为的失误常常会引起对方的不满，而产生抵触情绪和强烈的对抗，使谈判陷入僵局。例如，个别谈判人员工作作风、礼节礼貌、言谈举止、谈判方法等方面出现严重失误，触犯了对方的尊严或利益，就会产生对立情绪，使谈判很难顺利进行下去，造成很难堪的局面。

5. 偶发因素的干扰

在商务谈判所经历的一段时间内有可能出现一些偶然发生的情况。当这些情况涉及谈判某一方的利益得失时，谈判就会由于这些偶发因素的干扰而陷入僵局。例如，在谈判期间，外部环境发生突变，某一谈判方如果按原有条件谈判就会蒙受利益损失，于是他便推翻已做出的让步，从而引起对方的不满，使谈判陷入僵局。由于谈判不可能处于真空地带，谈判者随时都要根据外部环境的变化而调整自己的谈判策略和交易条件，因此这种僵局的出现也就不可避免了。

以上是造成谈判僵局的几种因素。谈判中出现僵局是很自然的事情，虽然人人都不希望出现僵局，但是出现僵局也并不可怕。面对僵局不要惊慌失措或情绪沮丧，更不要一味指责对方没有诚意，要弄清楚僵局产生的真实原因是什么，分歧点究竟是什么，谈判的形势怎样，然后运用有效的策略技巧突破僵局，使谈判顺利进行下去。

二、打破谈判僵局的原则与技巧

(一)僵局的处理原则

商务谈判者的经验证明，打破僵局要注意以下基本原则。

1. 符合人之常情

真正的僵局形成后，谈判气氛随之紧张，这时双方都不可失去理智，任意冲动。必须明确冲突的实质是双方利益的矛盾，而不是谈判者个人之间的矛盾，因此要把人与事严格区分开来，不可夹杂个人情绪的对立，以致影响谈判气氛。

2. 努力做到双方不丢面子

面子就是得到尊重，人皆重面子。在商贸谈判中没有绝对的胜利者和失败者，商贸谈判的结果都是在各有所得和各有所给的条件下共同努力取得的。因此任何一方都必须尊重对方的人格，在调整双方利益取向的前提下，使双方的基本需求得到满足，不可让任何一方下不了台，而造成丢面子、伤感情的局面。

3. 尽可能实现双方的真正意图

僵局的解决，最终表现为双方各自利益的实现，实际上是实现了双方的真正意图。做不到这一点，对方利益完全不保证，就不会有僵持局面的结束。

因此，谈判双方必须遵循这些原则，主动积极地打破僵局，采取一定的策略，争取及时缓解。

(二)处理僵局的具体方法

如果在商务谈判的过程中，僵局已经明显，双方争执不下，达不成共识，那么此时妥善处理显然是直接关系到谈判成功与否的大问题。谈判者应当缓和分歧，使谈判出现转机，进一步推动谈判继续进行。具体方法有以下几种。

1. 运用谈判语言打破僵局

语言在谈判过程中绝对起了至关重要的作用。有这样一则小笑话，一位教徒问神父："我可以在祈祷时抽烟吗？"他的请求遭到神父的严厉斥责。而另一位教徒又去问神父："我可以吸烟时祈祷吗？"后一个教徒的请求却得到允许，悠闲地抽起了烟。这两个教徒发问的目的和内容完全相同，只是谈判语言表达方式不同，但得到的结果却截然相反。由此看来，语言表达技巧高明才能赢得期望的谈判效果。当商务谈判出现僵局时，可以充分运用语言艺术来鼓励对方，比如"大部分问题都已经解决了，还剩下这一点没有处理，你不觉得可惜吗？"看似平常的语言，却很能鼓动对方，起到了很好的作用。

2. 采取横向式的谈判

当商务谈判双方在某一问题上经过协商毫无进展时，谈判者可以采取转换话题的方法，先暂时搁置该问题，等待时机出现，再重回该问题上继续讨论，这样可能会使谈判的阻力变小，扭转先前一时谈不拢的问题，使谈判出现新的转机。

3. 适当馈赠礼品

谈判者可以在商务谈判的过程中适当向对方馈赠礼物，这样谈判双方可以互增友谊，对相互间的沟通起到了积极的促进作用，这种方法也是防止商务谈判出现僵局的有效途径。

馈赠是国际上通用的一种社交礼仪。谈判者在准备礼物的时候需要注意对方的地方习俗和禁忌，避免造成谈判双方彼此间的误解。比如，我国送礼一般不送伞和扇子；日本人忌讳绿色和荷花图案，不喜欢数字"4"和"9"；西方人忌讳数字"13"。只有在馈赠过程中把握好各国文化习俗差异，才可能达到馈赠的真正目的。

4. 运用休会打破僵局

谈判者可以运用休会来控制、调节谈判的进程，缓和谈判气氛，从而打破僵局。在休会期间，谈判双方将有机会冷静下来，客观地分析自己所处的谈判处境，思考下一步洽谈的对策。

谈判者应当在谈判过程中，看准对方的态度变化，把握好时机，委婉地提出休会需要，并且得到对方的同意。在休会之前，务必向对方重申一下自己的观点，以让对方可以充分利用休会时间去认真思考。

另外，谈判双方也可以利用休会期间，双方人员可以共同出席宴会等活动，使谈判双方可以进一步熟悉、了解，消除隔阂。在轻松的氛围中，双方的争论焦点可能会更容易地得到化解。

休会后，谈判双方再预约时间、地点，继续进行洽谈。此时，双方可能会对原来的观点提出新的看法，彼此间可以进一步磋商，谈判的僵局也就变得比较容易破解。

5. 找对方漏洞借题发挥

在谈判的过程中，谈判者如果能够有效地抓住对方的某些漏洞，进行借题发挥，可能会给对方一个措手不及，迫使对方在谈判中有所让步，使己方处于有利地位，而且也使原来陷入僵局的谈判有了新的转机。

6. 改变谈判环境

即使是做了很大努力，采取了许多办法、措施，谈判僵局还是难以打破，这时可以考虑改变一下谈判环境。

谈判室是正式的工作场所，容易形成一种严肃而又紧张的气氛。当双方就某一问题发生争执，各执己见，互不相让，甚至话不投机、横眉冷对时，这种环境更容易使人产生一种压抑、沉闷的感觉。在这种情况下，己方可以建议暂时停止会谈或是通过游玩、休息、私下接触，双方可以进一步增进了解，清除彼此间的隔阂，增进友谊，也可以不拘形式地就僵持的问题继续交换意见，寓严肃的讨论于轻松活泼、融洽愉快的气氛之中。这时，彼此间心情愉快，人也变得慷慨大方，谈判桌上争论了几个小时无法解决的问题，在这儿也许会迎刃而解了。

经验表明，双方推心置腹的诚恳交谈对缓和僵局也十分有效，如强调双方成功合作的重要性、双方之间的共同利益、以往合作的愉快经历、友好的交往等，以促进对方态度的转化。在必要时，双方会谈的负责人也可以单独磋商。

7. 更换谈判人员或由领导出面打破僵局

如果在商务谈判过程中，双方主谈人员在某些问题上意见不一致，而且由对问题的分歧发展为双方谈判人员间的个人矛盾和成见，那么商务谈判就很难继续开展下去，从而使谈判陷入僵局。即使采取一系列缓解措施，这种僵持局面也很难改变。此时应当及时征得对方同意，更换谈判人员，缓解僵持局面，以保持与对方的良好合作关系。

【案例 8-9】

美国一家公司与日本一家公司进行一次比较重要的贸易谈判，美国派出了认为最精明的谈判小组，大都是 33 岁左右的年轻人，还有 1 名女性。但到日本后，却受到了冷遇，不仅总公司经理不肯出面，就连分部的负责人也不肯出面接待。在日本人看来，年轻人，尤其是女性，不适宜主持如此重要的会谈。结果，美方迫不得已撤换了这几个谈判人员，日本人才肯出面洽谈。

【启示】在有些情况下，如协议的大部分条款都已商定，却因一两个关键问题尚未解决而无法签订合同。这时，己方也可由地位较高的负责人出面谈判，表示对僵持问题的关心和重视。同时，这也是向对方施加一定的心理压力，迫使对方放弃原先较高的要求，做出一些妥协，以利于协议的达成。

另外，这种策略还有暗含向谈判对方致歉的意思，也蕴含了我方愿意调整谈判的条件，对于一些问题可以做出妥协和退让，有效地缓和了谈判气氛。

在更换谈判人员时，应当向对方委婉做出说明，以获得对方理解。在一些情况下是不适宜随便换人的，例如，在合同制定中途不应轻易换人，否则将会影响合同的签订。

8. 避重就轻

转移视线也不失为一个有效方法。有时谈判之所以出现僵局，是因为双方僵持在某个问题上，这时可以把这个问题避开，磋商其他条款。例如，双方在价格条款上互不相让，僵持不下，可以把这一问题暂时抛在一边，洽谈交货日期、付款方式、运输、保险等条款。如果在这些问题处理上，双方都比较满意，就可能坚定了解决问题的信心。如果一方特别满意，很可能对价格条款做出适当让步。

(三)谈判中出现严重僵局的处理办法

在商务谈判过程中，如果谈判双方对于某些问题的争议和纠纷已经到了久争不下的严重僵持局面，那么此时的妥善处理方法是本着己方利益不受损失的前提下，同时应当顾及双方利益，灵活运用各种策略。

1. 适当的让步

对于谈判者而言，谈判的目的是希望能够通过相互协商，使双方达成合作，从而获得可观的经济利益。所以在谈判陷入了严重的僵局时，为了谈判最终能够顺利达成，谈判者可以做出适当的让步，以促成交易，但不可以盲目让步，以免造成不必要的损失。

谈判者不能做无谓的让步，在重要问题上不要轻易让步，可以考虑在次要问题上适当予以让步。而且商务谈判中的让步，并不是对等的让步，每次让步幅度不能过大，让步次数不宜过多，设法让对方觉得每次让步都是重大让步，以争取尽早达成协议。

2. “硬碰硬”态度突破僵局

在商务谈判过程中，尽管一方几经努力，还是无法满足对方的欲望时，双方无法再进行协商，谈判已经陷入严重僵持状态。此时，谈判处于暂时劣势的一方，则可以采取“硬碰硬”的方式向对方做出回应，试图让对方放弃过高的要求。运用这一策略的前提是谈判达成后己方仍是有利可图的，而且谈判者仍然希望和对方继续洽谈下去，使谈判能够达成合作协议。同时谈判者在采取此种方法时，应当做好最坏的打算，因为商务谈判将有可能以己方的强硬态度而最终导致破裂。

3. 利用中间人调解

当商务谈判双方进入严重立场对立阶段，谁也不愿意为谈判的继续做出让步，谈判者可以寻找中间人来帮助谈判双方进行沟通，化解严重僵局。商务谈判中间人主要由谈判者自己挑选。选择中间人时，谈判者应当考虑到中间人是否具备公正性和权威性。

利用中间人调解的方法有两种：调解和仲裁。调解是通过调解人的工作，让谈判双方对所提出的新的解决方案都表示接受的一种过程。调解只是一种说服谈判双方接受新方案的方法，并不具备任何法律效力。一般在调解无效后，谈判双方会请求仲裁。仲裁是通过专门的仲裁机构，按照一定的仲裁规则解决纠纷的一种办法。仲裁必须是双方自愿，其结果具有强制执行力，对双方都有一定的约束作用。

通过仲裁处理的严重僵局是比较有效的方法，但是一旦发现仲裁不公正时，谈判者还可以通过法院，对他们的不公正行为予以起诉，来保护自己的合法权益不受侵害。

课后练习

一、判断题

1. 让步的最后阶段，一次让出全部可让利益方式使用于谈判中占劣势的一方。（　　）

2. 横向商谈比纵向商谈更容易使双方在各个不同的议题上进行利益交接，达到互惠互利的让步策略。（　　）

3. 在谈判准备期间，要能构思出对彼此有利的方案，才能保证谈判顺畅无误地达到目的。（　　）

4. 谈判陷入僵局，如果双方的利益差距在合理范围之内，可以采取釜底抽薪策略来打破僵局。（　　）

5. 突破僵局策略运用得成功与否，从根本上说，还是要归结于谈判人员的经验、应变能力等素质因素。（　　）

6. 不牺牲自己利益的让步是没有的。（　　）

7. 僵局的发生是伴随整个合作过程随时随地都有可能出现的。（　　）

8. 谈判僵局突破是谈判的科学性与艺术性结合的产物。（　　）

二、不定项选择题

1. 最后让步中主要应把握的问题是(　　)。
   A. 让步的时间和方式　　B. 让步的方式和幅度
   C. 让步的时间和幅度　　D. 让步的幅度和频率

2. 用“多头并进”解决谈判僵局的方法是(　　)。
   A. 单项谈判和纵向谈判　　B. 单项谈判和横向谈判
   C. 多项谈判和纵向谈判　　D. 多项谈判和横向谈判

3. 谈判中最容易产生僵局的议题是(　　)。
   A. 验收标准　　B. 违约责任　　C. 合同价格　　D. 履约地点

4. “贵方如果违约必须承担责任，对不对？”此提问属于(　　)。
   A. 探索式发问　　B. 借助式发问　　C. 证明式发问　　D. 诱发式发问

5. 在谈判中，中国人采用较多的让步方式是(　　)。
   A. 一次性让步方式　　B. 坚定地让步方式
   C. 小幅度递减让步方式　　D. 高额让步方式

6. 处理谈判僵局最有效的途径是(　　)。
   A. 邀请高级别领导人介入谈判　　B. 将导致谈判僵局的因素消失在萌芽状态
   C. 当谈判僵局出现后再磋商　　D. 僵局出现后撤换谈判人员

7. 在最后阶段，一次让出全部可让利益是(　　)。
   A. 坚定的让步　　B. 一次性让步
   C. 特殊性让步　　D. 等额让步

8. 符合谈判让步原则的做法是(　　)。
   A. 做同等让步　　B. 让步幅度较大
   C. 让步节奏要快　　D. 在重要问题上不要轻易让步

9. 以下方法中属于间接处理潜在僵局的方法是(　　)。

A. 反问劝导法　　B. 归纳概括法

C. 场外沟通　　D. 先肯定局部，后全盘否定

三、简答题

1. 简述价格磋商中的让步原则。
2. 试述价格磋商中常用的几种让步策略。
3. 谈判僵局的形成有哪几种原因？

四、案例分析题

中国南方一家公司以生产农业机具为主，但是公司没有相应的销售渠道，产品的销售一直被一家知名的销售公司严格控制，也就是说，这家农机公司只是制造和装配农业机具，从来就没有开展过销售业务。那家知名的销售公司的销售额极大，在市场上具有雄厚的实力。正因为这些原因，所以这家生产农业机具的公司几乎每天就是为了满足销售公司的需求而运行，也就是说，销售公司需要什么，他们就生产什么，并且由销售公司决定生产的数量。在合作过程中，销售公司不断压低产品价格，同时还要求农机公司提供更多的额外服务。但是，由于原材料涨价等因素，农机公司的利润趋近于零，有的产品甚至出现亏损。在这种情形下，农机公司提出要和销售公司进行谈判。

由于双方已经有了很多年的交往，所以谈判直奔主题。农机公司提出希望销售公司顾及他们眼前面临的困境，适当地改变他们的亏损形势，以便使以后的生产活动得以正常运行，但是，销售公司的谈判代表们非常坚决地表明了他们的态度：“你们这些产品的全部业务都是从我们这儿得到的，我们理应受到特殊待遇。如果没有我们销售公司的努力，你们公司根本就不会撑到今天。所以你们有责任供应我们所需要的产品，你们应该尽可能地提高自己的工作效率，抓好成本控制的管理，你们应该向效率、向管理要利润，而不是向我们要。”

面对销售公司的强硬态度，农机公司十分气愤。农机公司的产品固然需要销售公司去开拓市场，但是如果他们不提供给销售公司优质、低价的产品，那么销售公司的业务就不会那么红红火火地开展下去。于是一气之下，农机公司代表团在谈判桌上当即告诉销售公司：“在和你们公司的合作过程中，我们公司已经处于无利可图的境地了，我们公司实在没有必要耗费大量的人力和物力为你们公司创造大量利润，所以我们决定，公司马上停止向你们公司供货。”销售公司自恃拥有广阔的市场渠道，认为农机公司虽然不为他们制造产品了，但是南亚有许多这样的农业机具生产厂商，这些生产厂商都为产品卖不出去而发愁，他们相信没有农机公司，他们的销售公司照样会运转良好，利润也会滚滚而来，而农机公司则会因为产品销售不出去而很快回过头来找他们。

而农机公司则认为既然和销售公司的合作不但换不来利润，而且还常年亏损，那么宁愿公司倒闭也不愿意再和他们合作下去了，况且他们也知道，销售公司不可能再从其他生产厂商那里得到同他们一样优质、低价的产品，而且其他厂商也不可能提供更多更好的额外服务。

就这样，谈判在双方的僵持中以失败而告终了，农机公司和销售公司都不肯向对方表示一丝妥协，结果一个半月之后农机公司的产品全部积压到了仓库里，而销售公司也因为找不到合适的生产厂商而大大缩小了市场份额。

问题：谈判僵局的出现对于商务谈判中的任何一方来说都是十分不利的。面对谈判过程中不可避免的僵局，谈判双方应该如何使自己理智地跳出谈判僵局呢？

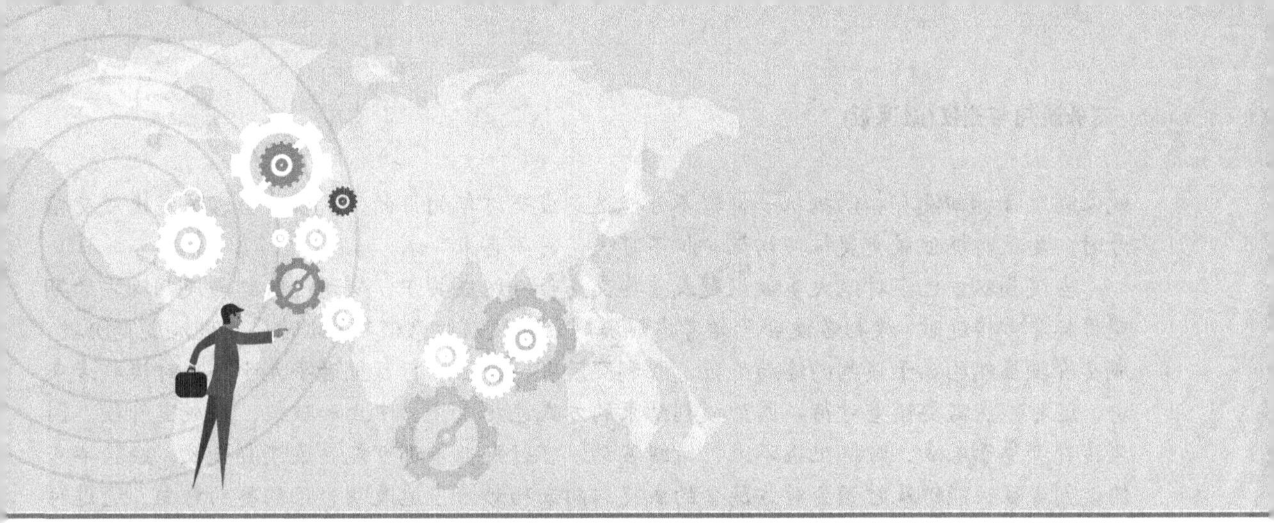

第九章　商务谈判的终结

【学习目标】

知识目标：了解谈判进入终局阶段的标志；掌握成交信号的类型；掌握成交阶段的谈判技巧与策略；了解成交前的技术准备事项；掌握签订合同的程序；掌握买卖合同的形式与内容；熟悉签字仪式的常规操作方法。

技能目标：能有效把握谈判的成交契机；能灵活运用成交阶段的谈判技巧与策略；能正确进行谈判成交前的技术准备；能够进行合同文本撰写前的准备工作；能够草拟一份买卖合同；能够设计签约的流程和布置会场。

【引导案例】

李阳是某摩托车配件生产公司的销售员，工作时间2年，沟通能力较强。最近该公司研发了一款新型合金配件，性能好，耐磨度高，价格也合理。李阳根据新型配件的适用性联系了公司的几个老客户，其中大秦摩托有限公司正好需要购进一批这种配件，大秦摩托的采购部主任对李阳销售的新型配件非常感兴趣，反复向李阳咨询有关情况，李阳详细耐心地向他解答，对方频频点头。双方聊了一个多小时，十分愉快，但是李阳并没有向对方索要订单。他想，对方还没有对自己的产品了解透彻，应该多接触几次再下单。

几天之后，李阳再次和对方联系，同时向对方介绍了一些上次所遗漏的优点，对方很是高兴，就价格、售后等问题和他仔细商谈了一番，并表示一定会购进。这之后，对方多次与李阳联络，显得非常有诚意。李阳想："这笔单子已经是十拿九稳的了。"但他并没有及时向对方下单，而是等待对方订立采购合同的通知。一个星期后，对方的热情冷却，还指出了产品中的几个小问题。于是，本该顺利成交的订单却功败垂成。

【启示】通过案例，我们发现李阳的失败不是因为他缺乏毅力或沟通不当，也不是因为公司的产品缺乏竞争力，而是因为他没有及时领会对方的签约意图，没有把握好成交的时机。当第一次接触时，客户已经对产品有兴趣，但李阳过于追求完美，过于谨慎，没有及时下单而错失良机。其实，谈判中没有最佳的成交机会，只有适当的成交机会。第二次联系时，对方已经就价格、售后等问题和李阳仔细商谈了一番，并表示一定会购进，此时成交意向非常明显，但李阳没有趁热打铁促成交易。若营销人员在适当的时机没有及时提出成交的要求，就像瞄准目标却没有扣动扳机一样，不可能达到成交订单的目的。所以，当客户发出成交信号时，要及时抓住成交契机，切记“机不可失，时不再来”。

当谈判双方已经对绝大多数议题或重要交易条件达成共识，磋商进行到与谈判双方的期望目标非常接近时，谈判者便会开始考虑解决剩余分歧以结束谈判，此时谈判进入成交阶段。成交阶段虽然已属于谈判的终局阶段，胜利咫尺可待，但“行百里者半九十”，对谈判者来讲，这时依然需要慎重对待，因为谈判结束的方式包括成交、中止和破裂。在成交阶段，因为谈判者急于求成、时机把握不准、情绪波动、言行失当等都可能导致谈判失败。经验丰富的谈判者往往能够及时领会对方隐含的成交意向或巧妙恰当地表明自己的签约意向，通过对成交契机的准确把握，利用谈判技巧趁热打铁地促进交易的成交。同时，成交阶段在利益博弈上也是仍有可为的阶段。优秀的谈判者通过灵活运用成交阶段的谈判策略，可以为己方争取到最后的利益，并实现双赢。

第一节　商务谈判终结的判断与结束方式

在商务谈判中要抓住成交契机，一是要准确把握谈判进入终局阶段的时间，因为终局阶段也即成交契机可能出现的阶段。谈判如“下棋”，是否该结束，有其本身的规则，或有其一定的标志，见到这种标志，就要准备“收棋”——结束谈判。不结束就会“自讨苦吃”——多掏钱或白费力。谈判终局的标志有三个：条件标志、时间标志和言词标志。二是要有效识别成交信号。成交信号是指商务谈判过程中谈判者言谈举止中所传达出来的成交意向。成交信号包括：语言信号、行为信号和表情信号。

一、谈判终局的标志

(一)条件标志

条件标志即以双方交易条件达成一致的程度来判断谈判的终局。不论交易复杂程度如何，交易条件普遍存在，如商业、法律、技术、文字与数字表述的条件等。条件作为终结谈判的标志时，需要将条件量化分级，谈判若完成了各级各层的条件内容，自然可以结束谈判。条件量化分级可为二级，即两个层次：分歧量与成交线。从判断的意义上讲，这些分级与层次也是不同的角度，即可从这些角度看终局。

1. 分歧量

分歧量是指以双方谈判存在的分歧程度作为谈判终局的标志。从数量上看，如果双方已经达成一致的交易条件占据绝大多数的内容，所剩的分歧的数量占很小的部分，则可以考虑谈判进入终局阶段，但是只有谈判达成一致的量是不够的，还要看达成一致的交易条件是否是关键性的条件，如果是细枝末节的条件能够达成一致，但是关键问题还是没有解决，那么就算量上够了，但是质上不够也不能进入终局阶段。例如，红星橡胶厂与北方轮胎厂谈判进入终局阶段时，突出了技术费、设备费的分歧，把培训费作为让步筹码，可见分歧数量不多。但是在讨价还价中，双方将这几种分歧汇总为总价的问题，分歧数只有一个，而价格作为分歧数从质量上来看就是最重要的谈判内容，因此，当双方几经努力但终究未能解决该分歧时，就会造成谈判破裂。因此可以看出，在关键问题出现分歧时进入终局容易导致谈判的彻底失败。

2. 成交线

成交线是指己方可以接受的最低交易条件。在谈判实务中，谈判者设定的成交线即追求的谈判目标。谈判目标可以分为三个层次。上线为己方的最终谈判目标；中线为相对满意的谈判目标，这种情况下，己方已做出了一定的让步，但是能够成交的话，收获还是不小的；下线为可以接受的交易底线，是确保最基本谈判利益的条件，也可以认为是成交线的下线。当谈判条件进入己方成交下线时，从谈判心理和利益保障方面来讲，均有进入终局的必要。

如果谈判双方未进入成交线，能否进入终局阶段呢？这取决于双方尚存的差距，若该差距可以逾越，则谈判已进入终局。双方可以通过单方面的努力或双方的共同努力向彼此的成交线靠拢，当准备充足时，谈判可以准备终结。若双方条件实在难以靠拢，以至于经过判断，双方继续谈下去也不会有成交的可能，双方就不得不以破裂终结谈判。

(二)时间标志

时间标志有以下三种标准。

1. 双方约定的谈判时间

双方约定的谈判时间是指在开始谈判前，为了增加谈判效率，节省人力、物力，谈判双方限定了谈判所需的时间，据此双方安排谈判人员和程序。当所定的时间用完，谈判也应结束。一般来说，双方约定时间一定要在开始谈判之前，因为此时最易达成协议且不失自己的地位优势。但是，如果谈判一方在谈判之初故意压缩时间长度时，另一方也会采取“随意”的态度，因为不随意就会显得“急”，表现出“求”，于日后谈判不利。另外，对于谈判处于主客方来看，时间限制的主动程度也不一样，一般主方容易在时间限制上有主动权，因为在进行实质性谈判时，主方往往会安排一些礼节性的招待，减少实质性谈判时间，从而在总的时间限制不变的前提下，给客方带来时间上的压力，因此，客方在谈判之初限定谈判时间时应该强调有效谈判时间。另外，双方一定要强调一旦谈判时限一到，应及时结束谈判。按时结束谈判一方较主动，若由于事没谈完就提出延长谈判时间，其结果一定很被动，因为对方会要己方“掏钱”买时间。可以看出，有些交易失败是因为有一方拖延时间过长、索取太多。生意场是一个富有活力的环境，万事变化都非常快。那些为了索取更多而在协商中拖延时间的企业家有可能因为环境的变化而失去所有的一切。新的技术、强劲的新竞争对手、经济滑坡，所有这些在双方做生意时都会把交易搞得一团糟。因此，在限制了谈判终结时间的前提下，谈判双方应该在限定的时间内及时结束谈判，尽快锁定战果。

2. 单方限定的谈判时间

单方限定的谈判时间是指谈判某一方提出自己可以参加谈判的时间。单方限定时间的做法在实际中用得较多，原因来自各种各样的客观与主观限制，如还有其他项目要在该谈判结束后进行，由于生产计划等原因。对于单方面限定时间的谈判，谈判另一方可以接受这一时间限定的条件，也可以拒绝这一条件以防止由于时间问题给己方带来的压力，甚至可以利用对手对时间的要求，向其讨要更好的条件。当然，并不排斥单方限时的对手是真实可靠、情出无奈。此时，若不认真配合，可能会失去交易；若硬压对手，不但效果不好，还会为后面的谈判投下阴影。

当自己处在市场优势的情况下，单方提出时限不失为一种积极的谈判手段。但是要防止自相矛盾的情况发生，也就是自己定的时限自己却没有遵守，结果导致对方趁机要求更多的利益，并且必然会抓住时机攻击：“时间是您定的，谈不完贵方有责任。继续谈，我方可以配合，但贵方应有真正的条件，否则，继续谈下去又有什么意思呢？”为了防止这种情况发生，无论谈判结果是否成交，限定时间一到，即要结束谈判。

3. 突发性的时间限定

突发性的时间限定是指谈判双方已经约定好了谈判时间，但是由于谈判进程中对方或己方由于市场行情、外汇行情、公司内部重大事件等突发状况而有一方要求提前或拖延谈判结束时间，还有一种可能是谈判有第三方潜在的参与，此时谈判的时间除了双方的需要外，还受第三者谈判进度的影响，这即为第三者给定的谈判时间。第三者谈判进度(时间)，即是估量自己谈判终结时刻的标志。不过，第三者无权对己方限定谈判时间，该时间是通过谈判对手反映出来的，如对方会说：“某某已将该条件调到某位置了，比贵方的谈判进度快”“某某即将给我方最终报价，贵方何时做出最优惠方案”等均反映出第三者的进度，也给出了己方可以继续谈判的时间。对第三者的时限掌握很重要。一般来讲，具有诚意的谈判对手会明示第三者最后谈判阶段的时间(时限)，以让己方有机会竞争，也有的对手出于偏见而冷落己方，或不成熟地简单对待参与竞争者，不给对方任何提示。这时，自己的能动判断就很重要。即使谈判对手没有明确地告知与己方谈判的第三方的进度，也可以通过自己的观察看出蛛丝马迹。例如，可参考谈判对手的人员安排，如人员安排由主力人员调换为一般人员、谈判气氛由理解变成施压等来判断。

(三)言辞标志

当谈判一方想终结谈判时，他会以最少的言辞阐明自己的立场，表达希望终结谈判的意愿。例如，谈判者说：“好，这就是我方最优惠的条件，现在就看你方的态度了。”谈判者在此时提出的意见非常明确和完整，没有不明之处，没有新的议案和新的见解。从语调和姿态来看，谈判者完全是一种做最后决定的语调，并且坐直身体，文件也放在一边，目光坚定，回答问题也尽量地简短；向己方阐述如果以目前的条件对双方是最有利的，并且一再强调对己方有利的原因。从策略上来看，往往会采取最后通牒、折中调和等策略，这在下一节会集中阐述，在此暂不赘述。

如果谈判中出现了以上谈判进入终局的标志，谈判者应该积极领会，抓住谈判终局中的有利时机，促进成交。

二、成交信号

成交信号是指商务谈判过程中谈判者言谈举止中所传达出来的成交意向。这种成交意向多以“暗送秋波”的形式传达出来，因此需要谈判者具有高度的警觉性和敏感性，能够第一时间识别对方发出的成交信号，积极给予对方回应，将交易往成交的方向引导，并最终促成成交。相反，如果谈判者面对对方的“秋波”，不解“风情”，那必将导致谈判与成交擦肩而过。一般成交信号有以下三类。

(一)语言信号

在商务谈判过程中，谈判对手成交的意向最容易从其语言中流露出来。因此谈判人员要特别留意对方的语言信息，揣摩其中的“弦外之音”，以获取成交信号。

谈判中的关于成交的语言信号一般表现如下。

(1) 对方开始询问一些比较细致具体的产品问题，如产品某些功能及使用方法、产品维护和保养方法、产品的附件与赠品等。

【案例 9-1】

一位顾客在小鸟电动车专卖店，就一台新款电动车向销售人员了解价格。

客户：“这台电动车的蓄电池使用寿命是多久，保修期多长？”

销售人员：“我们这款电动车的蓄电池是 GEL 型胶体电池，性能稳定、耐过充电、耐过放电、寿命长。如果按照我们的产品说明书使用得当，使用 3 年没有问题的。而且我们店在规定保修期基础上为您延保一年。购买这种高品质、售后服务好的产品是您最明智的选择，如果您打算现在要货的话，我们马上就可以到仓库中取货。”

(2) 对方开始围绕价格进行谈话，如询问产品的折扣与返利，询问产品的最低价格等。

(3) 对方对产品交易条件提出异议或反对意见，如对产品的性能提出质疑，对产品的价格表示异议等。谈判者应当注意的是，反对意见表达的含义比较复杂，有些反对意见是对方“欲擒故纵”或“最后的疑虑”，这正是成交的信号，此时谈判者只要适当妥协或打消对方的疑虑，便可促成交易；有些反对意见则是对方的真实不满，此时谈判人员要做耐心细致的说明或为对方提供其他选择。总之，面对反对意见，谈判者必须具体情况具体分析。

在具体的谈判实践中，对手针对的交易条件、采用的询问方式等可能各不相同，这就要求谈判人员揣摩其语言实质，一旦发现成交信号，就要求迅速对这些信号做出积极反应。

(二)行为信号

行为信号是对方在肢体动作上提供的成交线索。比如，对方试穿试用样品时间很长，对方非常认真地阅读产品说明书，对方在你进行产品介绍时认真倾听并不断点头，对方开始询问同伴的意见，等等。这些都表明对方对产品有极大的购买兴趣。当对方的行为表现出对某件产品的购买动机时，谈判人员要进一步强化对方对产品的认同，鼓励对方决心交易。

(三)表情信号

人类的面部表情可以反映出其内心活动，每个表情都有其特定的含义，对于其中大部分表情，我们依靠常识和阅历便可读懂其背后的信息。在商务谈判中，对手的面部表情同样可以透露其内心的成交欲望。比如，对手的眼神开始专注于你的说明或产品本身，对手的嘴角微翘、眼睛发亮，表现出放松或兴奋的表情，或者对手渐渐舒展眉头，等等，这些表情上的反应都可能隐含着成交信号，作为谈判人员需要随时关注这些信号，并根据情境和表情常识准确解读，一旦捕捉到对手表情语言中透露出的成交信号，谈判人员就要及时做出恰当的回应，促进成交。

【案例 9-2】

李阳是一位有丰富销售经验的营销人员，在一次与客户进行谈判的过程中，他发现那位顾客表情严肃、眉头紧锁，对他推荐的产品的质量和服务也有颇多意见。李阳对顾客提出的问题给予了耐心细致的回答，并强调了本公司产品在市场上同类产品中的竞争优势，尤其是针对顾客比较关心的服务品质方面着重强调了本公司相对完善的顾客服务系统。经过一番耐心说明，李阳发现顾客开始变得专注，眼光柔和，不住微微点头。善于察言观色的李阳迅速捕捉到这些成交信号，趁机询问顾客需要订购多少产品，需要何时出货，最终顺利完成了交易。

由于谈判环境、谈判内容、谈判人员的不同，成交信号的表现方式和程度也必然存在差异。这就需要谈判人员加强学习谈判行为与心理等相关理论并在谈判实战中不断总结和揣摩。

三、商务谈判结束的方式

在实际的商务活动中，并不是所有的商务谈判都是以签约或者成交来结束的，很多谈判会由于双方无法取得一致而暂时中止，甚至最终破裂。成交、中止和破裂是谈判结束的三种主要方式。

(一)成交

成交即谈判双方达成协议，交易得到实现。成交的前提是双方对交易条件经过多次磋商达成共识，对全部或绝大部分问题没有实质上的分歧。成交方式是双方签订具有高度约束力和可操作性的协议书，为双方的商务交易活动提供操作原则和方式。

虽然谈判双方就交易的主要条款达成一致便可视为谈判成交，但是为了明确这种一致并明确谈判后双方各自的权利和义务，谈判的结果还应形成书面文件，即商务合同或协议。签订商务合同或协议的过程就是商务谈判的签约阶段，一般把签约作为商务谈判成交的标志，同时签约也标志着商务谈判的正式结束。

由于合同具有法律效力，合同一旦经双方签字并批准生效，就成了约束双方的法律文件。双方必须履行合同中规定的各自应尽的义务，不然就要承担法律责任。所以，商务谈判的签约应该是一个非常严肃、非常谨慎的过程。在签约的时候，通常要注意以下一些问题。

(1) 争取由己方来起草合同文本。最后的商务合同文本一般是由一方来起草的，并经过另一方的检查确认无误后双方签字。一般合同文本由哪一方来起草，哪一方就相对掌握了主动权。所以，在签约前应尽量争取由己方来起草合同文本。即使做不到这一点，也要尽量争取与对方一起起草合同文本。

(2) 保证合同的主客体以及签订过程合法。由于合同具有法律效力，所以签订合同的主体、合同涉及的客体以及合同的签订过程都应该合法；否则，所签订的合同就无效。

(3) 保证合同条款严密、详细。为了便于商务合同的履行，在合同中必须对交易过程中所涉及的所有会影响到合同履行方式和效果的条款做出明确而详细的规定，如价格、数量、质量、交货时间、交货地点、交货方式、交货期限以及违约责任等，否则可能会因为对方钻了合同的空子，而给己方带来损失。在莎士比亚的名剧《威尼斯商人》中，狡猾的夏洛克就是由于仅仅在合同中写明要取走安东尼奥胸口的一磅肉，却没有考虑到割下这一磅肉时会流血，并且没有在合同中规定如果肉的重量产生偏差需要承担何种后果，从而最终弄巧成拙，导致自己的全部财产被罚没并流落街头的悲惨结局。

(4) 争取在己方所在地签约。对于比较重要的商务谈判特别是国际商务谈判，应该尽量争取在己方所在地签约。因为如果今后发生了有关合同的纠纷，按照国际惯例，法院和仲裁机构一般会根据合同缔结地所在国家的法律来做出判决或仲裁。所以，在己方所在地签约，可以规避合同纠纷带来的法律风险。

(二)中止

谈判的中止是指由于谈判外部或者内部的原因，造成谈判短期内无法继续，双方协议暂时停止谈判进程的行为。因为是中止，所以在一段时间后，谈判还是有继续进行的可能，而且双方此前为谈判所做的努力以及谈判中止前所获得的成果还是基本能够得到保留的，这也就为今后谈判的恢复提供了可能。

1. 谈判中止的原因

导致谈判中止的原因主要有以下几方面。

(1) 谈判环境的变化。如果在谈判过程中，谈判的经济、政治或者法律环境发生变化，导致谈判的一些必要条件无法得到保证或者双方的谈判目标无法达成，那么谈判的进程一般会受到阻碍。如果这些变化对于谈判的影响足够大，谈判往往不得不中止，等待环境向有利于谈判的方向发展时再恢复。

(2) 谈判主体内部的变化。如果在谈判过程中，谈判的一方或双方企业内部发生了所有权或者高层人事变动，那么谈判往往会暂时中止，以考虑是否有更换谈判主体或者主要谈判者的必要，并且等待这种变化的效应不再影响谈判进程时恢复。

(3) 谈判双方的冲突或者僵局短期内无法解决。如果在谈判过程中谈判双方发生了比较激烈的冲突，短期内双方很难平静或者冲突带来的负面效应短期内很难消除时，一般建议先中止谈判，等到冲突的后果不再影响谈判进程时再恢复谈判。此外，如果谈判过程中产生的僵局长期无法打破，在短期内不会有打破的迹象，那么也应该暂时中止谈判，重新思考双方的利益分歧，寻求弥合的可能，并等待合适的机会恢复谈判。

除此以外，一些其他的原因也可能导致谈判的中止。例如，谈判者的变更等会导致谈判的中止。无论是哪一种原因导致的谈判中止，都只是谈判的暂时结束而不是永久结束，谈判还有恢复的可能。所以，谈判双方在谈判中止的时间内，不应该消极等待，而是理性分析谈判中止的原因，时刻观察环境的变化，并且寻求有效途径，使得谈判早日恢复。

2. 谈判中止的形式

通常谈判中止的时候，谈判双方会就谈判中止的期限做出一定的声明，包括有约期中止和无约期中止。

(1) 有约期中止。有约期中止谈判是指双方在中止谈判时对恢复谈判的时间予以约定的中止方式。如果双方认为成交价格超过了原规定计划或让步幅度超过了预定的权限，或者尚需等上级部门的批准，使谈判难以达成协议，而双方均有成交的意思和可能，于是经过协商，一致同意中止谈判。这种中止是一种积极姿态的中止，它的目的是促使双方创造条件最后达成协议。

(2) 无约期中止。无约期中止谈判是指双方在中止谈判时对恢复谈判的时间无具体约定的中止方式。无约期中止的典型是冷冻政策。在谈判中，或者由于交易条件差距太大，或者由于特殊困难存在，而双方又有成交的需要而不愿使谈判破裂，于是采用冷冻政策暂时中止谈判。此外，如果双方对造成谈判中止的原因无法控制时，也会采取无约期中止的做法。例如，涉及国家政策突然变化、经济形势发生重大变化等超越谈判者意图之外的重大事件时，谈判双方难以约定具体的恢复谈判的时间，只能表述为“一旦形势许可”“一旦政策允许”，然后择机恢复谈判。这种中止双方均出于无奈，对谈判最终达成协议造成一定的干扰和拖延，是被动式中止方式。

(三)破裂

破裂是指双方经过最后的努力仍然不能达成共识和签订协议，交易不成，或友好而别，或愤然而去，从而结束谈判。谈判破裂的前提是双方经过多次努力之后，没有任何磋商的余地，至少在谈判范围内的交易已无任何希望，谈判再进行下去已无任何意义。谈判破裂依据双方的态度可分为友好破裂结束谈判和对立破裂结束谈判。

1. 友好破裂结束谈判

友好破裂结束谈判是指双方互相体谅对方面临的困难，讲明难以逾越的实际障碍而友好地结束谈判的做法。在友好谈判方式中，双方没有过分的敌意态度，只是各自坚持自己的交易条件和利益，在多次努力之后最终仍然达不成协议。双方态度始终是友好的，能充分理解对方的立场和原则，能理智地承认双方在客观利益上的分歧，对谈判破裂抱着遗憾的态度。谈判破裂并没有使双方关系破裂，反而通过充分的了解和沟通，产生了进一步合作的愿望，为今后双方再度合作留下可能的机会。

2. 对立破裂结束谈判

对立破裂结束谈判是指双方或单方在对立的情绪中愤然结束未达成任何协议的谈判。造成对立破裂的原因有很多，如对对方的态度强烈不满，情绪激愤；在对待对方时不注意交易利益实质性内容，较多责怪对方的语言、态度和行为；一方以高压方式强迫对手接受己方条件，一旦对方拒绝，便不容商量断然破裂；双方条件差距很大，互相指责对方没有诚意，难以沟通和理解，造成破裂。不论何种原因，造成双方在对立情绪中使谈判破裂毕竟不是好事，这种破裂不仅没有达成任何协议，而且使双方关系恶化，今后很难再次合作。所以，在破裂不可避免的情况下，首先，要尽力使双方情绪冷静下来，不要使用过激的语言，尽量使双方能以友好态度结束谈判，至少不要使双方关系恶化；其次，要摆事实讲道理，不要攻击对方，要以理服人，以情感人，以礼待人，这样才能体现出谈判者良好的修养和风度。

第二节　成交阶段的谈判策略

在谈判成交阶段，谈判者依然会运用一些谈判策略以期达到以下目的：一是通过成交策略使谈判对手改变惰性或犹豫状态，促进双方以最有效、最快捷的方式达成协议，结束谈判；二是通过成交策略确保磋商阶段己方已取得利益不会因对方的利益诉求而丧失；三是通过成交策略尽可能为己方争取最后的利益。

【案例 9-3】

一位法国人，他在一片小农场里种了西瓜。经常有人来电话要订购他的西瓜，但每次都被他拒绝了。有一天，来了一位男孩，约有 20 岁。他说要订购西瓜，被农场主人回绝了，但男孩却不走，主人做什么，他都跟着走，在主人身边，专谈自己的故事，一直谈了两个小时。主人听完男孩的故事后，开口说："说够了吧？那边那个大西瓜给你好了，五个法郎。"男孩说："可是，我只有一法郎。""一法郎？"主人听了便指着另一个西瓜说："那么，给你那边那个较小的绿色的瓜好吧？""好吧，我就要那个。"男孩说："请不要摘下来，我弟弟会来取，两个礼拜以后他来取货。先生，你知道，我只管采购，我弟弟负责运输和送货，我们各有各的责任。"

【启示】在案例中，男孩在遭到明确无误的拒绝后，一方面避开谈判僵局转移谈话主题，"专谈自己的故事"；另一方面采用软磨硬泡的方式"一直谈了两个小时"，最终打破僵局，顺利购得西瓜。但谈判并没有结束，此案例的亮点是：在男孩与农场主达成成交意向后，通过成交阶段最后利益的策略，又为自己争取了更多的利益。"两个礼拜以后他来取货"，两个礼拜足以使小西瓜长成大西瓜了。

一、促进成交，结束谈判的策略

1. 时间策略

时间策略是通过时间因素给对方施加压力，也即通过强调超过时间期限后对方将承担的不利后果来对对方施加压力，以使谈判成果能够尽快确定下来，结束谈判。

在日常的商务贸易活动中，人们会经常听到这样一些话："从 5 月 1 日起，这种电视机就要限制进口了""如果贵公司不在 7 日内汇来款项，我们将无法按期交货""明天 17 点钟之前如没有收到你方的电话，我们将同别人签订合同"。这就是提出时间期限的策略。日常生活中如此，商务谈判中也是如此。

在谈判中，期限能使犹豫不决的谈判对手尽快做出决定，因为他们害怕错过这个机会就不会再有相同的机会，从而通过时间给人造成某种压力，这种压力常常迫使对方改变战略。谈判专家科恩说："时间是除信息和权力之外影响谈判结果的主要因素之一。"时间策略也是当谈判陷入停滞不前的境地时，使之快速前行的最佳方法，通常又称为时间性通牒。要注意的是，当谈判处于僵局状态时，贸然地采取时间上的最后通牒策略只能激怒对方造成谈判的破裂，所以应用时间策略应该把握好时机和谈判氛围而灵活使用。可以看出，何时提出时间限制使其发挥预期的效果是一个关键的问题。在终局阶段使用时间策略需要注意以下几个问题。

(1) 不要盲目地定一个截止期。一旦盲目地定下一个截止期，而对方又识破了你这一招，留给己方的选择要么是谈判真的告吹，要么是承认自己在弄虚，即过了己方规定的时限，己方还在继续跟别人谈判。作为一种策略，自己已经失策了。因此，定截止期一定要谨慎。

(2) 确定截止日期时的语气要委婉。因为确定截止日期从某种程度上来说是对谈判对手施加的一种压力，为了使时间策略能够发挥正向作用，而不是起反作用，确定截止日期时语气一定要委婉，尤其是在谈判终局阶段，双方在前期的谈判中都做出了很多努力，付出了很多人力物力成本，态度生硬地使用时间策略会使谈判对手产生反感或逆反心理，从而导致谈判破裂。

2. 最后通牒

最后通牒策略的情况是当一方占有一定的优势，谈判双方又在细枝末节上纠缠不休的时候，优势一方阐明自己的立场，讲清自己的最后让步条件，并表明如果对方不接受则谈判将会破裂，以此督促对方尽快决定，从而结束谈判。这一策略可以加速成交，但是也有谈判破裂的风险。因此，在使用最后通牒策略时一定要注意以下几个问题。

(1) 应该在判断双方已经就关键问题做了多次磋商以后再使用。如果双方的磋商还不是很充分，一方就贸然采用最后通牒的手段，这样最后通牒就变成一种恫吓，同时过早地暴露了己方的底线，是不会达到预期目的的。

(2) 注意使用最后通牒的环境。最好是对方对我方产品的需求强度大于我方对对方产品的需求强度，或者说我方在谈判中处于相对优势。另外，谈判已经进行了充分的磋商，双方已经最大限度地向对方的条件靠近，需要摊出底牌来结束谈判时也可以使用。还有一种情况是，己方已经做了真实的最大让步，只能通过最后通牒的策略来结束谈判。另外如前文提到的，当双方处在一个在细枝末节上不断纠缠的状态之中时，也可以用最后通牒的策略。

(3) 用自身的行动和态度来加强最后通牒的效力。在最后通牒时应该由团队中身份较高的人出面讲清最后的条件，基于当前的谈判状态，这种条件成交的强而有力的理由，最好能拿出支持这一理由的各种法律条文和政策文件，并且在谈判桌外要求预订回程的机票、制订回程的计划等。另外，从态度上最后通牒的表达语言要避免生硬和尖刻，但要使对方感觉到己方的依据是有说服力的，是强硬的。此外，最后通牒留给对方的余地要有弹性，不要把对方逼向绝境。

(4) 一定要保证最后通牒的效力。

3. 取舍由之策略

该策略往往与最后通牒策略一起使用比较有效，即当最后通牒策略使用之后对方仍然对条件进行纠缠时，可以采取让对方了解己方可以以谈好的条件成交，当然如果对方不接受的话，我方对于谈判破裂的后果也可以轻松承受，这就是所谓的取舍由之。这一策略需要让对方知道如果不与己方成交，己方也可以找到其他的成交对手，从而给对方施压。另外，从使用该策略的时间来看，越在谈判后期使用效果越好，如果在谈判前期就使用该策略，会使对方感觉没有受到尊重；如果是在谈判之中采用该策略，会使对方怀疑有第三方竞争者介入谈判，必然会产生质疑，从而影响谈判进程。

4. 折中调和

该策略是将双方立场和条件的差距，以折中而完全对等的形式或以互相让步但不对等的形式予以妥协的做法。由于该策略主体特征是相互妥协且更多地强调“对半”让步，因此，可以认为是一种公平而理智的分割差异的策略。但是在使用中应该注意，该策略只有在谈判的最后阶段才可以使用。在谈判的前期使用该策略，只能使条件不合理的一方得利，折中结果难以公正。在经过严谨的分阶段谈判后，双方立场均有所改善，交易条件日趋公平、合理时，对最后尚存在的文字、数字条件分歧以折中的方式解决，其结果才更合理。

5. 总体条件交换策略

该策略是指双方将所有分歧条件以有的利于对方(退)、有的利于己方(进)的新条件，组成一个方案向对方提出的做法。也就是说，把对己方有利的条件和对己方不利的条件以及对谈判对手有利和不利的条件进行区分之后，在分别承担一些不利条件的同时获得一些有利条件而组成一个新的谈判方案，由于该方案包括了所有谈判存在的分歧，故称“一揽子交易”，而针对所有分歧提出了有进有退的条件，因而也称为“好坏搭配”。

如果是对方提出的条件，己方谈判人员可以在不利的问题上提出质疑，目的是再争取一些对自己有利的条件，如果对方坚决拒绝，但交易条件已经达到自己的底线，则可以成交。而如果是己方提出的条件而对方要求再谈时，己方只需讲“是”或“否”。如果对手自以为聪明，非要纠缠，则坚决予以回击，否则，该策略就会失效。

6. 改变谈判场地策略

当谈判双方已经就绝大多数重要交易条件达成一致意见，仅因个别问题存在分歧而影响成交时，可以根据情形调整到一个非正式的谈判场地，如酒宴、茶社、度假村等来转换谈判氛围。这种策略适用于谈判时间过长使双方产生倦怠感或谈判气氛紧张对立的情形。如果此时继续在谈判桌前商讨，既很难达成协议又可能使形势恶化。轻松友好的氛围有助于恢复谈判人员倦怠的大脑、缓和谈判桌上严肃紧张的局面；私人兴趣情感的交流可以促进谈判桌上相互让步，化解遗留问题，最终达成协议。

7. 比较策略

(1) 有利的比较法，即置对方以很高地位的成交法。这种成交法的典型语言是：“这种型号的产品××厂商已经订货了”“我发现最发达的厂家刚开始总是购买三部，你们是否也登记订购三部？”“像你们这样的大公司执市场的牛耳，对于这项能够促进贵公司地位提升的产品，你怎能放过呢？”

(2) 不利的比较法，即以惰性谈判可能带来不幸后果的例子督促对方成交的方法。使用这种方法时，谈判者往往要列举出一些令人遗憾的事情。例如，对方拖延谈判，时断时续，旷日持久，因此招致了损失和成本增多。这种成交方式多用于保险业或者能改善对方目前状况的交易。它的典型语言：“你们推迟一天，就有被竞争者抢先的危险，像××公司的遭遇一样，你们知道，××公司的市场地位一直很稳固，但自从那家新工厂购买了自动生产设备后，公司就失去了原有的市场地位，成了这家工厂的手下败将，我诚恳地劝你们不要再迟疑，要像这家工厂一样当一个领导者，而不要像那家公司那样最后成了失败者。”谈判到了最后的阶段，做这样的比较会是非常有分量的。

8. 最后让步策略

针对磋商阶段遗留的分歧，有时可能需要通过最后让步才可实现成交，结束谈判。在使用最后让步策略时，要注意以下两点。

(1) 把握让步的时间。过早让步会被对方认为是前一段讨价还价的结果，而不是为达成协议做出的终局性让步；过晚让步则会削弱对对方的影响和刺激作用。

(2) 控制让步的幅度。让步幅度过大会让对方认为这不是最后的让步，仍有可以讨论的空间；让步幅度过小会让对方认为微不足道，刺激不足。让步的幅度常常要根据对方出场的人物的职位做出，一般以幅度刚好满足该出场人物维持地位和尊严需要为宜。做出最后让步后必须保持坚定立场，否则对方会继续紧逼。

9. 试用样品策略

谈判者可以提议订购一笔少量廉价的样品，或者无偿使用，这是一种十分简单的成交法。有些谈判最后没有成功，其原因可能就是没有使用这一方法。当谈判者没有别的办法使这笔买卖成交时，这一方法就是一种最后的努力。把产品留给对方，其成交率可能是出人意料的。一家小的制造厂在更换原材料时，可以先交部分货，让对方试用，如果对方不满意，再把产品退回来，当然应该规定一个试用的期限。国外的一家办公室设备生产商，曾允许它的谈判人员把机器留给顾客使用 5～9 天，其结果使谈判的成功率大为提高，而且每 5 台机器就可售出 3 台。谈判人员说：“这完全是个组织方式问题，在试用期间，我们还可以帮助对方维修原有的机器设备。这样对方不得不在试用期内签下订货合同。”利用这种成交方法的最大问题是：只要公司允许提供试用，谈判人员就可能放弃了其他的努力，使其日渐懒惰。另外，如果对方在资金上没有任何困难，他们可能会拒绝试用。

10. 单刀直入策略

谈判人员用简单明确的语言，向谈判对手直截了当地提出成交建议，也叫直接请求成交法。这是一种最常用也是最简单有效的方法。例如，销售人员：师傅，您刚才提出的问题都得到解决了，现在我给您下单好吗？又如，销售人员：王主任，您是我们的老客户了，您知道我们公司的信用条件，咱们这次的合作，就这么定了，好吗？

单刀直入策略的优点是可以有效地促成购买，节省洽谈时间，提高谈判效率。但它也存在一些局限性，如果成交请求遭到对方的拒绝，可能会破坏不错的谈判气氛；也可能会让对手觉得己方急于达成协议，从而提出苛刻要求。

运用主动请求法，应把握交易情形，一般来说以下情况可以运用此方法。

(1) 与关系比较好的老顾客谈判时。

(2) 在对手不提出异议，想购买又不便开口时。

(3) 在对手已有成交意图，但犹豫不决时。

11. 利用相关群体策略

利用相关群体策略是指谈判人员利用对对方决策有重要影响的群体促成交易。在实际交易中，对购买者决策有影响的群体一般有以下两类。

一是同类产品的其他购买者。心理学研究表明，从众心理和行为是一种普遍的社会现象。人的行为既是一种个体行为，又是一种社会行为，受社会环境因素的影响和制约。当购买者看到其他人做出购买决定后，会更迅速地采取交易行为。谈判人员利用人的从众心理，采取相关群体策略，创造一定的众人争相购买的氛围，促成对方迅速做出决策。

例如，我们在大街上经常可以看到这样一种景象：一帮人正围着一摊主抢购某种商品，其实，这一帮人并不是真正的顾客，而是摊主同伙人，他们的做法目的就是营造一种“抢购”的氛围，让大家都来购买。有时我们将这种现象也称为“造人气”。

同类产品的其他购买者有时也会是竞争者，面对竞争，也会促使购买者尽快做出成交决策。

二是相关群体就是对方的同伴。对方视自己的同伴为同一战线的队友，在无法决定是否成交时，他们往往要听取同伴的意见。因此谈判人员也可以利用对方的同伴促成交易。

二、争取成交阶段最后利益的策略

1. 临阵反悔策略

该策略是指在谈判终结时，为了给己方争取更大的利益，当双方已经进入谈判终结，一切条件都已经达成，在签约之前，一方突然反悔，要求对某一项合同条款进行修改，为己方争取进一步的利益。这种策略是希望在最后关头从心理上给对方造成急躁的情绪和带来意想不到的压力，由于对方在谈判过程之中已经消耗了大量的人力物力，甚至如果对方是客方，很可能也已经做好了返程的准备，因此，对方为了不使谈判成果前功尽弃，有时会不得不同意己方的要求。运用这种策略不能过犹不及，即主要是从附带条件中寻找折扣的机会，不能立刻就针对关键问题要求反悔，因为这样会恶化双方的关系，给合作伙伴造成出尔反尔的不良印象，即使是达成合同，也可能由于不信任而影响到双方未来的合作。

2. 附加条件策略

该策略是指在双方已经基本达成成交意向，谈判就要结束时，己方提出一些小的附加请求来强调自己的利益。一般这些附加条件不会触动对方的关键利益，不会给对方造成较大损失。常见的附加条件有要求对方提供或增加赠品、要求对方提供送货上门或安装服务、要求对方减免运送费用等。

【案例 9-4】

淘宝客服：亲，如果没有什么问题，您快下单吧！这样，您还能赶上今天的发货啊！

顾客：好的呢，可是我从贵店购买了这么多化妆品，只送一个化妆包。我的朋友也很喜欢呢，再附赠一个好吗？

谈判者可以利用许多技巧和策略达成交易，但是这些技巧并非都能适用于各种交易谈判，有些技巧无法适合某个谈判者的工作方法或者个人偏好。不过，所有的策略和技巧，谈判人员还是都应了解，具备这方面的知识，有助于谈判者选定最适当的办法达成较佳的成果。

第三节　商务合同的签订

【案例 9-5】

2013 年年底，石家庄罐头厂的销售人员小刘接到了四川攀枝花一个食品商订购罐头的业务电话，双方经过多次磋商，价格终于谈妥，约定对方到厂提货。同时，这个食品商又向小刘打听了石家庄市几种“反季节”蔬菜的价格，打算顺便从攀枝花贩运一车西红柿、豌豆等时鲜蔬菜到石家庄，汽车返回时装罐头。小刘了解到这种在本地夏季才收获的蔬菜，春节前特别好销，对方一算账，见有利可图，于是双方就在电话上定了这笔蔬菜生意。此后对方没再来电话。

2014 年 1 月的一天下午，该食品商突然出现在小刘的办公室，并说蔬菜已到，小刘得知装蔬菜的车已跑了 40 多个小时应尽快卸车时，立即将车领到了蔬菜批发市场，而此时，市场上前几天才从攀枝花市运来几种蔬菜，当地市场已经饱和。小刘想，如果发货只能出原定报价的三分之一，食品商不愿意，双方久持不下。后来几名菜贩围着卡车狠劲砍价，双方讨价还价了一个多小时，食品商很是着急，眼看天色已晚，如果拖到第二天，有的蔬菜便会腐烂，损失将会更惨重。无奈之下，食品商只好以比产地购价还低的价格将这 10 吨蔬菜脱手，亏了 3 千多元运费和 1 千多元本钱。食品商原以为稳赚，谁知“大意失荆州”，造成了不应有的损失。

这笔生意虽然不大，但教训深刻，最重要的一条就是：生意谈好后，一定要签购销合同，写上违约处罚条款，最好收取购货方一笔定金，防患于未然。

合同是谈判成果的具体体现，是约束交易双方的法律性文件。因此，合同的签订工作是商务谈判的一个重要的环节。尽管联合国对于国际贸易协议的规定，并不限于书面的形式，但是一般情况下，以书面的形式将谈判内容明确下来，作为合同签订双方履约的依据，具有十分重要的意义。为保证合同签订工作能够顺利进行，必须掌握合同签订的相关程序，了解合同的形式与内容，合理周密地安排合同签订仪式。合同订立程序分为三个环节：①合同文本撰写前的准备工作；②合同的撰写与审核；③签字仪式的安排。

一、合同文本撰写前的准备工作

合同文本撰写前的准备工作主要是对签约过程中有关问题进行磋商，包括确定合同文本起草方；合同形式与内容的磋商；商定签字仪式举行地。

(一)确定合同文本起草方

合同文本的起草可以分为三种形式：己方起草、对方起草、共同起草。

在可能的条件下，合同的条款应尽量由我方起草，这样做至少有三个好处：第一，有利准确反映我方意愿，而不致被外方牵着鼻子走；第二，使我方在谈判中更加主动、顺利，由于是我方起草合同，因此当对方提出修改意见时，有利于增强我方的谈判法码，也能避免过多修改；第三，避免因对方在合同中留下“伏笔”，结果导致我方吃亏。

如果对方坚持要他们起草合同怎么办？这时我方应该：通过谈判，先确定合同总框架和指导性意见，尽量争取分别起草合同中的某些条款，最后再合起来洽谈确定正式文本。

谈判双方所在的谈判小组也可以根据双方交易内容或谈判的商品达成的协议共同草拟合同，各方进行合同的审查，并经确认双方一致同意后定稿，打印形成正式的合同文本。

(二)合同形式与内容的磋商

1. 合同形式的磋商

我国《合同法》对于合同形式允许当事人采取口头、书面形式或法律许可的其他形式，但法律法规或当事人要求采用书面形式的应当采用书面形式。在进出口贸易中，无论是商品贸易，还是技术或服务贸易，我国法律一般要求采用书面形式。

口头形式合同的优点是简便易行，缺点是发生经济纠纷时，容易产生举证困难，不易分清责任的现象，因而用得不多。书面形式用文字来表达当事人双方在平等协商、等价有偿的基础上，意思表示一致行为的协议。凡金额较大、交易条件又较为复杂，或者履行期限较长的，都应采用书面形式的合同。其优点是：内容详细明确，责任具体清楚，便于举证，发生纠纷时容易分清责任，有利于对合同的管理和监督。

传统的书面形式有：合同书形式；信件形式，书信可以有平信、邮政快件、挂号信及特快专递等形式；电报、电传、传真形式。

目前比较新的并为我国《合同法》所认可的书面形式有：①电子数据交换又称“电子数据交换”(Electronic Data Interchange，EDI)，是一种在公司、企业间传输订单、发票等商业文件，进行贸易的电子化手段。它通过计算机通信网络，将贸易、运输、保险、银行和海关等行业信息，用一种国际公认的标准格式，完成各有关部门或者公司、企业之间的数据交换与处理，实现以贸易为中心的全部过程。②电子邮件(Electronic Mail，E-mail)又称电子信箱，其传递是通过电子计算机系统来完成的。它所传递的信件是电子信件，内容可以是文本文件、数据文件以及传真、语音和图像文件等。

2. 合同内容的磋商

在商务实践中，合同应包含的绝大多数内容都是固定的，如价格条款、质量条款、数量条款、付款方式与日期条款、承运条款、保险条款、违约条款等。这些内容在磋商阶段基本上已经谈妥，但如果谈判一方对合同内容有特别需要添加或说明的地方，则需要双方进行磋商以决定是否写入合同。

3. 合同书写语言的磋商

在国际商务谈判中，常会涉及谈判双方使用不同语言的问题，那么谈判成交后，使用何种语言起草合同文本，就需要由双方进行协商。一般合同书写语言采用世界通用语言英语或者使用双方语言草拟两个版本的合同。

(三)商定签字仪式举行地

在正式的商务谈判中，要进行签字仪式。一些小型的、简单的谈判，成交后可能稍做休会便直接在磋商地点进行签约。对于一些重要的商务合作或谈判，有时要举行隆重的签字仪式。此时，在何地举行签字仪式要由双方商定。一般签字仪式就选在双方进行磋商的城市，由主方负责会场的选择和布置。另外，也有一些签字仪式会选择第三方城市，如对双方有纪念意义的城市或适合签字后双方庆贺的地方。

二、合同的撰写与审核

当谈判双方就交易的主要条件达成一致意见后，谈判的成果要靠严密的合同来确认和保证，合同的撰写工作在整个谈判中发挥着重要作用。下面主要介绍撰写买卖合同应包含的内容以及合同审核的注意事项。

(一)合同的格式

商务合同一般由约首、正文、约尾和附件四个部分组成。

1. 约首

约首是合同的序言，包括合同的名称、合同号码、买卖双方的名称和地址等。序言中常常会写明双方订立合同的意愿和执行合同的保证，对双方都有约束力。双方的名称应用全称，不能用简称，地址要详细列明，因涉及法律管辖权问题，所以不能随便填写。

2. 正文

这是合同的主体部分，规定了双方的权利、义务和违约责任，包括合同的各项交易条款，如商品名称、品质规格、数量包装、单价和总值、交货期限、支付条款、保险、检验、索赔、不可抗力和仲裁条款等，以及根据不同商品和不同的交易情况加列的其他条款，如保值条款、溢短装条款和合同适用的法律等。

3. 约尾

约尾是合同的尾部，包括合同文字的效力、份数、订约的时间和地点及生效的时间、附件的效力以及双方签字等，这也是合同不可缺少的重要组成部分。合同的订约地点往往要涉及合同依据法的问题，因此要慎重对待。我国的出口合同的订约地点一般写在我国，有时有的合同将订约的时间和地点在约首订明。

4. 附件

合同附件多为业务性的实施细则或技术细则，一般由企业业务部门负责人或技术部门负责人签署，不宜由企业负责人包揽。

(二)合同的内容

无论是以电话、电传、信函，还是以别种契约的形式，一经双方认可，合同即已成立，交易即可行。合同应尽可能周详、明确、肯定、完整。合同的内容包括以下方面。

(1) 合同当事人的名称即单位名称或代表人姓名、个人姓名、单位所在地、地址或住所。涉外合同还应有当事人所属国及当事人国籍。

(2) 合同签订的日期与地点。合同签字日期往往涉及合同生效问题。合同签订的地点与适用法律、解决争议有关。

(3) 合同的类型、标的与范围。

(4) 合同的质量、数量、标准、规格及技术条件。

① 质量即品质条款。对于品质条款的规定应注意的问题是：根据商品特性，正确运用各种表示品质的方法，能用一种方法表示品质的，一般就不要用两种或两种以上方法表示；对品质的要求要切合实际，不能偏高或偏低，要贯彻平等互利原则；对有些品质规定要有一定的机动幅度，如在一些工业合同中，有些质量指标允许有“公差”；产品质量的技术指标，要具体详细，涉外合同更要注意。

② 数量条款基本内容包括货物数量和计量单位。对于按重量计量的商品，还要注明计量方法，写清按毛重还是按净重计算。在规定数量条款时，应注意：一是正确掌握成交数量。出口时，要考虑国外的市场容量与价格动态，国内的生产能力与货源情况；进口时，要考虑国内的实际需求与支付能力、市场行情变化。二是明确具体。数字一定要准确、具体，避免用“大约”“左右”等笼统字眼。三是对某些大宗商品的交货数量可以规定一定的机动幅度。在涉外合同中，此点可通过“溢短装”条款加以规定。

③ 包装条款基本内容包括包装要求、包装材料、包装方式、包装费用、运输标志等。在规定包装条款时，应注意：一是对包装规定要明确具体，不宜用“海运包装”或“习惯包装”这类笼统字眼。二是要考虑商品特性。包装材料及包装方式应据商品性质确定。三是要考虑不同运输方式要求。不同的运输方式对包装的要求不同。四是考虑有关国家对包装的法

律规定。例如，有些国家对包装标志与每件包装的重量有特殊规定和要求。包装条款中的包装费用一般由卖方负担，但当买方要求使用特制包装时，其费用则一般由买方负担。该条款中的运输标志一般也由卖方设计确定，但买方要求指定并且卖方接受的，买方应在装运前若干天提出具体标志。

④ 商品检验条款常作为交易双方交接货物、支付货款和处理索赔的依据，主要内容包括检验地点、检验时间、检验证明(证书)、检验标准和检验方法等项内容。

⑤ 在确定合同标的标准时，应注意同种同类商品、技术的标准问题，如国际标准、国家标准、行业标准等。

(5) 合同履行的期限、地点和方式。合同履行的期限是指合同当事人实现权利和履行义务、责任的时间限制。合同履行的地点是指合同当事人实现权利、履行责任和义务的地点。合同履行的方式是指合同当事人以什么样的方式实现权利，并履行各自的义务与责任。涉外合同中的装运条款即为涉及合同履行期限、地点和方式较集中、较典型的条款。涉外合同的装运条款是指合同中对货物装运期、交货期、装运港、目的港、装卸时间、装运通知的规定。

(6) 价格条款、支付条款、附带费用条款及保险条款。

① 价格条款。国内交易合同的价格条款主要应明确货物单价、成交总金额、各种附带费用的承担及支付方式与时间。涉外商务合同的价格条款则较复杂，一般由单价和总值构成。单价通常有三个部分组成：一是计量单位，如“米”“英尺”“吨”等。二是计价货币，它有三种：出口国货币、进口国货币、第三国货币(必须是硬通货)，可选定其一。选择的原则是：与对方国家签有贸易支付协定的具体交易业务，应使用协定所规定的货币；如果没有协定的，一般应选择在国际市场上可以自由买卖的货币(硬通货)。三是价格术语，如 FOB、CIF、CFR 等。

② 支付条款的内容为支付货币种类、支付金额(数量)、支付方式及支付期限。支付货币种类、支付金额应与价格条款保持一致。国内贸易的支付方式一般采用银行转账(或电汇)形式。国际贸易的支付方式则较为复杂，一般有汇付、托收和信用证。

③ 附带费用是指除交易货物价格之外的一切其他费用，主要有运费、装卸费、保险费、进出口关税、仓储费、检验费、包装费等。其中大部分一般已在价格条款中谈妥。

④ 保险条款的主要内容是保险费用的承担者。在国际贸易中，一般在价格术语中已有所规定。

(7) 关于合同转让、变更、解除或终止的规定。经当事人协商一致或履行过程中出现法律或合同事先约定的情形，可转让、变更、解除或终止合同。但是，凡是合同经过国家有关机关批准或者公证的，其变更、解除或终止也须经原批准机关或公证机关审核、批准。

(8) 合同发生争议时的解决办法与法律适用条款，以及违反合同的赔偿和其他责任条款。此部分内容主要包括仲裁条款、法律选择条款、违约责任条款。仲裁条款，一般应包括仲裁地点、仲裁机构、仲裁程序和仲裁费用负担等内容。法律选择条款只在涉外合同(中外合资、中外合作合同和中外合作勘探开发自然资源合同除外)中存在，是指合同当事人可在合同中选择合同所适用的法律，可以是当事人所属国家的法律，也可以是第三国的法律。合同中的违约责任条款可以是约定的违约金，也可以是约定违约责任造成的损害赔偿的计算方法。

(9) 担保条款。合同中通常采用的担保形式有定金、抵押、质押、留置、保证。

(10) 涉外合同还应有合同使用的文字及其效力之条款。按照国际惯例规定：涉外合同文字应当使用当事人双方的法定文字，并且两种文本具有同等效力。当两种文本在解释上出现歧义时，应以东道国语言文本为准。有时，重要的涉外合同还确立第三种文字文本为存档备忘文本，当合同双方文字的文本在解释上出现歧义时，就以其为准，但此种做法较少。

商务合同的基本内容即为上述十个方面。当法律或当事人对合同内容有特殊要求时，那些应特殊要求而规定的条款，也应是合同所必须具备的基本条款。

(11) 合同签章。

① 自然人签名。自然人签名以清楚的中文签名为宜，避免草书、英文签名。

② 骑缝章、骑缝签名。合同有多页的，应加盖骑缝章、骑缝签名，以避免日后产生纠纷时做技术鉴定的麻烦。

③ 盖章要有公司或合同专用章，避免使用财务专用章或部门公章。

④ 修改核对章。对于合同中的修改部分，应在修改处加盖核对章或签名。

⑤ 当面签字盖章。尽量避免使用假签名、假公章的可能性。

(三)合同条款撰写的五个注意事项

普通的谈判会议以最后签订合同为准，因此合同条款撰写是谈判的最后一道程序，在合同条款撰写时应该注意下列五个方面。

1. 文本规范

在合同的总体框架确定以后，每个条文都要字字句句逐一推敲，做到规范仔细，可以与同类的合同尤其是国际合同作为参考，基本要求如下。

第一，撰写的句子要明确，用字要准确，应力图消除任何误会的可能。

第二，当涉及术语较多时，应注意由双方共同确认其含义，使每个词都能准确表达双方的意愿，最好在合同末尾附一份专业术语解释作为合同附件。

第三，合同条款用词要一致，对同一个事件、同一术语要一致。

2. 前后衔接

前后衔接体现为一致性，互补性和协调性。

一致性是指在相关联的条款或技术附件的描述中多次提到的规定前后必须一致，涉及同一个问题的条文含义应完全一致。

互补性是指从合同撰写的角度来看，条款之间本身是有相互补充的。例如，附件与合同条款就有相互引证、相互参考，既互补又相依的关系，这在谈判中绝对不能忽视，最好能在合同条款中明确注明，如相关标准参见某某条款或者附件。

协调性是指合同主要条款的谈判进度应该与价格谈判和技术附件的谈判相协调，要注意安排好谈判的先后顺序和进度。比如，在某一条款的谈判对价格和技术附件的谈判有保护作用时，应等到价格和技术附件谈判结束后再结束该条款的谈判；而纯法律性、程序性的条款可以先谈判。

3. 公正实用

公正是指权利义务的均衡。谈判高手会说：“真正好的合同是均衡且满足双方意愿的合同。”公正必须用合同条款中的文字和条件来体现。条件是关键，文字是表现手法。体现公正性的根本问题关键是通过谈判确定的实质条件的公平。在此基础上，条文中尽量使用“互相”字眼，或者采用“对称”的手法。例如：“互相保守对方的秘密”“互相享受对方改进后的技术”等等。不能实现文本均衡的也要尽量实现形式均衡。

实用是指条件实惠，文字实用，执行实际。有的合同，条文写得很复杂，但是大多数是花架子，不实用。比如，在合同条款中写“可以进一步提供卖方的新技术，但费用需另议”听起来很有道理，但没有实际作用。只有订出的合同条文实际、实用、实惠，文字不晦涩，其条件可执行，这样在以后的执行过程中才顺当方便。

4. 文字化沟通

在合同谈判时应该养成把所议条款写成文字并由双方确认的好习惯，这样即使要修改也有字据为证，不容易出现由于口头或者表达的误差而引起误会。可以利用合同草案或者会谈备忘录的方式将讨论内容文字化固定下来。对合同条款的谈判应该做到内容、用字、表达方式的三统一，这就要采用文字化沟通的谈判方式，如此才能真正体现三统一的要求。讨论时以文字为依据，反驳时也用文字来修改，随讨论、随写、随定文稿，一气呵成。

5. 注意最后审阅贯通

国际谈判常常涉及商务、技术、法务等内容，合同文本也是由不同的人联合撰写的。合同条款十分繁杂，很多国际合作协议包括附件往往有几十万字之多，所以在结束全部谈判之后、最终定稿之前，应有全面了解项目的人承担最后的审核工作，保证合同的贯通。

(四)合同的审核

正式合同文本书写完毕以后，谈判双方就应进行正式签字，但签字前首先应该进行的是签字前的审核。其主要内容包括以下方面。

(1) 合法性审查。谈判双方有责任保证所签订的合同符合法律规定。我国《合同法》规定，双方合同不得存在以下情形：一方以欺诈、胁迫的手段订立合同，损害国家利益；以合法形式掩盖非法目的；恶意串通，损害国家、集体或者第三人利益；损害社会公共利益；违反法律、行政法规的强制性规定。

(2) 有效性审核。它包括两层含义：一是双方谈判者有无签署合同的权限。通常合同签署者必须是企业法定代表人或被授权的企业全权代表，授权证书应由企业法定代表人签发。若主谈者具有此两种身份中任何一种，可直接签署合同；反之，则应由企业法定代表人签署，或取得充分授权后签署合同。二是合同内容有无相互矛盾或前后相否定之处。

【案例 9-6】

无合同签署权人员诈骗案

出口商甲经李某介绍曾与某国多个买家成交，并通过李某成功收款。2007 年 5 月，甲与李某介绍的 A 公司签订近 200 万美元的销售合同，销售合同中列明的买方为 A 公司，但签署人却为李某。甲发货后，A 公司以从未与甲签过销售合同为由拒绝支付货款。经调查，李某假冒 A 的名义与甲订立销售合同，骗取货物后，低价销售给 A，取得货款后逃匿，甲损失惨重。

(3) 一致性审核。即审核合同文本与谈判内容(可据谈判纪要进行)的一致性。

(4) 文字性审核。即审核合同文字是否严谨、准确地表达了谈判内容。为保证合同审核的有效性，应有 2～3 人进行，以便互相检验，并且反复审核若干次，确保万无一失。对于典型的国际谈判常常分商务、技术、法律等不同的谈判小组，合同文本也是由不同的人联合撰写的。加之合同条款十分繁杂，很多国际合作协议包括附件往往有几十万字之多。所以在结束全部谈判之后、最终定稿之前，应有一项团队协作程序，审核全部文本，把合同条文、技术附件从头到尾依次通读一遍，其中需要特别注意条文与附件编排的章节和序号。签署前的审核应当双方同时进行。

【案例 9-7】

漏掉两个字，运费多开支

中国某公司与美国某客商签订了进口某货物的合同，双方约定在美国西部港口交货。但双方合同和开信用证时都写成了“美国港口交货”，漏掉了“西部”两字，美方接到信用证后，通知我方在美国东部某港口接货，我方只好通知船方到该港接货，结果多承担了一笔运费支出。

三、签字仪式的安排

举行签字仪式，不仅是对谈判成果的公开化、固定化，也是有关各方对自己履行合同、协议所做出的一种正式承诺。目前世界各国所举行的签字仪式，都有比较严格的程序及礼节规范。这就要求商务谈判人员要熟悉签字仪式的常规操作方法。

为了表示合同的不同分量和影响，合同签字的仪式也不同。一般合同的签订，只需主签人与对方签字即可，在谈判地点或举行宴会的饭店都可以，仪式可以从简。重大合同的签订，由领导出面签字时，仪式比较隆重，要安排好签字仪式，仪式繁简取决于双方的态度，有时需专设签字桌，安排高级领导会见对方代表团成员，请新闻界人士参加等。国际商务谈判的签字活动，若有大使馆、领事馆的代表参加，联系工作最好由外事部门经办，如果自己与有关使、领馆人员熟悉，也可以直接联系，但亦应向外事部门汇报请求指导，这样既不失礼又便于顺利开展工作。

(一)签约操作的准备工作

签约操作的准备工作，一般包括以下内容。

1. 准备相关文件：合同、协议等文本；司仪稿；签字仪式的议程

负责为签字仪式提供待签的合同文本的主方，应会同有关各方一道指定专人，共同负责合同的定稿、校对、印刷、装订、盖火漆印工作。按常规，应为在合同上正式签字的有关各方，均提供一份待签的合同文本。必要时，还可再向各方提供一份副本。

签署涉外商务合同时，比照国际惯例，待签的合同文本，应同时使用有关各方法定的官方语言，或是使用国际上通行的英文、法文。此外，亦可同时并用有关各方法定的官方语言与英文或法文。

待签的合同文本，应以精美的白纸印制而成，按大八开的规格装订成册，并以高档质料，如真皮、金属、软木等作为其封面。

2. 确定签字仪式人员及相关职责

出席签约仪式的人员，基本上应是参加谈判的全体人员。如果因某种需要一方要求让某些未参加会谈的人员出席，另一方应予以同意。双方出席人数应大体相等。

签约前要选定主签字人、助签员、司仪、仪式协调人和服务员，并明确每个人的主要职责。主签字人应视文件的性质由缔约各方确定，双方签约人的身份应大体相当。

3. 签字场所选择与布置

(1) 签字厅。由于签字的种类不同，各国的风俗习惯不同，因而签约仪式的安排和签字厅的布置也各不相同。在我国，一般在签字厅内设置一张长方桌作为签字桌。桌面覆盖深绿色或玫瑰红绒布台呢，桌后放置两把椅子，作为双方签字人的座位，面对正门主左客右。座位前摆放各自的文本，文本上端分别放置签字的工具。

伴随着我国加入 WTO，双边、多边的经贸往来日趋频繁，有时在谈判签字仪式上会悬挂代表国的国旗。签字桌中央可以摆放一个悬挂双方各自国家国旗的旗架，悬挂双方国旗，按照国际惯例，以国旗自身面向为准时，右挂客方旗，左挂本国旗。另外谈判桌桌面一般布置有鲜花，美观的同时也增强喜庆成功的气氛。当然鲜花的选择要注意双方签字国的禁忌。

签字会场的场外需要同时悬挂多国国旗时，通行的做法是以国旗自身面向为准，让旗套位于右侧。越往右侧悬挂的国旗，被给予的礼遇就越高；越往左侧悬挂的国旗，被给予的礼遇就越低。在确定各国国旗的具体位次时，一般按照各国国名的拉丁字母的先后顺序而定。在悬挂东道国国旗时，可以遵行这一惯例，也可以将其悬挂在最左侧，以示东道国的谦恭。

(2) 会客厅。除了正式的签字厅外，大型签约仪式还要准备会客厅，作为非正式会见时使用的场所或用以签字前的休息。

(3) 其他需求。为了庆祝签约成功，双方在签约后有时需要开香槟庆祝，这时就要提前准备好香槟和酒杯。一般谈判方会对仪式进行摄影、摄像，用以新闻宣传或档案整理之用。因此需要准备好摄影、摄像等设备。

4. 参加人员注意服饰、仪表

在签字前要规范好签字人员的服饰。按照规定，签字人、助签人以及随行人员，在出席签字仪式时，应当穿着具有礼服性质的深色西装套装、西装套裙，并配以白色衬衫与深色皮鞋。在签字仪式上露面的礼仪、仪式协调人，可以穿自己的工作制服或是旗袍一类的礼仪性服装。

(二)签约操作的程序

(1) 双方参加签字仪式的人员步入签字厅。

(2) 负责签字者入座，其他人员分主客各站一方，并按身份由高到低、自里向外依次站于各自的签字人员座位后排。

(3) 双方签字人员分别站立在各自签字人员的外侧，协助翻开文本，指明签字处，由签字人员在所要保存的文本上签字，然后由助签人员将文本递给对方助签人员，再由双方签字人员分别在对方所保存的文本上签字。

(4) 双方签字人员互换文本，相互握手祝贺，有时还备有香槟，供双方全体人员举杯庆祝，以增添欢庆气氛。

商务谈判签字仪式既是一种商业行为，也是一种礼仪活动。举行签字仪式表明了双方对达成合作的重视及对对方的尊重。签字仪式的流程是否正确、会场布置是否符合惯例、人员是否遵守礼节都将影响双方现场的情绪和未来的合作，也会影响主办方的公关形象，因此作为谈判者一定要熟知签约流程与礼仪。

课后练习

一、判断题

1. 在商务谈判的后期，为了促使谈判成功，应尽可能地表现出成交的热情。　(　　)

2. 洽谈期间，对方不再接见其他公司的商务谈判人员或其他有关人员，这表明对方对这次会谈已经不感兴趣，也不愿被别人打扰，成交无望。　(　　)

3. 在签订合同时，拟写合同的一方对没有拟写合同的另一方享有很大的优势。　(　　)

4. 在谈判桌上难以达成协议的谈判，在其他场合也不会取得谈判成功。　(　　)

5. 一般参加签字仪式的人员都是参加谈判的人员，人数应大体相等，主签人员的级别也相同。　(　　)

6. 支付过违约金，就不需要再支付赔偿金了。　(　　)

7. 成交行为是一种明示，成交信号则是一种暗示。　(　　)

8. 商务谈判结束时，达成一致的条件也可以更改。　(　　)

9. 签约地点往往决定采取哪国法律解决合同中的纠纷问题。　(　　)

10. 场外交易策略，一般是指在酒席上谈生意。　(　　)

二、不定项选择题

1. 在表达成交意图时，对老客户用(　　)表达法最为适宜。

A. 明朗　　B. 含蓄　　C. 暗示　　D. 手势

2. 当谈判进入(　　)阶段，可考虑采取场外交易。

A. 开始　　B. 成交　　C. 中间　　D. 僵局

3. 合同一旦出现纠纷，最好的解决方法是(　　)。

A. 诉讼　　B. 仲裁　　C. 双方协商　　D. 中间人调解

4. 在什么情况下才使用最后期限策略？(　　)

A. 双方实力相当　　B. 对方实力强　　C. 竞争者多　　D. 己方实力强

5. 常见的成交信号接收方法有(　　)

A. 谈吐判断法　　B. 手势判断法　　C. 表情判断法　　D. 情势判断法

6. 在达成交易的最后会谈以前，要对整个商务谈判活动进行回顾和分析，其主要内容包括(　　)。

A. 所有的预先准备的谈判内容是否都已谈妥

B. 所有的交易条件与谈判目标是否吻合

C. 决定采取何种特殊的谈判结尾技巧

D. 着手安排交易记录，起草好书面协议

E. 要仔细回顾分析让步条款和幅度

7. 当谈判双方意见分歧较大，无法使谈判继续进行时，采取怎样的言辞比较合适？(　　)

A. “行，我们就此结束。”

B. “这是我方的看法，贵方可以三思。”

C. “如果我们还有合作的可能，我们将愿意与您继续谈判下去。”

D. “随便你，我们是不会改变立场的。”

E. “我方的大门总是敞开的，贵方什么时候有新的想法可以与我方联系。”

8. 下面哪些问题是签约过程中应该考虑的？(　　)

A. 合同文本的起草

B. 对经济合同的主体、客体以及经济合同的签订过程进行审查

C. 经济合同条款必须严密、详细

D. 对主要交易条款考虑是否做最后的让步

E. 争取在己方所在地举行经济合同的缔约或签字仪式

三、简答题

1. 成交意图的表达有哪些方法？
2. 简述商务谈判成交阶段的谈判策略。
3. 简述国内贸易合同的主要内容。
4. 签字仪式的准备工作有哪些？

四、案例分析题

1. 淘宝官方组织了一种线上团购活动形式——“聚划算”。下面是 2014 年 6 月 3 日骆驼男装正在进行的一场团购活动。

问题：本次“聚划算”活动中运用了哪些成交策略？

2. 速达电子公司的一个客户有个奇怪的习惯，每次业务人员和电子公司谈妥所有条件后，客户公司的经理就会出面要求业务人员再给两个点优惠。

问题：速达电子公司应该怎么办？

(1) 速达公司业务人员直接找经理去谈判。

(2) 速达公司业务人员据理力争，和经理讲明已经让到底线了，把他挡回去。

(3) 速达公司业务人员与客户业务人员谈判时讲明已把经理要的两个点优惠给他了，让他告诉经理没有优惠点了。

(4) 速达公司业务人员和业务人员谈判时，每次留下两个优惠点等待和经理谈。

五、实训安排

请模拟举办一次合同签字仪式。

所需要的实训条件

(1) 可选择在模拟谈判室、模拟会议室等场所进行。

(2) 需准备的道具：文本、文件夹、旗帜、签字笔、签字单、吸水纸、酒杯、香槟酒、横幅、照相机、摄像机、桌子等。

实训方式与手段

实训拟分组进行，每位同学分别扮演一个角色演示一次，每组轮流。

实训要求与标准

(1) 草拟一份签字仪式的准备方案。

(2) 布置模拟签字厅。

(3) 模拟演示签字仪式。

(4) 参加实训的双方须简单演示见面礼仪，在着装上适当修饰。

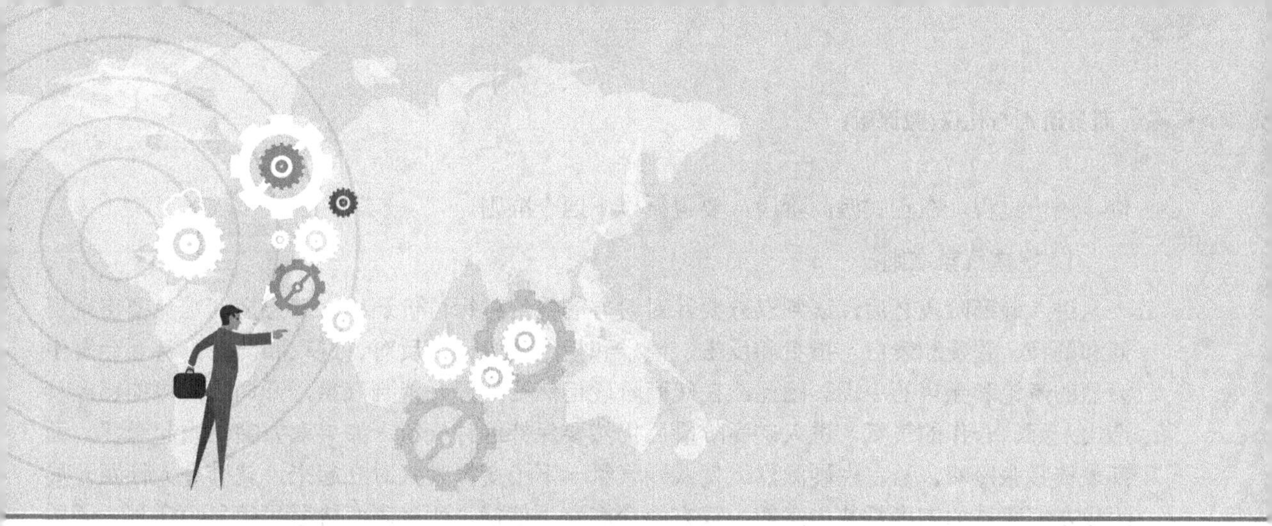

第十章　商务谈判策略与技巧

【学习目标】

知识目标： 掌握磋商阶段和成交阶段的谈判策略；了解威胁的种类与对付威胁的策略；掌握对付进攻的策略；熟悉针对不同对手的商务谈判策略。

技能目标： 掌握对付威胁的技巧；掌握对付进攻的技巧；针对不同的对手能够运用适当的谈判策略；熟悉各种商务谈判中的语言沟通技巧。

【引导案例】

日本与澳大利亚铁矿石谈判的策略

日本的钢铁工业非常发达，但国内缺乏铁矿石，需要从澳大利亚进口。为此，在某一年，日本方面邀请澳大利亚专产铁矿石的公司到日本来谈判。事前，日本方面做了周密的安排，他们了解澳大利亚人的生活习惯与日本人大不相同，澳大利亚人一向生活安逸、舒适，不耐艰苦，针对这些他们实施了一系列战术。一开始，他们并不急于解决问题，而是热情地陪伴客人吃喝玩乐，他们把各种有趣的活动与故意复杂化的谈判有机地结合起来，把澳大利亚人的活动排得满满的。几天过去了，客人玩得筋疲力尽，热情的日本人在谈判桌上老是提出这样那样的问题，纠缠不休，谈判进展不大。身心疲惫的澳大利亚人已经表现出急躁情绪，越到后来，越是想早点回去。结果他们以满足日本人的条件达成了协议。

【启示】在这个案例中，日方利用自己主场谈判带来的优势，采取了“疲惫策略”。通过组织与安排包括谈判程序、业余活动等采取主动，甚至安排对自己有利的活动，使自己在谈判中占据了有利地位。而澳大利亚人，由于客居他乡，心理上、情绪上比较拘束，再加上对环境的不熟悉，对谈判时的发挥产生了一定的影响。特别是客居时间的限制，在策略的运用上也受到了制约。由此可见，谈判策略非常重要。

第一节　磋商阶段的谈判策略

一、商务谈判磋商准则

双方经过开局阶段的暖身以后，谈判就进入了磋商阶段。磋商阶段一般要经过报价—讨价—还价过程。在正式磋商阶段，要遵循以下四个准则。

1. 把握气氛准则

进入磋商阶段之后，谈判双方要针对对方的报价进行讨价还价。双方之间难免要出现提问和解释、置疑和表白、指责和反击、请求和拒绝、建议和反对、进攻和防守，甚至会发生激烈的辩论和无声的冷场。因此，在磋商阶段仍然要把握好谈判气氛，开局阶段可能已经营造出友好、合作的气氛，进入磋商阶段后仍然要保持这种气氛。如果双方突然收起微笑，面部表情紧张冷峻，语言生硬激烈，使谈判气氛一下子变得紧张对立起来，就会令人怀疑开局阶段友好真诚的态度是装出来的，双方就会产生不信任。所以磋商阶段尽管争论激烈，矛盾尖锐，但仍然要保护已经营造出来的良好的合作气氛，只有在这种良好的合作气氛中，才能使磋商顺利进行。

2. 次序逻辑准则

次序逻辑准则是指把握磋商议题内含的客观次序逻辑，确定谈判目标启动的先后次序与谈判进展的层次。

在磋商阶段中双方都面临许多要谈的议题，如果不分先后次序，不讲究磋商进展层次，想起什么就争论什么，就会毫无头绪，造成混乱，毫无效率可言。因此，双方要通过磋商确定几个重要的谈判议题，按照其内在逻辑关系排列先后次序，然后逐题磋商。可以先磋商对后面议题有决定性影响的议题，此议题达成共识后再讨论后面的问题；也可以先对双方容易达成共识的议题进行磋商，将双方认识差距较大、问题比较复杂的议题放到后面去磋商。次序逻辑准则也适用于对某一议题的磋商。某一议题也存在内在逻辑次序，比如价格问题就涉及成本、回收率、市场供求、比价等多方面内容。选择哪一项内容作为切入点，要考虑最容易讲清楚、最有说服力的内容，避免一开始就纠缠在一些不容易说清楚的话题上而争论不休，从而影响重要问题的磋商。

3. 掌握节奏准则

磋商阶段的谈判节奏要稳健，不可过于急促。因为这个阶段是解决分歧的关键时期，双方对各自观点要进行充分的论证，许多认识有分歧的地方要经过多次交流和争辩。某些关键问题在一轮谈判中不一定能达成共识，要进行多次谈判才能完全解决。一般来说，双方开始磋商时节奏要相对慢些，双方都需要时间和耐心倾听对方的观点，了解对方，分析研究分歧的性质和解决分歧的途径。关键性问题涉及双方根本利益，必然会坚持自己观点，不肯轻易让步，还有可能使谈判陷入僵局，所以磋商是需要花费较多时间的。谈判者要善于掌握节奏，不可急躁，稳扎稳打，步步为营。一旦出现转机，要抓住有利时机不放，加快谈判节奏，不失时机地消除分歧，争取达成一致意见。

4. 沟通说服准则

磋商阶段实质上是谈判双方相互沟通、相互说服、自我说服的过程。没有充分的沟通和令人满意的说服，就不会产生积极成果。首先，双方要善于沟通，这种沟通应该是双向的和多方面的。一方既要善于传播己方信息，又要善于倾听对方信息，并且积极向对方反馈信息。没有充分的交流沟通，就会在偏见和疑虑中产生对立情绪。沟通内容应该是多方面的，既要沟通交易条件，又要沟通相关的理由、信念、期望，还要交流情感。其次，双方要善于说服，要充满信心去说服对方，让对方感觉到你非常感谢他的协作，而且你也非常乐意努力帮助对方解决困难；让对方了解你并不是“取”，而是“给”，要让对方真正感觉到赞成你是最好的决定。说服的准则是从“求同”开始，解决分歧，达到最后的“求同”，“求同”既是起点，又是终点。

二、磋商开始时的四种探测技巧

在商务谈判中，对方的底价、时限、权限及最基本的交易条件等内容，均属机密。谁掌握了对方的这些底牌，谁就会赢得谈判的主动。因此，在谈判初期，双方都会围绕这些内容施展各自的探测技巧，下面就有关技巧做一些介绍。

1. 火力侦察法

先主动抛出一些带有挑衅性的话题，刺激对方表态，然后根据对方的反应，判断其中的虚实。

【案例 10-1】

甲买乙卖，甲向乙提出了几种不同的交易品种，并询问这些品种各自的价格。乙一时搞不清楚对方的真实意图，甲这样问，既像是打听行情又像是在谈交易条件，既像是个大买主又不敢肯定。面对甲的期待，乙心里很矛盾，如果据实回答，万一对方果真是来摸自己底的，那自己岂不被动？但是自己如果敷衍应付，有可能会错过一笔好的买卖，说不定对方还可能是位可以长期合作的伙伴呢。在情急之中，乙想：我何不探探对方的虚实呢？于是，他急中生智地说：“我是货真价实，就怕你一味贪图便宜。”我们知道，商界中奉行着这样的准则：“一分价钱一分货”“便宜无好货”。乙的回答，暗含着对甲的挑衅意味。除此之外，这个回答的妙处还在于，只要甲一接话，乙就会很容易地把握甲的实力情况，如果甲在乎货的质量，就不怕出高价，回答时的口气也就大；如果甲在乎货源的紧俏，就急于成交，口气也就显得较为迫切。在此基础上，乙就会很容易确定出自己的方案和策略了。

2. 迂回询问法

通过迂回，使对方松懈，然后乘其不备，巧妙探得对方的底牌。在主客场谈判中，东道主往往利用自己在主场的优势，实施这种技巧。东道主为了探得对方的时限，就极力表现出自己的热情好客，除了将对方的生活做周到的安排外，还盛情地邀请客人参观本地的山水风光，领略风土人情、民俗文化，往往会在客人感到十分惬意之时，就会提出帮你代订返程机票或车船票。这时客方往往会随口就将自己的返程日期告诉对方，在不知不觉中落入了对方的圈套里。至于对方的时限他却一无所知，这样在正式的谈判中，自己受制于他人也就不足为怪了。

3. 聚焦深入法

先是就某方面的问题做扫描式的提问，在探知对方的隐情所在之后，然后进行深入，从而把握问题的症结所在。

【案例 10-2】

一笔交易(甲卖乙买)双方谈得都比较满意，但乙还是迟迟不肯签约，甲感到不解，于是他就采用这种方法达到了目的。首先，甲证实了乙的购买意图。在此基础上，甲分别就对方对自己的信誉、对甲本人、对甲的产品质量、包装装潢、交货期、适销期等逐项进行探问，乙的回答表明上述方面都不存在问题。最后，甲又问到货款的支付方面，乙表示目前的贷款利率较高。甲得知对方这一症结所在之后，随即又进行深入，他从当前市场的销售形势分析，指出乙按照目前的进价成本在市场上销售，即使扣除贷款利率，还有较大的利润。这一分析得到了乙的肯定，但是乙又担心，销售期太长，利息负担可能过重，这将会影响最终的利润。针对乙的这点隐忧，甲又从风险的大小方面进行分析，指出即使那样，风险依然很小，最终促成了签约。

4. 示错印证法

探测方有意通过犯一些错误，比如念错字、用错词语，或把价格报错等种种示错的方法，诱导对方表态，然后探测方再借题发挥，最后达到目的。

【案例 10-3】扫一扫，看“故意说错”案例。

三、磋商过程中典型策略分析

(一)互利型谈判策略

互利型谈判策略是建立在互利互惠、彼此合作的基础之上的谈判方式与技巧。在此种策略中，可以采取以下一些具体措施。

1. 开诚布公

这是指谈判人员在谈判过程中，均持诚恳、坦率的合作态度向对方吐露己方的真实思想和观点，客观地介绍己方情况，提出要求，以促使对方进行合作，使双方能够在坦诚、友好的氛围中达成协议。当然，开诚布公并不意味着己方对自己的所有情况都毫无保留地暴露给对方，因为百分之百地“开放”自己是不可能的，也是不现实的，如何采用这一策略，也是要视具体情况而定。

首先，并不是在任何谈判中均可以使用这一策略。使用这一策略的前提是：双方必须都对谈判抱有诚意，都视对方为己方唯一的谈判对象，不能进行多角谈判。其次，注意在什么时机运用此策略。通常是在谈判的探测阶段结束或者报价阶段开始。因为在此阶段，对方的立场、观点、态度、风格等各方面情况，我方已有掌握和了解，双方是处于诚恳、坦率而友好的谈判气氛中。这时提出我方要求，袒露我方观点，应是行之有效的。

另外，使用这一策略，应针对双方洽商的具体内容介绍有关情况，不要什么问题都涉及。如果你在某一方面有困难，就应针对这一方面进行侧重介绍，使对方了解你在这方面的难处以及解决的方案。因为这易唤起对方的共鸣，认为你很有诚意，应使对方感到，只要双方通力合作就能战胜困难，并使之受益。这样，才能使双方更好地合作。

2. 润滑策略

这是指谈判人员在相互交往过程中，互相馈赠礼品，以表示友好和联络感情的策略。但在使用此策略时，应注意下面一些问题。

(1) 所赠礼品应不带功利性，而完全是为了联络感情，否则，会给对方一种“行贿”的感觉，使对方警觉，也破坏了己方的形象。

(2) 要尊重谈判对方的风俗习惯及个人兴趣，使对方感到意外的惊喜。

(3) 馈赠礼品也要选择适当的时机和场合，使对方感到很自然，易于接受。

3. 假设条件策略

这是指在谈判的探测阶段，提出某种假设条件来试探对方的虚实。提出假设条件可以从两方面考虑：一是在己方认为不太重要的问题上提出假设，如果对方对此反应敏感了，则说明他对这一问题比较重视；二是在我方认为比较重要的问题提出假设条件，还应注意提出的时机，如果对一个已经商讨多时，几乎可以定下来的问题，就不应再提假设条件，这会打乱已谈妥的方案，只有在双方出现分歧，均在设想解决方法时，提出假设条件，往往能收到好的效果。

同时，在提出假设条件之前，应对假设成真后可能产生的结果有正确的估计，否则，一旦假设条件变成现实，或对方努力地实现这一假设条件时，而你又有其他的变动和要求，则会处于非常被动的局面。

4. 有限权力策略

这是指谈判人员使用权力的有限性，受到限制权力的谈判者比大权在握的谈判者处于更有利的地位。

当谈判双方就某些问题进行协商，一方提出某种要求，企图逼对方让步时，另一方反击的策略是使用有限权力，可向对方宣称，在此问题上他无权向对方做出这样的让步，或无法争论既定事实，这样既维护了己方利益，又给对方留了面子。

一般而言，谈判人员权力受到限制的原因是多方面的，就金额限制来讲，有标准成本的限制，最高、最低价格的限制，购买数额的限制，预算限制等，还有诸如公司政策的限制、法律和保险的限制等。会利用限制的谈判人员，并不把这些看成是对自己的约束，相反倒更能方便行事。

首先，是以限制作为借口，拒绝对方某些要求、提议，但不伤其面子。其次，利用限制，借与高层决策人联系请示之机，更好地商讨处理问题的办法。另外，利用权力有限，迫使对方向己方让步，在有限权力的条件下进行谈判。当然，有限权力也不能滥用，过多使用这一策略或选择时机欠妥会使对方怀疑你的身份、能力，如果对方认为你不具有谈判中主要问题的决策权，就会失去与你谈判的兴趣与诚意，这样双方只会浪费时间，无法达成有效协议。

5. 寻找契机策略

这是指寻找和创造有利条件，刻意制造某一印象来实现某种目的的策略。要掌握契机，第一，要有耐心。没有耐心，就发现不了对自己有利的机会，会被别人加以利用。第二，要了解对方。在各项活动中观察了解对方，发现其特点，尤其是弱点，能使己方做出正确决断。第三，要善于判断形势。只有善于分析形势，才会寻找和发现有利时机。一个优秀的谈判者必须清楚地知道在何种场合下，谈论付款条件最有利；在何种情况下，生意谈到何种程度；在何种情况下，最好放弃所坚持的。第四，在出现危机时，努力将危机变为生机。任何事物都有两个方面，从危机的角度讲，人们只有面对危机时，才会感受到它，才会比其他任何时候更有动力和干劲。背水一战，有时反倒起死回生了，这就是危机的积极一面。当谈判出现危机时，不要急于反应，应根据潜在的机会分析危机，控制自己的情绪，正确对待危机并寻找出适当的解决办法。

【案例 10-4】

广东玻璃厂与美国欧文斯玻璃公司谈判引进设备的过程中，在全部引进还是部分引进这个问题上僵住了，大家各执一词，相持不下。这时广东玻璃厂的首席代表就想，我们既要拿到真正好的东西又要省钱，要达到这个目的，就不能把事情搞僵。为了缓和气氛，他就笑了笑，换了一个轻松的话题，他说，你们欧文斯的技术、设备和工程师都是世界上第一流的，你们投进设备，搞科技合作，帮我们搞好厂，只能用最好的东西。因为这样，我们就能成为全国第一，这不但对我们有利，而且对你们更有利。欧文斯的首席代理是位高级工程师，他听了这话很感兴趣。接着，广东玻璃厂代表话锋一转："我们厂的外汇的确很有限，不能买太多的东西，所以国内能生产的就不打算进口了。现在你们也知道，法国、日本和比利时都在跟我们东方的厂家搞合作，如果你们不尽快跟我们达成协议，不投入最先进的设备、技术，那么你们就要失去中国的市场，人家也会笑话你们欧文斯公司无能。"这样一来，濒临僵局的谈判气氛立即缓解，最后双方达成协议。广东玻璃厂为此省下了一大笔费用，而欧文斯公司也因帮助该厂成为全国同行业产值最高、能耗最低的企业而名声大噪。

(二)对己方有利型谈判策略

对己方有利，并不意味着要以损害对方利益为代价，而是指在谈判中，谈判者应在不断争取己方利益的同时，也要兼顾对方。运用此策略的主要措施如下。

1. 声东击西

这是指在谈判中，一方出于某种需要而有意识地将会谈的议题引到对己方并不重要的问题上，借以分散对方的注意力，达到己方目的。在谈判的过程中，只有更好地隐藏其真正的利益，才能更好地实现谈判目标，尤其是在你不能完全信任对方的情况下使用这种策略。其主要目的如下。

(1) 尽管双方所讨论的问题对我方是次要的，但采用这种策略可能表明，我方对这一问题很重视，进而提高该项议题在对方心目中的价值，一旦我方做出让步后，能使对方更为满意。

(2) 作为一种障眼法，转移对方的视线。如我方关心的可能是货款支付方式，而对方的兴趣可能在货物的价格上，这时声东击西的做法是力求把双方讨论的问题引导到订货数量、包装运输上，借以分散对方对前述两个问题的注意力。

(3) 为以后的真正会谈铺平道路。以声东击西的方式摸清对方的虚实，排除正式谈判可能遇到的干扰。

(4) 把某一议题的讨论暂时搁置起来，以便抽出时间对有关的问题做更深入的了解，探知或查询更多的信息和资料。

(5) 延缓对方所要采取的行动。如发现对方有中断谈判的意图，可运用此策略，做出某种让步的姿态。

(6) 作为缓兵之计。一方面以继续谈判来应付，另一方面则寻找其他对策。

2. 先苦后甜

这是指在谈判中己方为了达到自己预定的目的，先向对方提出苛刻要求，然后逐渐让步，求得双方一致的做法，以此来获得己方的最大利益。

【案例 10-5】

买方想让卖方在价格上做出让步，但买方又不愿增加订购数量，于是，买方采用了“先苦后甜”战术。除了价格以外，买方同时在品质、运输条件、交货和支付条件等方面，提出了较为苛刻的合同条款，作为洽谈的蓝本。在针对这些条款的讨价还价中，买方尽力使卖方感到，在好几项交易条件上，买方都忍痛做了让步，当转到价格谈判上时卖方已感到占了不少便宜，因此，买方往往不费多少口舌就能获得卖方的价格让步。

3. 最后期限

这是指在谈判过程中，规定最后期限的策略。这可以有效地督促双方的谈判人员振奋精神，集中精力。因为随着期限的迫近，双方会感到达成协议的时间很紧，会一改平时的拖沓和漫不经心的态度，努力从合作的角度出发，争取问题的解决。

在谈判中，某一方提出最后期限，开始并不能够引起对方十分关注，但是随着这个期限的逐渐迫近，提出期限一方不断地暗示，表明立场，对方内心的焦虑就会不断增加。尤其是当其负有签约的使命时，他会更加急躁不安，而到了截止日期的时刻，不安和焦虑就会达到高峰。因此，在谈判过程中，对于某些双方一时难以达成妥协的棘手问题，不要操之过急地强求解决，需要善于运用最后期限的力量，规定出谈判的截止日期，向对方开展心理攻势。必要时，我方还可以做出一些小的让步，给对方造成机不可失、时不再来的感觉，以此来说服对方，达到我方之目的。

4. 攻心策略

这是指谈判一方利用使对方心理上舒服或感情上的软化来使对方妥协退让的策略。

(1) 以愤怒、发脾气等爆发行动使对方手足无措，使对方感到强大的心理压力，特别是对方是新手或软弱型谈判者的情况下更为奏效。

(2) 以软化对方向你做较大的让步。

尽管此种策略可以收到一定成效，但一定要注意适可而止，因为不论是感情上的爆发，还是制造负罪感，都不是原则性谈判所倡导的。此种策略，主要是针对不同类型的谈判对方。切忌人身攻击，否则会产生很大的副作用，可以肯定地讲，以此种方式所获得的合作，绝不是长期友好的合作。

5. 出其不意

这是指在谈判中突然改变手段、观点或方法，使对方惊奇而保持压力的一种方法。这种策略在谈判中常被采用，因为它能在短时间内产生一种使对方震慑的力量，形成压力。在遇到令人惊奇的情况时，克服震惊的最好办法是让自己有充分的时间去想一想，多听少说或暂时休会。谈判不是宣战，也不是在法庭上打官司，在没有适当准备之前，最好不要有所行动。

6. 得寸进尺

这是指一方在争取对方一定让步的基础上，再继续进攻，提出更多的要求，以争取己方利益。这一策略的核心是：一点一点地要求，积少成多，以达到自己的目的。运用此策略有一定的冒险性，如果一方压得太凶，或要求太高，会激怒对方，使其固守原价，甚至加价，以进行报复，从而使谈判陷入僵局。因此，只能在具备一定条件的情况下，才能采用此策略，这些条件具体如下。

(1) 出价较低的一方，有较为明显的议价倾向。
(2) 须做过科学的估算，确信对方出价的水分较大。
(3) 弄清一些不需要的服务费用是否包括在价格之中。
(4) 掌握市场行情，在某一商品行情疲软的情况下，有较大的回旋余地。

【案例 10-6】

山东某市塑料编织袋厂厂长获悉日本某株式会社准备向我国出售先进的塑料编织袋生产线，立即出面与日商谈判。谈判桌上，日方代表开始开价 240 万美元，我方厂长立即答复："据我们掌握的情报，贵国另一家株式会社所提供的产品与你们完全一样，开价只是贵方的一半，我建议你们重新报价。

一夜之间，日本人列出了详细的价目清单，第二天报出总价 180 万美元。我方仍不答应。在随后持续九天的谈判中，日方又进行了一定程度的让步，直到在 130 万美元价格上不再妥协。

我方厂长有意同另一家公司进行联系，日方获悉，总价立即降至 120 万美元。我方厂长仍不签字，日方大为震怒，之后我方厂长也拍案而起："先生，中国不再是几十年前任人摆布的中国了，你们的价格，你们的态度都是我们不能接受的!"说罢把提包甩在桌上，里面那些西方某公司设备的照片散了一地。日方代表看到这种情况，忙以一种商量的语气说："先生，我的权限到此为止，请允许我再同厂方联系请示后再商量。"第二天，日方宣布降价为 110 万美元。我方厂长看到时机已到，决定可以拍板成交。在拍板成交的同时，我方厂长还提出安装所需费用一概由日方承担，又迫使对方进行了让步。

(三)磋商阶段的拖延战术

商务谈判中的拖延战术，形式多样，目的也不尽相同。由于它具有以静制动、少露破绽的特点，因此成为谈判中常用的一种战术手段。拖延战术按目的分，大致可分以下四种。

1. 清除障碍

这是较常见的一种目的。当双方"谈不拢"陷入僵局时，有必要把洽谈节奏放慢，看看到底阻碍在什么地方，以便想办法解决。

【案例 10-7】 扫一扫，看"柯南道尔的回归"案例。

当然，有的谈判中的阻碍是"隐性"的，往往隐蔽在种种冠冕堂皇的借口之下，不易被人一下子看破，这就更需要我们先拖一拖，缓一缓，从容处理这种局面。

【案例 10-8】

美国 IT 公司著名谈判专家 D. 柯尔比曾讲过这样一个案例。柯尔比与 S 公司的谈判已接近尾声。然而此时对方的态度却突然强硬起来，对已谈好的协议横加挑剔，提出种种不合理的要求。柯尔比感到非常困惑，因为对方代表并非那种蛮不讲理的人，而协议对双方肯定都是有利的，在这种情况下，S 公司为什么还要阻挠签约呢？柯尔比理智地建议谈判延期。之后从各方面收集信息，终于知道了关键所在：对方认为 IT 公司占的便宜比己方多很多！价格虽能接受，但心理上不公平的感觉却很难接受，导致了协议的搁浅。结果只能重开谈判，柯尔比一番比价算价，对方知道双方利润大致相同，一个小时后就签了合同。

在实际洽谈中，这种隐性阻碍还有很多，对付它们，拖延战术是颇为有效的。不过，必须指出的是，这种“拖”绝不是消极被动的，而是要通过“拖”赢得的时间收集情报，分析问题，打开局面。消极等待，结果只能是失败。

2. 消磨意志

人的意志就好似一块钢板，在一定的重压下，最初可能还会保持原状，但一段时间以后，就会慢慢弯曲下来。拖延战术就是对谈判者意志施压的一种最常用的办法。突然的中止，没有答复(或是含糊不清的答复)往往比破口大骂、暴跳如雷更令人不能忍受。

【案例 10-9】

20 世纪 80 年代末，硅谷某家电子公司研制出一种新型集成电路，其先进性尚不能被公众所理解，而此时，公司又负债累累，即将破产，这种集成电路能否被赏识可以说是公司最后的希望。幸运的是，欧洲一家公司慧眼识珠，派三名代表飞了几千英里来洽谈转让事宜。诚意看起来不小，一张口起价却只有研制费的三分之二。电子公司的代表站起来说：“先生们，今天先到这儿吧!”从开始到结束，这次洽谈只持续了三分钟。岂料下午欧洲人就要求重开谈判，态度明显“合作”了不少，于是电路专利以一个较高的价格进行了转让。硅谷公司的代表为什么敢腰斩谈判呢？因为他知道，施压有两个要点：一是压力要强到让对方知道你的决心不可动摇；二是压力不要强过对方的承受能力。他估计到欧洲人飞了几千英里来谈判，绝不会只因为这三分钟就打道回府。这三分钟的会谈，看似打破常规，在当时当地，却是让对方丢掉幻想的最佳方法。

此外，拖延战术作为一种基本手段，在具体实施中是可以有许多变化的，例如，一些日本公司就常采取这个办法：以一个职权较低的谈判者为先锋，在细节问题上和对方反复纠缠，或许可以让一两次步，但每一次让步都要让对方花费巨大精力。到最后双方把协议已勾画出了大体轮廓，但总有一两个关键点谈不拢，这个过程往往要拖到对方精疲力竭为止。这时本公司的权威人物出场，说一些“再拖下去太不值得，我们再让一点，就这么成交吧!”此时对方身心均已透支，这个方案只要在可接受范围内，往往就会一口答应。

3. 等待时机

拖延战术还有一种恶意的运用，即通过拖延时间，静待法规、行情、汇率等情况的变动，以便掌握主动，要挟对方做出让步。一般来说，可分为两种方式。一是拖延谈判时间稳住对方；二是在谈判议程中留下漏洞以拖延交货(款)时间。

【案例 10-10】

1986 年，中国香港一个客户与东北某省外贸公司洽谈毛皮生意，条件优惠却久拖不决。转眼过去了两个多月，原来一直兴旺的国际毛皮市场货满为患，价格暴跌，这时港商再以很低的价格收购，使该省外贸公司吃了大亏。

【案例 10-11】扫一扫，看“拖延带来的恶果”案例。

总体来说，为了防止恶意拖延，要做好以下几点工作。

(1) 要充分了解对方信誉、实力，乃至实施谈判者的惯用手法和以往劣迹。

(2) 要充分掌握有关法规、市场、金融情况的现状和动向。

(3) 要预留一手，作为反要挟的手段，如要求金本位制结汇、要求信誉担保、要求预付定金等。

4. 赢得好感

谈判是一种论争，也是一个双方都想让对方按自己意图行事的过程，有很强的对抗性。但大家既然坐到了一起，都想为共同关心的事达成一个协议。因此凡是优秀的谈判者，无不重视赢得对方的好感和信任。

【案例 10-12】

有这样一位谈判“专家”，双方刚落座不久，寒暄已毕，席尚未温，此君就说:“今天先休息休息，不谈了吧，我们这儿的风景名胜很多呢。”当谈判相持不下，势成僵局，此君忽然又说：“不谈了，不谈了，今天的卡拉 OK 我请。”于是莺歌燕舞之际，觥筹交错之间，心情舒畅，感情融洽了，僵局打破了，一些场外交易也达成了。此君奉行的这一套，据说极为有效，许多次谈不下的业务，经他这么三拖两拖，不断延期，居然时间不长就完成了。

场外沟通作为拖延战术的一种特殊形式，有着相当重要的作用。心理学家认为，人类的思维模式总是随着身份的不同、环境的不同而不断改变，谈判桌上的心理肯定和夜光杯前的心理不一样，作为对手要针锋相对，作为朋友促膝倾谈则肯定另是一番心情。当双方把这种融洽的关系带回到谈判场中，自然会消去很多误解，免去很多曲折。但是，任何形式的融洽都必须遵循一个原则：私谊是公事的辅佐，而公事绝不能成为私利的牺牲品。

(四)磋商阶段的让步策略

在商务谈判磋商阶段，对彼此的条件做一定的让步是双方必然的行为。如果谈判双方都坚守自己的阵线而不后退半步的话，谈判永远也达不成协议，谈判追求的目标也就无法实现。谈判者都要明确他们要求的最终目标，还必须明确为达到这个目标可以或愿意做出哪些让步，做多大的让步。让步本身就是一种策略，它体现谈判者用主动满足对方需要的方式来换取己方需要的利益。如何运用让步策略，是磋商阶段最为重要的事情。

1. 让步的原则和要求

(1) 维护整体利益。让步的一个基本原则是：整体利益不会因为局部利益的损失而造成损害；相反，局部利益的损失是为了更好地维护整体利益。谈判者必须十分清楚什么是局部利益、什么是整体利益；什么是枝节，什么是根本。让步只能是局部利益的退让和牺牲，而整体利益必须得到维护。因此，让步前一定要清楚什么问题可以让步，什么问题不能让步，让步的最大限度是什么，让步对全局的影响是什么等。以最小让步换取谈判的成功，以局部利益换取整体利益是让步的出发点。

(2) 明确让步条件。让步必须是有条件的，绝对没有无缘无故的让步。谈判者心中要清楚，让步必须建立在对方创造了己方可以让步的条件的基础上，而且对方创造的条件必须是有利于己方整体利益的。当然，有时让步是根据己方策略或是根据各种因素的变化而做出的。这个让步可能是为了己方全局利益，为了今后长远的目标，或是为了尽快成交而不至于错过有利的市场形势等。无论如何，让步的代价一定要小于让步所得到的利益。要避免无谓的让步，要用我方的让步换取对方在某些方面的相应让步或优惠，体现出得大于失的原则。

(3) 选择好让步时机。让步时机的选择要恰到好处，不到需要让步的时候绝对不要做出让步的许诺。让步之前必须经过充分的磋商，时机要成熟，使让步成为画龙点睛之笔，而不要变成画蛇添足。一般来说，当对方没有表示出任何退让的可能，让步不会给己方带来相应的利益，也不会增强己方讨价还价的力量，更不会使己方占据主动的时候，不能做出让步。

(4) 确定适当的让步幅度。让步可能是分几次进行的，每次让步都要让出自己一部分利益。让步的幅度要适当，一次让步的幅度不宜过大，让步的节奏也不宜过快。如果一次让步过大会把对方的期望值迅速提高，会提出更高的让步要求，使己方在谈判中陷入被动局面。如果让步节奏过快，对方觉得轻而易举就可以得到需要的满足，因而认为己方的让步无须负担压力和损失，也就不会引起对方对让步的足够重视。

(5) 不要承诺做出与对方同等幅度的让步。即使双方让步幅度相当，但是双方由此得到的利益却不一定相同。不能单纯从数字上追求相同的幅度，我们可以让对方感到己方也做出了相应的努力，以同样的诚意做出让步，但是并不等于幅度是对等的。

(6) 在让步中讲究技巧。在关键性问题上力争使对方先做出让步，而在一些不重要的问题上己方可以考虑主动做出让步姿态，促使对方态度发生变化，并争取他的让步。

(7) 不要轻易向对方让步。商务谈判中双方做出让步是为了达成协议而必须承担的义务，但是必须让对方懂得，己方每次做出的让步都是重大的让步，使对方感到必须付出重大努力之后才能得到一次让步，这样才会提高让步的价值，也才能为获得对方的更大让步打下心理基础。

(8) 每次让步后要检验效果。己方做出让步之后要观察对方的反应。对方相应表现出的态度和行动是否与己方的让步有直接关系，己方的让步对对方产生多大的影响和说服力，对方是否也做出相应的让步。如果己方先做了让步，那么在对方做出相应的让步之前，就不能再做让步了。

2. 让步实施策略

(1) 于己无损策略。所谓于己无损策略是指己方所做出的让步不能给己方造成任何损失，同时还能满足对方一些要求或对对方形成一种心理影响，产生诱导力。当谈判对手就某个交易条件要求我方做出让步时，在己方看来其要求确实有一定的道理，但是己方又不愿意在这个问题上做出实质性的让步时，可以采用一些无损让步方式。

假如你是一个卖主，又不愿意在价格上做出让步，你可以在以下几方面做出无损让步：一是向对方表示本公司将提供质量可靠的一流产品；二是向对方提供比给予别家公司更加周到的售后服务；三是向对方保证给其待遇将是所有客户中最优惠的；四是交货时间上充分满足对方要求。

这种无损让步的目的是在保证己方实际利益不受损害的前提下，使对方得到一种心理平衡和情感愉悦，避免对方纠缠某个问题，迫使我方做出有损实际利益的让步。

(2) 以攻对攻策略。以攻对攻策略是指己方让步之前向对方提出某些让步要求，将让步作为进攻手段，变被动为主动。当对方就某一个问题逼迫己方让步时，己方可以将这个问题与其他问题联系在一起加以考虑，在相关问题上要求对方做出让步，并以此作为己方让步的条件，从而达到以攻对攻的效果。例如，在货物买卖谈判中，当买方向卖方提出再一次降低价格的要求时，卖方可以要求买方增加购买数量，或是承担部分运输费用，或是改变支付方式，或是延长交货期限等。这样一来，如果买方接受卖方条件，卖方的让步也会得到相应补偿；如果买方不接受卖方提出的相应条件，卖方也可以有理由不做让步，使买方不好再逼迫卖方让步。

(3) 强硬式让步策略。强硬式让步策略是指一开始态度强硬，坚持寸步不让的态度，到了最后时刻一次让步到位，促成交易。这种策略的优点是起始阶段坚持不让步，向对方传递己方坚定的信念，如果谈判对手缺乏毅力和耐心，就可能被征服，使己方在谈判中获得较大的利益。在坚持一段时间后，一次让出己方的全部可让利益，对方会有“来之不易”的获胜感，会特别珍惜这种收获，不失时机地握手成交。其缺点是由于在开始阶段一再坚持寸步不让的策略，则可能失去伙伴，具有较大的风险性，也会给对方造成没有诚意的印象。因此，这种策略适用于在谈判中占有优势的一方。

(4) 坦率式让步策略。坦率式让步策略是指以诚恳、务实、坦率的态度，在谈判进入让步阶段后一开始就亮出底牌，让出全部可让利益，以达到以诚制胜的目的。这种策略的优点是由于谈判者一开始就向对方亮出底牌，让出自己的全部可让利益，率先做出让步榜样，给对方一种信任感，比较容易打动对方采取回报行为。同时，这种率先让步具有强大的说服力，促使对方尽快采取相应让步行动，提高谈判效率，争取时间，争取主动。这种策略的缺点是由于让步比较坦率，可能给对方传递一种尚有利可图的信息，从而提高其期望值，继续讨价还价；由于一次性大幅度让步，可能会失去本来能够全力争取到的利益。这种策略适用于在谈判中处于劣势的一方或是谈判双方之间的关系比较友好，以一开始做出较大让步的方法来感染对方，促使对方以同样友好坦率的态度做出让步。使用这一策略要根据实际情况，充分把握信息和机遇，保证主动让步之后己方能得到关系全局的重大利益。

(5) 稳健式让步策略。稳健式让步策略是指以稳健的姿态和缓慢的让步速度，根据谈判进展情况分段做出让步，以便争取较为理想的结果。谈判者既不坚持强硬的态度寸利不让，也不过于坦率，一下子让出全部可让利益，既有坚定的原则立场又给对方一定的希望。每次都做一定程度的让步，但是让步的幅度要根据对方的态度和形势的发展灵活掌握。有可能每次让步幅度是一样的，有可能让步的幅度越来越小，也有可能幅度起伏变化不定，甚至到最后关头又反弹回去。这种让步策略的优点是稳扎稳打，不会冒太大的风险，也不会一下子使谈判陷入僵局，可以灵活机动地根据谈判形势调整自己的让步幅度。再有，双方要经过多次讨价还价、反复的磋商和论证，可以把事情说得更清楚，考虑得更周全。这种策略运用需要较强的技术性和灵活性，随时观察对方的反应来调整己方让步策略。这种策略的缺点是需要耗费大量的时间和精力才能达到最后成交的目标，而且容易过于讲究技巧，而缺乏坦率的精神和提高效率的意识。当然，商务谈判多数情况下习惯运用这种策略。

第二节　成交阶段的谈判策略

无论谈判前人们抱有多大的期望，谈判只能出现两种结果：谈判成功或者谈判失败。在谈判的最后阶段，既要尽最大的努力促使谈判成功，也要做好充分的心理准备应对谈判败局。

一、成交阶段的策略

当谈判双方的期望已相当接近时，都会产生结束谈判的愿望。成交阶段就是双方下决心按磋商达成的最终交易条件成交的阶段。这一阶段的主要目标有三个：一是力求尽快达成协议；二是尽量保证已取得的利益不丧失；三是争取最后的收益收获。

为了达到上述三个方面的目标，可以采用以下谈判策略。

(一)场外交易

当谈判进入成交阶段，双方在绝大多数议题上已取得一致意见，只在某一个问题上相互之间存在分歧，相持不下而影响成交时，可以考虑采取场外交易的策略来解决。

所谓场外交易是指谈判双方在谈判桌以外的场合，如酒宴上，对谈判中的某些问题取得谅解和共识，从而促进和完成交易。

某些谈判的问题摆在谈判桌上很难解决，而放在酒宴上却可以很容易就得到解决。其原因在于，在谈判桌上，紧张、激烈、对立的气氛和情绪影响和控制着人们，鼓励人们去争取，迫使对方让步，而自己一旦做出让步和求和，则被视为“战败”或“降和”，自己一方将失去面子。即使某一方的主谈人或领导人头脑很冷静清楚，认为做出适当的让步以求尽快达成协议是符合本方利益的，但因同伴的态度坚决、情绪激昂而难以当场做出让步的决定。而到了谈判桌以外的酒宴桌上，紧张、激烈、对立的气氛和情绪为轻松、友好、融洽的气氛和情绪所代替，双方可以轻松自在地谈论自己感兴趣的话题，交流私人感情。热烈友好的气氛使得双方淡化了在谈判桌上激烈交锋所带来的不快。这时，如果某一方能巧妙地将话题引回到谈判桌上相持不下的问题上，双方往往会很大度地互相让步而达成交易。在运用这一策略时要注意，有的国家的商人是不习惯在酒宴上谈生意的，因此必须事前搞清楚，以免冒失，如法国人就严格区分工作和休息时间。

(二)最后的让步

针对磋商阶段遗留的最后一两个有分歧的问题，需要通过最后的让步才能求得一致，签订协议。求得最后的让步必须把握好两个方面的问题：一是让步的时间，二是让步的幅度。在让步的时间上，如果让步过早，对方会认为这是前一阶段讨价还价的结果，而不认为这是本方为达成协议而做出的终局性的最后让步，这样对方就会得寸进尺，继续步步紧逼。如果让步时间过晚，往往会削弱对对方的影响和刺激作用，并增加了前面谈判的难度。

为了选择最佳的让步时间，使最后的让步达到最佳的效果，比较好的做法是将最后的让步分为两个部分。主要部分在最后期限前做出，以便让对方有足够的时间来品味；而次要部分作为最后的“甜头”，要安排在最后时刻做出。这犹如一席丰富的酒宴，最后让步中的主要部分恰似最后一道大菜，掀起一个大高潮，也是最后的高潮；而次要部分的让步则似在大菜之后、酒宴结束时上桌的最后一碟水果，使人吃后感到十分舒心。

在让步的幅度上，如果幅度太大，对方反而不大相信这是本方的最后让步，可能仍会步步紧逼；如果让步幅度过小，对方会认为微不足道，难以得到满足。那么最后的让步幅度为多大才合适呢？在决定最后让步的幅度时，要考虑的一个重要因素是对方接受这个让步的人在对方组织中的地位或级别。在许多情况下，到谈判的最后关头，往往对方管理部门中的重要高级主管会出面，参加或主持谈判。这时我们最后让步的幅度必须满足以下两个要求：一是幅度比较大，大到刚好满足该主管维持他的地位和尊严的需要；二是幅度又不能太大，否则会使该主管指责他的部下没有做好工作，并坚持要求他们继续谈判。做出最后的让步后，谈判人员必须保持坚定，因为对方会想方设法来验证我方立场的坚定性，判断该让步是否为真正的终局性让步。

(三)把握成交机会

谈判最重要的环节之一就是把握成交机会。当双方都认为对方已做出了能够做出的让步，再谈下去不会有什么结果时，成交的机会就到了，谈判也就该结束了。判断对方的成交迹象主要有以下几个方面。

1. 对手由对一般问题的探讨延伸到对细节的探讨

例如，当你向他推销某商品时，他忽然问："你们的交货期是多长时间？"这是一种有意表现出来的成交迹象，你要抓住时机明确地要求他购买。

2. 以建议的形式表示

当客户仔细打量、反复查看商品后，像是自言自语地说："要是再加上一个支架就好了。"这说明他对商品很中意，但却发现有不理想之处，但只是枝节问题或小毛病，无碍大局。你最好马上承诺做些改进，同时要求与他成交。

3. 对方态度积极

当对方对你介绍的商品的使用功能随声附和，甚至接过话头讲得比你还具体时，这也是可能成交的信号。你就要鼓励他试用一下，以证明他的"伟大设想"。

4. 对方有同意的迹象

当谈判小组成员由紧张转向松弛，相互间会意地点头、用眼睛示意时，也是你要求成交的好时机，可以将话题引向这方面，即使不能马上成交，也会加速成交的进程。

(四)争取最后的收获

通常，在双方将交易的内容、条件大致确定，即将签约时，精明的谈判人员往往还要利用最后的时刻去争取最后的一点收获。通常的做法是：在签约之前，突然漫不经心地提出一个小小的请求，要求你做一点小小的让步。由于谈判已进展到签约的程度，谈判人员已付出很大的代价，也不愿为了这一点小利而伤了友谊，更不愿为了这点小利而重新回到磋商阶段，因此往往会很快答应这个请求，以求尽快签约。这个小小的让步在此时此刻得来全不费功夫，而如果是在磋商阶段，恐怕不经一番苦斗是难以得到的。

(五)注意为双方庆贺

商务谈判即将签约或已经签约，可谓大功告成。可能在这场谈判中你获得了较多的利益，而对方只得到较少的利益，你可能心中暗喜，但此时一定要注意为双方庆贺，强调这次谈判的结果是双方共同努力的结果，满足了双方的需要。

同时，不要忘了称赞一番对方谈判人员的才干。这样做会使对方心理得到平衡和安慰，并感到某种欣慰。相反，如果我们只注意自己高兴，并沾沾自喜、喜形于色或用讥讽的话语与对方交谈，就会自找麻烦，对方被你的行为所激怒，或将前面已经约定的东西统统推倒重来，或故意提出某一苛刻的要求使你无法答应而不能签约，或即使勉强签订了协议，对方在今后的履行过程中也会想方设法予以破坏，以示报复。

(六)慎重对待协议

谈判的成果要靠严密的协议来确认和保证，协议是以法律形式对谈判成果的记录和确认，它们之间应该完全一致，不得有任何误差。在实际情况中，常常有人有意无意地在签订协议时故意更改谈判的结果，比如，故意在日期上、数字上，以及关键的概念上做文章。如果我方对此有所疏忽，在有问题的协议上签了字，那么协议就与以前的谈判无关了，双方的交易关系一切都应以协议为准，再想后悔已经没有办法了。因此，将谈判成果转变为协议形式的成果是需要花费一定力气的，不能有任何松懈。在签订协议之前，应与对方就全部的谈判内容、交易条件进行最终的确定；协议签字时，再将协议的内容与谈判结果一一对照，确认无误后方可签字。

二、未成交时的策略

谈判可能因种种原因未能达成协议，这时最明智的做法就是既保持自己的尊严和原定的谈判方案，又要照顾对方的情感。人常说“生意不成人情在”，如果这次谈判在友好、愉快的气氛中结束，则可为下次与同一对手打交道奠定基础，获得好结果就有可能性了，这时应表现出坦然自若、不愠不怒，当看到这次谈判的结局实在无法挽回时，你下一步要做的便是：留不住人，便要留住谈判者的心。在言谈中表现出一种大度、宽容、热情，可以这样说：“应该给您留一段充分考虑的时间，我们尊重您的这一权利。”“我们充分理解到您所被授予的权限是有限的，希望您在向上司汇报后，能跟我们重新坐在谈判桌旁。”“谈判虽然没有成功，但我们会珍惜这段时间所建立的友谊。”这往往会使对方内心产生一种愧疚感，从而重敲谈判之门。

【案例 10-13】

在 20 世纪 80 年代中日进出口钢材的谈判中，尽管中方提出了合理的报价，经过反复磋商仍未与日方达成协议，眼看谈判要不欢而散。中方代表并没有责怪对方，而是用一种委婉谦逊的口气向日方道歉：“你们这次来中国，我们照顾不周，请多包涵，虽然这次谈判没有取得成功，但在这十几天里我们却建立了深厚的友谊。协议没达成，我们不怪你们，你们的权力毕竟有限。希望你们回去能及时把情况反映给你们总经理，谈判的大门随时向你们敞开。”

日方谈判代表原认为一旦谈判失败，中方一定会给予冷遇，没想到中方在付出巨大努力、精力未果的情况下，一如既往地给予热情的招待，非常感动。回国后，他们经过反复核算、多方了解行情，认为中方提出的报价是合理的，后来主动向中方投来“绣球”。在中日双方的共同努力下，第二次谈判终于取得了圆满成功。中方谈判成功的诀窍便是充分利用对方谈判者的感激心理，在第一次谈判失败的情况下，不责怪、冷遇对方，而是施以情感投资，因为他们认识到了，如果那样做，谈判之门也便不会重开了。

三、其他成交促成的策略

成交促成策略是在成交过程中，谈判人员在适当的时机，用以启发对手做出决策，达成协议的谈判技巧和手段。对于任何一个谈判人员来讲，熟悉和掌握各种成交的方法和技巧是非常重要的。常见的促进成交的策略与技巧有数十种。当然，因谈判人员性格、个性、教育背景以及公司等不同而受到不同程度的喜爱。谈判人员在具体的使用中，若能结合自身个性及公司的实际情况融会贯通，灵活应用，则必将产生较好的收益。

(一)主动请求法——单刀直入，要求成交

谈判人员用简单明确的语言，向谈判对手直截了当地提出成交建议，也叫直接请求成交法。这是一种最常用也是最简单有效的方法。例如：

顾客：“师傅，您刚才提出的问题都得到解决了，是否现在可以谈购买数量的问题了……”

“××主任，您是我们的老客户了，您知道我们公司的信用条件，这次看是否在半个月后交货……”

主动请求法的优点是可以有效地促成购买，可以借要求成交向对方直接提示并略施压力，可以节省洽谈时间，提高谈判效率。但它也存在一些局限性，如过早直接提出成交可能会破坏不错的谈判气氛；可能会给对手增加心理压力；可能使对手认为谈判人员有求于他，从而使谈判人员处于被动，等等。运用主动请求法，应把握成交时机，一般来说在以下情况可以更多地运用此方法。

(1) 向关系比较好的老顾客谈判时。

(2) 在对手不提出异议，想购买又不便开口时

(3) 在对手已有成交意图，但犹豫不决时。

(二)自然期待法——循序诱导，水到渠成

谈判人员用积极的态度，自然而然地引导对手提出成交的一种方法。自然期待法并非完全被动等待对手提出成交，而是在成交时机尚未成熟时，以耐心的态度和积极的语言把洽谈引向成交。例如：

谈判人员：“这是我们刚上市的新产品，价格适中，质量绝对没有问题，您看看怎么样？”

谈判人员：“我知道您对产品的款式、颜色等较满意，就是价格似乎高了些，给您优惠一点，行吗？”

自然期待法的优点是较为尊重对手的意向，避免对手产生抗拒心理；有利于保持良好的谈判气氛，循序诱导对手自然过渡到成交上；防止出现新的僵局和提出新的异议。但缺陷也明显存在，主要是可能贻误成交时机，同时花费的时间较多，不利于提高谈判效率。谈判人员运用自然期待法时，既要保持耐心温和的态度，又要积极主动地引导。谈判人员在期待对手提出成交时，不能被动等待，要表现出期待的诚意，表达成交的有利条件，或用身体语言进行暗示。

【案例 10-14】

轰动世界的美国促销奇才哈利，在他 15 岁做马戏团的童工时，就非常懂得做生意的要诀，善于吸引顾客前来光顾。有一次他在马戏团售票口处，使出浑身的力气大叫：“来！来！来看马戏的人，我们赠送一包顶好吃的花生米。”观众就像被磁场吸引了一样，涌向马戏场。这些观众边吃边看，一会就觉得口干，这时哈利又适时叫卖柠檬水和各种饮料。其实，哈利在加工这些五香花生米时，就多加了盐。因为观众越吃越干，这样他的饮料生意才兴隆。以

饮料的收入去补给花生米的损失，收益甚丰。这种颇有心计而又合法的促销绝招，不动脑筋是想不出来的。

(三)配角赞同法——做好配角，倾听启发

谈判人员把对方作为主角，自己以配角的身份促成交易的实现。从性格学理论来讲，人的性格可以分为多种多样，如外向型与内向型，独立型与支配型等。一般的人都不喜欢别人左右自己，内向型与独立型的人更是如此，他们处处希望自己的事情由自己做出主张。在可能的情况下，谈判人员应营造一种促进成交的氛围，让对手自己做出成交的决策，而不要去强迫他或明显地左右他，以免引起对手的不愉快。例如：

谈判人员："我认为您非常有眼光，就按您刚才的意思给您拿一件样品好吗？"

谈判人员："您先看看合同，看完以后再商量。"

配角赞同法的优点既尊重了对手的自尊心，又富有积极主动的精神，促使对手做出明确的购买决策，有利于谈判成交。但这种方法的缺陷也是明显的，它必须以对手的某种话题作为前提条件，不能充分发挥谈判人员的主动性。只运用这种方法时，关键应牢记一个法则，即始终当好配角，不能主次颠倒。按一些有经验的谈判人员的办法，可以借鉴四六原则，即谈判人员只懂引导性的发言和赞同的附和，一般占洽谈内容的十分之四；启发对手多讲，一般可占洽谈内容的十分之六。当然，不能忘记，在当配角的过程中，应认真听对方的意见，及时发现和捕捉有利时机，并积极创造良好的氛围，促成交易。

【案例 10-15】扫一扫，看"请教带来的生意"案例。

(四)假定成交法——假定已买，商讨细节

谈判人员以成交的有关事宜进行暗示，让其感觉自己已经决定购买。假定成交法也就是谈判人员在假设对方接受谈判建议的基础上，再通过讨论一些细微问题而推进交易的方法。例如：

"您希望我们的工程师什么时候给您上门安装？"

"您觉得什么样的价格合理呢？您出个价。"

"请问，您买几件？"

"女士，我们把这次公开课安排在下个星期五和星期六两天，您那里可以派几个人过来呢？"

假定成交法的优点是节约时间，提高谈判效率，可以减轻对手的成交压力。因为它只是通过暗示，对手也只是根据建议来做决策。这是一种最基本的成交技巧，应用性很广泛。但它的局限性也是存在的，主要为可能产生过高的成交压力，破坏成交的气氛；不利于进一步处理异议；如果没有把握成交时机，就会引起对手反感，产生更大的成交障碍。

谈判人员在运用此种方法时，必须对对方成交的可能性进行分析，在确认对方已有明显成交意向时，才能以谈判人员的假定代替对方的决策，但不能盲目地假定；在提出成交假定时，应轻松自然，绝不能强加于人。最适用的条件为较为熟悉的老顾客和性格随和的人员。

(五)肯定成交法——先入为主，获得认同

谈判人员以肯定的赞语坚定对方成交的信心，从而促成交易的实现。从心理学的角度来

看，人们总是喜欢听好话，多用赞美的语言认同对方的决定，可以有力地促进顾客无条件地选择并认同你的提示。例如：

一位服装销售人员看到一位顾客进来时，就热情地招呼："先生，您看看这件衣服挺漂亮的，您试穿一下吧，反正不收您的试穿费用。"当你试穿衣服时，他又开始赞美："您看，这件衣服穿在您身上有多合适，好像特意为您做的。"许多人听了类似的赞美词后，就会痛快地将自己腰包内的钱掏出来了。

肯定成交法先声夺人，先入为主，免去了许多不必要的重复性的说明与解释。谈判人员的热情可以感染对方，并坚定对方的成交信心与决心。但它有时有强加于人之感，运用不好可能会遭到拒绝，难以再进行深入的洽谈。

运用此方法，注意必须事先进行实事求是的分析，看清对象，并确认产品可以引起对方的兴趣，且肯定的态度要适当，不能夸夸其谈，更不能愚弄对方。一般可在成交时机成熟后，针对对方的犹豫不决而用此方法来解决。

(六)选择成交法——二者择一，增加概率

这是谈判人员直接向对方提供一些成交决策选择方案，并且要求他们立即做出决策的一种成交方法。它是假定成交法的应用和发展。在吃饭礼仪中，一般不要问别人喝什么？如果别人要喝人头马或者其他的饮料，而饭店没有，是最大的失礼。因此可以问："先生，您是想喝百事可乐还是七喜？"这样能将主动权控制在自己手上，而且也不会失礼。谈判人员可以在假定成交的基础上，向对方提供成交决策比较方案，先假定成交，后选择成交。例如：

谈判人员："您要红颜色的还是灰颜色的商品。"

谈判人员："您用现金支付还是用转账支票。"

选择成交法的理论依据是成交假定理论，它可以减轻对方决策的心理负担，在良好的气氛中成交；同时也可以使谈判人员发挥顾问的作用，帮助对方顺利地完成购买任务，因而具有广泛的用途。如果运用不当，可能会分散对方注意力，妨碍他们做出选择。

运用选择成交法必须注意以下问题：一是给客户的选择项不要太多，太多的方案会让客户思路发散，无从选择。因此最佳的选择项应该是两个，要客户择优而选。二是不要给客户拒绝的机会，向客户提出的方案中，应该包括所有可选方案中大部分内容，最好是让客户在提供的方案中做一个选择。三是如果遇到客户的拒绝，谈判人员只应该适当暗示他所提供的选择方案是最优的，而不要和客户争执什么是最优方案；如果确实无法提供客户指明需要的产品，谈判人员应该尽可能向客户提供他所知道的产品信息，这样往往能够赢得客户的信任。

(七)小点成交法——循序渐进，以小带大

谈判人员通过次要问题的解决，逐步地过渡到成交的实现。从心理学的角度看，谈判者一般比较重视一些重大的成交问题，轻易不做明确的表态；而对于一些细微问题，往往容易忽略，决策时比较果断、明确。小点成交法正是利用了这种心理，避免了直接提示重大的和对方比较敏感的成交问题。先小点成交，再大点成交；先就成交活动的具体条件和具体内容达成协议，再就成交活动本身与对方达成协议，最后达成交易。例如，对方提出资金较紧，谈判人员对于不那么畅销的商品，这时可以说："这个问题不大，可以分期付款，怎么样？"小点成交法可以避免直接提出成交的敏感问题，减轻对方成交的心理压力，有利于谈判人员

推进，但又留有余地，较为灵活。它的缺点是可能分散对方的注意力，不利于针对主要问题进行劝说，影响对方果断地做出抉择。

运用此种方法时，要根据对方的成交意向，选择适当的小点，同时将小点与大点有机地结合起来，先小点后大点，循序渐进，达到以小点促成大点的成交目的。

【案例 10-16】

某办公用品推销人员到某办公室去推销碎纸机。办公室主任在听完产品介绍后摆弄起样机，自言自语道：“东西倒是挺合适，只是办公室的这些小年轻毛手毛脚，只怕没用两天就坏了。”推销人员一听，马上接着说：“这样好了，明天我把货运来的时候，顺便把碎纸机的使用方法和注意事项给大家讲讲，这是我的名片，如果使用中出现故障，请随时与我联系，我们负责维修。如果没有其他问题，我们就这么定了？”

(八)从众成交法——营造人气，争相购买

谈判人员利用人的从众心理和行为促成交易的实现。心理学研究表明，从众心理和行为是一种普遍的社会现象。人的行为既是一种个体行为，又是一种社会行为，受社会环境因素的影响和制约。从众成交法也正是利用了人们的这种社会心理，创造一定的众人争相购买的氛围，促成对方迅速做出决策。

从众成交法可以省去许多谈判环节，简化谈判劝说内容，促成大量的购买，有利于相互影响，有效地说服对方。但是，它也不利于谈判人员准确地传递谈判信息，缺乏劝说成交的针对性，只适用于从众心理较强的对手。运用此种方法，要掌握对手的心态，进行合理的诱导，不能采用欺骗手段诱使对方上当。

(九)最后机会法——机不可失，过期不候

这是谈判人员向对手提示最后成交机会，促使他们立即决策的一种成交方法。这种方法的实质是谈判人员通过提示成交机会，限制成交内容和成交条件，利用机会心理效应，增强成交。例如：

“这种商品今天是最后一天降价……”

“现在房源紧张，如果您还不做出决定，这房子就不给您保留了……”

“机不可失，时不再来”，往往在最后机会面前，人们由犹豫变得果断。

最后机会法利用人们怕失去能得到某种利益的心理，能够引起对手的注意力，可以减少许多谈判劝说工作，避免对手在成交时再提出各种异议；可以在对手心理上产生一种“机会效应”，把他们成交时的心理压力变成成交动力，促使他们主动提出成交。但是，也有谈判人员通过向对手提供一定的优惠条件而促成成交。这种方法实际上是一种让步，主要满足对方求利的心理动机。

例如，答应在某一阶段内销售数量达到某一额度时，可追补一些广告费用；顾客购买某种商品，可以获得赠送品；顾客购买量达到一定数量时，可以给予特别折扣，等等。

最后机会法一般是通过向对方提供优惠成交条件，有利于巩固和加深买卖双方的关系。对于较难谈判的商品，能够起到有效的促销作用。但它增加谈判费用，减少收益，有时可能会加重对方的心理负担。

运用此种方法，要注意针对对方求利的心理动机，合理地使用优惠条件；要注意不能盲

目提供优惠；要注意在给予回扣时，遵守有关的政策和法律法规，不能变相行贿。

【案例 10-17】

在美国的一个边远小镇上，法官和法律人员有限，因此组成了一个由 12 名农夫组成的陪审团。按照当地的法律规定，只有当这 12 名陪审团成员都同意时，某项判决才能成立，才具有法律效力。有一次，陪审团在审理一起案件时，其中 11 名陪审团成员已达成一致看法，认定被告有罪，但另一名认为应该宣告被告无罪。由于陪审团内意见不一致使审判陷入了僵局。其中 11 名陪审团成员企图说服另一名，但是这位代表是个年纪很大、头脑很顽固的人，就是不肯改变自己的看法。从早上到下午审判不能结束，11 个农夫有些心神疲倦，但另一个还没有丝毫让步的意见。

就在这 11 个农夫一筹莫展时，突然天空布满了阴云，一场大雨即将来临。此时正值秋收过后，各家各户的粮食都晒在场院里。眼看一场大雨即将来临，11 名代表都在为自家的粮食着急，他们都希望赶快结束这次判决，尽快回去收粮食。于是都对那个农夫说："老兄，你就别再坚持了，眼看就要下雨了，我们的粮食在外面晒着，赶快结束判决回家收粮食吧。"可那个农夫丝毫不为之所动并坚持说："不成，我们是陪审团的成员，我们要坚持公正，这是国家赋予我们的责任，岂能轻易做出决定，在我们没有达成一致意见之前，谁也不能擅自做出判决！"这令那几个农夫更加着急，哪有心思讨论判决的事情。为了尽快结束这令人难受的讨论，11 个农夫开始动摇了，考虑开始改变自己的立场。这时一声惊雷震破了 11 个农夫的心，他们再也忍受不住了，纷纷表示愿意改变自己的态度转而投票赞成那一位农夫的意见，宣告被告无罪。

按理说，11 个人的力量要比一个人的力量大。可是由于那一个人坚持己见，更由于大雨的即将来临，使那 11 个人在不轻易中为自己定了一个最后期限：下雨之前，最终被迫改变了看法，转而投向另一方。在这个故事中，并不是那一个农夫主动运用了最后期限法，而是那 11 个农夫为自己设计了一个最后的期限并掉进了自设的陷阱里。

在众多谈判中，有意识地使用最后机会法以加快谈判的进程，并最终达到自己的目的的高明的谈判者往往利用最后期限的谈判技巧，巧妙地设定一个最后期限，使谈判过程中纠缠不清、难以达成的协议在期限的压力下，得以尽快解决。

(十)保证成交法——允诺保证，客户放心

保证成交法是指销售人员直接向客户提出成交保证，使客户立即成交的一种方法。所谓成交保证就是指销售人员对客户所允诺担负交易后的某种行为。例如：

"您放心，这个机器我们 3 月 4 日给您送到，全程的安装由我亲自来监督。"

"等没有问题以后，我再向总经理报告。"

"您放心，您这个服务完全是由我负责，我在公司已经有 5 年的时间了。我们有很多客户，他们都接受我的服务。"

让顾客感觉你是直接参与的，这是保证成交法。

产品的单价过高，交纳的金额比较大，风险比较大，客户对此种产品并不是十分了解，对其特性质量也没有把握，产生心理障碍，成交犹豫不决时，销售人员应该向顾客提出保证，消除客户成交的心理障碍，增强成交信心；同时可以增强说服力以及感染力，有利于销售人员妥善处理有关成交的异议。销售人员应该看准客户的成交心理障碍，针对客户所担心的几

个主要问题直接提示有效的成交保证的条件，以解除客户的后顾之忧，促使进一步成交。销售人员根据事实、需要和可能，向客户提供可以实现的成交保证，切实地体恤对方。既要维护企业的信誉，还要不断地去观察客户有没有心理障碍。

【案例 10-18】

中国某公司与日本某公司在上海著名的国际大厦，围绕进口农业加工机械设备，进行了一场别开生面的竞争与合作、竞争与让步的谈判。中方认为日方报价中所含水分较大。基于此，中方确定还盘价格为 750 万日元。日方立即回绝，认为这个价格很难成交。中方坚持与日方探讨了几次但没有结果。鉴于讨价还价的高潮已经过去，因此，中方认为谈判的“时钟已经到了”，该是展示自己实力、运用谈判技巧的时候了。于是，中方主谈人使用了具有决定意义的一招，郑重向对方指出：“这次引进，我们从几家公司中选中了贵公司，这说明我们有成交的诚意。此价虽比贵公司销往 C 国的价格低一点，但由于运往上海口岸比送往 C 国的费用低，所以利润并没有减少。另一点，诸位也知道我有关部门的外汇政策规定，这笔生意允许我们使用的外汇只有这些，要增加，需再审批。如果这样，那就只好等下去，改日再谈。”

这是一种欲擒故纵的谈判方法，旨在向对方表示己方对该谈判已失去兴趣以迫使其做出让步。但中方仍觉得这一招的分量还不够，又使用了类似“竞卖会”的高招，把对方推向了一个与“第三者竞争”的境地。中方主谈人接着说：“A 国、C 国还等着我们的邀请。”说到这里，中方主谈人把一直捏在手里的王牌摊了出来，恰到好处地向对方泄露，把中国外汇使用批文和 A 国、C 国的电传递给了日方主谈人。日方见后大为惊讶，他们坚持继续讨价还价的决心被摧毁了，陷入必须“竞卖”的困境，要么压价握手成交，要么谈判就此告吹。日方一时举棋不定，握手成交吧，利润不大，有失所望；告吹回国吧，跋山涉水，兴师动众，花费了不少的人力、物力和财力，最后空手而归，不好向公司交代。这时中方主谈人便运用心理学知识，根据“自我防卫机制”的心理，称赞日方此次谈判的确精明强干，中方就只能选择 A 国或 C 国的产品了。

日方掂量再三，还是认为成交可以获利，告吹只能赔本。这正如本杰明·富兰克林的观点所表明的那样：“最好是尽自己的交易地位所能来做成最好的交易。最坏的结局，则是由于过于贪婪而未能成交，结果本来对双方都有利的交易却根本没有能成交”。

第三节　威胁的种类与对付威胁的策略与技巧

威胁是施加压力，是谈判中用得最多的伎俩。因为威胁很容易做出，它比提条件、说服要容易得多。它只要几句话，而且不需要兑现，因此许多谈判人员自觉或不自觉地使用威胁手段。它具有以下特点：威胁是一种战术，而不是一种战略；威胁虽然可以赢得暂时的胜利，但它会打乱谈判的进程，甚至破坏谈判双方的长远关系；威胁实质是一种让步，当威胁者在施加威胁时，它的真实用意是：假如你接受我的意见，或停止你的行动，我将放弃对你的惩罚或者对你做一定的让步。当威胁无法起到作用时，威胁者的可信度就会降低；威胁有时会导致反威胁。

【案例 10-19】

20 世纪 80 年代中期，中意双方就合资兴建一个公司进行了十多轮的谈判，情况如下。关于产品的销售问题，在可行性研究中曾两次提到：一是意方负责包销出口 30%，其余 70%在国内销售；二是合资公司出口渠道为合资公司和中国外贸公司。双方在这一表述的理解上产生了分歧，并且因为这一分歧使得谈判难以继续进行。意方对此两点表述的理解是：许可产品(因外方技术生产的产品)只能由意方独家出口 30%，一点也不能多，而其他两个渠道为出口合资企业的其他产品保留。中方的理解是：许可产品的 30%由意方出口，其余 70%产品的一部分，有可能的话，用两个渠道出口。双方争执的焦点在于对许可产品，中方与合资企业是否有出口权，意方担心扩大出口数量和多开出口渠道会打破自己的价格体系，占领自己的国际市场，故反对中方与合资企业出口。中方同样基于自己的利益不愿放弃出口权，双方互不相让、争执不下。在第三轮谈判的最后一天，意方宣布中止谈判，以示在此问题上决不让步，谈判破裂。

由于意方利用中止谈判的方式威胁中方，向中方施加压力、以迫使中方全面让步，因而使中方谈判代表陷入忧心忡忡的境地。显然，中方对谈判破裂的实质认识不清。后来，中方召集大家研究对策，经过认真分析，认识到以下几点：其一，此项目投资大，意方目光是长远的，这次来中国事先是进行过充分的可行性调查研究的。其二，意方洽谈此项目意在投石问路，打开中国市场。另外，在中国，中方公司是最佳的合作伙伴，因为无论技术还是产品都是一流的。再者，如果意方在此领域第一个谈的项目就告失败，那要想在中方继续投资办厂将难上加难。因此，意方不会轻易放弃这项合作。最后，中方公司领导班子在做出了正确的分析之后，不再担心谈判破裂，并决定耐心等待。

一般来说，这种对峙局面谁先妥协谁就要先付出代价。因此中方为了掌握主动权，按兵不动。几天以后，意方吃不住了，主动发来电传，再次陈述他们的理由，并做了许多解释，在许多项目上做了适当让步。中方公司经研究之后觉得可行，于是几经讨论，终于在谈判书上签了字。

从以上案例可以看出，对付威胁这种谈判伎俩，首先要保持情绪上的镇静，保持清醒、冷静的头脑。当对方向你大喊大叫、挥拳击掌时，就是希望看到你心慌意乱、不知所措的样子。如果你能顶住压力，处变不惊，以局外人的身份观看他的“表演”，最先泄气的一定是他。相反，如果我们也意气用事，“以其人之道，还治其人之身”，则很可能会导致一场混战，双方的情感都会受到难以弥补的伤害，谈判也就毫无希望了。

一、威胁的种类

在实际谈判中，谈判者的威胁方式很多，大体有以下类别。

(一)按威胁的表现划分

(1) 强烈、直接的威胁。虽然能够引起对方的关注并加剧其不安和恐惧，但同时也使对方产生了更加强烈的逆反心理，所以效果反而较差。

(2) 中间型威胁。它是介于强烈与轻微、直接与间接之间的一种类型。

(3) 轻微、间接的威胁。通过心理实验发现，三种方式中，第三种也就是“轻微的威胁”

效果最明显。

(二)按威胁的方式划分

(1) 语言威胁。即直接运用语言威胁对方。例如，“假如贵公司一直坚持，我方将退出谈判。”

(2) 行动威胁。它是一种直接向对方显示自己力量的威胁方式。例如，“除非你这样做，否则就取消你的特权，或者停止向你运输，或者停止和你进一步交易。”

(3) 人身攻击。第一种表现是，愤怒的一方面红耳赤，唾沫横飞，指责谩骂另一方，有的人甚至拍桌子，高声叫喊。这种做法的目的就是企图用激烈的对抗方式向对方施加压力，迫使其屈服。第二种表现是，寻找各种讽刺挖苦的语言嘲笑对方，羞辱对方，使对方陷入尴尬难堪的境地，借以出心头之气，或激对方让步。这种伎俩有时可能达到目的，但更多的情况是把对方推到了自己的对立面，使谈判变得愈加困难。第三种表现是采用或明或暗的方式，使你产生身体上和心理上的不适感，你为了消除这种不适而向对方屈服。例如，他可能暗示你没有知识，拒绝听你说话，或故意让你重复说过的话。实践证明，大多数人对此感到不舒服，却又无法提出。

(三)按威胁的性质划分

(1) 经济的威胁。如果协议没有达成，会增加单方或双方的成本，就会减少单方或双方的利润。

(2) 法律的威胁。如果协议没有达成，就会运用制裁或法律禁令来阻止一方采取行动或拖延谈判进程。

(3) 感情的威胁。若对方不做出让步，就使对方从情感上感到愧疚，或会影响双方的感情和友谊。

(4) 政治的威胁。若对方不做出让步，就会影响双边的政治关系。

(5) 暴力的威胁。如果谈判破裂，就直接运用暴力迫使对方就范。

【案例 10-20】扫一扫，看“穷人的威胁”案例。

二、对付威胁的技巧

【案例 10-21】

美国一家公司在得知我国某电缆厂需要购买一台无氧铜主机组合炉时，立即派代表前来洽谈。谈判一开始，美方代表口若悬河，大谈了一番组合炉的先进技术和美方的运输服务措施，包括走哪条线路、如何装箱、如何托运、如何保险等，好像中方已经购买了一样。最后，美方报价 220 万美元，中方代表起初被美方的热情所打动，直至听到报价才警觉起来：“你们的报价高得出奇，没法谈！”美方代表立刻表示价格可以商量，经过一番表述，美方代表提出：“原价 7 折优惠，150 万美元，这可是极其优惠的价格了，你们要尽快决定。”美方一下子把价格削去这么多，期望中方尽快成交。但是，中方代表摇摇头，仍然不同意，谈判出现裂痕。

第二天，美方带来许多资料送给中方，其中有许多是其他国家厂商购买该公司生产的组合炉的使用资料，美方代表介绍了使用者对该公司产品的肯定意见。当看到中方代表对这么多精美的资料不屑一顾时，美方代表不得不又一次把价格降下来：“我们的组合炉质量是最好的，如果你们有诚意，就130万吧。”中方代表还是不同意，美方代表站起身来说：“我们已经两次大幅度地削价，而你们连一点诚意都没有，不谈了！”面对美方代表的威胁，中方代表反唇相讥：“你们开出这样高的价格，还说有诚意，你不想谈，我们更不想谈了！”碰了一枚硬钉子，美方代表又坐下来，经过双方交涉，美方代表下了最后通牒：“120万，不能再降了！”

结果，谈判破裂，美方代表买好机票准备回去了。临走前一天，与中方代表做告别性会晤。他拿出订好的机票表示这一次很遗憾，双眼观察着中方代表的动静。中方代表将两年前美方以95万美元的价格将组合炉卖给匈牙利的资料送到美方代表面前，美方代表叫了起来：“这是两年前的事情了，现在价格自然是上涨了！”中方代表反驳说：“物价上涨指数是每年6%，按此计算价格是106.7万美元。”美方代表瞠目结舌，最后，这笔交易以107万美元成交。

从以上案例可以看出，对付美方最后通牒的威胁的有效办法，就是无视威胁，对其不理睬，你可以把它看成是不相干的废话，或是对方感情冲动的表现。必要时，揭示使威胁成立的虚假条件，这样，威胁就失去了应有的作用。

具体来说，对付威胁常用的技巧和措施如下。

(1) 对付威胁的有效办法是无视威胁，对其不予理睬。

(2) 告诉对方你不能在威胁下进行谈判，只有对方能够证明接受这样的条件能带来好处时才可能做出让步。看有无其他的选择。

(3) 佯装不晓得这回事，或将它看成是开玩笑，表示对其不予关心。

(4) 向对方表示毫无损害，还可以让对方知道施加威胁对它自身也具有风险。

(5) 以威胁反击，同时警告对方，如果谈不妥，局面会更加难堪。

这里需要特别说明的是，威胁的副作用很大。谈判专家对一些典型案例的研究表明，威胁并不能达到使用者的目的，常常会导致反威胁，形成恶性循环，损害双方的关系，导致谈判破裂。例如，“你们如不能保证在第四季度中全部交货，我们将拒绝接受你们的货物，一切损失将完全由你方承担。”这种威胁的口吻很容易激怒对方，使被威胁的对方感到有必要进行自卫。

优秀的谈判者不仅不赞成使用威胁，而且尽量避免使用威胁的字眼。表达同样的意思有各种方式，如果有必要指出对方行为的后果，就指出那些你意料之外的事，陈述客观上可能发生的情况，而不是提出你能控制发生的事。从这一点来讲，警告就要比威胁好得多，也不会引起反威胁。就刚才的例子来讲，如果说：“从情况来看，你们在第四季度供货确实存在一些困难，但如果不能在年底前交货，我们部分车间就会停工待料，造成生产上的损失不说，也会使我们继续履约有极大困难。”使用威胁的一方虽然看起来很强硬，但实际上却是虚弱的表现。因为对方一旦不惧怕威胁，我们便无计可施了，也没有了退路。

第四节　对付进攻的策略与技巧

在真正成功的谈判里，了解对手是一种必需的准备，只有在这种准备的基础上，才能选择具体而有效的谈判方式，反击对手，使自己立于不败之地。要真正地了解对手，必须明确谈判对手属于哪一种类型和采用哪种进攻手段，这样便能在谈判桌上采用行之有效的手段和方法，既可节省精力又可一击即中。

一、进攻者的类型

1. 强硬型

他们往往情绪表现得十分激烈，态度强硬，在谈判中趾高气扬，不习惯也没耐心听对方的解释，总是按着自己的思路，认为自己的条件已经够好的了；他们在谈判中爱虚张声势，动不动就对对手进行威胁恐吓；这种谈判对手总是咄咄逼人，不肯示弱。

【案例 10-22】扫一扫，看“战败国的胜利”案例。

2. 攻击型

他们往往有目的、有针对性地向对方发起进攻，迫使对方屈服，甚至会不给对方反抗的余地。

3. 搭档型

他们在谈判的过程中若隐若现，虚实相间，最令人防不胜防。他们的通常表现是：当谈判开始时，对方只派一些低层人员作为主谈人，等到谈判快要达成协议时，真正的主谈人突然插进来，表示以前的己方人员无权做出这样的决定，或是以前所谈的价格过低，或是时间难以保证。当你表示失望或觉得一切都完了的时候，对方会说：“如果你确实急需，我也可以与你成交，但至少在价格上要做些调整……”你此时往往无可奈何，因为谈判进行到这个时候，你已完全摊开了底牌，对方掌握了你谈判的一切秘密，如果你想达成协议，除了做出让步外别无他法。

4. 逼迫型

逼迫型谈判者也是很难对付的一种谈判对手。他们通常会采取各种方式来威胁对方，使对方就范，如利用期限进行逼迫，利用对方的竞争对手进行逼近，利用拖延战术进行逼迫，甚至还会用无中生有的方法进行逼迫等。这些逼迫方式只要运用得巧妙，其效果往往是不错的，有时甚至比正面的强迫威逼效果还要好。

5. 圈套型

这类谈判者往往比较喜欢使用自己的聪明机智，在谈判中设下各种各样的圈套，他们有的通过语言来设置圈套，有的通过一些动作或事实来设置圈套，有的就干脆将整个谈判设置成一个大圈套。稍不注意，就会陷入对方设置的圈套。

二、进攻者常用的进攻手段

【案例 10-23】

在去机场的路上达成协议

一位带着一大堆有关日本人的精神和心理分析书籍的美国商人，前往日本进行谈判。飞机在东京机场着陆时，两位专程前来迎接的日本方面代表彬彬有礼地接待了这位美国客商，并替他办好一切手续。“先生，您会说日语吗？”日本人问，“不会，但我带来了一本字典，准备学一学。”美国商人答道。“您是不是非得准时乘机回国？到时我们可以安排这辆车送您去机场。”日本代表关怀备至地对美国商人说。不加戒备的美国商人觉得日本人真是体贴周到，以至于毫不犹豫地掏出回程机票，说明何时离开。至此，日本人已知对方的期限，而美国人还不知日本人的底细。日本人安排来客用一个星期的时间游览，从皇宫到神社全参观了一遍，甚至还安排了他参加为期一个星期的用英语讲解的“禅机”短训班，据说这样可以让美国人更好地了解日本的宗教风俗。每天晚上，日本人让这位美国商人半跪在硬地板上，接受他们殷勤好客的晚宴款待，往往一跪就是四个多小时，叫他厌烦透顶却又不得不连声称谢。但只要美国商人提到谈判的问题，他们就宽慰说：“时间还多，不忙，不忙！”第十二天，谈判终于开始了，然而下午却安排了打高尔夫球的活动。第十三天，谈判再次开始，但为了出席盛大的欢送宴会，谈判又提前结束。美国人暗暗着急。第十四天早上，谈判重新开始，不过，在谈判的紧要关头，汽车来了，前往机场的时间到了，这时，主人和客人只得在汽车开往机场途中商谈关键条件，就在到达机场之前，谈判正好达成协议。

从上面的谈判实例中可以看出，日本商人在去机场的路上和对手签订协议，也是打的时间差战术，令对手在最后期限到来的时候，于一种焦虑和无奈的形势下，同意了对方的要求。

在商务谈判中，常用的进攻手段有以下几种。

(1) 高压与怀柔政策并举。适当的高压，是怀柔政策的助推力，常常能起到锦上添花的谈判效应。

(2) 时间性通牒。期限在谈判中是一种时间性通牒，它可以使对方感到如不迅速做出决定，就会失去这个机会。因此在对手走投无路的前提下，想抽身但又为时已晚的时候，进攻者往往发出最后通牒，因为对手已耗费了许多的时间、金钱和精力，他已经没有了选择的余地。

(3) 出其不意的进攻。采用一些防御者意想不到的手段，迫使谈判者就范，如兵贵神速、故意拖延等技巧。

三、对付进攻的技巧

常用的技巧一般有以下六个方面。

1. 对付强硬型的谈判对手的技巧

世界上的任何事都是相互矛盾、相克相生、互相转化的，有时也可以化不利为有利。既然双方能坐到一起进行谈判，就必然是能互利互用，他对你有用，你对他也有用，这种相互关系就给我们提供了一种可能，使其可以充分利用这种可能对对方进行有目的、有计划的反击。

在进行反击之前，最好先了解对手的情况：他如此强硬的原因是什么？是否根据上级的指示，或许这只是他的一种谈判技巧？是否由于谈判者个人的性格和作风造成的？只有摸清了这些情况，才能从容地进行有效的反击。

如果对方是根据上级的指示而这样做的，那你最好放弃与对手争论的机会，直接去找他的上级；如果这不是对手使用的谈判技巧，那么你可以沉着应战，不为其强硬所动；如果这是对手的一贯作风，那么就应当从打掉他的气焰着手。

2. 对付攻击型的谈判对手的技巧

这类攻击型的对手往往气势汹汹，以掩盖其理由的不足。他们往往是想用气势压倒你，对付这类人，当事人首先必须注意的一点就是切莫惊慌，因为惊慌往往会自乱阵脚。同时，也不要过于愤怒，过于愤怒则会使自己失去分寸，无论是自乱阵脚还是失去分寸，都会给对方一些可乘之机，并使自己受到一定程度的损害。攻击型的对手表面上看有点吓人，击败他的关键之处是要找到要害，也就是其理由不足之处，掌握了这一点，你也可以套用对付强硬派的手法来对付他。

3. 对付搭档型的谈判对手的技巧

和搭档型谈判对手进行谈判，一定得小心翼翼，谈判桌上处处是陷阱，稍有不慎就有掉下去的危险。

在谈判之初，你必须了解对手是否有权在协议书上签字。如果他表示决定权在他的上级那里，那你应坚决拒绝谈判。但是，也有另外的办法来应付这种情况。既然对手派的是下属人员与你谈判，你也不妨派下属人员去谈判或由别人代替你去谈判，待草签协议之后，你再直接与对方掌权之人谈判。这样，你将获得较大的转换空间，不至于到关键时刻被别人牵着鼻子走。

4. 对付团体型的谈判对手的技巧

对付团体型的谈判对手的最好办法就是组织好队伍，实现最优的阵型，是分别单兵作战还是把多个人凝成一个团体迎战都要考虑好。一般来说，在这种情况下应当充分利用每个人的个体优势，进行有效分工，争取把对方的优势化解掉。

如果己方的人少，为了弥补人员不足，摆脱劣势，可以在谈判时向对方要求无论事情大小都必须全体参与讨论。这样对方以多人与你方一起对每个问题加以讨论，就可以化解掉他们轮番作战的优势，浪费他们的谈判成本，使他们急于结束谈判，缩短时间。在人少的情况下，最好是不要同意对方的分组讨论提议，因为那样他们将是以多人对一人，形势就会对自己一方不利。

如果谈判激烈、争论不休，己方在应变上难以自顾，最好的办法就是拖延时间，多增加一些休息的机会。这样既可在对方攻势凌厉的情况下转变形势，又可给己方增加喘息和调整的机会，趁此机会进行一些必要的磋商，为下一轮的谈判做好充分准备。

5. 对付逼迫型的谈判对手的技巧

对于竞争式逼迫，首先应了解自己的优劣，并与竞争对手进行比较。如果确信自己具有优势，就应坚持自己的原则立场，不为压力所迫，这样也可尽量多地获利和尽量少地受损失。

对于拖延式逼迫与期限式逼迫，即前者是不给定时间，后者是给定时间，相同的是都用时间来给对方造成压力。对付这种谈判对手，通常应当根据两个方面的情况进行衡量和确定：一是己方如果超过这个期限或无限期下去，是否会有损失和损失有多大；二是己方对这份协议的重视程度如何。一般来说，应当认真研究一下对方设定期限或拖延的动机，并仔细比较达不成协议对双方各自的损失，由此判断对方设立期限或拖延是在制造压力，还是真的不想谈了。

6. 对付圈套型的谈判对手的技巧

由于圈套型谈判者可以设置各种各样的圈套，他们有的通过语言来设置圈套，有的通过一些动作或事实来设置圈套，有的就干脆将整个谈判设置成一个大圈套。稍不注意，就会陷入对方设置的圈套。因此，在谈判中一定要以求稳为原则，急于求成往往能够给对方造成一定的空当，使对方以圈套取胜的阴谋得逞。

四、其他阻止对方进攻的策略

商务谈判中让步是必需的，没有适当的让步，谈判就无法进行下去。但是，任何让步都不是无限的，因为这会直接损害己方的利益。因此，必须设法阻止对方的进攻。

(一)防范式

1. 先苦后甜

先苦后甜是一种先用苛刻的虚假条件使对方产生疑虑、压抑、无望等心态，以大幅度降低其期望值；然后在实际谈判中逐步给予优惠或让步，使对方满意地签订合同，己方从中获取较大利益的策略。

2. 先斩后奏

先斩后奏策略亦称“人质策略”，这在商务谈判活动中可以解释为“先成交，后谈判”。即实力较弱的一方往往通过一些巧妙的办法使交易已经成为事实，然后在举行的谈判中迫使对方让步。

先斩后奏策略的实质是让对方先付出代价，并以这些代价为“人质”，扭转本方实力弱的局面，让对方通过衡量已付出的代价和中止成交所受损失的程度，被动接受既成交易的事实。

当对手运用此策略时，己方需注意，要尽量避免“人质”落入他人之手，让对方没有“先斩”的机会。即使交易中必须先付定金或押金，也必须做好资情调查，并有何种情况下退款的保证。可采取“以其人之道，还治其人之身”的做法，尽可能相应地掌握对方的“人质”，一旦对方使用此计，则可针锋相对。

3. 后发制人

后发制人策略就是在交锋中的前半部分时间里，任凭对方施展各种先声夺人的占先技巧，本方仅是专注地听和敷衍应对，集中精力去从中寻找对方的破绽与弱点；然后在交锋的后期，集中力量对对方的破绽与弱点展开大举反攻，用防守反击的战术去获取决定性的胜利。运用这种策略可以取得后发优势，但若不能找到对方的明显破绽与弱点，或是反击不得力，本方就将处于完全的被动局面。此策略一般是在对方攻势强盛，或本方处于弱势的情形下使用。

运用这种策略时，注意少说多听，倾听可以使你了解对方的看法，感受对方的情绪，听出对方的言外之意，从而使你听得更明白，也能使对方说得更详细更准确。在对方讲话时，尽量不要构思你的答辩，要从对方的立场去了解对方所说的东西，了解他们的看法、需求和顾虑，然后从正面的角度叙述对方的观点，表示出你已了解或理解对方；否则，就很难令对方接受己方的观点或解释。当然，了解或理解并不等于同意，不要急着说出你自己的观点。一般来说，最好能先让对方说出他的观点，然后有目的地发表你的意见。这样不但有针对性，而且更有可能让对方折服，抓住重点牢记在心，以便争论时能有的放矢，增强辩解的说服力。

(二)阻挡式

1. 资料不足

在商务谈判过程中，当对方要求就某一问题进一步解释，或要求己方让步时，己方可以用抱歉的口气告诉对方："实在对不起，有关这方面的谈判资料我方手头暂时没有(或者没有备齐；或者这属于本公司方面的商业秘密或专利品资料，概不透露)，因此暂时还不能做出答复。"这就是利用资料限制因素阻止对方进攻的常用策略。对方在听过这番话后，自然会暂时放下该问题，因而阻止了对方咄咄逼人的进攻。

其他方面的限制包括自然环境、人力资源、生产技术要求、时间等因素在内的其他方面的限制都可用来阻止对方的进攻。这些限制对己方是大有帮助的。有些能使己方有充分的时间去思考，能使己方更坚定自己的立场，甚至迫使对方不得不让步；有些则能使己方有机会想出更好的解决办法，或者更有能力和对方周旋。也许最重要的是能够考验对方的决心，顾全自己的面子，同时也能使对方体面地做出让步。

2. 不开先例

不开先例策略是指在谈判中以没有先例为由来拒绝对方的过高要求。在谈判中，拒绝是谈判人员不愿采用，但有时又不得不用的方式。因此，人们都十分重视研究掌握拒绝的技巧，最主要的就是怎样回绝对方而又不伤面子，不伤感情。

不开先例就是一个两全其美的好办法。在商务谈判中，当谈判一方提出一些过高要求时，另一方可以说："本公司过去从无此先例，如果此例一开，无法向上级和以往的交易伙伴交代。"或者说："对别的用户就没有信用，也不公平了，以后就难办了"等，以回绝对方的要求。

该策略是谈判者保护自己的利益，阻止对方进攻的一道坚实的屏障。当然，既然不开先例是一种策略，该策略在对方提出要求过高，本方在既不想伤对方感情又必须回绝对方要求的情况下使用。采用这一策略时，必须要注意对所提的交易条件应反复衡量，说明不开先例的事实与理由，表述时态度要诚恳，并可伴之施用苦肉计。

3. 最后价格

谈判中常有"这是最后价格，我们再也不能让步了"这种话，如果另一方相信这一点，就不会要求己方继续做价格让步，这笔生意就能成交；如果不相信，也可能双方继续讨价还价，也可能就牺牲了这笔交易。

要使最后出价产生较好的效果，提出的时间和方式很重要。如果双方处在剑拔弩张、各不相让，甚至是十分气愤的对峙状况下，提出最后报价，无异于向对方发出最后通牒，这很可能会被对方认为是一种威胁。为了自卫反击，他会干脆拒绝你的最后报价。比较好的方法是，当双方就价格问题不能达成一致时，如果报价一方看出对方有明显的达成协议的倾向，这时提出比较合适，让对方产生这样一种感觉："在这个问题上双方已耗费了较多的时间，我方在原有出价的基础上最后一次报价，这是我们所能承受的最大限度了。"在提出最后报价时，尽量让对方感到这是己方所能接受的最合适的价格了，而且报价的口气一定要委婉诚恳，这样对方才能较容易接受。

(三)对攻式

1. 针锋相对

谈判中往往可以发现有些难缠的人，类似“铁公鸡一毛不拔”，他们往往报价很高，然后在很长的时间内拒不让步。如果你按捺不住，做出让步，他们就会设法迫使你接着做出一个又一个的让步。

2. 以一换一

在对方就某个问题要求己方让步时，己方可以把这个问题与另外一个问题联系起来，也要求对方在另一个问题上让步，即以让步易让步。假如对方要求己方降低价格，己方就可以要求对方增加订购数量，延长己方交货期，或者改变支付方式，以非现金结算等。这样做，或是双方都让步，或是都不让步，从而阻止了对方的进攻。假如对方提出的要求损害了己方的根本利益，或者他们的要求在己方看来根本是无理的，己方也可以提出一个对方根本无法答应或者荒谬的要求回敬他们，让对方明白对于他们的进攻，己方是有所准备的，没有丝毫让步的余地。面对己方同样激烈的反攻，对方很快会偃旗息鼓，进而放弃他们的要求。

3. 开诚布公

开诚布公又称“亮底牌”策略。这种让步策略一般在本方处于劣势或双方关系较为友好的情况下使用。在谈判中，处于劣势的一方虽然实力较弱，但并不等于无所作为、任人宰割，可以采用各种手段积极进攻，扭转局面。在采用这种让步策略时，应当充分表现出自己的积极坦率，以诚动人，用一开始就做出最大让步的方式感动对方，促使对方也做出积极反应，拿出相应的诚意。在双方有过多次合作或者是关系比较友好的谈判中，双方更应以诚相待，维持友谊。所以，在这种情况下，当一方做了一次性让步、袒露真诚后，对方一般不会无动于衷，也会做出积极的反应。

这种策略的优点是：首先，由于谈判者从一开始就露出实底，让出自己的全部可让利益，比较容易感动对方，使对方也采取积极行动，促成和局。其次，首先做出让步表示，使对方感到在谈判桌上有一种强烈的信任、合作、友好气氛，易于交谈。最后，这种率先做出的大幅度让步具有强烈的诱惑力，会给对方留下一步到位、坦诚相见的良好印象，有益于提高谈判效率、速战速决、降低谈判成本。

这种让步策略的缺点在于：由于首先让步，有时不免显得有些操之过急，易使对方感到还是有利可图，继续讨价还价。特别是遇到强硬而贪婪的对方，在得到第一次让步后，可能会再次要价，争取更大的让步。这时如果拒绝了对方的要求，由于对方先有成见，那么就很容易出现僵局。另外，由于一次做出全部让利还可能失掉本来可以争取到的利益，不利于在谈判桌上讨价还价。所以，谈判人员在使用这种让步策略时，一定要注意审时度势、趋利避害。

谈判人员在使用这种让步策略时的语言特点是：语气坚定，态度诚恳，表述明确，显示出坦率，通过语言表述使对方知道你是在做最大限度的让步，而且只能让步一次，由于不留后手，所以已到极限。

第五节　针对不同对手的商务谈判策略与技巧

在商务谈判中，总会遇到形形色色的对手，一个高明的谈判人员，应当懂得在面对不同的对手时选择怎样的谈判策略，才能让谈判取得理想的结果。

一、按照对手的谈判风格制定策略

(一)权力型谈判者分析

权力型的人根本特征是对权力、成就狂热的追求，为了取得最大成就、获得最大利益，他们不惜一切代价。在多数谈判场合中，他们想尽一切办法使自己成为权力的中心，我行我素，不给对方留下任何余地。一旦他们控制谈判，就会充分运用手中的权力，向对方讨价还价，甚至不择手段，逼迫对方接受条件。他们时常抱怨权力有限，束缚了他们谈判能力的发挥。更有甚者，为了体现他们是权力的拥有者，他们追求豪华的谈判场所、舒适的谈判环境、精美的宴席、隆重的场面。

权力型谈判者的另一特点是敢冒风险，喜欢挑战。他们不仅喜欢向对方挑战而且喜欢迎接困难和挑战，因为只有通过接受挑战和战胜困难，才能显示出他们的能力和树立起自我形象。一帆风顺的谈判会使他们觉得没劲，不过瘾。只有经过艰苦的讨价还价，调动他们的全部力量获取成功，才会使他们感到满足。

权力型谈判者的第三个特点是急于建树，决策果断。这种人求胜心切，不喜欢也不能容忍拖沓、延误。他们在要获取更大权力和成就的心情驱使下，总是迅速地处理手头的工作，然后着手下一步的行动。因此，他们拍板果断、决策坚决。对于大部分人来讲，决策是困难的过程，往往犹豫、拖延、难下决断。而这种人则正相反，他们对决策毫不推脱，总是当机立断，充满信心。

总而言之，权力型的人强烈地追求专权，全力以赴地实现目标，敢冒风险，喜欢挑剔，缺少同情，不惜代价。在谈判中，这是最难对付的一类人。如果你顺从他，你必然会被剥夺得一干二净；如果你抵制他，谈判就会陷入僵局，甚至破裂。

要对付这类谈判对手，必须首先在思想上有所准备，要针对这类人的特点，寻找解决问题的突破口。正像这种人的优点一样，他们的弱点也十分明显：①不顾及冒险代价，一意孤行；②缺乏必要的警惕性；③没有耐心，讨厌拖拉；④对细节不感兴趣，不愿陷入琐事；⑤希望统治他人，包括自己的同事；⑥必须是谈判的主导者，不能当配角；⑦易于冲动，有时控制不住自己。

针对他们的弱点，可从以下几个方面采取对策。

第一，要在谈判中表现出极大的耐心，靠韧性取胜，以柔克刚。即使对方发火甚至暴跳如雷，也一定要沉着冷静，耐心倾听，不要急于反驳、反击。如果能冷眼旁观，无动于衷，效果会更好，因为对方就是想通过这种形式来制服你。如果你能承受住，他便无计可施，甚至还会对你产生尊重、敬佩之情。

第二，努力创造一种直率的，并能让对手接受的气氛。在个人谈判中，面对面直接冲突应加以避免，这不是惧怕对方，而是因为这样不能解决问题，应该把更多的精力放在引起对手的兴趣和欲望上。例如，“我们一贯承认这样的事实，你是谈判另一方的核心人物”(引诱其权力欲)，“我们的分析表明谈判已经到了有所创造、有所建树的时刻”(激起挑战感)。

第三，要尽可能利用文件、资料来证明自己观点的可靠性，必要时，提供大量的、有创造性的情报，促使对方铤而走险。

(二)疑虑型谈判者分析

怀疑多虑是疑虑型谈判者的典型特征，他们对任何事都持怀疑、批评的态度。每当一项新建议拿到谈判桌上来，即使是对他们有明显的好处，只要是对方提出的，他们就会怀疑、反对，千方百计地探求他们所不知道的一切。

这种谈判类型的另一特点是犹豫不决，他们对问题考虑慎重，不轻易下结论。在关键时刻，如拍板、签合同、选择方案等问题上，不能当机立断，总是游移反复，拿不定主意，担心吃亏上当，结果常常贻误时机，错过达成更有利的协议的机会。

这种人的特点之三是对细节问题观察仔细，注意较多，而且设想具体，常常提出一些出人意料的问题。

此外，这种人也不喜欢矛盾冲突，虽然他们经常怀疑一切，经常批评、抱怨他人，但很少会弄到冲突激化的程度。他们竭力避免对立，如果真的发生冲突，也很少固执己见。

因此，与他们打交道应注意的问题是：提出的方案、建议一定要详细、具体、准确，避免使用“大概”“差不多”等词句，要论点清楚，论据充分。

谈判中耐心、细心是十分重要的。如果对方决策时间长，千万不要催促，逼迫对方表态，这样反而会更加重他的疑心。在陈述问题的同时，留出充裕的时间让对方思考，并提出详细的数据、说明。在谈判中要尽量襟怀坦荡、诚实、热情。如果对方发现你有一个问题欺骗了他，那么再想获得他的信任是不可能的。这类人不善于处理矛盾冲突，如过多地挑起冲突，会促使他更多地防卫、封闭自己来躲避你的进攻，而使双方无法进行坦诚、友好的合作。

(三)执行型谈判者分析

执行型的人在谈判中并不少见。他们的最显著特点是对上级的命令和指示，以及事先定好的计划坚决执行，全力以赴，但是拿不出自己的主张和见解，缺乏创造性，维护现状是他们最大的愿望。另一特点是工作安全感。他们喜欢安全、有秩序、没有太大波折的谈判。他们不愿接受挑战，不喜欢爱挑战的人。在处理问题时，往往寻找先例，如果出现某一问题，以前用 A 方法处理的，他们就绝不会用 B 方法。所以，这类人很少在谈判中能独当一面，缺少构思能力和想象力，决策能力也很差。但是某些特定的局部领域中，工作起来得心应手，有效率。

这种类型的人喜欢照章办事，适应能力较差。他们需要不断地被上级认可、指示。特别是在比较复杂的环境中，面对各种挑战，他们往往不知所措，很难评价对方提出新建议的价值，他也很难拿出有建设性的意见。

努力造成一对一谈判的格局，把谈判分解为有明确目标的各个阶段，这样容易获得对方的配合，使谈判更有效率。争取缩短谈判的每一个具体过程，这类人反应迟缓，谈判时间越长，他们的防御性也越强，所以，从某种角度上讲，达成协议的速度是成功的关键。

(四)说服型谈判者分析

在谈判活动中，最普遍、最有代表性的人是说服型的人。在某种程度上，这种人比权力型的人更难对付。后者容易引起对方的警惕，但前者却容易为人所忽视。在说服者温文尔雅的外表下，很可能暗藏雄心，与你一争高低。

说服者的第一个特点是具有良好的人际关系。他们需要别人的选择和欢迎，受到社会承认对他们来说比什么都重要。他们也喜欢帮助别人，会主动消除交际中的障碍，在和谐融洽的气氛中，他们如鱼得水，发挥自如。同时，这种人与下属的关系比较融洽，给下属更多的权力，使下属对他信赖、忠诚。

说服者的第二个特点是处理问题不草率盲从，三思而后行。他们对自己的面子，对对方的面子都竭力维护，绝不轻易做伤害对方感情的事。在许多场合下，即使他们不同意对方的提议，也不愿意直截了当地拒绝，总是想方设法说服对方或阐述他们不能接受的理由。

与权力型不同的是，说服者并不认为权力是能力的象征，却认为权力只是一种形式。虽然他们也喜欢权力，认识到拥有权力的重要性，但他们并不以追求更大的权力为满足，而是希望获得更多的报酬、更多的利益、更多的赞赏。

针对说服型谈判者的弱点，可以制定相应的策略。首先，要在维持礼节的前提下，保持进攻的态度，并注意双方感情的距离，不要与对手交往过于亲密。必要时，保持态度上的进攻性，引起一些争论，使对手感到紧张不适。其次，可准备大量细节问题，使对方感到厌烦，产生尽快达成协议的想法。再次，在可能的条件下，努力造成一对一的谈判局面。说服者群体意识较强，他们善于利用他人造成有利于自己的环境气氛，不喜欢单独工作，因为这使他们的优势无法发挥。利用这一点，我们可以争取主动。最后，准备一些奉承话，必要时给对方戴个“高帽”，这很有效，但必须恭维得恰到好处。

二、按照谈判对手的性格制定谈判策略

由于心理、生理以及环境等因素的影响，商务谈判人员的性格类型差异很大。归纳起来有固执型、感情型、虚荣型三种。对待不同性格的谈判人员，应该采取不同的策略。

(一)应对“固执型”谈判对手的策略

固执型的谈判人员有着一种坚持到底的精神，他们喜欢照章办事，对新建议和新主张很反感，往往需要较长时间来适应环境的变化。在谈判中，固执型的谈判人员需要不断得到上级的指导和认可才会行动。对于固执型的谈判者，可采用以下策略。

1. 适时休会策略

当商务谈判进行到一定阶段或遇到某种障碍时，谈判双方或一方提出休会几分钟，以便使谈判双方人员有机会调整对策和恢复体力，推动谈判的顺利进行，这就是适时休会策略。它可以为固执型谈判者提供请示上级的机会，同时也为自己创造了养精蓄锐的机会。

2. 试探观察策略

该策略用来观察对方的反应，分析对方的虚实真假，摸清“敌情”。比如，需方向供方提出一项对需方很有利的提议，如果供方反应强烈，就可以放弃这种提议；如果供方反应温

和，就说明谈判有很大余地。这一策略还可以试探“固执型”谈判人员的权限范围。

3. 调用先例策略

固执型谈判者所坚持的观点不是不可以改变，而是不容易改变。为了使对手能够“转向”，不妨调用一些先例的力量来影响他、触动他。例如，向对手出示有关协议事项的文件，以及早已成为事实的订单、协议书、合同等，并且告诉他调查的地点和范围。

4. 以守为攻策略

与固执型人员谈判相对比较痛苦，一方面必须十分耐心，要温文尔雅地向目标推进；另一方面还要准备详细的资料，注意把诱发需求与利用弱点结合起来进行攻击。

(二)应对“感情型”谈判对手的策略

感情型性格的谈判对手，在谈判中十分随和，能够迎合对手的兴趣，可以在不知不觉中把人说服，因此他们有时比固执型谈判对手更难对付。因为具有固执型性格的人，很容易引起对方的警惕，但具有感情型性格的人却容易被人所忽视。为了有效地应对感情型性格的主谈人，必须利用他们的优缺点，来制定相应的策略。感情型性格对手的优点是：一般心胸开阔，富有同情心，喜欢与人为善，着眼于战略问题，不拘小节。其缺点是：一般不能长时期专注于单一的具体工作，不适应冲突气氛，对进攻和粗暴的态度一般是回避的。针对上述特点，可以采用下面的应对策略。

1. 以弱为强策略

谈判时，柔弱胜于刚强。因此，要训练自己，培养一种“谦虚”的习惯，多说“我不懂”“我不明白”“你给我弄糊涂了”“我要向你请教”等。由于感情型的主谈人需要有一个良好的人际关系环境，他会使你搞清楚不明白的东西，这样他便会为你提供越来越多的信息资料，这就意味着你的谈判力量也越来越得到增强。

2. 恭维赞美策略

感情型的主谈人有时为了顾及“人缘”而不惜牺牲某些代价，他们希望得到对方的承认，受到外界的认可。为了争取到有利于自己的谈判，可以满足他们的需要，在即将成交时，要抛出一些让对手高兴的赞美话，这些对于具有感情型性格的人非常有效。

3. 适度进攻策略

在谈判一开始就创造一种公事公办的气氛，不与对手谈得火热，在感情上保持适当的距离，在不失礼节的前提下保持进攻态度。与此同时，就对方的某些议题提出反对意见，以便引起一定的争论，这样就会使对方感到紧张，但是记住一定不要过于激怒对方，因为一旦撕破脸面，你就很难指望再从感情型的主谈人那里得到好结果。

4. 细节拖延策略

感情型性格的人对细节问题不感兴趣，也不喜欢长久局限于某个问题之中，他们希望以一种友善的方式，尽快取得具有实质意义和影响全局的成果。所以，如果你在细节上长时间纠缠，会使他们感到烦躁，从而使他们很快就某些有争议的议题达成协议。

(三)应对“虚荣型”谈判对手的策略

爱虚荣的人自我意识较强，爱表现自己，嫉妒心理较强，对别人的暗示非常敏感。对于这种性格的谈判人员，一方面要满足其虚荣的需要，另一方面要善于利用其本身的弱点作为跳板。可以选择以下具体策略。

1. 投其所好策略

与虚荣型谈判人员进行洽谈，要以他所熟悉的话题展开，这样可为对方提供自我表现的机会，同时还能了解其爱好，但要注意到他的种种表现可能有虚假性，切忌上当。

2. 间接传递策略

这一策略是依据由间接途径得来的信息比公开提供的资料更有价值的心理设计的。例如，非正式渠道得到的信息，对方可能会更加重视。运用这种策略的具体方法是，在非正式场合，由一些谈判中非常重要的角色，有意识地透露一些信息。

3. 顾全面子策略

虚荣型谈判对手在谈判中都比较爱面子。如果他们感到失掉了面子，即使是再好的交易条件，也会留下不良的后果。因此，必须记住，无论你是如何气愤或是为自己的立场辩护，都不要相信激烈的人身攻击会使对方屈服，尤其是面向虚荣型谈判对手。相反，要多替对方设想，顾全他的面子。那么在谈判中，怎样做才能顾全对方的面子呢？首先，提出的反对意见或争论，应该针对所谈的议题，不应该针对人。其次，如果被逼到非常难堪的地步时，可选择一个“替罪羊”承担责任。最后，当双方出现敌意时，要尽量找出彼此相同的观点，再一起合作将共同的观点写成一个协定。

4. 承诺制约策略

具有虚荣型性格的谈判人员，其最大的弱点就是浮夸，因此应有戒心。为了免受浮夸之害，在谈判的过程中，对虚荣型者的承诺要有记录，最好要他本人以书面的形式来表示。对达成的每项协议应及时立字据，要特别明确奖罚条款，预防他以种种借口否认。

第六节　商务谈判中的语言沟通技巧

商务谈判的过程就是谈判者的语言交流过程。语言在商务谈判中占有重要的地位，往往决定了谈判的成败。因而，在商务谈判中如何恰如其分地运用语言技巧、谋求谈判的成功是商务谈判必须考虑的主要问题。

谈判之士，资在于口。谈判中的措辞是非常重要的，要想成为一名优秀的谈判人才，没有语言学修养是不行的。“言为心声，行为心形”，因为叙事清晰、论点明确、证据充分的语言表达能够有力地说服对方，取得相互之间的谅解，协调双方的目的利益，保证谈判的成功。所谓谈判就是既要“谈”又要“判”。“谈”主要就是运用语言表达自己的立场、观点及交易条件等；而“判”就是判断，由谈判双方对各种信息进行分析综合，通过讨价还价，经过衡量、比较，最后做出判断，以决定最终的谈判结果，并通过语言表达出双方判断的结果。如果交易不成，则需要用口头语言告诉对方；如果交易成功，则既需要用语言通知对方，又需要以契约的形式用书面语言固定下来，作为双方权利和义务的法律依据。应该说，商务谈判的整个过程也就是语言技巧运用的过程。所以说，语言艺术是商务谈判的重要组成部分，必须给予足够的重视，并进行深入的研究。

【案例 10-24】

分橙子的故事

有一个妈妈把一个橙子给了邻居的两个孩子，这两个孩子便开始讨论如何分这个橙子。两个人吵来吵去，最终达成了一致意见，由一个孩子负责切橙子，而另一个孩子选橙子。结果，这两个孩子按照商定的办法各自取得了一半橙子，高高兴兴地拿回家去了。

第一个孩子把半个橙子拿到家后，把皮剥掉扔进了垃圾桶，把果肉放到果汁机上打果汁喝。另一个孩子回到家把果肉挖掉扔进了垃圾桶，把橙子皮留下来磨碎了，混在面粉里烤蛋糕吃。

从上面的情形可以看出，虽然两个孩子各自拿到了看似公平的一半，然而，他们各自得到的东西却没有物尽其用。这说明，他们事先并未做好沟通，也就是两个孩子并没有申明各自利益所在。没有事先申明价值导致了双方盲目追求形式上和立场上的公平，结果双方的利益并未在谈判中达到最大化。

我们试想，如果两个孩子充分交流各自所需，或许会有多个方案和情况出现。可能的一种情况，就是遵循上述情形，两个孩子想办法将皮和果肉分开，一个拿到果肉去喝果汁，另一个拿皮去做烤蛋糕。

然而，也可能经过沟通后是另外的情况。恰恰有一个孩子既想要用皮做蛋糕，又想喝橙子汁。这时，如何能创造价值就非常重要了。结果，想要整个橙子的孩子提议可以将其他的问题拿出来一块儿谈。他说："如果把这个橙子全给我，你上次欠我的棒棒糖就不用还了。"其实，他的牙齿被蛀得一塌糊涂，父母上星期就不让他吃糖了。另一个孩子想了一想，很快就答应了。他刚刚从父母那儿要了五块钱，准备买糖还债。这次他可以用这五块钱去打游戏，才不在乎这酸溜溜的橙子汁呢。

【启示】在上面的故事中，两个孩子的思考过程，实际上就是不断沟通、创造价值的过程。双方都在寻求对自己最大利益的方案，同时也在满足对方最大利益的需要。实际上，商务谈判的过程也是一样，它是一个包含着"申明价值"→"创造价值"→"克服障碍"的三部曲。好的谈判者并不是一味固守立场，追求寸步不让，而是要与对方充分沟通交流，从双方的最大利益出发，创造各种解决方案，用相对较小的让步来换得最大的利益，而对方也是遵循相同的原则来取得交换条件，这样一来，最终协议是不难达成的。

一、谈判中的语言沟通技巧

要明确认识语言在商务谈判中的重要性，在谈判中"能言善语"，使双方在心理距离上尽快缩短差距，达到彼此的目的，注重常用语言技巧的提高，从而实现谈判的最终目的。

(一)谈判的语言技巧

成功的商务谈判都是谈判双方出色运用语言艺术的结果。

【案例 10-25】

某商场休息室里经营咖啡和牛奶，刚开始服务员总是问顾客：“先生，喝咖啡吗？”或者是：“先生，喝牛奶吗？”其销售额平平。后来，老板要求服务员换一种问法：“先生，喝咖啡还是牛奶？”结果其销售额大增。原因在于，第一种问法，容易得到否定回答，而后一种是选择式问法，人们习惯性地选择，自然使营业额大幅上升。

商务谈判中的技巧概括起来有以下六个方面。

1. 以诚为本

常言说：“言为心声”，语言的最大技巧在于交流相互的心意，而谈判的本质是人们对相互利益分配的探讨与磋商。中华民族自古就有以诚为本、以和为贵、以信为先的优良传统，在商务谈判中，任何华丽的语言都无法打动人们追求自身利益的目标，只有在相互了解，本着利益共享的基础上，以诚为本相互协调，才能成功完成谈判，获得长远利益。

谈判行为是一个寻求互相合作的过程。坐在谈判桌前进行磋商，双方都应该抱有诚意而来，否则谈判行为没必要也不可能实现。根据马斯洛的需求理论，谈判目标是属于自我实现的需要。因此，作为东道主的热情接待，安置舒适安全的环境，谈判前的叙情寒暄，私下的友好往来，谈判过程中的温、谦、礼、让都应是真诚的。除非你想刺伤对方，故意造成谈判破裂。

【案例 10-26】扫一扫，看“真诚的谈判”案例。

谈判中要完成梦想，不一定非得要冷酷地厮杀和欺诈，有时只要你有颗爱心就可以了。这个故事说明人们在利益的交换时，诚心才是根本。

但是应该警惕，在谈判活动中谈判人员接纳真诚的承受力是因人而异的。一些老练的谈判对手会利用你在真诚面前的脆弱心理，假意逢迎迷惑你，一些商人在商务谈判中就经常运用此策略。他们派专人到机场恭迎你，然后领你到高级宾馆下榻，又非常热情地宴请款待。在你需要洗漱休息时，他们又特意为你安排一些娱乐活动。每一句话、每一个行动看上去都是极其真诚的，让你盛情难却直到你疲惫至极，还没充分恢复时，他们又提出进行谈判。往往使你哑巴吃黄连，有苦说不出。你能抱怨对方什么呢？他们是盛情，可你是既难以推却又难以承受。

在谈判中我们还经常看到这样一些对手，他们非常有“修养”，对我们极其尊重。他们不仅很少指责，甚至还口口声声：“按您的意思很好”“就您的威望来说我们不敢提出异议”等等。对方貌似顺从己意，实则是假意逢迎，利用对你的自尊心理的满足，滋长你的虚荣，在不给你任何实惠的掩藏下，实现他的目的。所以在谈判中我们应提高警惕，不能被表面的虚情假意迷惑而损害自己的利益。

2. 言简意赅，目的明确

在商务谈判中，语言的目的性要强，做到有的放矢。模糊、啰唆、词不达意的语言，不但会使对方产生疑惑、反感，而且降低己方威信，并成为谈判的障碍。针对不同的商品、谈判内容、谈判场合、谈判对手，要有针对性地使用语言。另外，还要充分考虑谈判对手的性格、情绪、习惯、文化以及需求状况的差异。一位知名的谈判专家分享他成功的谈判经验时说道：“我在各个国际商谈场合中，时常会以‘我觉得’(说出自己的感受)、‘我希望’(说出自己的要求或期望)为开端，结果常会令人极为满意。”其实，这种行为就是直言不讳地告诉对方我们的要求与感受，若能有效地直接告诉你所想要表达的对象，将会有效帮助我们建立良好的人际网络。当然，要切记“三不谈”：时间不恰当不谈；气氛不恰当不谈；对象不恰当不谈。

3. 语气委婉

谈判中应当尽量使用委婉语言，这样易于被对方接受。所谓委婉，就是站在对方的立场考虑对方可能接受的语言和利益所在。从心理学的角度分析，人们都有得到认同和被尊敬的需要，即人总是想要自己受重视，感到存在的价值，从而实现“自我实现需求”。在这种情况下，谈判对手有被尊重的感觉，他就会认为反对这个方案就是反对他自己，因而容易达成一致，获得谈判成功

【案例 10-27】

1920 年，查理·夏布是全美国少数年收入超过百万的商人。1912 年时，安德鲁·卡内基独具慧眼，任用夏布为新成立的“美国钢铁公司”第一任总裁时，夏布才 38 岁。为什么安德鲁·卡内基每年要花一百万聘请夏布先生呢？这几乎是等于每天支付三千多美元。难道夏布先生是个了不起的天才？还是夏布先生对钢铁生产比别人懂得多？都不是。夏布先生说，为他工作的许多人，他们对钢铁制造其实都懂得比他多。夏布之所以获得高薪，主要是因为能够处理人事、管理人事。他说：“我想，我天生具有引发人们热忱的能力，促使人将自身能力发挥至极限的最好办法，就是赞赏和鼓励。来自长辈或上司的批评，最容易折丧一个人的志气。我从不批评他人，我相信奖励是使人工作的原动力。所以，我喜欢赞美而讨厌吹毛求疵。如果说我喜欢什么，那就是真诚、慷慨地赞美他人。”这就是夏布成功的秘诀。但是，一般人怎么做呢？正好相反。假如他们不喜欢一件事，必定对部属大吼大叫；如果喜欢，就一点也不吭声。就如俗语所云：“好事无人知，坏事传千里。”夏布又说：“生活中，我广泛接触过世界各地不同层面的人，我发现，无论如何伟大或尊贵的人，他们和平常人一样，在受到肯定的情况之下，更能奋发工作，效果也更好。”

4. 善于引发他人心中的渴望

商务谈判中，人们总是会提到自己的需要，而在有意无意之中尽量忽略对手的需要。这种“利己”思想是谈判中的大忌，注意自身的需要当然是无可厚非，但除了你自己，没有人感兴趣了。大家也正和你一样，只注意自己的需要。因此，只有一个方法可以影响人，就是提到他们的需要，并且让他们知道怎么去获得。

注意他人的观点，须站在他人的角度去看问题。“注意别人的观点，引起别人的渴望”，这并不能解释为“操纵别人，使他去做对你有益而对他却有害”的事，而应是“双方都能因为此事而获利”。

威廉·温特曾指出：“自我表现是人类天性中最主要的需求。”因此要让对方觉得有表现的机会，而不是只看你表现。

哈利·欧佛垂在其极具启发性的《影响人类行为》(*Influencing Human Behavior*)一书中写道：“行为乃发自我们的基本欲望，不论在商场、家庭、学校或政治上。对那些自认为‘说客’的人，有句话可以算是最好的谏言：要首先引起别人的欲望。凡能这么做的人，世人必与他在一起，这种人永不寂寞。”

【案例 10-28】扫一扫，看“关于年薪的谈判”案例。

5. 善于用幽默语言

幽默是人类语言的精华和思想的闪光点，是谈判者综合素质的具体表现。幽默是一种生活态度，它的先决条件是：一个人要能够全盘接受自己，也接受别人，能够了解人生的沉重与严肃，而后能轻松看待它，最重要的是心存善意，在聪明的冷眼之外，还有温情与热心。不论在什么场合，这种类型的人总是特别受人喜欢。

达观、开朗、热心是人们心态的自然流露，而幽默的语言则反映着谈判者的智慧和较强的反应能力，谈判过程中往往会遇到一些意想不到的尴尬事情，要求谈判者具有灵活的语言应变能力，并采取相关措施，巧妙地摆脱困境。当遇到刻薄的对手逼你立即做出选择时，若是退让闪避，只会徒取其辱，在谈判中更加处于被动局面。而幽默语言的运用则能起到“四两拨千斤”的作用，让对手在大度中去提高其自身素质。

6. 注重无声语言的信息

商务谈判中，谈判双方是面对面的交流，谈判者通过姿势、手势、眼神、表情等非发音器官所表达的无声语言往往在谈判过程中发挥重要的作用。在有些特殊环境里，有时需要沉默，恰到好处的沉默可以取得意想不到的效果。有资料显示，一个完整的信息如果用 100%来表示，当人们进行面对面沟通的时候，语言只起 7%的作用，表情语气等起 35%的作用，其他 58%的内容将通过身体语言来传达。很明显，如果善于利用无声语言的话，就可以通过面对面的谈判沟通，取得相当可观的信息，从而在谈判中取得主动。

比如在商场，顾客临门，在示意欢迎拉近距离以后，就得视不同顾客的性格和心理，巧妙接近。有时面对主观意志比较坚强，经验丰富的客户，过分“热情”的介绍宣传，反而会令顾客产生逆反心理，把顾客赶跑，这时无声的关怀和帮助，才能真正赢得顾客的信任，进而为交易的正常开展创造有利条件。

(二)商务谈判中“问”的技巧

提问是在谈判中获得信息的基本要求，提出好的问题可以使谈判者获得关于对方观点、支持性论据和真实需求的大量信息。有效的提问是谈判能力的表现。通过提问，可以了解对方的需要，获取己方所需信息；提问也是表达谈判者自身情感的一种手段。

1. 问什么

提出的问题大致可以分为两类：易于处理的问题和难以处理的问题。易于处理的问题容易引起听者的注意，并能使其准备好进一步回答问题，如“我可以问你一个问题吗？”提供信息，如“这需要多少钱”，提出观点，如“你对改善它有什么建议”。

难以处理的问题会引起麻烦，阻碍信息的提供，如“你不知道我们买不起这个吗？”并会使讨论得出错误的结论，如“你不认为我们已经谈的足够多了吗？”大多数难以处理的问题都可能使谈判者产生对对方的防卫心理和愤怒情绪。虽然这些问题可能会提供信息，但它们也可能使对方感到不愉快，并不愿意再提供任何信息，不利于沟通的继续进行。

在谈判中，可以通过对不同问题的运用实现不同的预期效果。但一般来讲，应尽量避免难以回答的问题，使谈判在融洽的气氛中进行。

一般来讲，在谈判过程中，以下几个问题是不适宜向对方进行提问的。

(1) 带有敌意的问题。不应抱着敌对心理进行谈判，应尽量避免那些可能会刺激对方产生敌意的问题。因为一旦问题含有敌意，就会损害双方的关系，最终会影响交易的成功。

(2) 敏感性的问题。国家或地区的政党、宗教以及意识形态等方面的敏感问题，都应避免涉及。

(3) 涉及个人隐私的问题五不问。第一不问年龄(尤其是对两种人不应问年龄：一是将近退休的人，二是白领丽人)；第二不问婚姻家庭(因为家家都有难念的经)；第三不问收入(收入和个人能力及效益有关，谈论就要比较，痛苦来自比较之中)；第四不问健康问题(商务人员不谈健康)；第五不问经历(英雄不问出处，重在现在，你是大学生，但对方不一定上过大学)。

(4) 直接质疑对方品质和信誉方面的问题。直接质疑对方在谈判问题中的诚实，不仅会使对方感到不快，还会影响彼此之间的真诚合作。有时，这样做非但无法使对方变得更诚实，反而引起对方的不满，甚至是怨恨，使双方关系恶化。如果真的需要审查对方的诚实，可以通过其他途径委婉地表达。

(5) 不要为了表现自己而故意提问。为了表现自己而故意提问，往往会引起对方的反感。

(6) 不要提问一些不合时宜或者故意卖弄的问题。如果这样做了，结果往往会是弄巧成拙。

2. 何时问

(1) 在对方发言完毕之后提问。在对方发言的时候一般不要急于提问，因为打断别人的发言是不礼貌的，容易引起对方的反感。当对方发言时，你要认真倾听，即使你发现了对方的问题，很想立即提问，也不要打断对方，可先把发现的和想到的问题记下来，待对方发言完毕再提问。这样不仅反映了自己的修养，而且能全面、完整地了解对方的观点和意图，避免操之过急而曲解或误解了对方的意图。

(2) 在对方发言停顿和间歇时提问。如果在谈判中，对方发言冗长、不得要领、纠缠细节或离题太远而影响谈判进程，那么你可以借对方喝水的瞬间、停顿间歇时提问，这是掌握谈判进程、争取主动的必然要求。例如，当对方停顿时，你可以借机提问：“您刚才说的意思是——？”“关于价格问题有机会再议，现在是否先谈谈你们产品的质量？”等。

(3) 在议程规定的辩论时间内提问。大型外贸谈判中，一般要事先商定谈判议程，并设有辩论时间。在双方各自介绍情况和阐述的时间里一般不进行辩论，也不向对方提问，只有在辩论时间里，双方才可自由提问及进行辩论。在这种情况下，要事先做好准备，可以设想对方的几个谈判方案，针对这些谈判方案考虑己方对策，然后提问。在辩论前的几轮谈判中，要注意做好记录，先归纳出谈判桌上存在的分歧，然后进行提问，不问便罢，问就要问到点子上。例如，双方还在商谈价格的时候，己方却迫不及待地询问对方什么时候能交货，那就等于告诉对方，己方要货的日期非常紧迫，对方必然以交货日期为要挟手段，压住己方在价格上做很大的让步。

(4) 在己方发言前后提问。在谈判中，当轮到己方发言时，可以在谈己方的观点之前对对方的发言进行提问，不必要求对方回答，而是自问自答。这样可以争取主动，防止对方接过话茬，影响己方的发言。例如，“您刚才的发言要说明什么问题呢？我的理解是……对这个问题，我谈几点看法”等。

在充分表达了己方的观点之后，为了使谈判沿着己方的思路发展，牵着对方走，通常要进一步提出要求，让对方回答。例如，“我们的基本立场和观点就是这些，您对此有何看法呢”等。

3. 怎样问

(1) 询问式提问。询问式提问是指针对对方的答复，要求引申或举例说明，以便探索新的问题找出新方法的一种提问方式。例如，“您看，我们做出这样的让步可以吗？”“能少点吗？反正我们合作是长期的。”“运费我们承担，合理吗？”等。探索式提问不但可以进一步发掘较为充分的信息，还可以显示提问者对对方答复的重视。

(2) 强调式提问。强调式提问旨在强调自己的观点和己方的立场。例如，“按照贵方要求，我们的观点不是已经阐述清楚了吗？”“这个协议不是要经过公证之后才生效吗？”“合同上不是已经确定由贵方承担途中损耗吗？”等。

(3) 澄清式提问。澄清式提问是指针对对方的答复，重新提出问题以使对方做进一步澄清或补充其原先答复的一种问法。例如，“您刚才说对目前进行的这一宗买卖可以取舍，这是不是说您拥有全权跟我们进行谈判？”澄清式问法的作用就在于，它可以确保谈判各方能在叙述“同一语言”的基础上进行沟通，而且是针对对方的话语进行信息反馈的有效方法，是双方密切配合的理想方式。

(4) 封闭式提问。封闭式提问是指在特定的领域中能得出特定答复(如“是”或“否”)的提问方式。例如，“您是否担心我公司售后服务有跟不上的可能？”“您第一笔款是在什么时候支付？”等。封闭式提问可令提问者获得特定的资料，而答复这种提问的人并不需要太多的思索即能给予答复。但是，这种问句有时会有相当程度的威胁性。

(5) 强迫选择式提问。强迫选择式提问旨在将己方的意见抛给对方，让对方在一个规定的范围内进行选择回答。例如，“目前市面上的房租价格是每平方米 1000～1500 元，您是否考虑一下”。按理说，在提出如例句中的问题之前，提问者至少应先取得对方将付租金的承诺。但是，这种提问却把这一前提去掉，直接强迫对手在给出的狭小范围内进行选择，可谓咄咄逼人。运用这种提问方式要特别慎重，一般应在己方掌握充分主动权的情况下使用，否则很容易使谈判出现僵局，甚至破裂。

(6) 协商式提问。协商式提问是指为使对方同意自己的观点，采用商量的口吻向对方提问。例如，“你看给我方的折扣定为 3%是否妥当？”这种提问语气平和，对方容易接受。而且，即使对方没有接受你的条件，但是谈判的气氛仍能保持融洽，双方仍有继续合作的可能。

(7) 诱导式提问。诱导式提问旨在开渠引水，对对方的答案给予强烈的暗示，使对方的回答符合己方预期的目的。例如，“贵方如果违约是应该承担责任的，对不对？”“谈到现在，我看给我方的折扣可以定为 4%，对此你方一定会同意的，是吗？”等。这类提问几乎使对方毫无选择余地而按提问者所设计好的答案回答。

(8) 借助式提问。借助式提问是一种借助第三者的意见来影响或改变对方意见的提问方式。例如，“××先生对你方能否如期履约关注吗？”“××先生是怎么认为的呢？”等。采取这种提问方式时，应当注意提出意见的第三者必须是对方熟悉而且是他们十分尊重的人，这种问句会对对方产生很大的影响力，因此，这种提问方式应当慎重使用。

(9) 证实式提问。证实式提问旨在通过己方的提问，使对方对问题做出证明或解释。例如，“为什么要更改原已定好的计划呢，请说明道理好吗？”

(10) 多层次式提问。多层次式提问是含有多种主题的提问方法，即一个问句中包含有多种内容。例如，“贵国当地的水质、电力资源、运输状况以及自然资源情况怎样？”“你是否就该协议产生的背景、履约情况、违约的责任以及双方的看法和态度谈一谈？”等。这类提问方法因含过多的主题而使对方难以周全把握。许多心理学家认为，一个问题最好只包括一个主题，最多也不能超过三个主题，这样才能使对方有效地掌握。当然，在一定的情况下也可以灵活掌握。

(三)商务谈判中“答”的技巧

谈判中的“答”与“问”是双方相对的一个交锋过程。一方进行提问，另一方就需要进行及时的应答，应答是否合理、得当，对于谈判的后续工作具有重要作用。同时，谈判中的答问也是有一定难度的。如果应答不当，很容易出现两种不利局面：第一种情况是，当你故意闪烁其词、避而不答时，对方将你的回答视为缺乏诚意，不值得信赖；第二种情况是，当你信口开河、夸大结果时，你的回答会被对方误认为是你的承诺，从而使你在后面的谈判中负担过重，处于不利的地位。避免上述局面出现的有效办法，就是在遵循针对性、客观性、逻辑性的同时，掌握一定的灵活性；同时需要掌握一定的答问策略与技巧。

针对对方发问的目的来进行回答是应答的最基本技巧。一般来说，提问者总有一定的目的，回答之前不加分析就贸然应答，有可能使自己陷入被动。反之，如果回答前能快速地分析对方心理、分析其动机、针对其目的、根据其需要，有选择地做出与其期望完全相同、不完全相同或完全不同的回答，就可能赢得主动，至少不会陷入被动。

1. 回答问题之前要充分思考

谈判前应充分做好有关的准备工作，预先设想对方可能提出的问题，尤其是难以回答的问题。在谈判过程中，在对方提出问题之后，在未完全理解问题之前，不要胡乱回答。你可通过让对方再重复一下，或解释一下他的问题，喝水、调整一下自己的坐姿和椅子，整理一下桌上的资料，翻一翻笔记本等动作来延缓时间，考虑一下对方的问题。这样做既显得自然、得体，又可以让对方看得见，从而减轻或消除对方对己方的错误感觉。当遇到对手逼你立即做出选择时，你若是说“让我想一想”之类的语言，会被对方认为缺乏主见，从而在心理上处于劣势。此时你可以看看表，然后有礼貌地告诉对方：“真对不起，我得与一个约定的朋友通电话，请稍等五分钟。”于是，你便很得体地赢得了五分钟的时间。有时对有些问题可以只回答一部分，或是以资料不全或不记得为借口，暂时不回答。

2. 不要彻底地回答问题

商务谈判中并非对任何问题都要回答，有些问题是不值得回答的。在商务谈判中，对方提出问题或是想了解己方的观点、立场和态度，或是想确认某些事情。对此，我们应视具体情况而决定是否回答。对于应该让对方了解或者需要表明己方态度的问题要认真回答；对那些可能会有损己方形象、泄密或一些无聊的问题，不予理睬就是最好的回答，但要注意礼貌。同时，在争取公司的支持时，一定要通过书面的请款费用报告，写明是否是老客户、成功希望有多大、来的是否是决策人、投资是否值得等，做到有理有据，才能说服公司。

3. 委婉回答

商务谈判中有时用潜在语，会让对方更在意。也就是我们日常生活中说的“说话听声，锣鼓听音”。有大量的话不用直接说出来，话里带出来就行了，更有不能直言的意思，得靠暗示来表达。于是便有一语双关、含沙射影、指桑骂槐等旁敲侧击的艺术性语言。通过意会一些信息，使谈判方向走向预定目标。

【案例 10-29】

1952 年，正在苏联访问的美国总统尼克松将去苏联其他城市访问。苏共总书记勃列日涅夫到莫斯科机场送行。正在这时，飞机出现故障，一个引擎怎么也发动不起来。机场地勤人员马上进行紧急检修，尼克松一行只得推迟登机。勃列日涅夫远远看着，眉头越皱越紧。为了掩饰自己的窘境，他故作轻松地说：“总统先生，真对不起，耽误了你的时间！”一面说着，一面指着飞机场上忙碌的人群问：“你看，我应该怎样处分他们？”“不”尼克松说，“应该提升！要不是他们在起飞前发现故障，飞机一旦升空，那该多么可怕啊！”尼克松的话里有辛辣的讽刺、涩涩的挖苦、无声的指责，而这些却是以貌似夸奖的话传达了出来的，听了这话，除了苦笑，还真是什么也说不出来。

4. 答非所问

有时，对方提出的某个问题可能使己方很难直接正面作答，但又不能拒绝回答，这就需要采用逃避问题的方法。这时，谈判高手往往用答非所问的办法，即在回答这类问题时，故意避开问题的实质，而将话题引向歧路，借以破解对方的进攻。

【案例 10-30】扫一扫，看“骗子的计谋”案例。

5. 以问代答

以问代答是用来应付谈判中那些一时难以回答或不想回答的问题的回复方式。此法如同把对方踢过来的球又踢了回去，请对方在自己的领域内反思后寻找答案。例如，在商务谈判进展不是很顺利的情况下，其中一方问：“你对合作的前景怎样看？”这个问题在此时可谓十分难回答，善于处理这类问题的对方可以采取以问代答的方式，“那么，你对双方合作的前景又是怎样看的呢？”这时双方自然会在各自的脑海中加以思考和重视，对于打破窘境起到良好的作用。

6. 沉默作答

恰当的沉默有时也可以取得奇妙的效果。因为沉默可能使对方感到不安，特别是当对发言的效果没有充分的自信时，更应保持沉默。沉默往往给人以陷入困境的感觉，对方为了打破沉默，不是终止自己的要求，就是提出新的解决方案。在国际谈判中，谈判者往往以出色的口才相互应对，有时也装聋作哑，以回避对方提出的问题，被称为“聋子的对话”。

【案例 10-31】

美国科学家爱迪生发明了发报机之后，不知该卖多少钱。当时，他的家庭生活很拮据，他的妻子就和他商量该卖多少钱。妻子：“你应该多卖些钱。”爱迪生：“卖多少？”妻子：“2 万。”爱迪生：“2 万？太多了吧？”妻子：“我看肯定值 2 万。”爱迪生：“那就试试吧。”

过了几天，一位商人要买他的发报机技术。在洽谈中，商人问到价钱时，爱迪生总认为价钱太高，无法说出口。因此，无论商人怎样催问，爱迪生支支吾吾，就是没有勇气说出 2 万元的价格。最后，商人忍耐不住了，说：“那我说个价格吧，10 万元，怎么样？”“10 万？”爱迪生几乎被惊呆了，随即拍板成交。爱迪生的沉默获得了意想不到的收获。

(四)商务谈判中“说”的技巧

“答”是基于对方提出的问题，经过思考后所做的有针对性的、被动性的阐述；“说”则是基于己方的立场、观点、方案等，通过陈述来表达对各种问题的具体看法，或是对客观事物的具体阐述，以便让对方有所了解。

1. 陈述的基本要求

(1) 陈述内容要充实周到。这是进行谈判的先决条件。比如，在陈述商品的时候，不能单纯地谈论商品的品种、数量和价格，还要了解所推销商品的各项内在指标，要清楚商品的优缺点，以便于更全面、更详尽地向客户介绍产品。

(2) 陈述内容要真实具体。这是取信于人，树立自身形象的关键。首先，陈述不要吞吞吐吐，说一些似是而非的话，要一是一、二是二，把要表达的意思说清楚，尽量让客户明白你的意图，客户才有可能按你的意愿做事。其次，不能弄虚作假，应本着客观真实的态度进行陈述，既不要夸大事实真相也不要缩小事实真相，以使对方信任己方。无论做人还是做事，付出真诚才能换取真诚。如果涉及数据，如价格、数量、兑换率、赔偿额、自然损耗率等，则应提出一个确切的具体数值，不要提出一个数值的范围，因为谈判对手很自然地会选择有利于他的下线作为讨价还价的基础。

(3) 陈述方式要简洁干脆。简洁干脆的陈述能够准确、快速地将所要表达的内容传递给对方。要考虑到对方的知识水平、理解能力和接受能力，要从对方的角度出发，不需要太多华丽的辞藻，也不需要过多的专业术语，把专业术语变成通俗易懂的语言，这样才能够让对方准确、快速地捕捉到有效信息。如果不能以简洁干脆的方式进行陈述，那就说明对陈述的内容掌握得不够透彻，逻辑关系混乱。

(4) 陈述对象要因人而异。对不同身份、不同性格的人采取不同的谈话方式和策略，是实现沟通目的的关键。商务交往的对象可以说是三教九流、无所不包，这就要求掌握他们的性格特点、了解他们的志趣爱好，投其所好，“对症下药”，从他们感兴趣的话题入手，以此作为一个重要的切入点来实现谈话目的。

(5) 陈述结果要言行一致。不能轻易向客户许诺，但许下的诺言必须付诸行动。“君子讷于言而敏于行”，许下诺言就一定要守信履行。一次违约毁信，就有可能将你个人乃至整个企业的信誉给毁掉。

2. 说服的技巧

在贸易谈判中，谈判双方互为说服者与被说服者，要说服对方，仅靠能言善辩是不行的，说服工作做得好，以及应当怎样说服对方，就成了谈判能否成功的一个关键。有时明明知道自己的观点是正确的，却不能说服对方，有时甚至还反过来被对方驳得哑口无言。其实，要想说服他人，不仅要拥有正确的观点，还要掌握微妙的沟通技巧。因此，说服是最复杂、最艰巨的工作，也是最富有技巧性的工作。

(1) 取得对方的信任。一般情况下，当一个人考虑是否接受他人意见时，总是先衡量一下他与说服者之间的熟悉程度和友好程度。如果相互熟悉，相互信任，对方就会正确地、友好地理解你的观点和理由。社会心理学家认为，信任是人际沟通的“过滤”，只有对方信任你，才会理解你友好的动机；否则，即使你说服他的动机是友好的，也会经过“不信任”的“过滤”作用而变成其他的东西。因此，在说服他人时能建立良好的人际关系，取得他人的信任是非常重要的。

【案例 10-32】

某业务经理服务于一家香港传媒集团的成都分公司。当时遇到一个关系很好的老客户，在业务合同签订之前要做广告，需要从外地带材料过来。本来说好只他一人来，结果他又带上妻子和女儿，而且对住房提出了更高的要求。因为并没有正式签合同，也不好向公司要求给自己增加经费。多出来的费用要么客户出，要么自己扛，搞不好会很尴尬。当时，业务经理对该客户说：“公司提成很低，我已经给你很低的价格了。而你在设计这单广告时也花费了大量时间，你们单位应该体谅你，给你增加一些费用，那样我们合作起来也能宽松一点。”该业务经理把球踢回给对方。而对方听到这样恳切的话也感动了，很体谅该业务经理，于是他请示上级，还为该业务经理的公司说好话。最后，额外的费用就由客户单位承担了。该业务经理既没有自己承担多余的费用，又让对方感觉很愉快。

(2) 站在对方的立场上，真诚分析利弊得失。商务谈判是人们为了自身利益而进行的交流，如果善于使用换位思维，设身处地谈问题，真诚地帮助对方分析利弊得失，让对方感到和你交易或合作是一次机不可失、时不再来的难得机会，这样更容易说服对方，打动对方，掌握谈判的主动权。

【案例 10-33】扫一扫，看“蒯通说范阳令徐公”案例。

【案例 10-34】扫一扫，看“苏代的谈判策略”案例。

(3) 找到“共鸣”的跳板。在商务谈判中要想说服对方，除了要赢得对方的信任、消除对方的对抗情绪外，还要用双方共同感兴趣的问题作为跳板，因势利导地相互沟通，这样的说服才能奏效。事实证明，认同是双方相互理解的有效方法，也是说服他人的一种有效方法。从心理学角度，心灵的沟通被视为社会生活的最高境界，而认同就是人们之间心灵沟通的一种有效方式。在商务谈判中，双方本着合作的态度走到一起，共同的东西本来就很多，随着谈判的进展，双方越来越熟悉，在某种程度上会感到比较亲近，这时，某些心理上的疑虑和戒心便会减轻，从而也就便于说服对方了，对方也容易相信和接受己方的看法和意见。高明的谈判者往往都是从中心议题之外开始，逐步引入正题，正是所谓的“功夫在诗外”。诸如天文地理，逸闻趣事，个人嗜好，轻松笑料等，可视对方的喜恶选择谈论的题目，谈酒可以成酒友，谈烟可以成烟友，谈网可以成网友，谈戏可以成票友。如果能使对方有一种相见恨晚之感，就为谈判打下了很好的基础。轻松和谐的谈判气氛，能够拉近双方的距离，切入正题之后就容易找到共同的语言，化解双方的分歧或矛盾。

【案例 10-35】

病人与强盗的故事

美国著名作家欧·亨利曾写过一个病人与强盗成为朋友的故事，这种精神的感化可以延伸到商务谈判桌上，成为满足谈判对手个人需要的一种好办法。

一天晚上，一个人生病躺在床上。突然，一个蒙面大汉跳进阳台，几步就来到床边。他手中握着一把手枪，对床上的人厉声道：“举起手来，把你的钱都拿出来!”躺在床上的病人哭丧着脸说："我患了十分严重的风湿病，手臂疼痛难忍，哪里举得起来啊！"那强盗听了一愣，口气马上变了："哎，老哥！我也有风湿病，可是比你的病轻多了，你得这种病有多长时间了？都吃什么药？"躺在床上的病人从水杨酸钠到各类激素药都说了一遍。强盗说："水杨酸钠不是好药，那是医生骗钱的药，吃了它不见好也不见坏。"两人热烈讨论起来，尤其对一些骗钱的药物的看法颇为一致。两人越谈越热乎，强盗早已在不知不觉中坐在床上，并扶病人坐了起来。强盗突然发现自己还拿着手枪，面对手无缚鸡之力的病人十分尴尬，赶紧偷偷地将枪放进衣袋之中。为了弥补自己的罪过，强盗问道："有什么需要帮忙的吗？"病人说："咱们有缘分，我那边的酒柜里有酒和酒杯，你拿来，庆祝一下咱俩的相识。"强盗说："干脆咱们到外边酒馆喝个痛快，怎样？"病人苦着脸说："可是我手臂太疼了，穿不上外衣。"强盗说："我能帮忙。"他帮病人穿戴整齐，扶着向酒馆走去。刚出门，病人忽然大叫："噢，我还没带钱呢！""没关系，我请客。"强盗答道。

短短的时间之内，病人与强盗竟然成了朋友，这多么富有戏剧性！古语云"同病相怜，同忧相救"，共同的利益诉求点是这一戏剧性变化的原因。在谈判中，如果能顺利地找到谈判对手与自己在个人需要上的共同点，就能很快地使令人棘手的难题迎刃而解，达成有利于双方需要的条款。

二、谈判中的非语言沟通技巧

谈判不仅是语言的交流，也是行为的交流。谈判中，我们不仅要听其言，还要观其行。实践证明，只有在清楚地了解对方观点和立场的真实含义之后，我们才能准确地提出己方的方针和政策。

谈判者的独特气质，可以通过身体的各种动作，如站姿与坐姿、走路的样子、说话的姿势或一颦一笑等表现出来。自然而毫不做作的动作所流露出的权威感，就像一条无形的绳子，牵引着对方，使对方在不自觉中为你所吸引。究竟是什么样的动作才具有如此特殊的吸引力呢？很简单，稳重的步伐、有力的握手、充满自信的眼神、从容不迫的气度……这些都将使对方产生"与你认识，是我的光荣"的感觉，以及"与这个人谈判，千万不得无礼"的自我警惕。在这种情况下，谈判者的谈判能力，也就在无形之中产生了影响。

(一)商务谈判中"听"的技巧

谈判中的沟通经常带有多重利益，当谈判者力图站在己方利益的角度去影响谈判对手时，谈判者必须尽力识别和理解对方的真实意图，而其中一个重要的手段就是倾听。谈判过程是一个寻求合作、解决双方所面临问题的过程。积极地倾听显然是谈判者在与对方沟通过程中应当采取的行为。谈判者不仅要争取完整而准确地理解对方表达的表面含义和实际意图，而且要善于发现问题、把握机会，与对方共同找到解决问题的方法。但是，要完整而又准确地理解对方表达的含义和意图并不容易，因为在沟通过程中，人们面临多种影响有效倾听的障碍，如精力限制、个性、知识、语言能力、环境影响等。要实现有效倾听，就要设法克服障碍。表 10-1 罗列了有效倾听中的影响因素与主要障碍。

表 10-1 有效倾听中的影响因素与主要障碍

影响因素	主要障碍
懒惰	○如果事项复杂或困难就不听 ○如果要花太多时间也不听
思想封闭	○拒绝保持一种宽松和协调的环境 ○拒绝涉及讲话者的观点，并从中受益
固执己见	○公开或不公开地表示与讲话者意见不一致，或与讲话者进行争辩 ○当讲话者的观点与自己不同时，就变得情绪化或非常激动
不真诚	○倾听时避免与讲话者的目光直接接触 ○只注意讲话者的谈话内容，而不注意讲话者的感情
厌倦	○对讲话者的主题缺乏兴趣 ○对讲话者不耐烦 ○倾听时做白日梦或用某事来搪塞
疏忽	○注意讲话者的怪癖或表达，而不是注意讲话内容中包含的信息 ○被办公设备、电话、其他谈话等噪声弄得心烦意乱

事实上，由于人们精力状况的限制，在整个谈判过程中，谈判者不可能在妥当地回答对方问题的同时，又一字不漏地收集并理解对方所表达的全部含义，并鼓励对方进一步充分地表达其所面临的问题和其对有关问题的想法。

在倾听的过程中，要注意把握好以下一些基本原则。

(1) 要耐心地倾听。谈判者在双方沟通的过程中，必须能够耐心地倾听对方的阐述，不随意打断对方的发言。随意打断对方发言不仅是一种不礼貌的行为，而且不利于对方完整而充分地表达其意图，也不利于己方完整而又准确地理解对方的意图。

(2) 要及时做出反馈。谈判者在耐心倾听对方发言的过程中，还要注意避免被动地听。谈判过程中沟通的关键在于要达成相互理解，谈判者不仅要善于做一个有耐心的听众，而且要善于做一个理解对方的听众。在听的过程中，应当通过适当的面部表情和身体动作，对对方的表达做出积极回应和信息反馈，鼓励对方就有关问题做进一步阐述。

(3) 要主动地倾听。在谈判过程中，一个积极、有效的谈判者能认识到“少说多听的重要价值，但少说多听不等于只听不说。在听的过程中，谈判者不仅应当对对方已做出的阐述进行某些肯定性的评价，以鼓励对方充分表达其对有关问题的看法，而且要利用适当的问题，加深对对方有关表述的理解，引导对方表述的方向。

(4) 适时地做好记录。在长时间及比较复杂的问题的谈判中，谈判者应对所获得的重要信息做适当记录，以便作为后续谈判的参考。

(5) 结合其他渠道获得的信息，理解所听到的信息。谈判者应当善于把从不同途径、用不同方法获得的信息综合起来进行理解，辨清真伪，判断对方的真实意图。

另外，倾听方面的研究者迈克尔·普尔迪对 900 名年龄在 17～70 岁的大学和军队学院的人员进行了调查，总结了好的倾听者和差的倾听者的一些特性，如表 10-2 所示。

表 10-2　好的倾听者和差的倾听者的特性对比

类别	好的倾听者	差的倾听者
特性	○适当地使用目光与讲话者接触 ○对讲话者的语言和非语言行为保持注意和警觉 ○容忍且不打断(等待讲话者讲完) ○使用语言和非语言表达来表示回应 ○用不带威胁的预期来提问 ○解释、重申和概述讲话者所说内容 ○提供建设性(语言和非语言)的反馈 ○移情(具有理解讲话者的作用) ○显示出对讲话者外貌的兴趣 ○展示关心的态度，并愿意倾听 ○不批评、不判断 ○敞开心扉	○打断讲话者(不耐烦) ○不保持目光接触(眼睛迷离) ○心烦意乱(坐立不安)，不注意讲话者 ○对讲话者不感兴趣(不关心、做白日梦) ○很少给讲话者反馈或根本没有(语言或非语言)反馈 ○改变主题 ○做判断 ○思想封闭 ○谈论太多 ○自己抢先 ○给不必要的忠告 ○忙得顾不上听

(二)商务谈判中“看”的技巧

商务谈判中，非语言交流是有赖于对行为语言的认识程度。行为语言主要依据认知者过去的经验及对有关线索的分析，随着人们认知水平的不断提高，行为语言的特点使非语言沟通在商务谈判中发挥着特殊的作用。心理学有这么一个结论：一个信息传递给对方，55%靠面部表情，36%靠的是语言，而真正的有声语言的效果，只占到 7%。这说明无声语言在信息传递中起着非常重要的作用。因此，在谈判中我们要仔细观察，认真体会。

我们可以通过对方的动作姿态和表情，特别是讲话时的动作姿态和表情的观察来证实。姿态和动作语言所传递的信息是真实可信的，对对方姿态和动作的分析具有重要的意义。在这里仅就谈判人员的面部表情，上下肢及腰、腹部的主要动作，以及它们所传递出来的信息或所代表的意义做简单介绍。

1. 面部表情

(1) 眼睛所传达的信息。人们常说，“眼睛是心灵的窗户”。善于观察对方眼神所传达的信息，是谈判人员的基本技巧，因为眼睛具有反映人们深层心理的功能，其动作、神情、状态是最明确的情感表现。

眼睛的动作及所传达的信息主要有以下几个方面。

① 根据目光凝视讲话者时间的长短来判断倾听者的心理感受。通常与人交谈时，视线接触对方脸部的时间在正常情况下应占全部谈话时间的 30%～60%。超过这一平均值者，可认为对谈话者本人比对谈话内容更感兴趣；低于这个平均值者，则表示对谈话者和谈话内容都不怎么感兴趣。

② 眨眼频率有不同的含义。正常情况下，一般人每分钟眨眼 5～8 次，每次眨眼一般不超过 1 秒钟。如果每分钟眨眼次数超过 5～8 次，一方面表示神情活跃，对某事物感兴趣；另一方面也表示个性怯懦或羞涩，因而不敢直视对方，做出不停眨眼的动作。在谈判中眨眼

频繁通常代表前者的情况。从眨眼时间来看，如果超过 1 秒钟的时间，一方面表示厌烦，不感兴趣；另一方面也表示自己比对方优越，因而对对方不屑一顾。

③ 倾听对方谈话时，几乎不看对方是试图掩饰的表现。据一位有经验的海关检查人员介绍，他在检查过关人员已填好的报关表时，还要再问一句："还有什么东西要申报吗？"这时，他的眼睛不是看着报关表，而是看着过关人员的眼睛，如果该人不敢正视他的眼睛，就表明该人在某些方面可能有试图掩饰的情况。

④ 眼睛瞳孔所传达的信息。眼睛瞳孔放大，炯炯有神而生辉，表示此人处于欢喜与兴奋状态；瞳孔缩小，神情呆滞，目光无神，愁眉苦脸，则表示此人处于消极、戒备或愤怒的状态。实验证明，瞳孔所传达的信息是无法用人的意志来控制的。现代的企业家、政治家或专业赌徒为了防止对方察觉到自己瞳孔的变化，往往喜欢戴有色眼镜。

⑤ 眼神闪烁不定所传达的信息。眼神闪烁不定是一种反常的举动，常被认为是掩饰的一种手段或是人格上不诚实的表现。一个做事虚伪或者当场撒谎的人，其眼神常闪烁不定，以此来掩饰其内心的秘密。

⑥ 瞪大眼睛看着对方是对其有很大兴趣的表示。眼神传递的信息远不只上面讲的这些。人类眼睛所表达的思想，有些确实是只能意会而难以言传的，这就要靠谈判人员在实践中用心加以观察和思考，从而不断积累经验，争取把握眼睛动作所传达的种种信息。

(2) 眉毛所传达的信息。眉毛和眼睛的配合是密不可分的，二者的动作往往共同表达一个含义，单凭眉毛也能分析出人的许多情绪变化。人们处于惊喜或惊恐状态时，眉毛上耸，即所谓"喜上眉梢"；处于愤怒或气恼状态时，眉角下拉或倒竖，人们常说"剑眉倒竖"，即形容这种发怒的状态；眉毛迅速地上下运动，表示亲切、同意或愉快；紧皱眉头，表示人们处于困窘、不愉快、不赞同的状态；表示询问或疑问时，眉毛会向上挑起。上述有关眉毛传达的动作语言是不容忽视的，人们常常认为没有眉毛的脸十分可怕，因为这给人一种毫无表情的感觉。

(3) 嘴的动作所传达的信息。人的嘴巴除了有说话、吃喝和呼吸功能以外，还可以通过许多动作来反映出人的心理状态。例如，紧紧地抿住嘴，往往表现出意志坚决；噘起嘴是不满意和准备攻击对方的表现；失败时，人们往往咬嘴唇，这是一种自我惩罚的动作，有时也可解释为内疚的心情；嘴角稍稍向后拉或向上拉，表示听者是比较注意倾听的；嘴角向下拉，是不满和固执的表现。

以上论述是面部单个器官的动作及其含义，在通常情况下，人们的面部表情是由面部的各个器官协同动作来共同表现的。例如，一个极端具有攻击性并满含敌意的谈判者，在谈判中往往会有如下典型的面部表情：睁大眼睛盯着对方，嘴唇紧闭，眉角下垂，有时甚至嘴唇不动而含混地从牙缝挤出话来。因此，谈判人员要注意观察对方面部各器官的动作配合，以掌握其变化规律。

2. 上肢的动作语言

手和臂膀是人体比较灵活的部位，也是使用最多的部位。借助手势或与对方手的接触，可以帮助我们判断对方的心理活动或心理状态，同时，也可以帮助我们将某种信息传递给对方。

(1) 拳头紧握，表示向对方挑战或自我紧张的情绪。握拳的同时如伴有手指关节的响声，或用拳击掌，则表示向对方发出无言的威吓或攻击的信号。握拳使人肌肉紧张，能量比较集中，一般只有在遇到外部的威胁或挑战时，人们才会紧握拳头，以准备进行抗击。

(2) 两手手指并拢并重置上胸的前上方呈尖塔状，表示充满信心。这种动作在西方常见，特别是在主持会议、领导者讲话、教师授课等情况下常见。它通常可表现出讲话者高傲与独断的心理状态，起到一种震慑听讲者的作用。

(3) 用手轻敲打桌面，或在纸上乱涂乱画，往往表示谈判者对对方的话题不感兴趣、不同意或不耐烦的意思。这样做，一方面可以打发和消磨时间，另一方面也起到暗示或提醒对方注意的作用。

(4) 手与手连接放在胸腹部的位置是谦逊、矜持或略带不安的心情的反映。两臂交叉于胸前，表示保守或防卫；两臂交叉于胸前并握紧，往往是怀有敌意的标志。

(5) 握手所传达的信息。谈判者握手不仅表示问候，而且也表示一种信赖、契约和保证之意。通常分性别的不同，礼仪有一定的区别。但大多数情况下，用手指稍稍用力握住对方的手掌，对方也用同样的姿势用手指稍稍用力回握，用力握手的时间在 1～3 秒钟，如果双方握手与标准姿势不符时，便有除了问候、礼貌以外的附加意义，主要包括以下几种情况：如果感觉对方手掌出汗，表示对方处于兴奋、紧张或情绪不稳定的心理；如果对方用力同我们握手，则表明此人具有好动、热情的性格，这类人往往做事喜欢主动；握手前先凝视对方片刻，再伸手相握，在某种程度上，这种人是想在心理上先战胜对方，将对方置于心理上的劣势地位。先注视对方片刻，意味着对对方的一个审视，观察对方是否值得自己去同其握手；掌心向上伸出与对方握手，往往表现其性格软弱，处于被动、劣势或受人支配的状态。在某种程度上，手掌心向上伸出与人握手，有一种向对方投靠的意思；如果是掌心向下伸出与对方握手，则表示想取得主动、优势或支配地位，另外，手掌心向下也有居高临下的意思；用双手紧握对方一只手，并上下摆动，往往是表示热烈欢迎对方的到来，也表示真诚感谢、有求于人、肯定契约关系等含义。在荧屏上或是生活中，我们常常可以看到，人们为了表示感谢对方、欢迎对方或恳求对方等感情，往往会用双手用力去握住对方的一只手。

3. 下肢的动作语言

腿和足部往往是最先表露潜意识情感的部位，主要的动作和所传达的信息如下。

(1) 摇动足部、用足尖拍打地板、抖动腿部，都表示焦躁不安、无可奈何、不耐烦或欲摆脱某种紧张感的意思。通常在候车室等车的旅客常常伴有此动作，谈判桌上这种动作也是常见的。

(2) 双足交叉而坐，对男性来讲往往表示从心理上压制自己的情绪，如对某人或某事持保留态度，表示警惕、防范、尽量压制自己的紧张或恐惧。对女性来讲，如果再将两膝盖并拢起来，则表示拒绝对方或一种防御的心理状态，这往往是比较含蓄而委婉的举动。

(3) 分开腿而坐，表明此人很自信，并愿意接受对方的挑战。如果一条腿架到另一条腿上就座，一般在无意识中表示拒绝对方并保护自己的势力范围，使之不受他人侵犯。如果频繁变换架腿姿势，则表示情绪不稳定、焦躁不安或不耐烦。

4. 腹部的动作语言

腹部位于人体的中央部位，它的动作带有极丰富的含义。在我国，人们一直重视腹部的精神含义，把腹、肚、肠视为高级精神活动与文化的来源，以及知识智慧的储藏所。

(1) 凸出腹部，表现出自己的心理优越、自信与满足感，是意志和胆量的象征。这一动作也反映了扩大势力范围的意图，是威慑对方、使自己处于优势或支配地位的表现。

(2) 解开上衣纽扣露出腹部，表示开放自己的势力范围，对对方不存戒备之心。

(3) 抱腹蜷缩，表现出不安、消沉、沮丧等情绪支配下的防卫心理，病人、乞丐常常这样做。

(4) 腹部起伏不停，反映出兴奋或愤怒，极度起伏意味着即将爆发的兴奋与激动状态。

(5) 轻拍自己的腹部，表示自己的风度、雅量，同时也包含着经过一番较量之后的得意心情。

以上是谈判及交往中常见的动作语言及其所表达的信息。当然，这些动作语言仅仅是就一般情况而言的，不同的民族、地区，不同的文化层次及个人修养，其动作、姿态及所传达的信息都是不同的，应在具体环境中区别对待。另外，我们在观察对方的动作和姿态时，不能只从某一个孤立的、静止的动作或姿态去判断，而应分析和观察其连续的、一系列的动作，特别是应结合对方讲话时的语气、语调等进行综合分析，这样才能得出比较真实、全面、可信的结论。

需要指出的是，在商务谈判过程中，对方完全可能会利用某些动作、姿态来迷惑我们，这就需要我们从对方连贯的动作来进行观察，或者与他前后所做的动作以及当时他讲话的内容、语音、语气和语调等相联系，从中寻找出破绽，识别其真伪，然后采取必要的措施。

课后练习

一、判断题

1. 语言沟通传达信息的含义往往比非语言沟通更为准确。 (　　)

2. 以问代答是用来应付谈判中那些一时难以回答或不想回答的问题的回复方式。(　　)

3. 拖延战术是对谈判者意志施压的一种最常用的办法。 (　　)

4. 让步在必要时也可以是整体利益的退让和牺牲。 (　　)

5. 谈判人员用简单明确的语言，向谈判对手直截了当地提出成交建议，也叫直接请求成交法，这是一种最常用也是最简单有效的方法。 (　　)

二、不定项选择题

1. 一开始就让出全部可让利益的让步方式是(　　)。

A. 坚定的让步方式　　B. 果断的让步方式

C. 初始让步方式　　D. 一次性让步方式

2. “您第一笔款是在什么时候支付？”属于什么提问方式？(　　)

A. 询问式提问　　B. 强调式提问

C. 澄清式提问　　D. 封闭式提问

3. 下面哪项不属于商务谈判磋商准则？(　　)

A. 把握气氛的准则　　　　　　　　B. 次序逻辑准则
C. 抢占上风准则　　　　　　　　　D. 沟通说服准则

4. 故意把价格报错属于哪种磋商开始阶段的探测技巧？(　　)
A. 火力侦察法　　　　　　　　　　B. 示错印证法
C. 聚焦深入法　　　　　　　　　　D. 迂回询问法

5. 当谈判双方就某些问题进行协商，一方提出某种要求，企图逼对方让步时，另一方向对方宣称，在此问题上他无权向对方做出这样的让步，属于哪种磋商策略？(　　)
A. 润滑策略　　　　　　　　　　　B. 开诚布公策略
C. 有限权力策略　　　　　　　　　D. 寻找契机策略

6. 下列哪种策略不属于对己方有利型谈判时可采用的？(　　)
A. 声东击西　　B. 先苦后甜　　C. 攻心策略　　D. 假设条件策略

7. 一位服装销售人员看到一位顾客进来时，就热情地招呼：“先生，您看看这件衣服挺漂亮的，您试穿一下吧，反正不收您的试穿费用。”当你试穿衣服时，他又开始赞美：“您看，这件衣服穿在您身上有多合适，好像特意为您做的。”销售人员采用的是哪种成交促成法？(　　)
A. 肯定成交法　　B. 假定成交法　　C. 从众成交法　　D. 配角赞同法

8. 在商务谈判中，当谈判一方提出一些过高要求时，另一方说：“本公司过去从无此先例，如果此例一开，无法向上级和以往的交易伙伴交代。”属于哪种阻止进攻的方式？(　　)
A. 资料不足　　B. 不开先例　　C. 最后价格　　D. 针锋相对

9. 下列哪项不属于权力型谈判者的特点？(　　)
A. 对权力、成就狂热的追求　　　　B. 敢冒风险，喜欢挑战
C. 对任何事都持怀疑、批评的态度　D. 急于建树，决策果断

10. 下列哪项不属于说服的技巧？(　　)
A. 取得对方的信任
B. 真实具体
C. 站在对方的立场上，真诚分析利弊得失
D. 找到“共鸣”的跳板

三、简答题

1. 威胁的种类有哪些？
2. 进攻者的类型有哪些？
3. 应对固执型谈判对手的策略有哪些？
4. 商务谈判中的技巧有哪些？
5. 在谈判过程中，哪些问题是不适宜向对方进行提问的？

四、案例分析题

德国某公司销售经理曾率团来华推销焊接设备，其圆滑熟练的谈判技巧很值得借鉴。谈判时，德方的一套焊接设备先报价 40 万美元，并声明这是考虑到初次交易为赢得信誉而出的优惠价。经我方代表反复的讨价还价，德方将报价逐步降到 27 万美元，德方经理做了个

夸张的仰头喝药的动作，开玩笑地说：“27 万美元卖给贵方，我是蚀老本了，回去怕要服毒自杀了。”结果终以 27 万美元成交。其实，据我方所知，该公司的这种设备以往也以二十几万美元的价格多次出售过，他们报价 40 万美元不过是给自己留出让步的余地罢了。

问题：为何德方要将报价逐步降到 27 万美元？

第十一章　商务谈判管理

【学习目标】

知识目标：掌握商务谈判主持人的职责；了解主持谈判的依据；了解商务谈判过程的管理内容。

技能目标：能掌握主持程序；能正确使用主持策略；能正确进行谈判总结。

【引导案例】

商务谈判主持人的激将法

我国某谈判组织赴海外洽谈一笔大生意，但谈判时间很紧，不够用来完成所有的任务。所以，主持人就想了一个办法。当谈判组到达国外，在外方举行的欢迎酒会上，中方主持人在做介绍时，把我方人员讲得很有能力。外方主持人听了很不满意，他不动声色地提出一个建议，他说："承蒙中方青睐，派出许多谈判专家来本国谈判，为了避免冷落客人，我建议，我们不妨分组谈判。"外方本来以为我们在吹牛，想乘机将我们一军。不料，他们的提议正中我方下怀，我方主持人装出勉为其难的样子，但还是答应了对方。其实我方已做好充分准备，所以用激将法让对方提出我方要提的要求，以免引起对方怀疑我方时间不够。结果中方在谈判时限之内，完成了任务。

【启示】商务谈判的主持人在商务谈判过程中有着举足轻重的作用，贯穿整个谈判的始终，如果能够在适当的时机充分发挥智慧和能力，将直接影响到谈判的结果。

第一节　商务谈判的主持

通常情况下，商务谈判中的主持工作由双方的主谈人负责。

一、主持人的职责

(一)纽带作用

主持人的纽带作用，是指将谈判一线人员与谈判任务所属部门或企业领导保持联系的责任。对于不同组织形式而言，该责任表现形式略有不同。

1. 单兵谈判

一个人在外谈判时，纽带作用是要通过主动汇报或报告，将谈判一线与交易主人或企业领导相连。为此，单兵谈判的主谈人要做到两点：在客户面前有领导，即主持人应有意识提及所属企业领导，或受委托交易企业领导，此为“形连”；在个人行动中有企业，作为企业的谈判手或受企业委托的谈判手，职业道德要求立在企业，这是主持人的道德责任，此为“心连”。

【案例 11-1】

唐雎不辱使命

秦王谓唐雎曰：“寡人以五百里之地易安陵，安陵君不听寡人何也？且秦灭韩亡魏，而君以五十里之地存者，以君为长者，故不错意也。今吾以十倍之地，请广于君，而君逆寡人者，轻寡人与？”

唐雎对曰：“否，非若是也。安陵君受地于先王而守之，虽千里不敢易也，岂直五百里哉？”

秦王怫然怒，谓唐雎曰：“公亦尝闻天子之怒乎？”唐雎对曰：“臣未尝闻也。”秦王曰：“天子之怒，伏尸百万，流血千里。”唐雎曰：“大王尝闻布衣之怒乎？”秦王曰：“布衣之怒，亦免冠徒跣，以头抢地尔。”唐雎曰：“此庸夫之怒也，非士之怒也。夫专诸之刺王僚也，彗星袭月；聂政之刺韩傀也，白虹贯日；要离之刺庆忌也，苍鹰击于殿上。此三子者，皆布衣之士也，怀怒未发，休祲降于天，与臣而将四矣。若士必怒，伏尸二人，流血五步，天下缟素，今日是也。”挺剑而起。

秦王色挠，长跪而谢之曰：“先生坐！何至于此！寡人谕矣：夫韩、魏灭亡，而安陵以五十里之地存者，徒以有先生也。”

2. 集体谈判

在小组形式的谈判中，主持人的纽带责任主要表现为上情下达与下情上传。上情下达，是指负责把上级企业负责人或委托单位负责人对谈判的各种指示性意见与要求，在理解的基础上及时传达给谈判组成员；下情上传，是指负责收集谈判组成员意见及汇集谈判的各种信息，及时地向上级汇报以求得指示。为此，主持人要发扬民主、调动全体组员的聪明才智，及时归纳谈判的各种信息，评价谈判形势，主动报告上级，使上级掌握谈判的进展情况。

(二)指挥作用

指挥作用是指主持人组织并领导谈判一班人与对手谈判的责任。该责任包括三个内容：调度同事、控制自我、迎战对手。

1. 调度同事

主持人的指挥作用是由内至外，调度己方人员。这也是一种组织责任，具体表现为安排角色、分配任务、清理成果、解决问题等。

2. 控制自我

作为主谈人，在谈判的指挥位置应冷静地通观全局，以减少决策失误。要做到冷静与通观，必须控制好自我，即克服自然的“我”的感情冲动，达到自在的“我”的理智。控制自我主要反映在尊重他人与反省自我两个方面。尊重他人主要是注意征求谈判同事意见，并虚心倾听意见；反省自我则强调主谈人要主动反思自己言行，诊治自己的虚荣心、私欲。这样既可获得同事的理解、赞同与响应，又可正确指挥全体人员投入谈判。

3. 迎战对手

作为主谈人在谈判中的指挥也反映为迎战对手，这几乎是其天职——与职务俱生。

(三)接口作用

接口作用是指主谈人是己方与对方交换信息的通道。因为商务谈判的传统习惯决定了：一旦明确谁是交易主持人，谈判双方会自然将其作为信息传递对象和交换信息的接口。通常该功能反映三种责任。

(1) 信息交流，即主持人应确保双方的意见准确无误地进行交流。

(2) 官方代表，即主持人代表己方上级的意图和在谈判中表达己方正式的立场责任。

(3) 恪守信誉度责任，即主持人在谈判中应遵守言出必行的准则。

(四)寻找妥协点

寻找妥协点的职责，是指在各种条件的谈判中，主持人应找到双方都能接受的条件。这个条件也叫妥协点。寻找妥协点的责任又可细化为追求最大利益和追求最佳妥协点。

1. 追求最大利益

追求最大利益，即使妥协点的基础对己方最有利。这个责任要求主持人主观上要有争取最大利益的愿望和目标。尽管它可能表现为单方要求，但若能通过谈判实现，亦视为妥协的结果，仍可谓最大利益点的妥协。

2. 追求最大妥协点

单方的最大利益可以在一定条件下实现。如果该条件对某一方很不公平，而另一方又不做适当的补救——让对方服气，那么这类合同在执行过程中就会存在不稳定因素，甚至会“回潮”——重建谈判。于是，人们开始考虑最佳的妥协点，即双方均能接受和满意的妥协点。怎么判定最佳妥协点呢？追求最佳妥协点有三个层次，也是谈判发展的自然过程。

(1) 妥协的初点，即两个利益圈的切点，如图 11-1 所示，双方刚刚找到妥协点——成交点，利益圈相切。

(2) 妥协的中点，即两个利益圈的交面，如图 11-2 所示，双方进入了妥协面——成交圈内，形成了利益圈中的共同区。

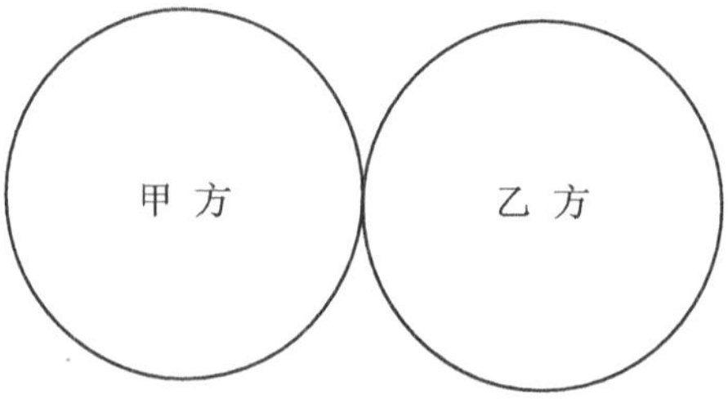

图 11-1　妥协切点

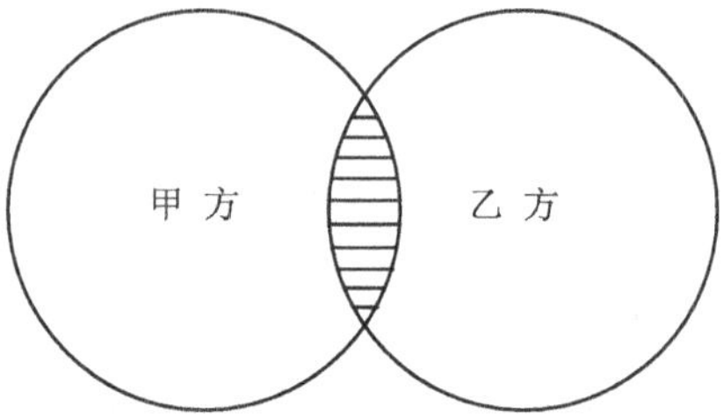

图 11-2　妥协交面

(3) 妥协的最佳点，即成交圈中的平衡线，如图 11-3 所示，即双方利益圈共同区的平衡分割。

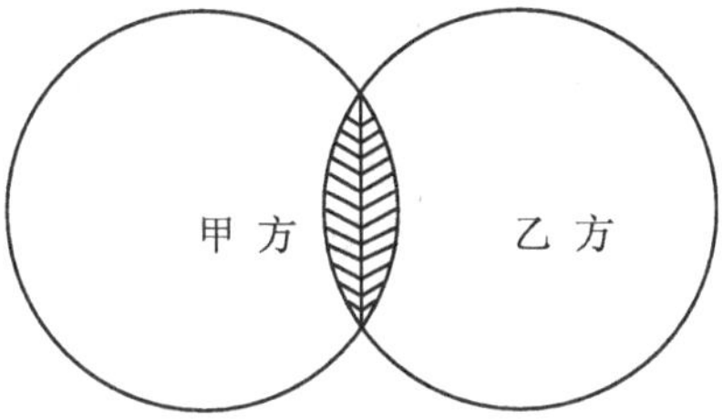

图 11-3 妥协平衡线

二、主持谈判的依据

所谓主持谈判的依据，即主持人在主持谈判时应考虑的因素，主要是指能够影响谈判组织的各种因素或各种条件。影响谈判的因素包括谈判目标、谈判对手、谈判时间及谈判环境。不同的因素，在主持中有不同的应对手法，或主持可用的调节点。应该承认主持手法多变，探索空间很大，但经验能告诉我们一些常见的手法或调节点。

(一)谈判目标

调节点有投入谈判的人员(人数与级别)、时间(松与紧)、地点(客座与主座、封闭与自由)、态度(友善与独立)和策略。

按谈判目标可以将谈判分为不求结果的谈判、意向书与协议书的谈判、准合同与合同的谈判、索赔的谈判等。

1. 不求结果的谈判

不求结果的谈判表现为考察性、试探性的谈判，因此人数不必太多，人数太多可能显得过于重视，有真正购买或交易计划；级别不宜过高或过低，以与对方相当为宜；谈判时间安排不必太长，以适应而不显拖拉为宜。

若有多家竞争时，组织谈判的时间长度则应以最终可能成交的一家所需的谈判时间为准，来安排其他家的谈判时间。谈判地点选择应以便利双方为宜，可以是客座谈判(若正好出访、考察)，也可以是主座谈判(若正好对方来访)。态度一般应持友善、诚恳、坦率的态度，不过在交易有关问题的态度虚实上应略有保留，即不暴露自己的底数或真实意图。在谈判策略上一般采取与态度相应的策略，多采取攻心战，以使谈判留有余地，进退自如。

2. 意向书与协议书的谈判

主持介于表示交易追求又非即刻承担法律约束的文件的谈判时，调节点的变化是主持中应予以注意的问题。参加谈判的人员专业应对应，人数可略有差别，级别大致相对等；时间安排以双方便利为原则，长短以内容需要为原则。

如无特殊事件时，是单方自认为有利的时刻；有特殊事件时，为特殊事件发生的时刻，总的原则要求是或充分利用(对己方有利时)，或应尽力予以避免(对己不利时)。

如无特殊情况，谈判地点可由双方商定。交易前谈判所持态度应为：善在先，防在后，即首先以礼相待，善意相处，积极向成交的方向推进(不准备成交时，也不必谈意向书或协议书)。交易后的谈判，多为处理遗留问题或新发生的问题而谈，新产生的两种文件具有补充或修改原契约文件的效力，因此，谈判态度可为防在先，善在后。

交易前的谈判更多地运用攻心战策略，即友好中争取实利的态度。而交易后的谈判应对主谈人以温和礼貌、守信的语言，适当的称誉和友好的行动感动对方，使其动摇所持立场，配之以“抹润滑油”，让一些小条件或折中调和，说服双方共同付出代价来解决问题或分歧。当然，还可以演变为其他策略。

3. 准合同与合同的谈判

以己方人员素质和谈判需要决定投入谈判的人数，不必与对方人数相比。

对这类谈判的时间安排，具有人为和自然两种色彩。人为需要是指为了制造某种心理压力或某种假象而人为地安排谈判时间，从松到紧中感到某种人为输出的信息；自然需要是指按谈判内容需要或参加人自身工作需要而安排的谈判。

谈判的初期对谈判地点无明显的要求。当进入谈判的末期，以主座谈判即本土谈判为宜；若剩余问题不多且系枝节问题，或问题重大但单一时，也可以客座谈判即以对方所在地为谈判地点。由于合同签字涉及多种复杂条件，主持谈判的态度应为不冷不热或冷热交替。

4. 索赔的谈判

索赔谈判的主持可分为索赔提出与索赔结束两个阶段，不同阶段投入的人员要求不同。

提出索赔时，投入人员不宜多，级别不宜太高。一般应以与商务或技术问题相关的人员为主，提出索赔即可。在最后阶段的决战时刻，则可考虑调整人力资源和级别，以加强谈判力量。人数上的增加可不拘形式，级别上可请领导出面干预。由于法律时效的限制及经济后果的压力，主持人应抓紧时间及时安排。

主持谈判的地点视索赔内容及特点而定，第一为取证阶段，多以交易标的所在地为谈判地点；第二为论证阶段，谈判可在交易标的所在地，也可在违约方所在地。一般应以公平合理、长远合作的态度来谈判索赔问题。

(二)谈判对手

主持谈判的另一依据是谈判的对手。在主持上，针对这些差异因素可通过投入人员、主持用语、态度三个调节点来增强主持效果。

1. 对手的决定权

对手有无决定权，对谈判组织有不同的客观要求，适应其要求就可取得良好效果。

对于有谈判决定权的对手，一般可派同样有谈判决定权的人对阵。有决定权的人不等于地位与级别对应，主要看授权。例如，日本商社多以部长、课长出来主持谈判，这些人年龄、资格均老一些。在谈判桌上，没有绝对决定权，只有相对决定权。双方人员的决定权只是分权与集权比例的差异。因此，有头衔、有资格的主谈人不能忘乎所以，因轻视对手而造成对手攻击自己的弱点——无决定权的部分；没有头衔、资格浅的主谈人，要充分运用授权争取谈判效果，而不应自暴自弃，不攻自溃。

在主持用语方面：当对手是有较大决定权、地位亦较高的人员时，主持用语应更多地使用外交与文学语言，旨在使其自尊心得到满足而心情舒畅地配合谈判；对于决定权较小的谈判对手，多用文学语言主持谈判使他不因其弱点感到自卑，能在平等和自尊的感觉中产生配合的积极性，例如，愿意认真听取你的建议并努力向其上级汇报和做说服工作等。

在主持态度方面：面对有较大决定权的对手，主持应采取尊敬和进逼的态度。之所以采取尊敬的态度，“架起对手好压价”是普遍规律；另外，避免对手利用权力地位在小事(枝节问题)上施加谈判压力，制造谈判难题。进逼态度是指充分利用对手拥有的决定权，尽力把“现货”拿到手。对决定权较小的对手，态度则应平和友善。平和友善为的是争取他能充分理解己方立场，只要达到理解上的明确和一致，即已达到主持谈判的目标。因为真正阻碍谈判的是其上级，应尽力调动他去汇报和要权、要条件，因为不调动他的积极性去说服其上级，谈判就无法进行。

2. 年龄

从法律角度讲，谈判中不因年龄而决定主持谈判的分量；但从谈判实务看，年龄差异的确对主持谈判有影响。

对于年长的对手，投入的人员应稍多于对方阵容。级别不能高于对方时，应在平级——年轻干部、助手中配以年长的专家。派出人员为年轻但平级或级别略低的主谈人时，该主持人必须有才干。

对于年轻对手，投入的人员可少于或等于对方阵容，级别相同或低一点均可。对年长的对手，主持时使用文学和外交语言中的敬语应多于商业和军事语言。

在年龄悬殊时，不妨使用“您是老师，多加指教”“请原谅，失礼了，我不能同意您的说法”“这个问题比较复杂，或许您事务太忙，准备不足，我可以等一等”“请恕我年轻气盛。若您觉得我讲得太快，有不明之处，请您指出，我可以重复”等充满敬重之意的说法。对年轻的对手，主持用语多用文学和外交类的促进亲和的温暖、激励的话。

3. 性别

在人员构成中，应有与对手同性别的助手参加。这样谈判时会有一种平衡的感觉，甚至会有一种口头上不明示、不为人察觉的安全感。投入人员的级别应与对手平级或略高一级较为有利，人数不追求对等。

与异性谈判时，首先采用文学与外交语言，以商业和军事语言为辅；面对异性，态度上要尊重对方。

4. 历史关系

当与谈判对手关系良好时，可投入相关人员；与谈判对手关系不好时，可派新人出席。良好关系可采用文学和商业语言。良好关系，态度要真诚友好；有缺陷的关系，要谨慎、礼貌；没有关系，要以礼相待。

(三)谈判时间

1. 时间紧迫

自然限定的时间紧迫，可以分组谈判，先谈关键条件，用语要干脆、简明。人为的时间紧迫要相机行事。

2. 时间充裕

时间充裕可按逻辑顺序安排谈判，多运用外交、文学语言。

(四)谈判环境

有时候，在和谈判对手你来我往之间，常会感到自己置身于不利的处境中，明知是对手故意设计的，用来干扰和削弱我方的谈判力，一时又说不出什么。比如，座位处的阳光刺眼，看不清对手的表情；会议室纷乱嘈杂，常有干扰和噪声；疲劳战术，连续谈判；在我方疲劳和困倦的时候提出一些细小但比较关键的改动让你难以觉察。更有甚者，利用外部环境形成压力。例如，我国知识产权代表团首次赴美谈判时，纽约好几家中资公司都“碰巧”关门，忙于应付所谓的反倾销活动，美方企图以此对我代表团造成一定的心理压力。这些都属于谈判环境。

1. 地理环境

当处于谈判主场时，时间安排可较为宽松；如果处于谈判客场，则人员安排要少而精，时间安排紧凑，采用文学和外交语言。

2. 政治环境

根据外交关系的好坏进行不同的安排。无外交关系可选择第三国作为谈判地点。

【案例 11-2】

1989 年 12 月苏联东欧动荡以前，我国与东欧共产党执政的国家有着友好的政治关系。在经济谈判中，充满了互帮互助的精神，支付上是以记账的方式进行，鼓励互相加强贸易合作，互相开放市场，促进对方经济发展，也就是促进社会主义制度下的经济发展。这样，双方企业或部门的谈判代表，均以同志方式进行工作。所谓“同志式”谈判，其基点在谈判者心中的目标是完成“国家交给的任务”；公有制的观念是共同的；谈判的语言有不少共同之处。如“我是尽我的责任”“在我们同志之间不应有什么保留”“你们如此拖拉、官僚主义作风应该整整了”。有时谈判气氛不佳，也会指责“我们都是社会主义国家，怎么也像资本家一样算计别人？”等。谈判的手法较简单，因为是记账贸易，双方要价高低不是关键，而是专家们谈。需要决策问题，领导们拍板。谈判班子的任务是审核“是否需要”，虽说也审核“是否合算”，但很少去讨价还价。

第二节　商务谈判过程中的管理

一、高层领导对谈判过程的宏观管理

1. 确定谈判的基本方针和要求

在谈判开始前，高层领导人应向谈判负责人和其他人员指出明确的谈判方针和要求，使谈判人员有明确的方向和工作目标。必须使谈判人员明确这次谈判的使命和责任是什么，谈判的成功或失败将会给企业带来怎样的影响，谈判的必达目标是什么，满意目标是什么，谈判的期限是什么，谈判中哪些是可以由谈判班子根据实际情况自行裁决的，权限范围有多大，哪些问题必须请示上级才可以决定，以上各问题每个谈判者都要做到心中有数、目标明确。

2. 选取谈判的领导者

谈判领导者的选取一般由高层领导者任命。一个谈判的领导者应具备全面的知识，较强的管理能力，一定的威望或权力地位，并且一般要与对方的领导人具有对应的地位，当然也应具备一定的谈判经验和技巧。

3. 在谈判过程中对谈判人员进行指导和调控

对高层领导来说，首先要关心的问题是谈判能否达到预期的目标。虽然对谈判小组做了具体要求的授权，但不能放弃对谈判进程的指导和调控。它的指挥监督作用可以直接表达出来，也可以通过委任正式的咨询顾问小组间接地发挥出来。例如，若谈判外部形势发生了变化、企业决策有了重大调整、企业本部或谈判班子获得某些重要的新信息需要对谈判目标及策略做重大调整，这时高层领导要给予谈判者及时指导和建议，发挥出指挥谈判队伍的作用。

4. 高层领导在关键时刻参加谈判

有些在国外进行的重要谈判项目，尤其是由国外政府部门参与、我国大型国有企业或类似机构参加的谈判，在适当的时候，有关方面的高层领导干部出面参加部分谈判是有益的，可以通过上层的接触、沟通，增进双方的关系，也表示对该项目的支持。另外，当谈判陷入僵局时，高层领导可以主动出面干预，可以会见谈判对方高层领导或谈判班子，表达友好的合作意愿，调解矛盾，创造条件使谈判走出僵局，顺利实现理想目标。

二、谈判组织负责人对谈判组织的管理

1. 授权与负责

谈判小组一经成立，他们就要负担起一定的使命，包括确定共同的行动目标和行动纪律，分派明确的职责和任务，使其在授权范围内有充分的行动自主权，特别是在异国异地进行谈判，不可能事事、时时都做请示汇报，在明确授权范围的条件下，谈判班子领导人能够充分发挥主观能动性和创造性，对完成谈判任务负全责。在对外经贸谈判中，谈判班子领导人的物色要做长期周密的考虑，如对某一引进项目的谈判，在可能的情况下应使谈判班子领导人或主持人从选择合作对象、出国考察、开始谈判、项目引进直至投产的全过程都能参加，这样才能大大提高其谈判能力，增强使命感，保证工作连贯性，避免“短期行为”造成的损失。

2. 协调与控制

谈判小组是一个目标非常明确的组织，它的任务与活动本身决定了它的内部人员之间必须保持高度的团结协作。只有一致对外，才有可能实现组织的目标，这是任何一个谈判人员都必须明确牢记的。对谈判小组的负责人来说，保持内部的高度团结协作是其职责之一。在谈判过程中，对谈判的方针、方案、策略与战术等问题，各人会有不同的意见和看法，应该在各人充分发表意见、畅所欲言的基础上进行集中统一，尽量吸取各种意见中科学合理的成分，切忌不加分析地全盘肯定或否定某一种意见。谈判组织领导人要搞好各类专业人员之间的协调工作，使他们既当好自己的参谋，又要赋予他们在专业范围内的检查和监督权，能及时向领导人提出建议和劝告，相互之间又能密切配合，相互支援。

3. 调换与撤换

在谈判中，各个角色应有意识地调换，使对方琢磨不透，也免予己方某角色成为对方的众矢之的，被对方抓住弱点而攻破。一般来说，若在谈判中出现了缺口，如不及时加以弥补，就会像洪水冲垮防洪堤一样一发不可收。人也是一样，防线一旦被人攻破，要么冲动、愤怒而失态，要么气馁而消沉。故对于己方组员的使用必须防患于未然，在对方尚未攻破之前及时调换他所充任的角色是十分必要的，即使是主谈者这一角色也应如此。

调换组员所充任的角色，可以根据如下原则进行：对方谈判组员的专长、性格和爱好，己方组员的性格、专长和爱好；谈判时间的长短；谈判进展的逆、顺；主要议题的日程安排；己方组员对所扮演角色之称职程度和潜力等。

在谈判进行中，视情况也可将谈判人员进行撤换。如不适合继续参加谈判，出现工作失误，犯错误，发现有不适宜继续参加谈判的其他情况等；或根据策略和技巧的需要，变换人员便于打开谈判局面。

三、谈判人员行为的管理

一个谈判小组的组织纪律包括以下几个方面。

(1) 坚持民主集中制的原则。

(2) 不得越权。

(3) 分工负责，统一行动。

(4) 当谈判小组需要与企业主管部门联系时，特别是在客场谈判的情况下必须实行单线联系的原则，即必须遵循只能由谈判小组的负责人与直接负责该谈判的上级领导人进行联系的原则。

【案例 11-3】

国际谈判圈子中长期流传着这样一个真实而有趣的故事。

1959 年，苏共中央第一书记、苏联部长会议主席赫鲁晓夫与美国总统艾森豪威尔参加一次首脑会议。喜好辩论的赫鲁晓夫不时地向美国总统提出一些问题。但是军人出身的艾森豪威尔每被问及时，并不马上回答对手的问题，而是看着他的国务卿杜勒斯，等后者把一张张便条递过来之后，他才开始作答。反之，当艾森豪威尔向赫鲁晓夫询问一些问题时，赫鲁晓夫却不假思索地像演员背诵台词一样回答对方。赫鲁晓夫对自己的脑瓜儿和口才非常得意。他在后来撰写的回忆录中认为，自己既然是大国苏联的领袖，理所应当地知道所有问题的答案，不需要旁人指点他如何回答和回答些什么。赫鲁晓夫同时不无讽刺地问道：“究竟谁是(美国)真正的最高领袖？是杜勒斯还是艾森豪威尔？”

然而国际谈判圈子中对此却另有评价：艾森豪威尔作为美国代表团团长事事要听助手的主意才敢作答当然不足为训，但是在个人弱点和国家利益之间屈己事大却表现了他的睿智和严肃。艾森豪威尔显然明白，他虽然是第二次世界大战战场上的赫赫英雄，又贵为当时美国最高的行政首脑，但在外交谈判桌上，他的经验毕竟不如久经外事沙场的国务卿杜勒斯，更何况他所面对的是另一个超级大国的一位能言善辩、集党政大权于一身的领袖人物。艾森豪威尔在谈判桌上听取自己部下的意见，既表现了他求实认真、沉着稳重的统帅作风，也为他争取了思考问题的时间，避免了回答上的差错。

四、商务谈判时间的管理

1. 谈判日程的安排

在客场谈判的情况下，在安排谈判日程时，尽可能在前期将活动安排得较满些，以便尽快地进入实质性谈判阶段，为双方讨价还价留下足够的时间。

2. 对己方行程的保密

客场谈判时绝对不要向对方透露己方准备何时归程，也就是谈判的最后期限。因此，预订车票、机票等工作应回避对方。

五、商务谈判后的管理

(一)谈判总结

1. 谈判记录的汇总和归档

(1) 常见的记录方法。通读谈判记录或条款以表明双方在各点上均一致同意。每日的谈判记录由一方在当晚整理就绪，并在第二天作为议程的第一个项目宣读后经双方通过。如果只进行两三天或更短时间的谈判，则可由一方整理谈判记录，在谈判结束后，书面合同签订前宣读通过。

(2) 谈判记录的归档。作为多次记录的谈判在整个谈判快结束时，须对谈判记录进行汇总，形成一个完整的记录——协议备忘录。它是一个非常重要的文件，是双方谈判观点的具体化、明确化，并作为签订合同和协议的基本文件。

2. 本方谈判总结方面的内容

(1) 谈判的准备工作情况。准备工作是否充分，资料的收集是否齐全，选派的人员是否能够胜任等。

(2) 谈判的总体情况。谈判的目标及实现情况、谈判成果的综合分析、谈判的效率等。

(3) 谈判过程的具体情况。谈判的程序、各阶段的策略运用、洽谈的思维、语言艺术、开局、讨价还价、排除洽谈障碍、成交的技巧以及谈判人员的综合表现等情况。

(4) 对签订的合同进行再审查。

3. 本企业方面的总结内容

(1) 企业对谈判人员所确定的职责、给予的权力及管理情况的适应性。

(2) 企业所要求的谈判目标、谈判原则和交易条件的合理性。

(3) 企业提供或要求提供的标的物的品种、规格、质量、价格及服务等方面的可行性。

(4) 在加强与原有客户的信息沟通，建立稳固的业务联系的基础上，开拓新市场，创造新客户，增进彼此的了解，以不断地扩大商务往来。

4. 客户方面的总结内容

(1) 对客户谈判的情况进行研究，可以从中学习和借鉴谈判经验和教训，有助于向对方提出善意、合理的建议与意见。

(2) 将对方的各种意见和要求(如供应或购买意向、供应或购买能力、所能提供的标的物的品种、规格、质量、价格、服务或对方的具体要求等)加以归纳、整理，及时地反馈到本企业中来，可以为本企业的经营开发、经营管理的改善服务。

(3) 安排专人负责与对方进行经常性联系，谈判人员也应与对方谈判人员保持经常的私人交往，以使双方的关系保持在良好的状态。

5. 谈判总结的基本步骤

(1) 回顾谈判情况，整理谈判记录和资料。

(2) 分析和评定谈判情况，总结经验，找出问题。

(3) 提出改进措施和建议。

(4) 写出总结报告。

(二)商务谈判人员的奖励

(1) 商务谈判奖励应以集体奖励为主，个人奖励为辅。

(2) 奖励的方式主要包括物质奖励、精神奖励与事业奖励，具体如下。

① 根据总结情况，做好谈判人员的奖惩工作，奖优罚劣，调动谈判人员的工作积极性和创造性。

② 加强谈判人员的管理。要根据具体的情况和问题，不断加强谈判人员的组织管理，进一步明确谈判人员的职责和权力，加强对谈判人员的培训，提高谈判人员的素质。

(三)谈判关系的维护

为了确保合同得到认真彻底的履行，以及考虑到今后双方的业务关系，应该安排专人负责同对方进行经常性的联系，谈判者个人也应和对方谈判人员保持经常的私人交往，使双方的关系保持良好的状态。

课后练习

一、判断题

1. 在谈判桌上，没有绝对决定权，只有相对决定权。 (   )

2. 有决定权的人都是地位与级别对应的。 (   )

3. 商务谈判奖励应以集体奖励为主，个人奖励为辅。 (   )

4. 商务谈判结束后只需做好本方的总结即可，无须对谈判对手的情况进行总结。 (   )

5. 为了确保合同得到认真彻底的履行，以及考虑到今后双方的业务关系，应该安排专人负责同对方进行经常性的联系。 (   )

二、不定项选择题

1. 主持人的职责不包括下列哪项？(   )

A. 纽带作用　B. 指挥作用　C. 调度作用　D. 寻找妥协点

2. 下面哪项不属于商务谈判主持人的指挥作用？(   )

A. 内外联系　　B. 调度同事　　C. 控制自我　　D. 迎战对手

3. 高层领导对谈判过程的宏观管理不包括下列哪项？(　　)

A. 确定谈判的基本方针和要求　　B. 确定谈判的具体策略

C. 选取谈判的领导者　　D. 在谈判过程中对谈判人员进行指导和调控

4. 当谈判人员出现严重工作失误时，应采取什么措施？(　　)

A. 视情况将谈判人员进行调换或撤换　　B. 立即提出严厉批评

C. 不能临阵换将　　D. 让其继续进行谈判工作

5. 谈判组织负责人对谈判组织的管理不包含下列哪项？(　　)

A. 授权与负责　　B. 协调与控制　　C. 调换与撤换　　D. 指导与控制

6. 高层领导在关键时刻参加谈判的作用不包括哪项？(　　)

A. 通过上层的接触、沟通，增进双方的关系

B. 当谈判陷入僵局时，可以会见谈判对方高层领导或谈判班子，创造条件使谈判走出僵局

C. 可以向对方施加压力

D. 高层领导主动出面干预，可以表达友好的合作意愿，调解矛盾

7. 下列关于主持谈判的依据，正确的是(　　)。

A. 谈判目标、谈判策略、谈判时间、谈判环境

B. 谈判目标、谈判对手、谈判时间、谈判环境

C. 谈判目标、谈判对手、谈判程序、谈判环境

D. 谈判目标、谈判对手、谈判时间、谈判人员

三、简答题

1. 最佳妥协点有哪几个层次？
2. 谈判主持人接口作用的含义及责任是什么？
3. 确定谈判的基本方针和要求一般包含哪些内容？
4. 一个谈判小组的组织纪律包括哪些方面？
5. 谈判总结的基本步骤有哪些？

四、案例分析题

一次，美国商人霍华·休斯为了大量购买飞机而与飞机制造商的代表进行谈判。休斯要求在条约上写明他所提出的 34 项要求(其中 11 项要求是没有退让余地的，这对谈判对手是保留的)，对方不同意，双方各不相让，谈判中冲突激烈，硝烟四起，竟然发展到把休斯赶出了会场的地步。之后，休斯派他的谈判代表出面继续与对方商谈。他告诉自己的代理人，只要争取到 34 项中的 11 项没有退让余地的条款就心满意足了。这位代理人在经过了一番唇枪舌剑之后，竟然争取到了包括休斯所说的那 11 条在内的 30 项。休斯惊奇地问这位代理人，他是如何争取到如此辉煌的胜利的。这位代理人回答说："道理很简单，每当我同对手谈不到一块儿时，我就问对方：'您到底是希望同我解决这个问题，还是要留着这个问题等霍华·休斯同您解决？'结果，对方每次都同意了我的要求。"

问题：代理人是如何取得谈判胜利的？

扫一扫：
看商务谈判礼仪的微课视频。

第十二章　商务谈判礼仪

【学习目标】

知识目标： 理解商务谈判礼仪的重要性；了解商务谈判的基本礼仪；了解国际商务谈判的礼节与禁忌。

技能目标： 能在商务谈判活动中正确运用谈判礼仪；能根据不同场合适当运用会面、宴请、馈赠等礼仪；掌握不同国家和地区商人的谈判风格。

第一节　商务礼仪概述

【引导案例】

一次，中日进行花布出口谈判，日方代表一行五人乘坐早班机到达首都国际机场，但在出站口焦急等待二十分钟仍没有看到前来接机的中方人员，接到的只是中方代表打来表示歉意的电话，因为早晨堵车，导致现在中方迎接人员仍困在高架桥上下不来。日本是一个非常注重时间观念的国家，不认为因为堵车而不能准时到达是可以原谅的理由，造成了日方代表心中不快，后来在谈判中虽然中方代表做出了很大让步，但日方代表的态度异常坚决，结果这场谈判仍以失败告终。

分析： 中方代表在谈判过程中处于不利地位的原因是什么？

【启示】从日方看来，在商务谈判接待中，迎接是非常重要的礼仪之一，拥有时间观念，以适当的规格进行迎接，是对对方人员表示尊重和对本次谈判表示重视的表现，中方代表在早已知晓飞机降落时间和早晨路况不佳的情况下，仍然迟到，让日方怀疑中方企业办事能力及人员的整体素质，因此，在此次谈判中中方企业处于劣势是再正常不过的了。

商务谈判礼仪是指商务谈判中参与谈判的各方过各种媒介，针对谈判的不同场合、不同对象、不同内容和要求，借助语言、表情、动作等形式，向对方表示重视、尊敬，同时塑造自身良好形象，进而达到建立和发展真挚、友好、和谐的谈判过程中所遵循的行为准则和交往规范。商务谈判过程中促使商务谈判成功的因素有很多，但礼仪在谈判中的效用占有十分重要的地位。在谈判中以礼待人，不仅体现着自身的教养与素质，还会对谈判对手的思想、情感产生一定程度的影响，因此，合理而正确地使用商务礼仪对于谈判的顺利进行和最终结果的判定都有着非常重要的影响。

一、商务礼仪概述

(一)礼仪

在一般人的表述中，与“礼”相关的词最常见的有三个，即礼貌、礼节和礼仪。在大多数情况下，人们总是混为一谈。其实，三者存在差别但也有联系。

(1) 礼貌。一般是指在人际交往中，通过言语、动作向交往对象表示谦虚和恭敬。它侧重表现人的品质与素养。

(2) 礼节。通常是指人们在交际场合相互表示尊重、友好的惯用形式。它实际上是礼貌的具体表现方式。没有礼节，也就没有所谓的礼貌。

(3) 礼仪。即礼节、仪式的统称。它是指在人际交往中，自始至终以一定的、约定俗成的程序、方式来表现的律己、敬人的完整行为。

礼貌是礼仪的基础，礼节则是礼仪的基本组成部分。礼仪在层次上高于礼貌和礼节，其内涵更深、更广。礼仪实际上是由一系列具体的、表现礼貌的礼节所构成的。它不像礼节一样只是一种做法，而是一个表示礼貌的系统、完善的过程。从本质上讲，三者所表现的都是对人的尊敬、友善。

有鉴于此，为了更加完整、准确地理解“礼”，采用礼仪这一概念对此加以表述，是最为可行的。

站在不同的角度上看，往往还可以对礼仪这一概念做出种种不同的殊途同归的解释。

从个人修养的角度来看，礼仪可以说是一个人内在修养和素质的外在表现。也就是说，礼仪即教养，个人的素质往往体现为对礼仪的认知和应用。

从道德的角度来看，礼仪可以被界定为人们为人处世的行为规范，或者标准做法、行为准则。

从交际的角度来看，礼仪可以说是人际交往中的一种艺术，也可以说是一种交际方法或技巧。

从民俗的角度看，礼仪既可以说是在人际交往中必须遵守的律己敬人的习惯形式，也可以说是在人际交往中约定俗成的示人以尊重、友好的习惯做法。

从传播的角度来看，礼仪可以说是一种在人际交往中进行相互沟通的技巧。

从审美的角度来看，礼仪可以说是一种形式美。它是人的心灵美的必然外化。

了解以上对礼仪的各种诠释，可以进一步加深对商务礼仪的理解，并且更为准确地对商务礼仪进行把握。

(二)商务礼仪

现代商务礼仪是由礼仪的主体、礼仪的客体、礼仪的媒体和礼仪的环境四个基本要素构成的。

1. 礼仪的主体

它是指礼仪活动的操作者和实施者，既可以是人，也可以是组织。当商务礼仪活动规模较小、较为简单时，其主体通常是个人；当商务礼仪活动规模较大、较为复杂时，其主体则通常是组织。没有商务礼仪的主体，商务礼仪活动就不能进行，商务礼仪也就无从谈起。

2. 礼仪的客体

它又叫礼仪的对象，是指礼仪活动的具体指向者和承受者。从外延上讲，它可以是人，也可以是物；可以是物质的，也可以是精神的；可以是具体的，也可以是抽象的。没有商务礼仪的客体，商务礼仪就失去了对象。

3. 礼仪的媒体

它是指礼仪活动所依托的一定的媒介。它实际上是商务礼仪内容和形式上的统一。任何商务礼仪都必须使用媒体，不使用媒体的商务礼仪是不可能存在的。商务礼仪的媒体具体是指人体礼仪媒体、物体礼仪媒体、事件礼仪媒体等。在具体操作礼仪时，这些不同的礼仪媒体往往是穿插配合使用的。

4. 礼仪的环境

它是指礼仪活动得以进行的特定的时空条件，大体来说包括自然环境和社会环境。礼仪的环境常常制约礼仪的实施。环境不仅决定着礼仪何时、何地实施，而且对礼仪的具体实施方法也有强大的决定作用。因此，环境对礼仪的影响是巨大的。

由上述四项基本要素所构成的商务礼仪，亦可被归纳为以下两个方面的具体内容。一是律己之规。它主要包括对商务人员自身的言谈话语、行为举止、仪容仪表、穿着打扮等方面的规范。它亦称形象设计，主要要求商务人员严于律己、维护自尊，并且时时守规矩、处处讲规矩、事事有规矩。二是敬人之道。它主要包括商务人员在其面对交往对象时进行交际与应酬的基本技巧，具体涉及商务人员所从事的商务交往的各个方面。

总体来说，商务礼仪是一门人文应用科学。具体而言，商务礼仪的学科特点如下。

首先，它是一门应用性学科。商务礼仪具有很强的实用性与可操作性。从某种意义上来说，它实际上就是有关商务交往的艺术科学。

其次，它是一门实践性学科。与纯粹的理论演绎、概念探讨、逻辑抽象显然不同，商务礼仪来源于社会实践，并且直接服务于社会实践。它拒绝夸夸其谈，并注重一切从实际出发，坚持实事求是。

再次，它是一门普及性学科。在现实生活中，每一个人往往都有可能参加商务交往，每一个人都希望自己的商务交往取得成功，而商务礼仪正是一门将商务交往导向成功的科学。由此可见，在现代社会，商务礼仪应当是一门人人所必修的普及性学科，随着整个社会文明程度的提高，它必将进一步得到广泛的普及。

最后，它是一门综合性学科。毋庸置疑的是，一方面，商务礼仪是一门专门研究人们的商务交往的行为规范的学科，这正是它有别于其他学科的标志；另一方面，它又广泛吸收了其他学科的成果，用以充实、完善自身，在这个意义上，又可将它视为一门综合性学科。

二、商务礼仪的特征

与其他学科相比，商务礼仪具有一些独有的特征。这主要表现在其规范性、限定性、可操作性、传承性和变迁性五个方面。

1. 规范性

礼仪指的就是人们在各种交际场合待人接物时必须遵守的行为规范。这种规范性，不仅约束着人们在一切交际场合的言谈话语、行为举止，使之合乎礼仪，而且也是人们在一切交际场合必须采用的一种“通用语言”，是衡量他人、判断自己是否自律、敬人的一种尺度。总之，礼仪是约定俗成的一种自尊敬人的惯用形式。因此，任何人要想在交际场合表现得合乎礼仪、彬彬有礼，都必须对礼仪无条件地加以遵守。另起炉灶，自搞一套，或是只遵守自己适应的部分，而不遵守自己不适应的部分，都难以为交往对象所接受、所理解。

2. 限定性

礼仪适用于普通情况之下的、一般的人际交往与应酬。在这个特定范围之内，礼仪肯定行之有效；离开了这个特定范围，礼仪则未必适用。这就是礼仪的限定性特点。理解了这一特点，就不会把礼仪当成放之四海而皆准的东西，就不会在非交际场合拿礼仪去以不变应万变。必须明确，当所处场合不同、所具有的身份不同时，所要应用的礼仪往往会因此而各有不同，有时甚至还会差异很大。这一点是不容忽略的。

3. 可操作性

切实有效、实用可行、规则简明、易学易会、便于操作，是礼仪的一大特征。它不是纸上谈兵、空洞无物、不着边际、故弄玄虚、夸夸其谈，而是既有总体上的礼仪原则、礼仪规范，又在具体的细节上以一系列的方式、方法，仔细周详地对礼仪原则、礼仪规范加以贯彻，把它们落到实处，使之“言之有物”“行之有礼”。礼仪的易记易行，能够为其广觅知音，使其被人们广泛地运用于交际实践，并受到广大公众的认可，而且反过来又进一步地促使礼仪以简便易行、容易操作为第一要旨。

4. 传承性

任何国家的礼仪都具有自己鲜明的民族特色，任何国家的当代礼仪都是在古代礼仪的基础上继承、发展起来的；离开了对本国、本民族既往礼仪成果的传承、扬弃，就不可能形成当代礼仪。这就是礼仪传承性的特定含义。作为一种人类的文明积累，礼仪将人们在交际应酬之中的习惯做法固定下来、流传下去，并逐渐形成自己的民族特色，这不是一种短暂的社会现象，而且不会因为社会制度的更替而消失。对于既往的礼仪遗产，正确的态度不应当是食古不化，全盘沿用，而应当是有扬弃，有继承，更有发展。

5. 变迁性

从本质上讲，礼仪是社会历史发展的产物，具有鲜明的时代特点。一方面，它是在人类长期的交际活动实践中形成、发展、完善起来的，绝不可能凭空杜撰，一蹴而就，完全脱离特定的历史背景；另一方面，社会的发展、历史的进步，由此而引起的众多社交活动的新特点、新问题的出现，又要求礼仪有所变化，有所进步，推陈出新，与时代同步，以适应新形势下新的要求。与此同时，随着世界经济的国际化倾向日益明显，各个国家、各个地区、各个民族之间的交往日益密切，他们的礼仪随之也不断地相互影响、相互渗透、相互取长补短，不断地被赋予新的内容。

三、商务礼仪的功能

商务礼仪之所以受到社会各界的普遍重视，主要是因为它具有多种重要的功能。

1. 商务礼仪有助于提高人们的自身修养

在商务交往中，商务礼仪的应用往往是衡量一个人自身素质的准绳。它不仅反映人们为人处世的应变能力，还反映一个人的气质风度、阅历见识和道德情操。通过一个人对于礼仪的运用，我们可以看出这个人教养的高低，以及文明程度和道德水准的高低。因此，合理地运用礼仪可以不断提高个人修养，真正提高个人的文明程度。

2. 商务礼仪有利于人们外塑形象

一个人的形象是由一个人的仪容、表情、举止、服饰、教养等共同构成的，而礼仪对于上述内容都有详尽的规范，因此学习礼仪可以使个人更好、更规范地设计个人形象。礼仪对于美化人的形象的作用是毋庸置疑的，当大家都十分注意个人形象，彼此以礼相待时，就可以使人际关系十分和谐，从而有利于美化生活。

3. 商务礼仪有利于改善人们的人际关系

古人认为："世事洞明皆学问，人情练达即文章。"这句话讲的其实就是交际的重要性。一个人只要从事商务活动，就不能不讲究商务礼仪。运用礼仪除了可以使个人在人际交往中充满自信、胸有成竹、处变不惊，也能够帮助人们规范彼此的交际活动，更好地向对方表达自己的尊重、友好之意，从而有利于彼此的交往。假如人皆如此，长此以往，必将促进社会交往的进一步发展，帮助人们更好地取得交际成功，造就和谐、完美的人际关系，进而取得事业的成功。

4. 商务礼仪有利于净化社会风气，促进社会主义精神文明建设

一般而言，人们的教养反映其素质，而素质又体现于细节，细节往往决定着人们的成败。反映现代个人教养的商务礼仪，是人类文明的标志之一。一个人、一个单位、一个国家的商务礼仪水准如何，往往反映着这个人、这个单位、这个国家的文明水平、整体素质与整体教养。古人曾经指出"礼义廉耻，国之四维"，将礼仪列为立国的精神要素之本。而在日常交往中，诚如英国哲学家约翰诺克所言："没有良好的礼仪，其余的一切成就都会被人看成骄傲、自负、无用和愚蠢。"反过来说，遵守、应用商务礼仪，将有助于净化社会环境，提升个人乃至全社会的精神品位。

在具体运用商务礼仪时，商务人员主要应关注两个方面：一是必须坚持正确的理念；二是必须掌握有效的方法。

第二节　基本商务礼仪与国际礼节介绍和运用

本节主要讲述商务谈判中的迎接准备工作与迎送礼仪、会面礼仪、宴请礼仪以及商务馈赠礼仪等。

一、迎接准备工作与迎送礼仪

中国古代著名思想家荀子曾经说过，"人无礼则不立，事无礼则不成，国无礼则不宁。"没有良好的礼仪，会被看作是自负、骄傲、愚蠢和无用的表现，对于商务人员更是如此。在商务谈判尤其是国际商务谈判中，积极稳妥地做好迎接准备工作和结束送别工作，做到善始

善终，懂得运用正确而恰当的迎送、献花、乘车和安排食宿等接待礼仪，能为谈判的顺利进行打下良好的基础，同时也是商务人士必备的素质和要求之一。

(一)迎接准备工作

主座谈判，作为东道主一方出面安排各项谈判事宜，一定要在迎送、场地、款待、座次安排等方面精心周密准备，尽量做到主随客便、主应客求，以获得客方理解、尊重和信赖。

1. 成立接待小组

成立由食宿、交通、通信、医疗等各个环节负责人组成的接待小组，如果是涉外谈判应当包括翻译人员。

2. 了解客方基本情况，收集有关信息

可以向客方索要谈判小组成员名单，了解其性别、职务、级别及一行人数，以作为食宿等安排的依据。掌握客方抵达的具体时间、地点、交通方式，以安排迎送的车辆和人员，以及安排预订、预购返程车船票或机票。

3. 拟订接待方案

根据客方意图、情况和主方的实际，拟订出接待的计划和日程安排表。日程安排表要注意时间上的紧凑，同时可以传真给客方提前征求客方的意见，待客方确认无异议之后打印，通知接待成员。

如果是涉外谈判，接待日程表则还需翻译成客方文字，待客方成员到达之时交由客方副领队分发给客方成员，或者直接放置在客方住宿宾馆的桌面上。

此外，主座谈判时，东道主一方可以根据实际情况举行接风、送行、庆祝签约宴会等，谈判期间的费用通常都是自理。

(二)迎送礼仪

商务迎送礼仪是指主方在迎接、送别客方谈判团队时要遵守传统商务礼仪，以及对对方民族习惯的尊重，主要包括迎接、献花、乘车、安排食宿和送客礼仪。

1. 迎接礼仪

首先，确定迎送规格。迎接规格应当依据前来谈判人员的身份和目的、己方与被迎送者之间的关系及惯例决定。主要迎送人的身份和地位应与客方谈判代表团的身份、职位对等。如果当事人因故不能出面，或者不能保证对等，可适当变通，由职位相当的人士或者副职出面。当事人因故不能出面，应从礼貌出发，向对方做出解释。只有当对方与己方关系特别密切，或者己方出于某种特别需要时，方可破格接待。除此之外，均宜按常规接待。

其次，掌握抵达和离开的时间。迎候人员应当准确掌握对方抵达的时间，最好提前 15 分钟到达机场、车站或者码头等候，以示对对方的尊重。为便于双方确认，最好举个小牌子，写上“××公司欢迎你们”的字样或“欢迎××公司代表团”。客人经过长途跋涉，如果一下飞机、火车、轮船就看见有人在等待，心情会感到十分愉快。如果是初来乍到，则能因此而获得安全感。如果主方迟到了，对方会感到失望和焦虑不安，即使事后解释，也很难改变失职、失礼的印象。

2. 献花礼仪

迎接时可以安排献花，献花是对来者表示亲切和敬意的一种好方法，尤其来者中有女宾或女眷，会有意想不到的效果。迎接时使用的花必须是鲜花，可以扎成花束，编成花环，在双方主要人员握手后安排献花事项；花束还可以使用在来者尚未到达旅馆之前，预先在其房间摆一个花篮或者一束鲜花，以给来者惊喜。但也要注意以下三点，谨防弄巧成拙。

(1) 送花时要尊重对方的风俗习惯，应尽量投其所好，绝不可犯其禁忌。例如，日本人忌讳荷花和菊花；意大利人喜爱玫瑰、紫罗兰、百合花等，但同样忌讳菊花；俄罗斯人认为黄色的蔷薇花意味着绝交和不吉祥等。

(2) 送给对方女性的花，最好以我方某女性人员的名义或己方单位名义或负责人妻子的名义赠送，切忌以男性名义送花给对方交往不深的女性。

(3) 如果对方是夫妇同来，己方送花应以负责人夫妇的名义或公司的名义送给对方夫妇。

【案例 12-1】

一次，中意两国进行纺织品出口谈判，中方代表早早就等候在首都国际机场的出站口准备迎接意方代表，当双方代表见面介绍、握手之后，中方派随行人员王先生将预示谈判成功的大捧红玫瑰献给了意方经理艾伦小姐，惹来了当场一阵尖叫，虽然后来的谈判照常进行，但当时这种举动着实给意方代表艾伦小姐带来了些许困扰，也引来了双方代表一些不必要的误会。

【启示】红色玫瑰花代表希望与对方泛起激情的爱，中方代表王先生将预示爱情的红玫瑰献给刚刚见面的意方代表艾伦小姐着实有欠妥当，如果一定要选择红玫瑰，那么中方不如选择随行的一位女性工作人员献花，以免造成不必要的尴尬和误会。

3. 乘车礼仪

安排客方人员乘车首先要确认对方人员职位高低、尊卑次序，同时尊重客人习惯，根据迎接车辆乘坐位置具体安排。有专门司机驾驶时，司机后右位为最上位，后左位为次位，中间第三，副驾驶最小；但主人开车时，副驾驶为上位。注意要为女士和客户主动开车门。

一般来说，乘车时应请客人坐在主人的右侧，并主动为客人打开其座位一侧的车门。最好请客人从右侧车门上车，待其落座后关好车门，然后主人从左侧车门上车，避免从客人膝前穿过。如果客人上车后坐到了主人的位置上，那就不必请客人再移位。如果有翻译人员，可坐在副驾驶位置上。如果乘坐中、大型客车，则可由客人随意就座。

4. 安排食宿的注意事项

迎接客人之后，应直接将其送至下榻处。在客房住宿落实好即办完住宿手续后，陪同客人进入其房间，检查一下客房设施是否完好，于客人起居有何不便，并主动征询一下客人的意见，若无其他需要，则稍坐之后即应告辞。客人旅途劳顿再加上要准备谈判有关事宜，应让其安静独处，恢复体力，休息思考。一般来讲，在客人抵达当天，应当为其设便宴接风。因此，迎送人员在告辞时，应将接风时间告知对方，请其届时在客房内等待我方人员前来引导。

5. 送客礼仪

接待工作顺利完成后，为了留给对方美好的回忆，期待客人的再度光临，应该认真学习和运用商务工作的“后续服务”。俗话说：“迎人迎三步，送人送七步”，作为一名懂礼仪的商务人员，必须认识到送客礼仪比迎接礼仪更重要。因此，每次见面结束，都要以将“再次见面”的心情来恭送对方回去。

在客人提出告辞时，主人应起身与客人握手道别。秘书人员要等客人起身后再站起来相送，切忌没等客人起身，自己先于客人起立相送，这是很不礼貌的。若客人提出告辞，秘书人员仍端坐办公桌前，嘴里说“再见”，而手中却还忙着自己的事，甚至连眼神也没有转到客人身上，更是不礼貌的行为。

通常当客人起身告辞时，秘书人员应马上站起来，主动为客人取下衣帽，帮他穿上，与客人握手告别，同时选择最合适的言辞送别，如“希望下次再来”等礼貌用语。尤其对初次来访的客人更应热情、周到、细致。当客人带有较多或较重的物品，送客时应帮客人代提重物。

与客人在门口、电梯口或汽车旁告别时，要与客人握手，目送客人上车或离开，要以恭敬真诚的态度，笑容可掬地送客，不要急于返回，应鞠躬挥手致意，待客人移出视线后，才可结束告别仪式。

二、商务会面礼仪

会面是商务谈判活动的初始阶段，参加双方实质性的接触也首先源于会面，会面中的介绍、递送名片、仪表和握手礼仪都是商务谈判活动中非常重要的礼仪规范，商务人士拥有得体的着装、文明有礼的语言都能够给对方留有良好的第一印象，对今后谈判活动的发展也起着推波助澜的作用，历来都被商务谈判人员所重视。因此，创造良好的会面印象对于进一步的交流和沟通起着至关重要的作用，本部分主要讲述的就是会面的相关知识。

(一)介绍礼仪

1. 自我介绍礼仪

商务谈判中的自我介绍是指谈判双方互不认识，又没有中间人在场的情况下所采用的一种介绍方式。在自我介绍时要说明自己的姓名、单位、职务等，并表达出希望与对方结识的意愿。例如：“您好！我叫××，是××公司的总经理，非常高兴认识大家，希望有机会合作。”介绍时注意要不卑不亢，表情自然，面带微笑，陈述要简洁、清楚。

2. 介绍他人礼仪

通常相互之间进行介绍的方式很多，一般是由主方负责的工作人员或翻译，将主方迎接人员按身份高低依次向对方一一介绍：也可以由主方中身份最高的人员介绍，或者做自我介绍，在有些场合也可以交换名片以做介绍。

介绍时应讲清国籍、单位、职务和姓名。介绍的顺序为：按来宾的身份，把身份低的介绍给身份高的人；按来宾的年龄，把年幼者介绍给年长者；按来宾的性别，将男子介绍给女子；按来宾的婚姻状况，将未婚女子介绍给已婚女子。

另外，当向他人做介绍时，要用手掌示意，不要用手指示意；被人介绍时，应点头、微笑以应答；听人介绍时，应全神贯注，切勿心不在焉，同时最好能附之于一定的问候语，如“您好！”“认识您很高兴！”等，以增添介绍彼此的亲切气氛。

3. 被人介绍礼仪

被人介绍时，除女士和年长者之外，一般应起立面向对方，距离较近可以握手，较远可举右手致意。但在宴会桌或是谈判桌上可不必起立，被介绍者只要微笑点头即可。

注意：称呼礼仪要求如下。

讲究礼节的要素之一是正确、清楚地道出每个人的姓名和头衔。如果不注意，张冠李戴或称谓错误，不仅使对方不高兴，引起反感，还会影响谈判的顺利进行。不同国家、民族及其语言、风俗习惯不同，反映在称呼方面，也有不同的礼节。

按照国际惯例，在交际场所，一般称男子为先生，称已婚女子为夫人，称未婚女子为小姐，如无法判断女方婚否，用小姐比贸然称之为夫人更妥当。对知识界人士，可以直接称呼其职称，或在职称前冠以姓氏，但称呼其学位时，除博士外，其他学位(如学士、硕士)不能作为称谓来用。

在对外交往中，对男子一般称先生。对英国人则不能单独称先生，而称“某先生”。美国人容易接近，很快就可直呼其名。对女性，一般称夫人、女士、小姐，不了解其婚姻情况的女子可称其为女士。在日本，对女性一般不称女士，而称“先生”。在我国，德高望重的女士，有时也被称为“先生”。美国、墨西哥、德国等国家，没有称“阁下”的习惯。我国对于年纪较大的人，习惯上不直呼其名，而应称“某先生”“某公”“某翁”“某老”等以示特别尊重。称呼的基本原则是：先长后幼，先上后下，先疏后亲，先外后内，这样较礼貌、周到和得体。在商务场合中，无论亲疏远近，都应该以职务相称。

【案例 12-2】

各国称呼礼仪

德国人十分注重礼节。初次见面，一定要称其职衔。如果对方是博士，则可以频繁地使用“博士”这个称谓。同美国人打交道时在称呼上不必拘礼。美国人在非正式场合，不论男女老幼或地位高低，都习惯于直呼对方名字。但在正式场合，如果与对方初识，还是先用正式称谓，等相互熟悉了或对方建议直呼其名时再改变。

日本人习惯用“先生”来称呼国会议员、老师、律师、医生、作家等有身份的人，对其他人则以“桑”相称。在正式场合，除称呼“先生”和“桑”外，还可称其职务，以示庄重。对政府官员要用其职务加上“先生”来称呼。阿拉伯人对称呼不大计较，一般称“先生”“女士”即可。由于受宗教和社会习俗等方面的影响，同阿拉伯女性接触时不宜主动与之打招呼，多数情况下可以微笑或点头示意即可。

(资料来源：http://hi.baidu.com/wyxg99/blog/item/html.)

(二)名片递接礼仪

使用名片是社交活动中最为简便的自我介绍方式，在商业活动中尤其重要。递送名片时，切忌用“尖锐的指尖”指向对方，这是攻击性极强的动作，极不礼貌。以下三种方式为递送名片的正确方式。

(1) 手指并拢，将名片放在掌上，用大拇指夹住名片的左端，恭敬地送到对方胸前，名片上的字体反向对己、正向对对方，以便对方阅读。

(2) 食指弯曲与大拇指夹住名片递上。

(3) 双手的食指和大拇指分别夹住名片的左右两端递上。

名片是人格的象征，尊重一个人的名片无异于尊重他人的人格。因此接受名片时也应充分注意礼貌。

(1) 空手时，必须以双手接受对方以任何方式递过来的名片。

(2) 接受后一定马上过目，不可随便瞟一眼或有怠慢表示。

(3) 对于名片上的字不能确切把握读音时，应虚心请教，不要不好意思，认真地询问只会使对方感到你很重视他；相反，不会装会，念错了对方的名字，才是最不礼貌的。

(4) 一次同时接受几张名片时，一定要对号入座，如果是在谈判桌上，最好将接受的名片依次摆在桌上，与对方的座次相一致，这并非失礼的举动，相反会使对方因受到重视而高兴。

(5) 妥善保管对方的名片，不要在上面随便压东西，如不小心把名片掉到地上，应立即俯身拾起并向对方表示道歉。

(三)仪表礼仪

在商务谈判中，谈判人员的着装打扮会极大地影响双方的交流和进一步沟通，进而影响到谈判的顺利进行，懂得商务谈判中仪容仪表的礼仪是非常重要的。

1. 男士仪容仪表标准

(1) 发型发式。男士的发型发式标准是干净整洁，并注意经常修饰打理。头发不应过长，前部的头发不应遮住眉毛，侧部的头发不应盖住耳朵，后部的头发不要长过西装衬衫领子的上部，头发不要过厚，鬓角不要过长。

(2) 面部修饰。男士在面部修饰的时候要注意两方面的问题：一是男士在进行商务活动的时候，每天要进行剃须修面以保持面部清洁；二是男士在商务活动中经常会接触到香烟、酒等有刺激性气味的物品，要随时保持口气清新。

(3) 着装服饰。在正式的商务场合，男士的着装以穿西装打领带最为稳妥，衬衫的搭配要适宜。一般情况下，杜绝在正式的商务场合穿夹克衫，或者西装与高领衫、T 恤衫或毛衣搭配，这些都不是十分稳妥的做法。男士着装的具体要求主要包括以下几点。

一是男士的西装一般以深色为主，避免穿着有格子或者颜色艳丽的西服。男士的西服一般分为单排扣和双排扣两种。在穿单排扣西装的时候，特别要注意系扣子，一般两粒扣子，只系上面的一粒，如果有三粒扣子，只系上面的两粒，最下面的一粒不系；穿双排扣西服的时候，则应该系好所有扣子。

二是衬衫的颜色要和西装整体颜色协调，同时衬衫不宜过薄或过透，特别是穿浅色衬衫的时候，衬衫里面不要套深色内衣或过厚的保暖内衣，特别要注意不要将里面的内衣露出领口。若打领带，衬衫的所有纽扣，包括衬衫领口、袖口的纽扣都应该扣好。

三是领带的颜色要和衬衫、西服颜色相互配合，整体颜色要协调，同时要注意长短配合，领带的长度正好抵达腰带的上方或有一两厘米的距离，这样最为适宜。

四是在穿西服打领带这种商务着装的情况下，一般要配以皮鞋，杜绝出现运动鞋、凉鞋或布鞋，皮鞋要保持光亮、整洁。要注意袜子的质地、透气性，同时袜子的颜色必须保持和西服整体颜色协调。如果穿深色皮鞋，袜子的颜色应该以深色为主，同时要避免出现比较花的图案。

(4) 携带必需物品的仪容仪表标准。在和西装进行搭配的时候，选择修饰物的具体要求主要有以下几点。

① 公司的徽标。公司的徽标需要随身携带，它的准确佩戴位置是男士西装的左胸上方，这是男士在选择西装时需要搭配的物品。

② 钢笔。因为从事商务活动要经常使用，钢笔的正确携带位置应该是男士西装的内侧口袋，而不应该是男士西装的外侧口袋。一般情况下，我们也尽量避免把它携带在衬衫的口袋里，这样容易把衬衫弄污。

③ 名片夹。应该选择一个比较好的名片夹来放自己的名片，这样可以确保自己名片的清洁整齐。同时接受他人名片的时候，也应该找一个妥善的位置保存，避免直接把对方的名片放在口袋里，或者放在手中不停地摆弄，这些都是不好的商务习惯。

④ 纸巾。男士在着装的时候，应该随身携带纸巾，或者携带一块手绢，可以随时清洁自己面部的污垢，避免一些尴尬场面的出现。

⑤ 公文包。一般男士在选择公文包的时候，其式样、大小应该和你整体的着装配合。男士一般的一些物品，像手机、笔记本、笔可以放在公文包中，男士在着西装的时候，应该尽量避免在口袋中携带很多物品，这样会使衣服显得很臃肿，不适合商务场合。

2. 女士仪容仪表标准

(1) 发型发式。商务女士的头发应经常理发、洗发和梳理头发，以保持头发整洁，没有头屑。发型应该美观、大方，一般不要把头发染成其他颜色，也不要采用过分复杂的发型。长发女士在谈判时应将头发盘成优雅的发髻，如使用发卡或发带，应选择庄重大方的款式，像发箍、卡通发饰都不宜在谈判场合使用；短发女士一般应将头发简单地别在耳后，而且不应太厚重。

(2) 面部修饰。正式的商务谈判场合下，女士的面部修饰应以化淡妆为主，不提倡浓妆艳抹(如参加晚宴，可适当浓重一些)，但也不应该不化妆，这是失礼的表现。

(3) 着装服饰。

① 套裙：女士商务装以西装套裙为主，要注意干净整洁，避免穿着无领、无袖、紧身或是低胸的衣服。大小根据个人身材而定，要尽量合身，以便于活动(上衣最短可以齐腰，裙子最长可以达到小腿中部)。上衣的领子要完全翻好，衣袋的盖子要拉出来盖住衣袋。衣扣应全部系上，不允许部分或全部解开，更不允许当着别人的面随便脱下上衣。颜色主要以黑色、藏青色、灰褐色、灰色或暗红色为上选，但也可是精美的方格、条纹或印花。

② 丝袜、衬裙及皮鞋。女士在选择丝袜以及皮鞋的时候，需要注意的细节是：丝袜的长度一定要高于裙子的下摆。皮鞋的鞋跟不宜过高或过细，颜色和材质以棕色或黑色牛皮鞋为上品。穿套裙的时候一定要穿衬裙，特别是穿丝、棉、麻等薄型面料或浅色面料的套裙时，假如不穿衬裙，就很有可能使内衣“活灵活现”；可以选择透气、吸湿、单薄、柔软面料的衬裙，而且应为单色，如白色、肉色等，必须和外面套裙的色彩相互协调，不要出现任何图案；应该大小合适，不要过于肥大。穿衬裙的时候裙腰不能高于套裙的裙腰，不然就暴露在外了；要把衬衫下摆掖到衬裙裙腰和套裙裙腰之间，不可以掖到衬裙裙腰内。

(4) 携带必需物品的仪容仪表标准。女士携带的必需物品除了公司徽标、名片夹和公文包之外，在配饰的选择上应中规中矩，避免过多过杂和过于奢华的物品。例如，女士佩戴的首饰，数量最好不超过三种，且色彩和质地应协调统一，符合自己的身份，并尊重风俗习惯正确佩戴。

【案例 12-3】

着装要自然得体

王芳，某高校文秘专业高才生，毕业后就职于一家公司做文员。为适应工作需要，上班时，她毅然舍弃了“青春少女妆”，化起了整洁、漂亮、端庄的“白领丽人妆”：不脱色粉底液，修饰自然、稍带棱角的眉毛，与服装色系搭配的灰度高偏浅色的眼影，紧贴上睫毛根部描画的灰棕色眼线，黑色自然型睫毛，再加上自然的唇型和略显浓艳的唇色。整个妆容清爽自然，尽显自信、成熟、干练的气质。但在公休日，她又给自己来了一个大变脸，化起了久违的“青春少女妆”：粉蓝或粉绿、粉红、粉黄、粉白等颜色的眼影，彩色系列的睫毛膏和眼线，粉红或粉橘的腮红，自然系的唇彩或唇油，看上去娇嫩欲滴，鲜亮淡雅，整个身心都倍感轻松。

心情好，自然工作效率就高。一年来，王芳以自己得体的外在形象、勤奋的工作态度和骄人的业绩，赢得了公司同事的好评。

(资料来源：https://www.sohu.com/a/206078619_100071030.)

(四)握手礼仪

握手是在相见、离别、恭贺或致谢时相互表示情谊、致意的一种礼节。双方往往是先打招呼，后握手致意。

握手的顺序是主人、长辈、上司、女士主动伸出手，客人、晚辈、下属、男士再相迎握手。

握手的方法有以下几种。

(1) 一定要用右手握手，力度应适度，过重过轻都不好，如用力过猛，会使对方感到疼痛；而用力过轻，又给人草率应付、不愿合作、冷淡的感觉；力度适中，会让对方感到温和可亲，有利于营造友善的气氛。

(2) 要紧握对方的手，时间一般以 1～3 秒为宜。当然，过紧地握手，或是只用手指部分漫不经心地接触对方的手都是不礼貌的，避免“死鱼式”的握手。

(3) 被介绍之后，最好不要立即主动伸手。年轻者、职务低者被介绍给年长者、职务高者时，应根据年长者、职务高者的反应行事，即当年长者、职务高者用点头致意代替握手时，年轻者、职务低者也应随之点头致意。和年轻女性或异国女性握手，一般男士不要先伸手。

(4) 握手时，年轻者对年长者、职务低者对职务高者都应稍稍欠身相握。有时为表示特别尊敬，可用双手迎握。男士与女士握手时，一般只宜轻轻握女士手指部位。男士握手时应脱帽，切忌戴手套握手。

(5) 握手时双目应注视对方，微笑致意或问好，多人同时握手时应顺序进行，切忌交叉握手和戴手套握手。

(6) 在任何情况下拒绝对方主动要求握手的举动都是无礼的，但手上有水或不干净时，应谢绝握手，同时必须解释并致歉。

三、商务宴请礼仪

为了融洽谈判双方的关系和联络感情，经常会相互宴请，可以说，商务宴请是谈判接待中的一项重要任务，采用适当的宴请规格，懂得因人施礼的原则，不仅能够在餐桌上更好地联络双方感情，为谈判的顺利进行增添色彩，还能够给人留下非常好的后续印象，为今后的再次合作打下良好的基础，因此，了解相关的宴请礼仪是非常必要的。

(一)宴请方式的种类

宴请方式包括宴会、招待会和工作餐三种。

1. 宴会

宴会即坐下进食，由招待员顺次上菜。按举行的时间，可以将宴会分为早宴、午宴和晚宴。一般来说，晚上举行的宴会较之白天的更加隆重。按照举行的性质，宴会一般分为正式宴会和便宴两种。

(1) 正式宴会。正式宴会多用于规格高而人数少的官方活动。正式宴会的宾主均按身份排位就座。正式宴会十分讲究排场，在请柬上往往注明对客人服饰的要求，而许多宾客也正是从服饰规定上判断宴会的隆重程度。

正式宴会对餐具、酒水、陈设，以及招待员的装束、仪表和服务方式要求很严格。通常情况下，正式宴会中，中餐用四道热菜，西餐用二三道热菜，另外还要有汤、冷盘、点心和水果等。在许多国家的正式宴会上有开胃酒。

(2) 便宴。便宴是招待宾客的一种非正式宴请形式，多适合于宾主的日常性友好交往。这种宴请，以午宴或晚宴居多。举行此类宴会时，宾主可不排座次，可不作正式讲演，一般是相互之间随意而亲切的叙谈。西方国家的午间便宴有时不上汤，不上烈酒。

2. 招待会

招待会是指各种非正式和较为灵活的宴请形式。这种宴请形式通常不排座位，可以自由走动，备有食品、酒水饮料及冷食(有时也备热菜)。常见的招待会形式有冷餐会、酒会和茶会等。

(1) 冷餐会。它又称自助餐。这种宴请形式的特点是灵活方便，易于操作。冷餐会一般不排座位，菜肴以冷食为主，也可用热菜，连同餐具陈设在餐桌上供客人自取。客人可以自由活动，可以多次取食。酒水可陈放在桌上，由客人自取，也可由招待员端送。

(2) 酒会。它又称鸡尾酒会。这种招待宴请形式比较活泼，便于宾主之间进行广泛的接触和交谈。酒会的招待品以酒水为主，略备小吃，不设座椅，仅设小桌或茶几，以便客人随意走动。

酒会举行的时间比较灵活，中午、下午和晚上均可。请柬上往往注明整个活动延续的时间，客人可在这段时间内的任何时候到达和退席，来去自由，不受拘束。

(3) 茶会。这是一种更为简便的招待形式，举行的时间一般在下午四点左右，也有在上午十点举行的。茶会通常设在客厅，厅内设茶几和座椅，不排座位。如果是为某宾客举行的茶会，在入座时，可有意将主宾同主人安排在一起，其他人随意就座。茶会备点心和地方风味小吃，也有不用茶水而用咖啡的茶会，其组织安排与茶会相同。

3. 工作餐

工作餐是近年来较为流行的一种非正式简便宴请形式，按用餐时间可以分为早餐、工作午餐和工作晚餐。它的特点是利用进餐时间，边吃边谈问题。在活动繁多，安排其他类型宴请有困难的时候，往往采取这种宴请形式。

注意：不要选择在对方的重大节假日，有重要活动或有禁忌的日子，而且场所的大小、规模的选择要与宴请人的身份和人数相符。

(二)桌次及座次安排

宴请中，桌次和座次是一个不可忽视的问题。恰当地使用桌次和座次的安排能够显示与会人员的地位和主人表达出的尊敬之意，将会为宴请增添更多风采，取得更好的效果。

1. 桌次

正式宴会一般均排席位，也可只排部分客人的席位，其他人员只排座次或者自由入座。无论哪种做法都要在入席前通知到每个入席者，现场还需要有人引导。宴会用桌可为圆桌、长桌或方桌，桌数较多时，要在现场悬挂桌次图，在每张桌子上摆放桌次牌，桌子之间的距离要适中，各个座位之间的距离要相等，给人以整体美感。按照国际上的惯例，主桌一般应安排在最前面或居中的位置，遵循“面门为尊、以右为敬、居中为重、远门为上”的原则。

2. 座次

同桌中，不同的位置也是有区别的，按惯例，座次高低遵循右高左低的原则，一般是面门为上、以右为上，且男女应穿插安排，主宾一般应安排在主人的右上方，以示尊重，如图 12-1～图 12-5 所示。

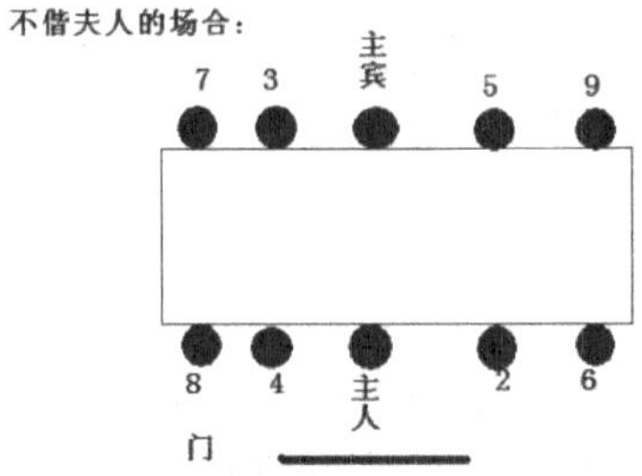

图 12-1　西餐的座次安排(1)

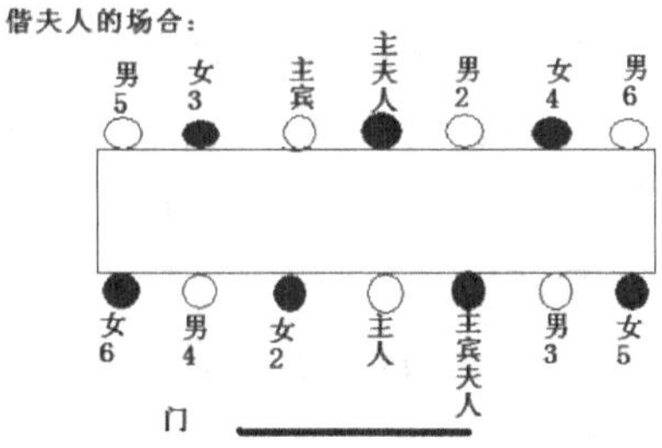

图 12-2　西餐的座次安排(2)

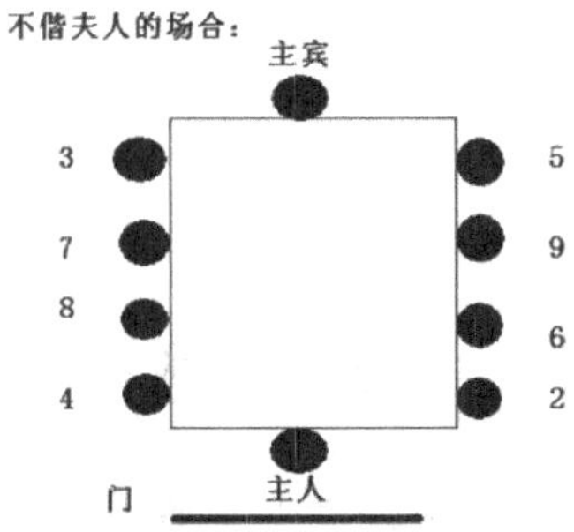

图 12-3　西餐的座次安排(3)

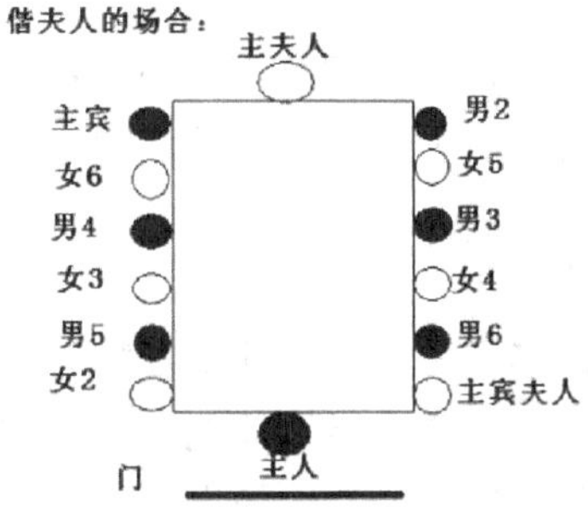

图 12-4　西餐的座次安排(4)

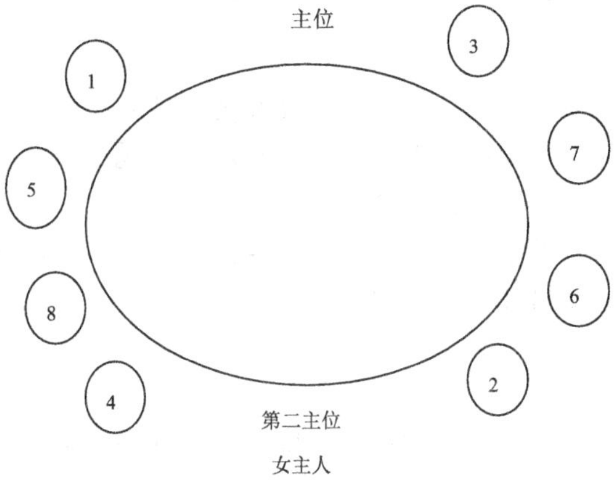

图 12-5　中餐的座次安排

(三)就餐前后注意事项

1. 就餐前注意事项

(1)　客方应该提前 5～10 分钟到达用餐地点，等待主人接待，但是不要提前太早到达。

(2)　其他人到达的时候应当起立致意。

(3)　用餐时跟随主人到餐桌。

(4)　就座前吐掉口香糖。

(5)　就座前用纸巾或者手帕抹掉口红。

2. 餐巾使用方法

(1)　就座后马上将餐巾平铺在自己并拢的大腿上。

(2)　就餐期间离开时将餐巾放在椅子上表示中途暂时离开

(3)　用餐完毕离开餐桌将餐巾随意折叠放置于餐碟左方。

(4)　用餐期间与人交谈前应先用餐巾轻轻擦一下嘴。

3. 就餐注意事项

(1)　等待在座各位的菜品上齐，等待主方负责人拿起餐具准备开始时方可用餐。

(2)　用餐期间不补妆、不梳头，如确实有需要则可以去洗手间进行。

(3)　钱包、皮包等不可放置于餐桌上。

(4)　胳膊肘部不搭在桌子上。

(5)　将菜品首先给点该菜品的人食用。

(6)　讲话之前先咽掉口中的食物。

(四)就餐禁忌

(1)　不管筷子上是否有残留食物，都不要去舔、吸。谈话时停止或者放下筷子，不要边说话边挥舞筷子，更不能做其他用途，如剔牙、挠痒等。

(2)　不要直接把公勺往嘴里送。即便是自己的勺子，也不要塞到嘴里，或者反复吮吸、舔食。食物太烫时，不能用嘴吹凉。

(3) 餐巾即口布，是用来擦手、擦嘴的，而不是用来擦拭筷子、擦汗、擦鼻涕的。

(4) 不提倡给别人夹菜。非夹不可时，应用公筷。

(5) 取食菜肴时，不要翻来覆去，或在菜盘内挑挑拣拣，甚至夹起来又放回去。

(6) 作为客人不要只吃一道菜，即使不喜欢的菜也应适当品尝，特别是别人点的菜。

(7) 不非议别人点的菜。即使你是无心的，也会让点菜者不快。

(8) 忍不住打嗝、咳嗽时，赶紧用餐巾捂嘴，头转向一边，事后对身边的人致歉。

(9) 餐桌上要避免一些不雅的举止，如打哈欠、抠鼻孔、抓头皮，以及当众清嗓子、吐痰、擤鼻涕。

(10) 一定要在餐桌上剔牙时，用一只手或餐巾遮挡一下。剔出来的残渣包到纸巾里，绝不能“二次回炉”。

(11) 食物残渣、骨、刺，不能直接从嘴里吐在食碟上，应用筷子或手协助。

(12) 喝汤发出明显的声音，边吹边喝，或者直接端起碗来喝，都是失礼的。

(13) 边咀嚼食物边说话，或者品尝食物时发出明显的声响都是失礼的表现。

四、商务馈赠礼仪

《礼记·曲礼》上说：“礼尚往来，往而不来，非礼也；来而不往，亦非礼也。”馈赠礼品是商务交往中表示友好、联络感情、增进友谊、巩固彼此的交易关系的重要手段，是一种非常重要的感情投资，礼送得好，能缩短人与人之间的感情距离，更加便于沟通、交流和达成共识。经验表明，善于谈判的高手也都是善于送礼的高手，礼品送得越好，谈判越容易成功。因此，了解基本的馈赠礼仪，使得所送礼品选择得当、送礼时机适宜，并遵从收礼人的风俗禁忌、身份、爱好和民族习惯等，能够使对方心情愉悦，巩固彼此的交易关系，是非常必要和重要的。

(一)礼品的选择

在具体选择礼品时，应根据对方的喜好与习惯，而不是自己的好恶来择定，礼品应选择富有感情，有民族特色，有一定纪念意义的物品，但价值不宜过高，一般偏重于艺术价值和纪念意义，相对来说使用价值不是很重要，过于贵重的礼物，往往使人觉得你别有用心。

同时，要注意对方的习俗和文化修养，谈判人员由于所属国家、地区间有较大差异，文化背景有所不同，爱好与要求必然存在差别，因此要十分注重对方的习俗和文化修养。例如，在阿拉伯国家，伊斯兰教禁酒，不能以酒作为馈赠礼品，同时禁止偶像崇拜，最好不要赠送有人像和动物图片的书或年历，他们喜爱具有知识性、富有人情味的礼品；在英国，人们普遍讨厌有送礼人单位或公司标志的礼物，白色的百合花象征死亡，菊花只用于万圣节或葬礼，其他花可以送人；送意大利人的礼物应含有某些快乐的味道，如塞满巧克力的银白色糖吊桶，也可送点精致典雅的东西，如古典名著或工艺品；在日本，菊花是皇室专用的花，所以普通人不得乱用，荷花意味着祭奠；德国人重视现实而不喜欢浪漫，因此给他们送花，不要送具有浪漫含义的玫瑰花；在俄罗斯，给女主人送花只要红玫瑰，花束的数目不能是三。因此，选择礼品时一定要考虑周全，以免适得其反。

此外，还应照顾到外国朋友喜欢我国土特产的情况。据了解，外国友人喜欢的我国礼品包括景泰蓝制品、玉佩、绣品、国画、书法、瓷器、紫砂茶具、竹制品、汉字纸扇等。

(二)赠送礼品时机的选择

在国际商务活动中，赠礼的具体时间是一个需要特别注意的问题，运用得当，能够巩固双方的业务交往；运用不当则会有碍业务发展。因此，选择适当的赠送礼品时间需要注意以下几点。

(1) 一般情况下，各国都有初交不送礼的习惯，但由于各国风俗习惯不同，具体何时送礼也大不相同。例如，英国人多在晚餐或看完戏后乘兴馈赠礼品；法国人喜欢下次重逢时赠送礼品；而我国一般是在离别前赠送礼品较为普遍。

(2) 当作为客人拜访他人时，最好在双方见面之初送上礼品，这也就是所谓的“见面礼”；当作为主人接待来访者时，则应该在客人离去的前夜或举行告别宴会上将礼品赠予对方。

(3) 坚决避免在谈判活动进行中赠送礼品。

(三)赠送礼品的地点选择

一般而言，赠送礼品应公私有别，公务交往中所赠送的礼品应该在公务场合赠送；私人交往赠送的礼品应选择在私人居所等地赠送。

(四)国际交往中馈赠礼品小常识

(1) 给英国人赠送礼品时，如果价格很高，就会被误认是一种贿赂。送一些高级巧克力、一两瓶名酒或鲜花，都能得到受礼者的喜欢。但要注意，最好不要送印有公司标志的礼品。

(2) 法国与艺术分不开，法国人崇尚艺术，因此，所送礼品最好带有一些艺术性，如有特色的仿古，他们就会很喜欢。如果应邀到法国人家中用餐，应带上几枝不加捆扎的鲜花，但菊花必须除外。

(3) 德国人很注意礼品的包装，切勿用白色、黑色或棕色的包装纸或丝带包扎。另外，不要送尖锐的东西，因为德国人视其为不祥之兆。

(4) 日本人忌讳 4 和 9，给日本人赠送礼品，不要一次送 4 样或 9 样东西，因为“4”字在日文中与“死”谐音，而“9”则与“苦”字谐音。日本人喜欢名牌货，但对装饰着狐狸和獾的东西很反感。他们认为，狐狸是贪婪的象征，獾则代表狡诈。

(5) 俄罗斯人只爱西方名牌，礼品只要送名牌，特别是西方名牌货，不论礼品价值的高低，都容易获得他们的好感。从一盒“万宝路”香烟到一条 LEVIS 牌牛仔裤都会使他们十分满意。

(6) 非洲国家的人注重礼品的实用性，对其价值不太讲究，不宜送高档礼品。

(7) 阿拉伯国家的人钟情简单、精美华丽的礼品。有“名”的东西，比无名的古董更受到喜欢；智力玩具和工艺品，比单纯实用的东西更受到偏爱。但各种酒类，包括那些描绘有动物图案的礼品不受欢迎。

五、电话联系礼节

电话联系是一种重要的交际方式，其中也有一些礼节应当遵守。

1. 打电话的注意事项

商务人员在打电话的过程中应该注意以下事项。

(1) 简单明了、语意清楚。通话过程中要注意做到简单明了，尽量将语意表达清楚。说话时含含糊糊、口齿不清，很容易让通话对象感到不耐烦。尤其需要注意的是，不要在通话的同时，嘴里含着食物或其他东西。

(2) 勿因人而改变通话语气。不要因为对方身份的改变而改变通话语气，应该自始至终使用亲切平和的声音平等地对待客人。如果客人听到声音发生明显转变，心里很容易产生反感，从而认为打电话的人非常势利、没有教养。

(3) 说话速度恰当，语调抑扬顿挫、流畅。通话过程中要始终注意言谈举止，三思而后言。说话时速度要适当，不可太快，这样不但可以让对方听清楚你所说的每一句话，还有助于自我警醒，避免出现说错话而没及时发现的情况。另外，说话的语调应尽量做到抑扬顿挫和流畅，给人舒服的感觉。

(4) 最多让来电者稍候 7 秒钟。根据欧美行为学家的统计，人的耐性是 7 秒钟，7 秒钟之后就很容易烦躁。因此，最多只能让来电者稍候 7 秒钟，否则对方很容易产生挂断电话、以后再打的想法。如果让来电者等待，则需要说：“对不起，让您久等了。”

(5) 私下与人交谈需按保留键。在通话过程中，如果需要私下和其他人交谈时，注意按保留健，不要直接对着话筒跟其他人说话。否则，有些私下的交谈甚至对人的批评语言在不经意间就让客户听到了，对方很可能因此而不高兴。

(6) 不要大声回答问题。通话过程中不要大声回答问题，不然将造成双方的疲劳。如果当时所处的空间声音嘈杂，则应该向客户致歉，并征求客户的意见，重新更换通话地点，或者留下电话号码稍后再拨。

(7) 勿将电话转接至会场。如果指定的通话对象正在参加会议，那就不应该将电话转接到会场中去。一般来说，参加会议的人比较容易出现弹性疲劳，不适合接听电话。在这种情况下，可以将所有的电话全部据实记录下来，等会议完毕之后再转交。

(8) 修正习惯性口头禅。很多人在说话过程中习惯性地带有口头禅，在通话过程中应该努力加以修正和克服。因为口头禅听多了容易让人产生疲劳而导致精力不集中，这对交流的顺利进行是很不利的。

(9) 断线应马上重拨并致歉。如果在通话过程中突然发生意外情况而导致通话中断，那么就应该按照对方的电话号码迅速重新拨打过去，不要让客户以为是被故意挂断了电话。电话重新接通之后，应该立即向客户致歉，并说明断线的原因，从而赢得客户的理解。

(10) 勿对拨错电话者大呼小叫。如果对方不小心拨错了电话，不要对拨错电话的人大呼小叫，而应该礼貌地告知对方电话拨错了。因为电话接通后已经报上了公司名称，如果此时对人不礼貌的话，等于破坏了公司的形象。

(11) 转接电话应给同事预留弹性空间。转接电话时，不要因为对方所找的人不是自己就显得不耐烦，不要以所找的人“不在”为理由打发对方，而应该友好地答复：“对不起，他不在，需要我转告什么吗？”不要询问对方与其所找之人的关系，当对方希望转达某事给某人时，不要把此事向第三人传播。

(12) 勿同时接听两个电话。在接听公司电话的同时，常常会遇到手机铃响的情况，如果同时拿起两个电话讲话，很容易造成声音互相交错，结果两边都无法听清楚。因此，遇到这种情况时应该选择先接听比较重要的电话，尤其要注意在办公室场合应做到“以公为主，以私为辅”。

(13) 帮助留言应记录重点。帮助同事留言时，要注意记录电话内容的重点，应该包括来电者公司、部门、姓名、职称、电话、区域号码、事由、时间等内容。此外，还应该记录留言者的部门和姓名，以方便问题的了解。

(14) 不要将电话当烫手山芋到处转接。经常会遇到这样的情况：电话接听后发现不是自己的，就把电话转接到同事那边，同事又将电话转接到其他同事那里。这样将电话当作烫手山芋到处转接，很容易让客户产生不愉快的感觉，对公司造成不好的影响。

(15) 不口出秽语，不论客户是非。在与客户通话的过程中，不管遇到任何情况，都不允许口出秽语，也不要随意讨论客户的是非，否则很容易得罪客户而使公司的生意受到损害。因此，不要在第三人面前传话，要维护同业之间的良性竞争。

(16) 请教来电者的姓名。通话的时候一定不要忘记请教来电者的姓名，这样便于日后的联系和交流，有利于培养固定的客户群。通常来说，请教来电者称呼可以采用类似的语句：“请问您尊姓大名？”“请问贵公司宝号怎么称呼？”

2. 打电话的一般礼节

使用电话，是现代生活中极其普遍的交往方式。但是，电话让人又爱又恨。爱的是可以为公司创造很好的生意契机，恨的是稍有不慎就会引起客户的不满。因此，有许多打电话的礼节需要人们熟练掌握。具体而言，打电话的礼节主要有以下几个部分。

(1) 了解时间限制。打电话应该以客为尊，让客户产生宾至如归的亲切感觉，那么就应该注意在恰当的时段内打电话。通常，早上 10:00—11:30、下午 2:00—4:00 是所有公司的“黄金”时段，打电话应该尽量选择在这些最有绩效的时段。

① 通话时机。最佳的通话时间主要有两个：一是双方预先约定的时间，二是对方方便的时间。通话应当尽量选择上述的最佳通话时间而避开不适当的时段。例如，某个公司最近发生了重大事情，这时候就不要打电话打扰对方。

② 通话长度。对通话长度控制的基本要求是：以短为佳，宁短勿长。有些公司的通话系统只有一条外线，如果占线时间太久，很可能造成对方所有的对外通信被迫中断，甚至耽误其他重要事情的联络工作。因此，打电话时要遵守“3 分钟原则”，牢记长话短说。

(2) 斟酌通话内容。为了节省通话时间并获得良好的沟通效果，打电话之前和之中都需要认真斟酌通话的内容，做到“事先准备、简明扼要、适可而止”。

① 事先准备。在通话之前，应该做好充分的准备，最好把对方的姓名、电话号码、通话要点等通话内容整理好并列出一张清单。这样做可以有效地避免“现说现想、缺少条理、丢三落四”等问题的发生，确保收到良好的通话效果。

② 简明扼要。通话内容一定要简明扼要，逻辑严密，节奏适中，关键的地方要放慢速度，询问对方有没有听清，有没有记下。特别是涉及谈判议程、会议通知、谈判时间、谈判地点和出席人员等方面的内容，更不能马虎，要请对方重复一遍，经核对无误才保险。

③ 适可而止。一旦要传达的信息已经说完，就应当果断地终止通话。按照电话礼节，应该由打电话的人终止通话。因此，不要话已讲完，依旧反复铺陈，再三絮叨；否则，会让人觉得做事拖拖拉拉，缺少教养。

(3) 控制通话过程。通话过程自始至终都应做到待人以礼和文明大度，尊重自己的通话对象，尤其在通话中要注意语言文明、态度文明和举止文明，绝对不能用粗陋庸俗的语言攻击对方，损害公司的形象。

① 语言文明。语言文明体现为牢记电话基本文明用语。在通话之初，要向对方恭恭敬敬地问一声“您好”；问候对方后，应自报家门，否则对方连通电话的对象是谁都不清楚，交流就无法达到预期效果；终止通话时，必须先说一声“再见”。

【案例 12-4】

电话基本文明用语的使用

大明公司的林宇女士打电话给时光公司的高琦先生洽谈事务。高琦先生不在，是他的同事接的电话。

同事：时光公司，您好！请问您找谁？

林宇：请问高琦在吗？

同事：请问您是哪里？

林宇：我是大明公司，林宇。

同事：麻烦您稍等，我帮您转接，看他在不在。

林宇：谢谢您！

同事：林小姐，很抱歉！高琦出去还没回来呢！请问您有什么事需要我转告他？

林宇：麻烦您帮我转告高琦，录像带的脚本我已经发邮件到他的邮箱中，请他回来看看有没有需要修改的地方。

同事：好的，我会转告高琦您已经把脚本发过来的事。

林宇：谢谢您！

同事：不用客气！

林宇：再见！

(资料来源：http://www.hhrcsc.com/main/a16.htm.)

② 态度文明。文明的态度有益无害。当电话需要通过总机转接时，要对总机话务员问好和道谢，从而使他们感受到尊重；如果要找的人不在，需要接听电话的人代找或代为转告、留言时，态度更要礼貌；通话时电话忽然中断，应立即再拨，并说明通话中断是由于线路故障，不要等对方打来电话；如果拨错电话号码，应对接听者表示歉意。

③ 举止文明。通话过程中虽然不是直接见面，但也应该注意举止文明。例如，打电话时不要把话筒夹在脖子下，也不要趴着、仰着、坐在桌角上，更不要把双腿高架在桌子上；通话时的嗓门不要过高，免得令对方深感“震耳欲聋”；话筒和嘴的最佳距离保持 3 厘米左右；挂电话时应轻放话筒，不要骂骂咧咧，更不要采用粗暴的举动拿电话撒气。

(4) 注重通话细节。在通话过程中，尤其需要注意以下一些细节。

① 确认通话对象。电话接通之后，确认通话对象是必不可少的步骤，避免由于通话对象不对而闹出笑话或尴尬。很多家庭成员之间的声音非常相似，如果在电话中冒冒失失地将其他人当作通话对象，对方会觉得打电话者缺乏修养。

② 征询通话者是否方便接听电话。电话接通后，不要忘记先征询通话的人现在是否方便接听电话。如果通话对象正在开会、接待客人或者有急事正要出门，则应该稍后再打过去。

否则，对方在繁忙之中也很难心平气和地接电话。

③ 勿存调皮性，勿玩猜谜游戏。在商务电话接听过程中，千万不要心存调皮，尤其不要和对方玩猜谜性的游戏。很多通话对象一时无法想起打电话者的声音和名字，如果非要让他猜出你的名字来，对方一般会非常尴尬，甚至产生强烈的反感。

④ 不要忘记最后祝福和感谢。最后的祝福和感谢是电话即将结束时必须有的步骤，用轻柔的声音给予对方简单的祝福，能够给对方留下美好的印象。

课后练习

一、判断题

1. 谈判人员交谈时，一般不询问妇女的年龄、婚姻情况。 (　　)
2. 商务谈判一般不需要献花。 (　　)
3. 用餐过程中，抽烟须征得主人或邻座的同意。 (　　)
4. 在选择赠送礼品时，首先要考虑礼品的价值。 (　　)
5. 国际惯例是女士优先，因此，在男女两人之间作介绍时，应先介绍女士。 (　　)
6. 接过名片之后一定要认真通读一遍，以表示重视对方。 (　　)
7. 在商务谈判迎送礼仪中，主要迎送人的身份和地位通常要与对方对等。 (　　)
8. 对欧美人一定不要当面亲自拆开礼物包装。 (　　)
9. 拜访客人，应按事先的约定、通知按时抵达，早到或迟到都是失礼的。 (　　)
10. 与人交谈时可以询问对方履历、工资收入、家庭财产、衣饰价格等个人生活问题。 (　　)
11. 身份低的人会见身份高的人，或是客人会见主人，一般称为拜见或拜会。 (　　)
12. 双边谈判的座次排列只有一种形式即横桌式。 (　　)
13. 见面时如果对方是女士、年长者、职位高者，则应主动伸手相握。 (　　)
14. 如果指定的通话对象正在参加会议，应该将电话转接到会场。 (　　)
15. 女士在正式商务谈判的时候，面部修饰应该是浓妆艳抹，不要素面朝天。 (　　)

二、不定项选择题

1. 面对上级和下级、长辈或晚辈、嘉宾或主人，先介绍(　　)。
   A. 下级　晚辈　主人　　B. 上级　长辈　嘉宾
   C. 上级　晚辈　嘉宾　　D. 下级　晚辈　主人
2. 穿西服时，最理想的衬衫颜色是(　　)。
   A. 蓝色　　B. 白色　　C. 灰色　　D. 咖啡色
3. 商务谈判中最基本和最重要的礼节是(　　)。
   A. 遵时守约　　B. 尊重习俗
   C. 谈吐举止恰当　　D. 讲究社会公德
4. 在商务谈判中，尤其是国际商务谈判中，(　　)对谈判的成败起着重要的影响作用。
   A. 时间　　B. 民族　　C. 风俗　　D. 文化差异
5. 日本人和韩国人忌讳的数字是(　　)。

A. 1、13　　B. 4、9　　C. 0、10　　D. 6、9

6. 当所处场合及具有的身份不同时，所要应用的礼仪往往也有所不同。这是商务礼仪(　　)特征的喻义。

A. 规范性　　B. 传承性　　C. 限定性　　D. 变迁性

7. 若接他人电话，应首先(　　)。

A. 问清对方姓名　　B. 问清对方何事

C. 报清自己姓名　　D. 等候对方说话

8. 鞠躬礼盛行于(　　)。

A. 日本　　B. 中国　　C. 韩国、朝鲜　　D. A 或 C

9. 忌讳黄色蔷薇花的是(　　)。

A. 俄罗斯人　　B. 美国人　　C. 日本人　　D. 意大利人

10. 谈判双方互相宴请或招待，入座时应(　　)。

A. 按职务排　　B. 按年龄排　　C. 主随客便　　D. 客随主便

11. 在谈判地点的选择上对双方来讲最为公平的是(　　)。

A. 主座谈判　　B. 客座谈判　　C. 主客座谈判　　D. 第三地谈判

12. 会谈中，为表示对主宾的尊重，主宾的座位应是(　　)。

A. 主人的左侧　　B. 主人的右侧　　C. 主人的对面　　D. 面对门的位置

13. 价值观差异对商务谈判行为的影响，主要体现在(　　)。

A. 客观性　　B. 平等观念　　C. 社会制度　　D. 时间观念

14. 在商务谈判中，礼仪主要包括(　　)。

A. 服饰　　B. 举止谈吐　　C. 礼物　　D. 日常礼貌

15. 商务谈判中的基本礼节是(　　)。

A. 遵时守约　　B. 敬老尊妇

C. 言谈举止大方得体　　D. 尊重习俗

16. 迎送前的准备工作包括(　　)。

A. 了解来宾抵离的准确时间　　B. 排定乘车号和住房号

C. 安排好车辆　　D. 为来宾留足休息时间

17. 以下属于交谈礼仪的是(　　)。

A. 尊重对方，谅解对方　　B. 及时肯定对方

C. 及时否定对方　　D. 态度和气，言语得体

18. 会见时正确的座次安排是(　　)。

A. 主人坐在左边，主宾坐在右边

B. 主人坐在右边，主宾坐在左边

C. 译员和记录员坐在主人和主宾的后面

D. 译员和记录员坐在主人和主宾的左边

19. 以下属于握手礼节的是(　　)。

A. 主人有向客人先伸手的义务　　B. 客人有向主人先伸手的义务

C. 握手要有适当的力度　　D. 握手时男士应脱去手套

20. 以下属于电话联系的礼节的是(　　)。

A. 打电话的恰当时段是早上 10:00—11:30、下午 2:00—4:00

B. 最佳的通话时间是双方预先约定的时间或是对方方便的时间

C. 对通话长度控制的基本要求是以短为佳，宁短勿长

D. 对通话长度控制的基本要求是以长为佳，宁长勿短

三、简答题

1. 谈判人员服饰选择的原则是什么？
2. 商务谈判的迎送礼仪有哪些？
3. 商务谈判的馈赠礼仪有哪些？
4. 礼仪、礼貌、礼节之间有何联系与差异？
5. 商务礼仪有哪些特征？

四、案例分析题

1. 小刘所在的公司要与其他公司进行一次大宗交易的谈判，此次谈判比较重要，对方将派多位公司高层参加。老总特意安排小刘和他一起去参加，同时也让小刘见识大场面。谈判当天早上小刘睡过了头，等他赶到，谈判已经进行了 20 分钟。他急急忙忙推开了谈判室的门，“吱”的一声脆响，他一下子成了会场上的焦点。刚坐下不到 5 分钟，肃静的会场上又响起了摇篮曲，是谁在播放音乐？原来是小刘的手机响了！小刘成了全会场的“明星”……没过多久，小刘便被辞退了。

问题：

(1) 小刘为什么被辞退了？

(2) 如果你是小刘，你会怎样做？

2. 某公司新建的办公大楼需要添置一系列的办公家具，价值数百万元。公司总经理已决定向 A 公司购买这批办公家具。这天，A 公司的销售部负责人打电话来，要上门拜访这位总经理。总经理打算等对方来了就在订单上盖章，定下这笔生意。不料对方比预定的时间提前了 2 个小时，原来对方听说这家公司的员工宿舍也要在近期内落成，希望员工宿舍需要的家具也能向 A 公司购买。为了谈这件事，销售负责人还带来了一大堆的资料，摆满了台面。总经理没料到对方会提前到访，刚好手头又有事，便请秘书让对方等一会儿。这位销售员等了不到半小时，就开始不耐烦了，一边收拾起资料一边说：“我还是改天再来拜访吧。”这时，总经理发现对方在收拾资料准备离开时，将自己刚才递上的名片不小心掉在了地上，对方却并没发觉，走时还无意从名片上踩了过去。这个不小心的失误，令总经理改变了初衷，A 公司不仅没有机会继续商谈员工宿舍的家具购买事项，连几乎到手的数百万元办公家具的生意也告吹了。

问题：

(1) 根据案例内容，用所学的相关知识分析 A 公司这次的业务为什么会失败？

(2) A 公司正确的做法是什么？

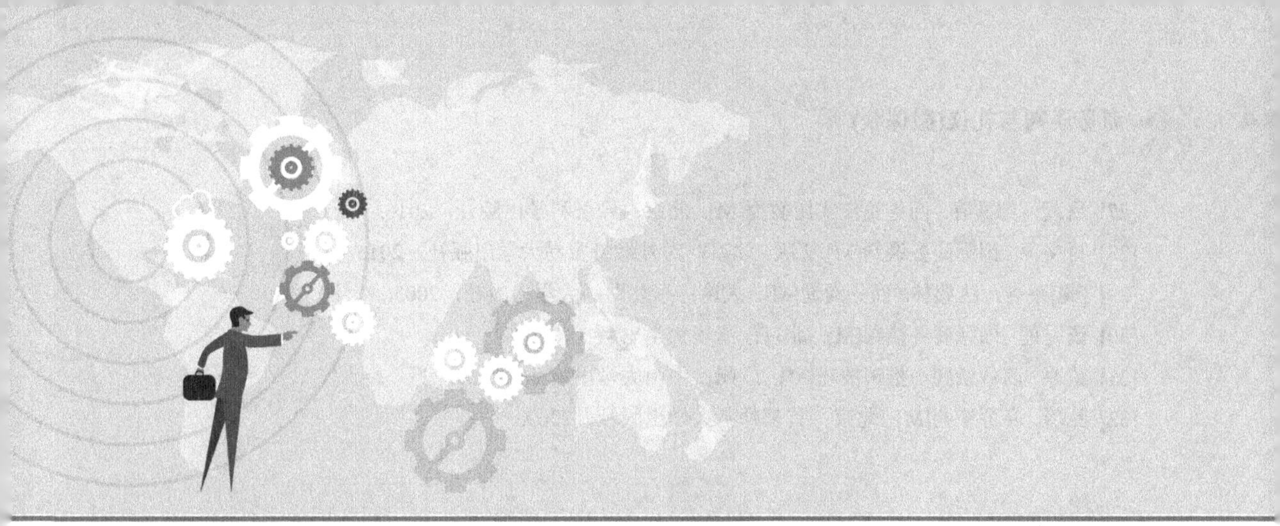

参考文献

[1] 杜海玲，许彩霞，杨娜，等. 商务谈判实务[M]. 3 版. 北京：清华大学出版社，2019.

[2] 程英春，李娟，李鹏，等. 商务谈判[M]. 北京：清华大学出版社，2018.

[3] 李志军. 商务谈判与礼仪[M]. 北京：中国纺织出版社，2018.

[4] 左显兰. 商务谈判与礼仪 [M]. 2 版. 北京：机械工业出版社，2018.

[5] 储节旺. 商务礼仪与谈判[M]. 北京：北京大学出版社，2015.

[6] 方明亮，刘华. 商务谈判与礼仪[M]. 2 版. 北京：科学出版社，2011.

[7] 李滨. 商务谈判与礼仪实务[M]. 西安：西安交通大学出版社，2015.

[8] 刘华，卢萌. 商务谈判与礼仪[M]. 北京：中国铁道出版社，2014.

[9] 马春紫. 国际商务谈判与礼仪[M]. 北京：北京理工大学出版社，2017.

[10] 王建明. 商务谈判实战经验和技巧[M]. 北京：机械工业出版社，2015.

[11] 杨易. 商务谈判艺术[M]. 北京：金盾出版社，2011.

[12] 陈鹏. 商务谈判与沟通实战指南[M]. 北京：化学工业出版社，2019.

[13] 汪华林. 现代商务谈判[M]. 北京：企业管理出版社，2018.

[14] 夏美英，徐姗姗. 商务谈判实训[M]. 北京：北京大学出版社，2013.

[15] 丁建忠. 商务谈判[M]. 2 版. 北京：中国人民大学出版社，2006.

[16] 范忠，陈爱国. 商务谈判与推销技巧[M]. 2 版. 北京：中国财政经济出版社，2013.

[17] 饶雪玲. 商务谈判与操作[M]. 2 版. 北京：北京交通大学出版社，2018.

[18] 乐国林，艾庆庆，孙秀明，等. 商务谈判：实务技巧与国际适应[M]. 北京：经济管理出版社，2019.

[19] 杨毅玲，何秀兰. 商务谈判实务[M]. 3 版. 北京：中国劳动社会保障出版社，2019.

[20] 郭芳芳. 商务谈判教程——理论 技巧 实务[M]. 2 版. 上海：上海财经大学出版社，2012.

[21] 冯炜. 商务谈判[M]. 杭州：浙江工商大学出版社，2013.

[22] 白远. 国际商务谈判：理论与实务[M]. 北京：机械工业出版社，2013.

[23] 王慧，唐力忻. 国际商务谈判实务精讲[M]. 北京：中国海关出版社，2011.

[24] 杨路. 高端商务礼仪[M]. 北京：北京联合出版公司，2013.

[25] 孙金明，王春凤. 商务礼仪实务[M]. 北京：人民邮电出版社，2019.

[26] 王玉苓. 商务礼仪：案例与实践[M]. 北京：人民邮电出版社，2018.

[27] 吕蕊，邹媛春. 商务礼仪实用教程[M]. 北京：经济科学出版社，2016.
[28] 肖文萍. 国际商务谈判[M]. 2 版. 北京：对外经济贸易大学出版社，2015.
[29] [美]莱曼，达弗林. 商务沟通[M]. 大连：东北财经大学出版社，2005.
[30] 汤秀莲. 国际商务谈判[M]. 北京：清华大学出版社，2009.
[31] 董原. 商务谈判与推销技巧[M]. 广州：中山大学出版社，2009.
[32] 甄珍. 商务谈判[M]. 北京：首都师范大学出版社，2009.